이렇게
기막힌
적중률

컴퓨터활용능력 1급
필기 기본서

기출공략

"이" 한 권으로 합격의 "기적"을 경험하세요!

YoungJin.com **Y.**
영진닷컴

대표 기출 60선

상시 기출문제

상시 기출문제 정답 & 해설

구매 인증 PDF

제1~5회 CBT 모의고사
시험지 + 정답&해설 PDF

시험장까지 함께 가는
핵심 요약 PDF

※ **참여 방법** : '이기적 스터디 카페' 검색 → 이기적 스터디 카페(cafe.naver.com/yjbooks) 접속 → '구매 인증 PDF 증정' 게시판 → 구매 인증 → 메일로 자료 받기

기출공략집

대표 기출 / 60선

1과목 **컴퓨터 일반**

참고 파트01–챕터01–섹션01

 합격 강의

01 | 운영체제의 목적(성능 평가 요소)

처리 능력 (Throughput)	시스템의 생산성을 나타내는 단위로, 일정 시간 동안 처리하는 일의 양
응답 시간 (Turnaround Time)	작업 의뢰 후 시스템에서 결과가 얻어질 때까지의 시간
신뢰도 (Reliability)	주어진 문제를 얼마나 정확하게 처리하는가의 정도
사용 가능도 (Availability)	시스템을 얼마나 빠르게 사용할 수 있는가의 정도

운영체제는 사용자 편의성과 시스템 생산성을 높이기 위한 프로그램이다. 다음 중 운영체제의 목적으로 가장 거리가 먼 것은?

① 처리 능력 증대
② 신뢰도 향상
③ 응답 시간 단축
④ 파일 전송

참고 파트01–챕터01–섹션01

 합격 강의

02 | 바로 가기 키(Shortcut Key)

F2	선택한 항목 이름 바꾸기
F3	파일 탐색기에서 파일 또는 폴더 검색
F4	파일 탐색기의 주소 표시줄 목록 표시
F5	활성 창 새로 고침
F6	창이나 바탕 화면의 화면 요소들을 순환
F10	활성 앱의 메뉴 모음 활성화
Alt + F4	활성 항목을 닫거나 활성 앱을 종료
Alt + Tab	열려 있는 앱 간 전환
Alt + Esc	항목을 열린 순서대로 선택
Alt + Enter	선택한 항목의 속성 창을 표시
Ctrl + Esc	시작 화면 열기
Ctrl + Shift + Esc	작업 관리자 열기
Shift + F10	선택한 항목에 대한 바로 가기 메뉴 표시
Shift + Delete	휴지통에 버리지 않고 바로 삭제
⊞	시작 화면 열기 또는 닫기
⊞ + Pause	시스템 속성 대화 상자 표시
⊞ + L	PC를 잠그거나 계정을 전환
⊞ + D	바탕 화면 표시 및 숨김
⊞ + T	작업 표시줄의 앱을 순환
⊞ + R	실행 대화 상자 열기
⊞ + E	파일 탐색기 열기
Ctrl + F	파일 또는 폴더 검색

다음 중 Windows에서 사용하는 바로 가기 키에 대한 설명으로 옳지 않은 것은?

① ⊞ + L : 컴퓨터 잠금
② ⊞ + R : 실행 대화 상자 열기
③ ⊞ + Pause : 설정의 [시스템] 정보 표시
④ ⊞ + E : 장치 및 프린터 추가

※ 윈도우 10의 기능 업데이트로 인해 ⊞ + Pause 가 제어판의 [시스템] 창 표시에서 설정의 [시스템] 정보 표시로 바뀌었습니다.

정답 01 ④ 02 ④

03 | 휴지통

- 작업 도중 삭제된 자료들이 임시로 보관되는 장소로, 필요한 경우 복원이 가능함
- 각 드라이브마다 따로 설정이 가능
- 복원시킬 경우, 경로 지정을 하지 않아도 자동으로 원래 위치로 복원
- 휴지통 내에서의 데이터 실행 작업은 불가능
- **휴지통에 보관되지 않고 완전히 삭제되는 경우**
  - 플로피 디스크나 USB 메모리, DOS 모드, 네트워크 드라이브에서 삭제한 경우
  - 휴지통 비우기를 한 경우
  - Shift + Delete 로 삭제한 경우
  - [휴지통 속성]의 [파일을 휴지통에 버리지 않고 삭제할 때 바로 제거]를 선택한 경우
  - 바로 가기 메뉴에서 Shift 를 누른 채 [삭제]를 선택한 경우
  - 같은 이름의 항목을 복사/이동 작업으로 덮어 쓴 경우

다음 중 Windows에서 사용하는 [휴지통]에 대한 설명으로 옳지 않은 것은?

① [명령 프롬프트] 창에서 삭제한 파일은 휴지통과 관계없이 영구히 삭제된다.

② 휴지통의 크기는 각각의 드라이브마다 다르게 지정할 수 있다.

③ USB 드라이브에서 삭제한 파일은 휴지통에서 복원 메뉴로 복원할 수 있다.

④ 휴지통의 최대 크기는 [휴지통 속성] 창에서 변경할 수 있다.

04 | 설정

- **사용자 계정**

계정 유형	기능
관리자 계정	• 컴퓨터에 대한 제어 권한이 가장 많으며 소프트웨어 및 하드웨어를 설치함 • 모든 파일에 액세스할 수 있으며 다른 사용자 계정도 변경 가능함
표준 계정	• 컴퓨터에 설치된 대부분의 프로그램을 사용할 수 있고 사용자 계정에 영향을 주는 설정을 변경할 수 있음 • 일부 소프트웨어 및 하드웨어를 설치 또는 제거할 수 없고 컴퓨터 작동에 필요한 파일은 삭제할 수 없음 • 다른 사용자나 컴퓨터 보안에 영향을 주는 설정은 변경할 수 없음

- **시스템 정보**
  - **실행 방법** : [설정]-[시스템]-[정보]를 클릭함, ⊞+X, Y
  - **[정보]** : PC가 모니터링되고 보호되는 상황(바이러스 및 위협 방지, 방화벽 및 네트워크 보호, 웹 및 브라우저 컨트롤, 계정 보호, 장치 보안 등)에 대해 알 수 있음
  - **[장치 사양]** : 디바이스 이름, 프로세서(CPU), 설치된 RAM, 장치 ID, 제품 ID, 시스템 종류(32/64비트 운영체제), 펜 및 터치 등에 대해 알 수 있음
  - **[이 PC의 이름 바꾸기]** : 현재 설정되어 있는 PC의 이름을 변경할 수 있으며, 변경 후 시스템을 다시 시작해야 완전히 변경됨
  - **[Windows 사양]** : 에디션, 버전, 설치 날짜, OS 빌드, 경험 등을 알 수 있음
  - **[제품 키 변경 또는 Windows 버전 업그레이드]** : 정품 인증 및 제품 키 업데이트(제품 키 변경), Microsoft 계정 추가를 할 수 있음

다음 중 Windows에서 [설정]의 [시스템]-[정보]에 대한 설명으로 옳지 않은 것은?

① Windows의 버전과 CPU의 종류, RAM의 크기를 직접 변경할 수 있다.

② 현재 설정되어 있는 PC의 이름을 변경할 수 있다.

③ 컴퓨터 시스템의 종류와 제품 ID를 확인할 수 있다.

④ Windows의 정품 인증을 받을 수 있다.

Windows의 버전과 CPU의 종류, RAM의 크기를 알 수는 있지만 직접 변경할 수는 없음

05 | 네트워크 명령어

- ■+R [실행]에서 『CMD』를 입력하여 실행
- 명령어는 대·소문자 상관없이 사용할 수 있음

명령	기능
ipconfig	사용자 자신의 컴퓨터 IP 주소를 확인하는 명령
ping	네트워크의 현재 상태나 다른 컴퓨터의 네트워크 접속 여부를 확인하는 명령
tracert	네트워크에 연결된 컴퓨터의 경로(라우팅 경로)를 추적할 때 사용하는 명령

다음 중 네트워크와 관련하여 Ping 서비스에 대한 설명으로 옳은 것은?

① 인터넷의 기원, 구성, 사용 가능한 인터넷 서비스 등 기초적인 정보를 제공하는 서비스이다.

② 웹 브라우저와 웹 서버 사이의 정보 전달을 위한 인터페이스를 제공해 주는 서비스이다.

③ DNS가 가지고 있는 특정 도메인의 IP 주소를 검색해 주는 서비스이다.

④ 지정된 호스트에 대해 네트워크층의 통신이 가능한지의 여부를 확인하는 서비스이다.

06 | 문자 표현 코드

BCD 코드 (2진화 10진)	• Zone은 2비트, Digit는 4비트로 구성됨 • 6비트로 2^6=64가지의 문자 표현이 가능함 • 영문자의 대소문자를 구별하지 못함
ASCII 코드 (미국 표준)	• Zone은 3비트, Digit는 4비트로 구성됨 • 7비트로 2^7=128가지의 표현이 가능함 • 일반 PC용 컴퓨터 및 데이터 통신용 코드 • 대소문자 구별이 가능함 • 확장 ASCII 코드는 8비트를 사용하여 256가지의 문자를 표현함
EBCDIC 코드 (확장 2진화 10진)	• Zone은 4비트, Digit는 4비트로 구성됨 • 8비트로 2^8=256가지의 표현이 가능함 • 확장된 BCD 코드로 대형 컴퓨터에서 사용되는 범용 코드
유니코드(Unicode)	• 2바이트 코드로 세계 각 나라의 언어를 표현할 수 있는 국제 표준 코드 • 한글의 경우 조합, 완성, 옛 글자 모두 표현 가능함 • 16비트이므로 2^{16}인 65,536자까지 표현 가능함

※ 해밍 코드(Hamming Code) : 에러 검출과 교정이 가능한 코드로, 최대 2비트까지 에러를 검출하고 1비트의 에러 교정이 가능한 방식

다음 중 컴퓨터에서 문자를 표현하는 코드 체계에 대한 설명으로 옳지 않은 것은?

① BCD 코드 : 64가지의 문자를 표현할 수 있으나 영문 소문자는 표현 불가능하다.

② Unicode : 세계 각국의 언어를 4바이트 체계로 통일한 국제 표준 코드이다.

③ ASCII 코드 : 128가지의 문자를 표현할 수 있으며, 주로 데이터 통신용이나 PC에서 많이 사용된다.

④ EBCDIC 코드 : BCD 코드를 확장한 코드 체계로 256가지의 문자를 표현할 수 있다.

정답 05 ④ 06 ②

07 | 제어 장치

구성 장치	기능
프로그램 카운터 (Program Counter)	다음에 수행할 명령어의 번지(주소)를 기억하는 레지스터
명령 해독기 (Instruction Decoder)	수행해야 할 명령어를 해석하여 부호기로 전달하는 회로
번지 해독기 (Address Decoder)	명령 레지스터로부터 보내온 번지(주소)를 해석하는 회로
부호기 (Encoder)	명령 해독기에서 전송된 명령어를 제어에 필요한 신호로 변환하는 회로
명령 레지스터 (IR : Instruction Register)	현재 수행 중인 명령어를 기억하는 레지스터
번지 레지스터 (MAR : Memory Address Register)	주소를 기억하는 레지스터
기억 레지스터 (MBR : Memory Buffer Register)	내용(자료)을 기억하는 레지스터

다음 중 컴퓨터의 제어 장치에 있는 레지스터에 관한 설명으로 옳지 않은 것은?

① 다음번에 실행할 명령어의 번지를 기억하는 프로그램 계수기(PC)가 있다.

② 현재 실행 중인 명령어를 기억하는 명령 레지스터(IR)가 있다.

③ 명령 레지스터에 있는 명령어를 해독하는 명령 해독기(Decoder)가 있다.

④ 해독된 데이터의 음수 부호를 검사하는 부호기(Encoder)가 있다.

08 | 연산 장치

구성 장치	기능
가산기 (Adder)	2진수 덧셈을 수행하는 회로
보수기 (Complementer)	뺄셈을 수행하기 위하여 입력된 값을 보수로 변환하는 회로
누산기 (ACCumulator)	중간 연산 결과를 일시적으로 기억하는 레지스터
데이터 레지스터 (Data Register)	연산한 데이터를 기억하는 레지스터
프로그램 상태 워드 (PSW : Program Status Word)	명령어 실행 중에 발생하는 CPU의 상태 정보를 저장하는 상태 레지스터(Status Register)

다음 중 컴퓨터의 연산 장치에 관한 설명으로 옳지 않은 것은?

① 연산 장치가 수행하는 연산에는 산술, 논리, 관계, 이동(Shift) 연산 등이 있다.

② 연산 장치에는 뺄셈을 수행하기 위하여 입력된 값을 보수로 변환하는 보수기(Complementer)와 2진수 덧셈을 수행하는 가산기(Adder)가 있다.

③ 누산기(Accmulator)는 연산된 결과를 일시적으로 저장하는 레지스터이다.

④ 연산 장치에는 다음번 연산에 필요한 명령어의 번지를 기억하는 프로그램 카운터(Program Counter)를 포함한다.

09 | 주기억 장치

- ROM(Read Only Memory)
  - 한 번 기록한 정보에 대해 오직 읽기만을 허용하도록 설계된 비휘발성 기억 장치
  - 수정이 필요 없는 기본 입출력 프로그램이나 글꼴 등의 펌웨어(Firmware)를 저장
- RAM(Random Access Memory)
  - 실행 중인 프로그램이나 데이터를 저장하며, 자유롭게 읽고 쓰기가 가능한 주기억 장치
  - 전원이 공급되지 않으면 기억된 내용이 사라지는 휘발성(소멸성) 메모리

종류	특징
SRAM (Static RAM)	• 정적인 램으로, 전원이 공급되는 한 내용이 그대로 유지됨 • 가격이 비싸고, 용량이 적으나 속도가 빨라 캐시(Cache) 메모리 등에 이용됨
DRAM (Dynamic RAM)	• 구조는 단순하지만 가격이 저렴하고 집적도가 높아 PC의 메모리로 이용됨 • 일정 시간이 지나면 전하가 방전되므로 재충전(Refresh) 시간이 필요함

다음 중 컴퓨터의 내부 기억 장치에 관한 설명으로 옳은 것은?

① RAM은 일시적으로 전원 공급이 없더라도 내용은 계속 기억된다.
② SRAM이 DRAM보다 접근 속도가 느리다.
③ 주기억 장치의 접근 속도 개선을 위하여 가상 메모리가 사용된다.
④ ROM에는 BIOS, 기본 글꼴, POST 시스템 등이 저장되어 있다.

10 | 기타 기억 장치

- 캐시 메모리(Cache Memory)
  - 휘발성 메모리로, 속도가 빠른 CPU와 상대적으로 속도가 느린 주기억 장치 사이에 있는 고속의 버퍼 메모리
  - 자주 참조되는 데이터나 프로그램을 메모리에 저장
  - 컴퓨터의 처리 속도를 향상시켜 메모리 접근 시간을 감소시키는 데 목적이 있음
  - 캐시 메모리는 SRAM 등이 사용되며, 주기억 장치보다 소용량으로 구성
- 버퍼 메모리(Buffer Memory)
  - 읽거나 기록한 데이터를 일시적으로 기억할 수 있는 메모리
  - 두 개의 장치 사이에 위치하여 두 개의 장치가 데이터를 주고받을 때 생기는 속도 차이를 해결하기 위하여 중간에 데이터를 임시로 저장해 두는 공간
- 연관 메모리(Associative Memory)
  - 저장된 내용의 일부를 이용하여 기억 장치에 접근하여 데이터를 읽어오는 기억 장치
  - 캐시 메모리에서 특정 내용을 찾는 방식 중 매핑 방식에 주로 사용됨
  - CAM(Content Addressable Memory)이라고도 함
  - 메모리에 기억된 정보를 찾는데 저장된 내용에 의하여 접근함(병렬 탐색 가능)
- 가상 메모리(Virtual Memory)
  - 보조 기억 장치의 일부, 즉 하드디스크의 일부를 주기억 장치처럼 사용하는 메모리 사용 기법으로, 기억 장소를 주기억 장치의 용량으로 제한하지 않고, 보조 기억 장치까지 확대하여 사용함
  - 주기억 장치보다 큰 프로그램을 로드하여 실행할 경우에 유용함
  - 기억 공간의 확대에 목적이 있음(처리 속도 향상 아님)
  - 가상 기억 장치로는 임의 접근이 가능한 자기 디스크를 많이 사용함

다음 중 컴퓨터의 기억 장치에 관한 설명으로 옳지 않은 것은?

① 캐시 메모리(Cache Memory)는 CPU와 주기억 장치 사이에 위치하여 컴퓨터의 처리 속도를 향상시키는 역할을 하며 주로 동적 램(DRAM)을 사용한다.
② 가상 메모리(Virtual Memory)는 하드디스크의 일부를 주기억 장치처럼 사용하는 것으로 주기억 장치보다 큰 프로그램을 실행시킬 수 있다.
③ 버퍼 메모리(Buffer)는 두 개의 장치가 데이터를 주고받을 때 생기는 속도 차이를 해결하기 위하여 중간에 데이터를 임시로 저장해 두는 공간이다.
④ 연관 메모리(Associative Memory)는 저장된 내용의 일부를 이용하여 기억 장치에 접근하여 데이터를 읽어 오는 기억 장치이다.

정답 09 ④ 10 ①

합격 강의

11 | USB(Universal Serial Bus) 포트

- 허브(Hub)를 사용하면 최대 127개의 주변기기 연결이 가능하며, 기존의 직렬, 병렬, PS/2포트 등을 하나의 포트로 대체하기 위한 범용 직렬 버스 장치
- 직렬 포트나 병렬 포트보다 빠른 속도로 데이터를 전송함
- 핫 플러그 인, 플러그 앤 플레이를 지원함
- USB 1.0에서는 1.5Mbps, USB 1.1에서는 최대 12Mbps, USB 2.0에서는 최대 480Mbps, USB 3.0에서는 최대 5Gbps, USB 3.1에서는 최대 10Gbps로 빨라짐
- USB 2.0의 포트 색깔은 검정색 또는 흰색이며 USB 3.0의 포트 색깔은 파랑색임

다음 중 Windows에서 사용하는 USB(Universal Serial Bus)에 대한 설명으로 옳은 것은?

① USB는 범용 병렬 장치를 연결할 수 있게 해주는 컴퓨터 인터페이스이다.

② 핫 플러그인(Hot Plug In) 기능은 지원하지 않으나 플러그 앤 플레이(Plug & Play) 기능은 지원한다.

③ USB 3.0은 이론적으로 최대 5Gbps의 전송 속도를 가지며, PC 및 연결기기, 케이블 등의 모든 USB 3.0 단자는 파란색으로 되어 있어 이전 버전과 구분이 된다.

④ 허브를 이용하여 하나의 USB 포트에 여러 개의 주변기기를 연결할 수 있으며, 최대 256개까지 연결할 수 있다.

 합격 강의

12 | 저작권에 따른 소프트웨어의 구분

상용 소프트웨어 (Commercial Software)	정식 대가를 지불하고 사용하는 프로그램으로 해당 프로그램의 모든 기능을 사용할 수 있음
공개 소프트웨어 (Freeware)	개발자가 무료로 자유로운 사용을 허용한 소프트웨어
셰어웨어 (Shareware)	정식 프로그램의 구매를 유도하기 위해 기능이나 사용 기간에 제한을 두어 무료로 배포하는 프로그램
에드웨어 (Adware)	광고가 소프트웨어에 포함되어 이를 보는 조건으로 무료로 사용할 수 있는 소프트웨어
데모 버전 (Demo Version)	정식 프로그램의 기능을 홍보하기 위해 사용 기간이나 기능을 제한하여 배포하는 프로그램
트라이얼 버전 (Trial Version)	상용 소프트웨어를 일정 기간 동안 사용해 볼 수 있는 체험판 소프트웨어
알파 버전 (Alpha Version)	베타 테스트를 하기 전에 제작 회사 내에서 테스트할 목적으로 제작하는 프로그램
베타 버전 (Beta Version)	정식 프로그램을 발표하기 전에 테스트를 목적으로 일반인에게 공개하는 프로그램
패치 프로그램 (Patch Program)	이미 제작하여 배포된 프로그램의 오류 수정이나 성능 향상을 위하여 프로그램 일부를 변경해 주는 프로그램
번들 프로그램 (Bundle Program)	특정한 하드웨어나 소프트웨어를 구매하였을 때 끼워주는 소프트웨어

다음 중 소프트웨어의 사용권에 따른 분류에 대한 설명으로 옳지 않은 것은?

① 애드웨어 : 배너 광고를 보는 대가로 무료로 사용하는 소프트웨어이다.

② 셰어웨어 : 정식 버전이 출시되기 전에 프로그램에 대한 일반인의 평가를 받기 위해 제작된 소프트웨어이다.

③ 번들 : 특정한 하드웨어나 소프트웨어를 구매하였을 때 포함하여 주는 소프트웨어이다.

④ 프리웨어 : 돈을 내지 않고도 사용 가능하고 다른 사람에게 전달해 줄 수 있는 소프트웨어이다.

정답 11 ③ 12 ②

참고 파트01-챕터03-섹션12

 합격 강의

13 | 웹 프로그래밍 언어

자바(Java)	• 자바의 원시 코드를 고쳐 쓰거나 재컴파일할 필요가 없기 때문에 기종이나 운영체제와 무관한 응용 프로그램의 개발 도구로 각광받고 있음 • 멀티스레드를 지원하고 각각의 스레드는 독립적으로 동시에 서로 다른 일을 처리함 • 특정 컴퓨터 구조와 무관한 가상 바이트 머신 코드를 사용하므로 플랫폼이 독립적임 • 바이트 머신 코드를 생성함
ASP (Active Server Page)	• Windows 환경에서 동적인 웹 페이지를 제작할 수 있는 스크립트 언어 • HTML 문서에 명령어를 삽입하여 사용하며, 자바스크립트와는 달리 서버측에서 실행됨
PHP(Professional Hypertext Preprocessor)	웹 서버에서 작동하는 스크립트 언어로, UNIX, Linux, Windows 등의 환경에서 작동함
JSP (Java Server Page)	ASP, PHP와 동일하게 웹 서버에서 작동하는 스크립트 언어

다음 중 Java 언어에 대한 설명으로 옳지 않은 것은?

① 객체 지향 언어로 추상화, 상속화, 다형성과 같은 특징을 가진다.
② 인터프리터를 이용한 프로그래밍 언어로 특히 인공지능 분야에서 널리 사용되고 있다.
③ 네트워크 환경에서 분산 작업이 가능하도록 설계되었다.
④ 특정 컴퓨터 구조와 무관한 가상 바이트 머신 코드를 사용하므로 플랫폼이 독립적이다.

참고 파트01-챕터04-섹션01

 합격 강의

14 | IPv6 주소

• 인터넷에 연결된 컴퓨터의 고유한 주소
• IPv6 주소체계는 128비트를 16비트씩 8부분으로 나누어 각 부분을 콜론(:)으로 구분함
• IPv6은 IPv4와 호환이 되며 16진수로 표기, 각 블록에서 선행되는 0은 생략할 수 있으며 연속된 0의 블록은 ::으로 한 번만 생략 가능함
• IPv6의 주소 개수는 약 43억의 네제곱임
• 주소 체계는 유니캐스트(Unicast), 애니캐스트(Anycast), 멀티캐스트(Multicast) 등 세 가지로 나뉨
• 인증 서비스, 비밀성 서비스, 데이터 무결성 서비스를 제공함으로써 보안 문제를 해결할 수 있음

다음 중 인터넷에서 사용하는 IPv6에 관한 설명으로 옳지 않은 것은?

① IPv4와의 호환성이 우수하다.
② 128비트의 주소를 사용하며, 주소의 각 부분은 .(Period)로 구분한다.
③ 실시간 흐름제어로 향상된 멀티미디어 기능을 지원한다.
④ 인증성, 기밀성, 데이터 무결성의 지원으로 보안 문제를 해결할 수 있다.

정답 13 ② 14 ②

15 | FTP(File Transfer Protocol)

- 파일 전송 프로토콜로, 파일을 전송하거나 받을 때 사용하는 서비스
- 바이너리(Binary) 모드는 그림 파일, 동영상 파일이나 실행 파일의 전송에 이용됨
- 아스키(ASCII) 모드는 아스키 코드의 텍스트 파일 전송에 이용됨
- 파일의 업로드나 다운로드 서비스를 제공하는 컴퓨터를 FTP 서버, 파일을 제공 받는 컴퓨터를 FTP 클라이언트라고 함
- 계정(Account) 없이 FTP를 사용할 수 있는 서버를 Anonymous FTP 서버라 함
- 일반적으로 Anonymous FTP 서버의 아이디(ID)는 Anonymous 이며 비밀번호는 자신의 E-Mail 주소로 설정함

다음 중 인터넷을 이용한 FTP(File Transfer Protocol)에 관한 설명으로 옳지 않은 것은?

① 멀리 떨어져 있는 컴퓨터로부터 파일을 전송받거나 전송하는 서비스를 의미한다.

② 익명의 계정을 이용하여 파일을 전송할 수 있는 서버를 Anonymous FTP 서버라고 한다.

③ FTP 서버에 계정을 가지고 있는 사용자는 FTP 서버에 있는 프로그램을 다운로드 없이 실행시킬 수 있다.

④ 일반적으로 텍스트 파일의 전송을 위한 ASCII 모드와 실행 파일의 전송을 위한 Binary 모드로 구분하여 수행한다.

16 | 그래픽 데이터의 표현 방식

비트맵 (Bitmap)	• 이미지를 점(Pixel, 화소)의 집합으로 표현하는 방식 • 고해상도를 표현하는 데 적합하지만 파일 크기가 커지고, 이미지를 확대하면 계단 현상이 발생함 • 다양한 색상을 이용하기 때문에 사실적 이미지 표현이 용이함 • Photoshop, Paint Shop Pro 등이 대표적인 소프트웨어임 • 비트맵 형식으로는 BMP, JPG, PCX, TIF, PNG, GIF 등이 있음
벡터 (Vector)	• 이미지를 점과 점을 연결하는 직선이나 곡선을 이용하여 표현하는 방식 • 그래픽의 확대·축소 시 계단 현상이 발생하지 않지만 고해상도 표현에는 적합하지 않음 • Illustrator, CorelDraw, 플래시 등이 대표적인 소프트웨어 • 벡터 파일 형식으로는 WMF, AI, CDR 등이 있음

다음 중 컴퓨터 그래픽과 관련하여 이미지를 표현하는 방식 중 비트맵(Bitmap) 방식에 관한 설명으로 옳지 않은 것은?

① 점과 점을 연결하는 직선이나 곡선을 이용하여 이미지를 표현하는 방식이다.

② 다양한 색상을 이용하기 때문에 사실적 표현이 용이하다.

③ 이미지를 확대하면 테두리가 거칠게 표현된다.

④ 비트맵 파일 형식으로는 BMP, TIF, GIF, JPEG 등이 있다.

17 | 그래픽 관련 용어

렌더링 (Rendering)	컴퓨터 그래픽에서 3차원 질감(그림자, 색상, 농도 등)을 줌으로써 사실감을 추가하는 과정
디더링 (Dithering)	표현할 수 없는 색상이 존재할 경우, 다른 색상들을 섞어서 비슷한 색상을 내는 효과
인터레이싱 (Interlacing)	화면에 이미지를 표시할 때 한 번에 표시하지 않고 천천히 표시되면서 선명해지는 효과
모핑 (Morphing)	사물의 형상을 다른 모습으로 서서히 변화시키는 기법으로 영화의 특수 효과에서 많이 사용함
모델링 (Modeling)	물체의 형상을 컴퓨터 내부에서 3차원 그래픽으로 어떻게 표현할 것인지를 정하는 과정
안티 앨리어싱 (Anti-aliasing)	3D의 텍스처에서 몇 개의 샘플을 채취해서 사물의 색상을 변경함으로써 계단 부분을 뭉개고 곧게 이어지는 듯한 화질을 형성하게 하는 것

다음 중 멀티미디어 그래픽과 관련하여 렌더링(Rendering) 기법에 대한 설명으로 옳은 것은?

① 제한된 색상을 조합하여 새로운 색을 만드는 기술이다.
② 2개의 이미지를 부드럽게 연결하여 변환하는 기술이다.
③ 3차원 그래픽에서 화면에 그린 물체의 모형에 명암과 색상을 입혀 사실감을 더해주는 기술이다.
④ 그림의 경계선을 부드럽게 처리해주는 필터링 기술이다.

18 | 네트워크 접속 장비

허브(Hub)	네트워크에서 연결된 각 회선이 모이는 집선 장치로서 각 회선을 통합적으로 관리하는 방식
라우터(Router)	데이터 전송을 위한 최적의 경로를 찾아 통신망에 연결하는 장치
브리지(Bridge)	독립된 두 개의 근거리 통신망(LAN)을 연결하는 접속 장치
리피터 (Repeater)	장거리 전송을 위해 신호를 새로 재생시키거나 출력 전압을 높여 전송하는 장치
게이트웨이 (Gateway)	네트워크에서 다른 네트워크로 들어가는 관문의 기능을 수행하는 지점을 말하며, 서로 다른 프로토콜을 사용하는 네트워크를 연결할 때 사용하는 장치

다음 중 정보 통신에 사용되는 네트워크 장비인 라우터(Router)에 관한 설명으로 옳은 것은?

① 네트워크를 구성할 때 각 회선을 통합적으로 관리하여 한꺼번에 여러 대의 컴퓨터를 연결하는 장치이다.
② 디지털 신호의 장거리 전송을 위해 수신한 신호를 재생시키거나 출력 전압을 높여주는 장치이다.
③ 네트워크에서 통신을 위해 가장 최적의 경로를 설정하여 전송하고 데이터의 흐름을 제어하는 장치이다.
④ 다른 네트워크로 데이터를 보내거나 받아들이는 역할을 하는 장치이다.

참고 파트01-챕터05-섹션02

▶ 합격 강의

19 | 방화벽(Firewall)

- 방화벽은 인터넷의 보안 문제로부터 특정 네트워크를 격리시키는 데 사용하는 시스템
- 내부망과 외부망 사이의 상호 접속이나 데이터 전송을 안전하게 통제하기 위한 보안 기능
- 외부의 불법 침입으로부터 내부의 정보 자산을 보호
- 외부로부터 유해 정보 유입을 차단하기 위한 정책과 이를 지원하는 하드웨어 및 소프트웨어를 총칭
- 외부에서 내부 네트워크로 들어오는 패킷은 내용을 엄밀히 체크하여 인증된 패킷만 통과시키는 구조
- 외부로부터의 침입을 막을 수는 있지만, 내부에서 일어나는 해킹은 막을 수 없음
- 역추적 기능이 있어서 외부의 침입자를 역추적하여 흔적을 찾을 수 있음

다음 중 인터넷에서 방화벽을 사용하는 이유로 적절하지 않은 것은?

① 외부로부터 허가받지 않은 불법적인 접근이나 해커의 공격으로부터 내부의 네트워크를 효과적으로 보호할 수 있다.

② 방화벽의 접근제어, 인증, 암호화와 같은 기능으로 네트워크를 보호할 수 있다.

③ 역추적 기능이 있어서 외부의 침입자를 역추적하여 흔적을 찾을 수 있다.

④ 방화벽을 이용하면 외부의 보안이 완벽하며, 내부의 불법적인 해킹도 막을 수 있다.

참고 파트01-챕터05-섹션02

▶ 합격 강의

20 | 암호화 기법

비밀키 암호화 (대칭키, 단일키)	• 송신자와 수신자가 서로 동일(대칭)한 하나(단일)의 비밀키를 가짐 • 암호화와 복호화의 속도가 빠름 • 단일키이므로 알고리즘이 간단하고 파일의 크기가 작음 • 사용자가 많아지면 관리할 키의 개수가 늘어남 • 대표적인 방식은 DES가 있음
공개키 암호화 (비대칭키, 이중키)	• 암호화키와 복호화키가 서로 다른(비대칭) 두 개(이중키)의 키를 가짐 • 암호화와 복호화의 속도가 느림 • 암호화는 공개키로, 복호화는 비밀키로 함 • 이중키이므로 알고리즘이 복잡하고 파일의 크기가 큼 • 암호화가 공개키이므로 키의 분배가 쉽고, 관리할 키의 개수가 줄어듦 • 대표적인 방식으로는 RSA가 있음

다음 중 정보보안을 위한 비밀키 암호화 기법에 대한 설명으로 옳지 않은 것은?

① 비밀키 암호화 기법의 안전성은 키의 길이 및 키의 비밀성 유지 여부에 영향을 많이 받는다.

② 암호화와 복호화 시 사용하는 키가 동일한 암호화 기법이다.

③ 알고리즘이 복잡하여 암호화나 복호화를 하는 속도가 느리다는 단점이 있다.

④ 사용자의 증가에 따라 관리해야 할 키의 수가 많아진다.

참고 파트02-챕터02-섹션01

▶ 합격 강의

21 | 데이터 입력 방법

Enter	다음 행으로 셀 포인터를 이동
Shift + Enter	윗 행으로 셀 포인터를 이동
Esc	입력 중인 데이터를 취소
강제로 줄 바꿈	• 데이터 입력 후 Alt + Enter 를 누르면 동일한 셀에서 줄이 바뀌며, 이 때 두 줄 이상의 데이터를 입력할 수 있음 • [셀 서식]의 [맞춤] 탭에서 [자동 줄 바꿈] 확인란을 선택하면 셀 너비에 맞추어 자동으로 줄이 바뀜
동일한 데이터 입력하기	범위를 지정하고 데이터 입력 후 Ctrl + Enter 나 Ctrl + Shift + Enter 를 누르면 선택 영역에 동일한 데이터가 한꺼번에 입력됨

다음 중 엑셀의 데이터 입력에 대한 설명으로 옳지 않은 것은?

① 한 셀에 여러 줄의 데이터를 입력하려면 Alt + Enter 를 사용한다.

② 셀에 데이터를 입력하고 Shift + Enter 를 누르면 셀 입력이 완료되고 바로 아래의 셀이 선택된다.

③ 같은 데이터를 여러 셀에 한 번에 입력하려면 Ctrl + Enter 를 사용한다.

④ 수식이 들어 있는 셀을 선택하고 채우기 핸들을 두 번 클릭하면 수식이 적용되는 모든 인접한 셀에 대해 아래쪽으로 수식을 자동 입력할 수 있다.

참고 파트02-챕터02-섹션01

▶ 합격 강의

22 | 각종 데이터 입력

• **한자 입력** : 한자의 음을 한글로 입력한 다음 한자를 누르고 목록에서 원하는 한자를 선택함
• **특수 문자** : [삽입] 탭-[기호] 그룹-[기호]를 실행하거나 한글 자음(ㄱ,ㄴ,ㄷ,…,ㅎ) 중의 하나를 누르고 한자를 눌러 목록에서 원하는 특수 문자를 선택함
• 분수는 숫자와 공백으로 시작하여(한 칸 띄운 다음에) 입력(예 0 2/3)
• 숫자로만 된 데이터를 문자 데이터로 입력하려면 데이터 앞에 작은따옴표(')를 먼저 입력(예 '010, '007)

다음 중 자료 입력에 대한 설명으로 옳지 않은 것은?

① 한자를 입력하려면 한글을 입력한 후 키보드의 한자를 눌러 변환한다.

② 특수문자를 입력하려면 먼저 한글 자음을 입력한 후 키보드의 한/영을 눌러 원하는 특수문자를 선택한다.

③ 숫자 데이터를 문자 데이터로 입력하려면 숫자 데이터 앞에 문자 접두어(')를 입력한다.

④ 분수 앞에 정수가 없는 일반 분수를 입력하려면 '0'을 먼저 입력하고 Space Bar 를 눌러 빈 칸을 한 개 입력한 후 '3/8'과 같이 분수를 입력한다.

정답 21 ② 22 ②

참고 파트02-챕터02-섹션06 ▶합격 강의

23 | 사용자 지정 표시 형식

- ; : 양수, 음수, 0값을 세미콜론(;)으로 구분함
- # : 유효 자릿수만 나타내고 유효하지 않은 0은 표시하지 않음
- 0 : 유효하지 않은 자릿수를 0으로 표시함
- ? : 유효하지 않은 자릿수를 공백으로 표시함
- , : 천 단위 구분 기호로 쉼표를 삽입, ,(쉼표) 이후에 더 이상 코드가 없으면 천 단위 배수로 표시함
- [글꼴색] : 각 구역의 첫 부분에 지정하며 대괄호 안에 글꼴 색을 입력함
- [조건] : 조건과 일치하는 숫자에만 서식을 적용하고자 할 때 사용, 조건은 대괄호로 묶어 입력하며 비교 연산자와 값으로 이루어짐

다음 중 아래 조건을 처리하는 셀 서식의 사용자 지정 표시 형식으로 옳은 것은?

> 셀의 값이 1000 이상이면 '파랑', 1000 미만 500 이상이면 '빨강', 500 미만이면 색을 지정하지 않고, 각 조건에 대해 천 단위 구분 기호(,)와 소수 이하 첫째 자리까지 표시한다.
> [표시 예] 1234.56 → 1,234.6, 432 → 432.0

① [파랑][>=1000]#,##0.0;[빨강][>=500]#,##0.0;#,##0.0

② [파랑][>=1000]#,###.#;[빨강][>=500]#,###.#;#,###.#

③ [>=1000]〈파랑〉#,##0.0;[>=500]〈빨강〉#,##0.0;#,##0.0

④ [>=1000]〈파랑〉#,###.#;[>=500]〈빨강〉#,###.#;#,###.#

참고 파트02-챕터02-섹션07 ▶합격 강의

24 | 조건부 서식

- 특정한 규칙을 만족하는 셀에 대해서만 각종 서식, 테두리, 셀 배경색 등의 서식을 설정함
- [홈] 탭-[스타일] 그룹-[조건부 서식]에서 선택하여 적용함
- 조건부 서식은 기존의 셀 서식에 우선하여 적용됨
- 여러 개의 규칙이 모두 만족될 경우 지정한 서식이 충돌하지 않으면 규칙이 모두 적용되며, 서식이 충돌하면 우선순위가 높은 규칙의 서식이 적용됨
- 규칙의 개수에는 제한이 없음
- 서식이 적용된 규칙으로 셀 값 또는 수식을 설정할 수 있음. 규칙을 수식으로 입력할 경우 수식 앞에 등호(=)를 반드시 입력해야 함

다음 중 아래의 [A1:E5] 영역에서 B열과 D열에만 배경색을 설정하기 위한 조건부 서식의 규칙으로 옳은 것은?

▲	A	B	C	D	E
1	자산코드	L47C	S22C	N71E	S34G
2	비품명	디스크	디스크	디스크	모니터
3	내용연수	4	3	3	5
4	경과연수	2	1	2	3
5	취득원가	550,000	66,000	132,000	33,000

① =MOD(COLUMNS($A1),2)=1

② =MOD(COLUMNS(A$1),2)=0

③ =MOD(COLUMN($A1),2)=0

④ =MOD(COLUMN(A$1),2)=0

COLUMN은 열 번호를 구해주며 열을 2로 나눈 나머지를 MOD 함수로 구한 결과가 0인 경우 짝수 열이므로 [A1:E5] 영역일 경우 B열과 D열에만 배경색을 설정하기 위한 조건부 서식 규칙에 해당됨

25 | 수학 / 통계 함수

ABS(수)	수의 절대값(부호 없는 수)을 구함
INT(수)	수를 가장 가까운 정수로 내린 값을 구함
SUM(수1, 수2,…)	인수로 지정한 숫자의 합계를 구함 (인수는 1~255개까지 사용)
AVERAGE(수1,수2,…)	인수로 지정한 숫자의 평균을 구함
TRUNC(수1, 수2)	• 수1을 무조건 내림하여 자릿수(수2) 만큼 반환함 • 수2를 생략하면 0으로 처리됨
MOD(수1, 수2)	수1을 수2로 나눈 나머지 값(수2가 0 이면 #DIV/0! 오류 발생)을 구함
POWER(수1, 수2)	수1을 수2만큼 거듭 제곱한 값을 구함
ROUND(수1, 수2)	수1을 반올림하여 자릿수(수2)만큼 반환함
SQRT(수)	수의 양의 제곱근(인수에 음수를 지 정하면 #NUM! 오류 발생)을 구함
CHOOSE(인덱스 번 호, 인수1, 인수2,…)	인덱스 번호에 따라 값이나 작업을 선택할 때 사용되는 인수로 254개까 지 지정할 수 있음
COUNTA (인수1, 인수2 …)	공백이 아닌 인수의 개수를 구함
MAXA(수1, 수2, …)	• 인수 중에서 최대값을 구함(논리 값, 텍스트로 나타낸 숫자 포함) • TRUE : 1로 계산, 텍스트나 FALSE : 0으로 계산
MINA(수1, 수2, …)	• 인수 중에서 최소값을 구함(논리 값, 텍스트로 나타낸 숫자 포함) • TRUE : 1로 계산, 텍스트나 FALSE : 0으로 계산
SMALL(배열, k)	인수로 지정한 숫자 중 k번째로 작은 값을 구함
LARGE(배열, k)	인수로 지정한 숫자 중 k번째로 큰 값을 구함

다음 중 수식과 그 실행 결과 값의 연결이 옳지 <u>않은</u> 것은?

① =ABS(INT(−7.9)) → 8

② =SUM(TRUNC(45.6), MOD(32,3)) → 47

③ =POWER(ROUND(2.3,0), SQRT(4)) → 9

④ =CHOOSE(3, SUM(10,10), INT(30.50),50) → 50

③ =POWER(ROUND(2.3,0), SQRT(4)) → 4
• ROUND(2.3,0) → 2 (반올림한 값을 구함)
• SQRT(4) → 2 (양의 제곱근을 구함)
• POWER(2,2) → 4 (거듭 제곱한 값을 구함)

26 | 논리, 문자열 함수

• IF(조건, 참, 거짓), LEFT : 왼쪽에서 텍스트 추출, RIGHT : 오 른쪽에서 텍스트 추출
• IFS : 하나 이상의 조건이 충족되는지 확인하고 첫 번째 TRUE 조건에 해당하는 값을 반환하며 여러 중첩된 IF문 대신 사용할 수 있으며 최대 127개까지 조건을 줄 수 있음
• SWITCH : 값의 목록에 대한 하나의 값(식이라고 함)을 계산 하고 첫 번째 일치하는 값에 해당하는 결과를 반환함
• REPLACE : 시작 위치의 바꿀 개수만큼 텍스트1의 일부를 다 른 텍스트2로 교체함
• SUBSTITUTE : 텍스트에서 찾을 위치의 텍스트를 찾아서 새 로운 텍스트로 대체함
• CONCAT : 텍스트를 연결하여 나타냄

다음 워크시트에서 [A] 열의 사원코드 중 첫 문자가 A 이면 50, B이면 40, C이면 30의 기말수당을 지급하 고자 할 때 수식으로 옳은 것은?

◢	A	B
1	사원코드	기말수당
2	A101	50
3	B101	40
4	C101	30
5	* 수당단위는 천원임	

① =IF(LEFT(A2,1)="A",50,IF(LEFT(A2,1)= "B",40,30))

② =IF(RIGHT(A2,1)="A",50,IF(RIGHT(A2,1)= "B",40,30))

③ =IF(LEFT(A2,1)='A',50,IF(LEFT(A2,1)= 'B',40,30))

④ =IF(RIGHT(A2,1)='A',50,IF(RIGHT(A2,1)= 'B',40,30))

① =IF(LEFT(A2,1)="A",50,IF(LEFT(A2,1)="B",40,30))
→ A2 셀의 텍스트 데이터 "A101"의 왼쪽에서 1자리를 추출하여 "A"와 같으면 50, "B"이면 40 아니면 30을 결과로 나타냄

합격 강의

27 | 찾기, 참조 함수

- **XLOOKUP(찾을 값, 찾을 범위, 반환 범위, 찾을 값 없을 때 텍스트, 일치 유형, 검색 방법)** : "찾을 값"을 "찾을 범위"에서 찾아서 "반환 범위"의 값을 반환함
- **VLOOKUP(값, 범위, 열 번호, 방법)** : 범위의 첫 번째 열에서 값을 찾아 지정한 열에서 대응하는 값을 반환함
- **HLOOKUP(값, 범위, 행 번호, 방법)** : 범위의 첫 번째 행에서 값을 찾아 지정한 행에서 대응하는 값을 반환함
- **CHOOSE(인덱스번호, 인수1, 인수2, …)** : 인덱스 번호에 의해 인수를 순서대로 선택함
- **CELL(정보 유형, 참조 영역)** : 참조 영역의 정보 유형을 반환함
- **정보 유형 "row"** : 참조 영역 안에서 셀의 행 번호를 반환
- **TYPE(숫자, 텍스트, 논리값 등)** : 값의 유형을 반환함

값(Value)	TYPE 결과
숫자	1
텍스트	2
논리값	4
오류값	16
배열	64
복합 데이터	128

- **OFFSET(기준 셀 범위, 행 수, 열 수, 구할 셀 높이, 구할 셀 너비)** : 셀 범위에서 지정한 행 수와 열 수인 범위에 대한 참조를 구함, 행 수는 양수는 아래 방향, 음수는 위 방향, 열 수는 양수는 오른쪽 방향, 음수는 왼쪽 방향을 의미함
- **INDEX(셀 범위, 행 번호, 열 번호)** : 셀 범위에서 행, 열 번호 값을 산출함
- **MATCH(검색 자료, 셀 범위, 검색 유형)** : 셀 범위에서 검색 자료의 상대 위치(몇 번째 행) 또는 열을 표시함
- **XMATCH** : 배열 또는 셀 범위에서 지정된 항목을 검색한 다음 항목의 상대 위치를 반환함. MATCH 함수와 기본 기능은 같으나 XMATCH 함수는 와일드카드 문자를 사용할 수 있으며 검색 방법 기능이 추가됨

다음 중 아래의 워크시트에서 수식의 결과로 '부사장'을 출력하지 않는 것은?

	A	B	C	D
1	사원번호	성명	직함	생년월일
2	101	구민정	영업 과장	1980-12-08
3	102	강수영	부사장	1965-02-19
4	103	김진수	영업 사원	1991-08-03
5	104	박용만	영업 사원	1990-09-19
6	105	이순신	영업 부장	1971-09-20

① =CHOOSE(CELL("row",B3), C2, C3, C4, C5, C6)

② =CHOOSE(TYPE(B4), C2, C3, C4, C5, C6)

③ =OFFSET(A1:A6,2,2,1,1)

④ =INDEX(A2:D6,MATCH(A3, A2:A6, 0), 3)

- CELL("row",B3) → [B3] 셀의 행 번호는 3
- =CHOOSE(3, C2, C3, C4, C5, C6) → 3이므로 세 번째의 C4 값인 "영업사원"이 표시됨

오답 피하기

- TYPE(B4) → B4가 "김진수", 텍스트이므로 2가 산출됨
- =CHOOSE(2, C2, C3, C4, C5, C6) → 2이므로 두 번째의 C3 값인 "부사장"이 표시됨
- =OFFSET(A1:A6,2,2,1,1) → A1을 기준으로 아래로 2행, 오른쪽으로 2열, 셀 높이, 너비가 1이므로 "부사장"이 표시됨
- MATCH(A3, A2:A6, 0) → A3 셀의 값 102를 A2:A6에서 찾아서 102의 위치값 2를 구함
- =INDEX(A2:D6, 2, 3) → A2:D6에서 2행 3열의 값이므로 "부사장"이 표시됨

 합격 강의

28 | D 함수

- **DSUM(데이터베이스, 필드, 조건 범위)** : 조건을 만족하는 필드의 합계를 구함
- **DAVERAGE(데이터베이스, 필드, 조건 범위)** : 조건을 만족하는 필드의 평균을 구함
- **DCOUNT(데이터베이스, 필드, 조건 범위)** : 조건을 만족하는 필드의 개수(수치)를 구함
- **DCOUNTA(데이터베이스, 필드, 조건 범위)** : 조건을 만족하는 모든 필드의 개수를 구함
- **DMAX(데이터베이스, 필드, 조건 범위)** : 조건을 만족하는 필드의 최대값을 구함
- **DMIN(데이터베이스, 필드, 조건 범위)** : 조건을 만족하는 필드의 최소값을 구함

다음 중 아래의 시트에서 수식 =DSUM(A1:D7, 4, B1:B2)을 실행했을 때의 결과 값으로 옳은 것은?

	A	B	C	D
1	성명	부서	1/4분기	2/4분기
2	김남이	영업1부	10	15
3	이지영	영업2부	20	25
4	하나미	영업1부	15	20
5	임진태	영업2부	10	10
6	현민대	영업2부	20	15
7	한민국	영업1부	15	20

① 10 ② 15 ③ 40 ④ 55

=DSUM(A1:D7, 4, B1:B2) : 조건 범위가 [B1:B2]이므로 부서가 '영업1부'인 경우 필드가 4인 2/4분기의 합을 구하므로 결과는 55가 됨(15+20+20)

29 | 배열과 배열 수식 / 배열 함수

- 열은 콤마(,)를 사용하여 구분하고, 행은 세미콜론(;)을 사용하여 구분함
- Ctrl + Shift + Enter 를 누르면 수식은 자동으로 중괄호({ })로 둘러싸이며 배열 수식임을 표시함
- 배열 수식은 기본적으로 행과 열이 서로 대응하는 원소끼리 수행함
- MDETERM : 배열의 행렬식을 구함
- MINVERSE : 배열로 저장된 행렬에 대한 역행렬을 구함
- MMULT : 배열의 행렬 곱을 구함
- PERCENTILE.INC : 범위에서 k번째 백분위수 값을 구함
- FREQUENCY : 값의 범위 내에서 해당 값의 발생 빈도를 계산하여 세로 배열 형태로 나타내 줌

다음 중 배열 수식 및 배열 함수에 대한 설명으로 옳지 않은 것은?

① 배열 수식에서 사용되는 배열 상수에는 숫자, 텍스트, TRUE나 FALSE 등의 논리값 또는 #N/A와 같은 오류 값이 포함될 수 있다.

② MDETERM 함수는 배열로 저장된 행렬에 대한 역행렬을 산출한다.

③ PERCENTILE.INC 함수는 범위에서 k번째 백분위수 값을 구하며, 이 때 k는 경계값을 포함한 0에서 1 사이의 수이다.

④ FREQUENCY 함수는 값의 범위 내에서 해당 값의 발생 빈도를 계산하여 세로 배열 형태로 나타낸다.

30 | 정렬

- 오름차순 정렬은 숫자일 경우 작은 값에서 큰 값 순서로 정렬되며, 내림차순 정렬은 그 반대로 재배열됨
- 영문 대/소문자를 구분하여 정렬하는 기능을 제공하며, 오름차순 정렬 시 소문자가 우선순위를 갖음
- **오름차순 정렬** : 숫자 – 기호 문자 – 영문 소문자 – 영문 대문자 – 한글 – 빈 셀(단, 대/소문자 구분하도록 설정했을 때)
- **내림차순 정렬** : 한글 – 영문 대문자 – 영문 소문자 – 기호 문자 – 숫자 – 빈 셀(단, 대/소문자 구분하도록 설정했을 때)
- **정렬 전에 숨겨진 행 및 열 표시** : 숨겨진 열이나 행은 정렬 시 이동되지 않음
- 최대 64개의 열을 기준으로 정렬할 수 있음

다음 중 데이터 정렬 기능에 대한 설명으로 옳지 않은 것은?

① 원칙적으로 숨겨진 행이나 열에 있는 데이터는 정렬에 포함되지 않는다.

② 정렬은 기본적으로 왼쪽에서 오른쪽으로 열 단위로 정렬한다.

③ 영문자는 대/소문자를 구분하여 정렬할 수 있다.

④ 빈 셀은 오름차순/내림차순 정렬 방법에 상관없이 항상 가장 마지막으로 정렬된다.

정답 29 ② 30 ②

참고 파트02-챕터04-섹션02

 합격 강의

31 | 필터

- **자동 필터** : 자동 필터를 이용하여 추출한 데이터는 항상 레코드(행) 단위로 표시, 같은 열에 여러 개의 항목을 동시에 선택하여 데이터를 추출할 수 있음
- **고급 필터** : 조건 범위와 복사 위치는 고급 필터 명령을 실행하기 전에 설정해 놓아야 함, 결과를 '현재 위치에 필터'로 선택한 경우 복사 위치를 지정할 필요가 없으며, [자동필터]처럼 현재 데이터 범위 위치에 고급 필터 결과를 표시함
- **단일 조건** : 첫 행에 필드명을 입력하고, 필드명 아래에 검색할 값을 입력
- **AND 조건** : 첫 행에 필드명을 나란히 입력하고, 동일한 행에 조건을 입력
- **OR 조건** : 첫 행에 필드명을 나란히 입력하고, 서로 다른 행에 조건을 입력
- **복합 조건(AND, OR 결합)** : 첫 행에 필드명을 나란히 입력하고, 동일한 행에 조건을 입력, 그리고 다음 동일한 행에 두 번째 조건을 입력
- 고급 필터에서 조건 범위를 만들 때 만능 문자(?, *)를 사용할 수 있음

다음 중 자동 필터에 관한 설명으로 옳지 <u>않은</u> 것은?

① 날짜가 입력된 열에서 요일로 필터링하려면 '날짜 필터' 목록에서 필터링 기준으로 사용할 요일을 하나 이상 선택하거나 취소한다.

② 두 개 이상의 필드에 조건을 설정하는 경우 필드 간에는 AND 조건으로 결합되어 필터링된다.

③ 열 머리글에 표시되는 드롭다운 화살표에는 해당 열에서 가장 많이 나타나는 데이터 형식에 해당하는 필터 목록이 표시된다.

④ 자동 필터를 사용하면 목록 값, 서식 또는 조건 등 세 가지 유형의 필터를 만들 수 있으며, 각 셀의 범위나 표 열에 대해 한 번에 한 가지 유형의 필터만 사용할 수 있다.

'날짜 필터' 목록에서 필터링 기준으로 사용할 요일은 지원되지 않음

참고 파트02-챕터04-섹션05

 합격 강의

32 | 부분합

- 워크시트에 있는 데이터를 일정한 기준으로 요약하여 통계 처리를 수행함
- 기준이 될 필드(열)로 먼저 정렬(오름차순 또는 내림차순)해야 함
- **그룹화할 항목** : 부분합을 계산할 기준 필드
- **사용할 함수** : 합계, 개수, 평균, 최대값, 최소값, 곱, 숫자 개수, 표본 표준 편차, 표준 편차, 표본 분산, 분산 등 계산 항목에서 선택한 필드를 계산할 방식을 지정함
- **새로운 값으로 대치** : 이미 부분합이 작성된 목록에서 이전 부분합을 지우고 현재 설정대로 새로운 부분합을 작성하여 삽입함
- **모두 제거** : 목록에 삽입된 부분합이 삭제되고, 원래 데이터 상태로 돌아감

다음 중 부분합에 대한 설명으로 옳지 <u>않은</u> 것은?

① 부분합을 작성하려면 첫 행에는 열 이름표가 있어야 하며, 그룹화할 항목을 기준으로 반드시 정렬해야 제대로 된 결과를 얻을 수 있다.

② 그룹화를 위한 데이터의 정렬을 오름차순으로 할 때와 내림차순으로 할 때의 그룹별 부분합의 결과는 서로 다르다.

③ 부분합을 제거하면 부분합과 함께 표에 삽입된 개요 및 페이지 나누기도 모두 제거된다.

④ 부분합 대화 상자에서 '새로운 값으로 대치'를 해제하지 않고 부분합을 실행하면 이전에 작성한 부분합은 삭제되고 새롭게 작성한 부분합만 표시된다.

정답 31 ① 32 ②

참고 파트02-챕터04-섹션05 ▶합격 강의

33 | 데이터 표

- 워크시트에서 특정 데이터를 변화시켜 수식의 결과가 어떻게 변하는지 보여 주는 셀 범위를 데이터 표라고 함
- 데이터 표 범위를 지정한 다음 [데이터] 탭-[예측] 그룹-[가상 분석]을 클릭한 후 [데이터 표] 메뉴를 실행하고, '행 입력 셀'과 '열 입력 셀'을 지정하여 작성함
- 데이터 표의 수식은 데이터 표를 작성하기 위해 필요한 변수가 하나인지 두 개인지에 따라 수식의 작성 위치가 달라짐
- 데이터 표 기능을 통해 입력된 셀의 일부분만 수정하거나 삭제할 수 없음(데이터 표 범위의 전체를 수정해야 함)

아래 시트에서 [표1]의 할인율 [B3]을 적용한 할인가 [B4]를 이용하여 [표2]의 각 정가에 해당하는 할인가 [E3:E6]를 계산하고자 한다. 다음 중 이때 가장 적합한 데이터 도구는?

▲	A	B	C	D	E
1	[표1] 할인 금액			[표2] 할인 금액표	
2	정가	₩10,000		정가	₩9,500
3	할인율	5%		₩10,000	
4	할인가	₩9,500		₩15,000	
5				₩24,000	
6				₩30,000	

① 통합
② 데이터 표
③ 부분합
④ 시나리오 관리자

참고 파트02-챕터04-섹션06 ▶합격 강의

34 | 피벗 테이블/피벗 차트 보고서

- 피벗 테이블은 방대한 양의 자료를 빠르게 요약하여 보여 주는 대화형 테이블
- 피벗 테이블 보고서는 각 필드에 다양한 조건을 지정할 수 있으며, 일정한 그룹별로 데이터 집계가 가능함
- 피벗 차트 작성 시 자동으로 피벗 테이블도 함께 만들어짐. 즉, 피벗 테이블을 만들지 않고는 피벗 차트를 만들 수 없음
- 피벗 테이블과 피벗 차트를 함께 만든 후에 작성된 피벗 테이블을 삭제하면 피벗 차트는 일반 차트로 변경됨
- **데이터 새로 고침** : 피벗 테이블은 원본 데이터와 연결되어 있지만 원본 데이터가 변경될 때 자동으로 피벗 테이블 내용을 변경하지 못함

다음 중 피벗 테이블과 피벗 차트에 대한 설명으로 옳지 **않은** 것은?

① 새 워크시트에 피벗 테이블을 생성하면 보고서 필터의 위치는 [A1] 셀, 행 레이블은 [A3] 셀에서 시작한다.
② 피벗 테이블과 연결된 피벗 차트가 있는 경우 피벗 테이블에서 [모두 지우기] 명령을 사용하면 피벗 테이블과 피벗 차트의 필드, 서식 및 필터가 제거된다.
③ 하위 데이터 집합에도 필터와 정렬을 적용하여 원하는 정보만 강조할 수 있으나 조건부 서식은 적용되지 않는다.
④ [피벗 테이블 옵션] 대화 상자에서 오류 값을 빈 셀로 표시하거나 빈 셀에 원하는 값을 지정하여 표시할 수도 있다.

하위 데이터 집합에 대해 필터, 정렬, 그룹 및 조건부 서식을 적용하여 원하는 정보만 강조할 수 있음

---

35 | 목표값 찾기

- 수식의 결과값은 알고 있으나 그 결과값을 얻기 위한 입력값을 모를 때 목표값 찾기 기능을 이용함
- 수식에서 참조한 특정 셀의 값을 계속 변화시켜 수식의 결과값을 원하는 값으로 찾음
- [데이터] 탭-[예측] 그룹-[가상 분석]을 클릭한 후 [목표값 찾기] 메뉴를 선택하여 수식 셀, 찾는 값, 값을 바꿀 셀을 지정함
- **찾는 값** : 수식 셀의 결과로, 원하는 특정한 값을 숫자 상수로 입력함

다음 중 아래 그림과 같이 목표값 찾기를 지정했을 때의 설명으로 옳은 것은?

① 만기 시 수령액이 2,000,000원이 되려면 월 납입금은 얼마가 되어야 하는가?

② 만기 시 수령액이 2,000,000원이 되려면 적금 이율(연)이 얼마가 되어야 하는가?

③ 불입금이 2,000,000원이 되려면 만기 시 수령액은 얼마가 되어야 하는가?

④ 월 납입금이 2,000,000원이 되려면 만기 시 수령액은 얼마가 되어야 하는가?

36 | 시나리오

- 변경 요소가 많은 작업표에서 가상으로 수식이 참조하고 있는 셀의 값을 변화시켜 작업표의 결과를 예측하는 기능
- 변경 요소가 되는 값의 그룹을 '변경 셀'이라고 하며, 하나의 시나리오에 최대 32개까지 변경 셀을 지정할 수 있음
- 변경 셀로 지정한 셀에 계산식이 포함되어 있으면 자동으로 상수로 변경되어 시나리오가 작성됨
- '결과 셀'은 변경 셀 값을 참조하는 수식으로 입력되어야 함
- **병합** : 열려 있는 다른 통합 문서의 워크시트에서 시나리오를 가져와 현재 시트의 시나리오에 추가함

아래는 연이율 6%의 대출금 5,000,000원을 36개월, 60개월, 24개월로 상환 시 월상환액에 따른 시나리오 요약 보고서를 작성한 것이다. 다음 중 이에 관한 설명으로 옳지 않은 것은?

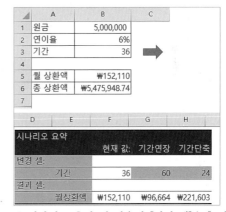

① 시나리오 추가 시 사용된 [변경 셀]은 [B3] 셀이다.

② [B3] 셀은 '기간'으로 [B5] 셀은 '월상환액'으로 이름이 정의되어 있다.

③ 일반적으로 시나리오를 만들 때 [변경 셀]에는 사용자가 값을 입력할 수는 있으나 여러 개의 셀을 참조할 수는 없다.

④ [B5] 셀은 시나리오 요약 시 [결과 셀]로 사용되었으며, 수식이 포함되어 있다.

참고 파트02-챕터05-섹션02

37 | 페이지 설정

- [페이지] 탭에서 '자동 맞춤'의 용지 너비와 용지 높이를 각각 1로 지정하면 여러 페이지가 한 페이지에 인쇄됨
- 배율은 워크시트 표준 크기의 10%에서 400%까지 설정함
- 머리글/바닥글은 [머리글/바닥글] 탭에서 설정함
- 셀에 설정된 메모는 '시트에 표시된 대로' 인쇄할 수 있음

다음 중 엑셀의 [페이지 설정] 대화 상자에 대한 설명으로 옳은 것은?

① 인쇄 배율을 수동으로 설정할 수 있으며, 배율은 워크시트 표준 크기의 10%에서 200%까지 설정 가능하다.

② [시트] 탭에서 머리글/바닥글과 행/열 머리글이 인쇄되도록 설정할 수 있다.

③ [페이지] 탭에서 '자동 맞춤'의 용지 너비와 용지 높이를 각각 1로 지정하면 여러 페이지가 한 페이지에 인쇄된다.

④ 셀에 설정된 메모는 시트에 표시된 대로 인쇄할 수는 없으나 시트 끝에 인쇄되도록 설정할 수 있다.

참고 파트02-챕터06-섹션02

38 | 차트

- **분산형(XY 차트)**
  - 데이터의 불규칙한 간격이나 묶음을 보여주는 것으로, 데이터 요소 간의 차이점보다는 큰 데이터 집합 간의 유사점을 표시하려는 경우에 사용함
  - 각 항목이 값을 점으로 표시함
  - 두 개의 숫자 그룹을 XY 좌표로 이루어진 한 계열로 표시 (XY 차트라고도 함)
  - 주로 과학, 공학용 데이터 분석에서 사용함
  - 3차원 차트로 작성할 수 없음
  - 가로 축은 항목 축이 아닌 값 축 형식으로 나타남
- **주식형 차트** : 주식 가격, 온도 변화와 같은 과학 데이터를 나타내는 데 사용하며 3차원 차트로 작성할 수 없음
- **영역형 차트** : 일정한 시간에 따라 데이터의 변화 추세(데이터 세트의 차이점을 강조)를 표시, 데이터 계열값의 합계를 표시하여 전체 값에 대한 각 값의 관계를 표시함
- **방사형 차트** : 많은 데이터 계열의 합계 값을 비교할 때 사용하며 각 항목마다 가운데 요소에서 뻗어 나온 값 축을 갖고, 선은 같은 계열의 모든 값을 연결, 3차원 차트로 작성할 수 없음

다음 중 아래에서 설명하는 차트의 종류로 가장 적절한 것은?

> – 가로 축의 값이 일정한 간격이 아닌 경우
> – 가로 축의 데이터 요소 수가 많은 경우
> – 데이터 요소 간의 차이점보다는 큰 데이터 집합 간의 유사점을 표시하려는 경우

① 주식형 차트

② 분산형 차트

③ 영역형 차트

④ 방사형 차트

참고 파트02-챕터07-섹션01

39 | 매크로

- 자주 사용하는 명령, 반복적인 작업 등을 매크로로 기록하여 해당 작업이 필요할 때마다 바로 가기 키(단축 키)나 실행 단추를 클릭하여 쉽고, 빠르게 작업을 수행할 수 있음
- 매크로는 해당 작업에 대한 일련의 명령과 함수를 Microsoft Visual Basic 모듈로 저장한 것으로 Visual Basic 언어를 기반으로 함
- **매크로 이름** : 기록할 매크로 이름을 지정하는 것으로 기본적으로는 매크로1, 매크로2와 같이 붙여짐, 첫 글자는 반드시 문자이어야 하며, 나머지는 문자, 숫자, 밑줄 등을 사용하여 입력할 수 있음
- 매크로 이름에 공백이나 #, @, $, %, & 등의 기호 문자를 사용할 수 없음
- **매크로 편집** : Alt + F11
- **한 단계씩 코드 실행** : F8
- **모듈 창의 커서 위치까지 실행** : Ctrl + F8
- **매크로 실행** : F5

다음 중 매크로 편집에 사용되는 Visual Basic Editor에 관한 설명으로 옳지 않은 것은?

① Visual Basic Editor는 단축키 Alt + F11을 누르면 실행된다.

② 작성된 매크로는 한 번에 실행되며, 한 단계씩 실행될 수는 없다.

③ Visual Basic Editor는 프로젝트 탐색기, 속성 창, 모듈 시트 등으로 구성되어 있다.

④ 실행하고자 하는 매크로 구문 내에 커서를 위치시키고 F5를 누르면 매크로가 바로 실행된다.

[한 단계씩 코드 실행]에서 한 단계씩 실행 가능함

참고 파트02-챕터07-섹션02

40 | VBA 프로그래밍

- VBA 구문은 한 가지 종류의 수행, 선언, 정의 등을 표현할 수 있는 명령문
- 한 줄에 두 개 이상의 명령문을 입력할 때는 콜론(:)을 사용함
- 명령문이 길어져서 두 줄 이상 나누어 입력할 때 공백과 밑줄(_)을 줄 연속 문자로 사용함
- Range("A1").Formula = 3*4 → [A1] 셀에 3*4의 결과 12가 입력됨, 수식이 그대로 셀에 나타나려면 Range("A1").Formula = "=3*4"로 하고 해당 셀이 텍스트 표시 형식이어야 함
- **ClearFormats 메서드** : 개체의 서식을 지움
- **Range.ClearFormats 메서드** : 개체의 서식을 지움
- **구문** : expression.ClearFormats → expression : Range 개체를 나타내는 변수
- **예제** : Sheet1에 있는 셀 범위 A1:C3에 적용된 모든 서식을 지우는 예제 → Worksheets("Sheet1").Range("A1:C3").ClearFormats

다음 중 각 VBA 코드에 대한 설명으로 옳지 않은 것은?

① Range("A5").Select ⇒ [A5] 셀로 셀 포인터를 이동한다.

② Range("C2").Font.Bold = "True" ⇒ [C2] 셀의 글꼴 스타일을 '굵게'로 설정한다.

③ Range("A1").Formula = 3*4 ⇒ [A1] 셀에 수식 '=3*4'가 입력된다.

④ Workbooks.Add ⇒ 새 통합 문서를 생성한다.

참고 파트03-챕터01-섹션01

41 | 데이터베이스의 장·단점

장점	• 중복을 최소화하여 자료의 일치를 기함 • 데이터의 물리적, 논리적 독립성을 유지함 • 단말기를 통해 요구된 내용을 즉시 처리하는 실시간 접근이 가능함 • 데이터 보안을 유지하여 데이터의 손실을 방지함 • 최신 데이터를 유지하므로 데이터의 계속적인 변화에 적응함 • 데이터의 내용에 의한 액세스를 함 • 일관성, 무결성의 유지 및 데이터의 공유와 표준화가 가능함
단점	• 운영 비용 면에서 부담이 크며, 전산 비용이 증가되고 복잡함 • 자료의 처리 방법이 복잡함 • 시스템의 취약성이 있음 • 예비(Backup)와 회복(Recovery) 기법이 어려워짐

다음 중 데이터베이스를 이용하는 경우의 장점으로 가장 옳은 것은?

① 데이터 간의 종속성을 유지할 수 있다.

② 데이터 관리 비용을 절감할 수 있다.

③ 데이터의 일관성 및 무결성을 유지할 수 있다.

④ 데이터를 중복적으로 관리하므로 시스템에 문제가 발생하더라도 복구가 쉽다.

42 | 데이터베이스 언어(DBL)

데이터 정의어 (DDL : Data Definition Language)	• 데이터베이스 구조와 관계, 데이터 베이스 이름을 정의함 • 데이터 항목, 키 값의 고정, 데이터 의 형과 한계를 규정함 • 데이터 액세스 방법 등을 규정함
데이터 조작어 (DML : Data Manipulation Language)	• 주 프로그램에 내장하여 데이터베 이스를 실질적으로 운영 및 조작 함 • 데이터의 삽입, 삭제, 검색, 변경, 연산 등의 처리를 위한 연산 집합
데이터 제어어 (DCL : Data Control Language)	• 데이터베이스를 공용하기 위하여 데이터 제어를 정의 및 기술함 • 데이터 보안, 무결성, 회복, 병행 수행 등을 제어함

다음은 데이터베이스관리시스템(DBMS)의 기능과 각 기능에 대한 설명이다. 바르게 짝지어진 것은?

ⓐ 조작기능	ⓑ 제어기능	ⓒ 정의기능

㉮ 데이터의 정확성과 보안성을 유지하기 위한 무결성, 보안 및 권한 검사, 병행 제어 등의 기능을 정의하는 기능
㉯ 데이터 형(type), 구조, 데이터를 이용하는 방식을 정의하는 기능
㉰ 데이터의 검색, 삽입, 삭제, 변경 등을 처리하기 위한 접근 수단을 정의하는 기능

① ⓐ-㉮, ⓑ-㉯, ⓒ-㉰
② ⓐ-㉰, ⓑ-㉮, ⓒ-㉯
③ ⓐ-㉮, ⓑ-㉰, ⓒ-㉯
④ ⓐ-㉯, ⓑ-㉮, ⓒ-㉰

---

43 | 키의 종류

• **후보키** : 한 테이블에서 유일성과 최소성을 만족하는 키(예 주민번호, 사원번호 등)
• **기본키(PK : Primary Key)** : 후보키 중에서 선정되어 사용되는 키(기본키는 두 개 이상의 필드에 설정할 수 있음)
• **슈퍼키** : 어떠한 열도 후보키가 없을 때 두 개 이상의 열을 복합(연결)할 경우 유일성을 만족하여 후보키가 되는 키(복합키, 연결키라고도 함)
• **외래키(FK : Foreign Key)** : 외래키(FK)가 다른 참조 테이블(릴레이션)의 기본키(PK)일 때 그 속성키를 외래키라고 함

다음 중 키의 개념에 대한 설명으로 옳지 않은 것은?

① 후보키(Candidate Key)는 유일성과 최소성을 만족한다.
② 슈퍼키(Super Key)는 유일성은 가지지만 최소성을 가지지 않는 키이다.
③ 기본키(Primary Key)로 지정된 속성은 모든 튜플에 대해 널(null)값을 가질 수 없다.
④ 외래키(Foreign Key)는 후보키 중에서 기본키로 정의되지 않은 나머지 후보키들을 말한다.

---

44 | 정규화(Normalization)

• 관계형 데이터베이스를 설계할 때 데이터의 중복 최소화와 불일치를 방지하기 위해 릴레이션 스키마를 분해해 가는 과정
• 데이터베이스의 논리적 설계 단계에서 수행됨
• 정규형(NF : Normal Form)에는 제1정규형(1NF), 제2정규형(2NF), 제3정규형(3NF), BCNF형, 제4정규형(4NF), 제5정규형(5NF) 등이 있음
• 정규화를 수행하더라도 데이터 중복의 최소화는 가능하지만 데이터의 중복을 완전히 제거할 수는 없음

다음 중 정규화에 대한 설명으로 옳지 않은 것은?

① 정규화를 통해 삽입, 삭제, 갱신 이상의 발생을 방지할 수 있다.
② 정규화를 통해 데이터 삽입 시 테이블 재구성의 필요성을 줄일 수 있다.
③ 정규화는 테이블 속성들 사이의 종속성을 최대한 배제하는 과정으로 볼 수 있다.
④ 정규화를 수행하여 데이터의 중복을 완전히 제거할 수 있다.

정답 42 ② 43 ④ 44 ④

▶합격 강의

45 | 데이터 형식의 종류

- 일련번호
  - 레코드 추가 시 자동으로 고유 번호를 부여할 때 사용함
  - 번호가 부여되면 변경하거나 삭제할 수 없음
  - 기본키를 설정하는 필드에서 주로 사용함
- Yes/No
  - True/False, Yes/No, On/Off처럼 두 값 중 하나만을 선택하는 경우에 사용함
  - Null 값을 허용하지 않음
  - 기본 필드 크기 : 1비트

다음 중 레코드가 추가될 때마다 시스템에서 자동으로 값을 입력해주며 업데이트나 수정이 불가능한 데이터 형식은?

① 짧은 텍스트
② 숫자
③ 일련번호
④ Yes/No

  ▶합격 강의

46 | 유효성 검사 규칙

- 유효성 검사 규칙은 레코드, 필드, 컨트롤 등에 입력할 수 있는 데이터 요구 사항을 지정할 수 있는 속성임
- 유효성 검사 규칙과 유효성 검사 텍스트 속성은 옵션 그룹에 있는 확인란, 옵션 단추 또는 토글 단추 컨트롤에는 적용되지 않고 옵션 그룹 자체에만 적용됨
- 일련 번호나 OLE 개체에서는 유효성 검사 규칙이 지원되지 않음

[직원] 테이블의 '급여' 필드는 데이터 형식이 숫자이고, 필드 크기가 정수(Long)로 설정되어 있다. 다음 중 '급여' 필드에 입력 가능한 숫자를 백만 원 이상, 오백만 원 이하로 설정하기 위한 유효성 검사 규칙으로 옳은 것은?

① 〈= 1000000 Or 〈= 5000000
② 〉= 1000000 And 〈= 5000000
③ 〉= 1000000, 〈= 5000,000
④ 1,000,000 〈= And 〈= 5,000,000

  ▶합격 강의

47 | 인덱스(Index)

- 인덱스는 테이블 검색 및 정렬 속도를 높여 줌
- 테이블의 기본키는 자동으로 인덱스됨
- OLE 개체 데이터 형식의 필드는 인덱스를 지정할 수 없음
- 인덱스는 테이블당 32개까지 허용됨

다음 중 데이터베이스에서 인덱스를 사용하는 목적으로 가장 적절한 것은?

① 데이터 검색 및 정렬 작업 속도 향상
② 데이터의 추가, 수정, 삭제 속도 향상
③ 데이터의 일관성 유지
④ 최소 중복성 유지

  ▶합격 강의

48 | 참조 무결성

- 참조 무결성 : 두 테이블의 연관된 레코드들 사이의 일관성을 유지하는 데 사용하고 주어진 속성들의 집합에 대한 테이블의 한 값이 반드시 다른 테이블에 대한 속성 값으로 나타나도록 보장해야 함
- 개체 무결성 : 테이블에서 기본키를 구성하는 속성(열) 값은 널 값이나 중복 값을 가질 수 없음

[성적] 테이블의 '과목코드' 필드와 [과목] 테이블의 '과목코드' 필드를 이용하여 두 테이블 간 관계가 설정되어 있다. 이 때 [성적] 테이블의 '과목코드' 필드를 무엇이라 부르며, 두 테이블 간에 준수되어야 할 제약을 무엇이라 하는가? (단, [과목] 테이블의 '과목 코드' 필드는 기본 키로 설정되어 있음)

① 외래키-참조 무결성
② 외래키-개체 무결성
③ 기본키-참조 무결성
④ 기본키-개체 무결성

정답 45 ③ 46 ② 47 ① 48 ①

참고 파트03-챕터03-섹션02 ▶합격 강의

49 | SQL문-SELECT(검색문)

```
SELECT [ALL | DISTINCT] 열 리스트
FROM 테이블 리스트
[WHERE 조건]
[GROUP BY 열 리스트 [HAVING 조건]]
[ORDER BY 열 리스트 [ASC | DESC]];
```

SELECT	검색하고자 하는 열 리스트를 선택함
ALL	검색 결과값의 모든 레코드를 검색함
DISTINCT	검색 결과값 중 중복된 결과값(레코드)을 제거, 중복되는 결과값은 한 번만 표시함
FROM	대상 테이블명
WHERE	검색 조건을 기술할 때 사용함
GROUP BY	그룹에 대한 쿼리 시 사용함
HAVING	그룹에 대한 조건을 기술함(반드시 GROUP BY 와 함께 사용)
ORDER BY	검색 결과에 대한 정렬을 수행함
ASC	오름차순을 의미하며 생략하면 기본적으로 오 름차순임
DESC	내림차순을 의미함

[평균성적] 테이블에서 '평균' 필드 값이 90 이상인 학생들을 검색하여 '학년' 필드를 기준으로 내림차순, '반' 필드를 기준으로 오름차순 정렬하여 표시하고자 한다. 다음 중 아래 SQL문의 각 괄호 안에 넣을 예약어로 옳은 것은?

```
SELECT 학년, 반, 이름
FROM 평균성적
WHERE 평균 >= 90 ( ㉠ ) 학년 ( ㉡ ) 반 ( ㉢ );
```

① ㉠ GROUP BY ㉡ DESC ㉢ ASC
② ㉠ GROUP BY ㉡ ASC ㉢ DESC
③ ㉠ ORDER BY ㉡ DESC ㉢ ASC
④ ㉠ ORDER BY ㉡ ASC ㉢ DESC

참고 파트03-챕터03-섹션03 ▶합격 강의

50 | 연산자의 사용

- BETWEEN 〈값1〉 AND 〈값2〉 : 〈값1〉 이상, 〈값2〉 이하의 조건을 검색함
- IN(〈값1〉, 〈값2〉, …) : IN 연산자 뒤에 이어지는 값들의 목록 안에 들어 있는 결과를 검색함
- LIKE 〈값1〉* : 〈값1〉로 시작하는 결과를 검색함
- INSTR : 문자열을 검색하여 위치한 자릿수를 구함

다음 중 도서명에 '액세스'라는 단어가 포함된 도서 정보를 검색하려고 할 때, 아래 SQL 문의 WHERE절에 들어갈 조건으로 옳은 것은?

```
SELECT 도서명, 저자, 출판연도, 가격
FROM 도서
WHERE _____;
```

① 도서명 = "*액세스*"
② 도서명 IN "*액세스*"
③ 도서명 BETWEEN "*액세스*"
④ 도서명 LIKE "*액세스*"

참고 파트03-챕터03-섹션05 ▶합격 강의

51 | INSERT문

- 삽입문 : 테이블에 새로운 데이터(행)를 삽입하며, INSERT-INTO-VALUES의 유형을 가짐
- 형식

```
INSERT INTO 테이블명(필드이름1, 필드이름2, …)
VALUES (값1, 값2, …)
```

다음 SQL문의 INSERT를 이용해서 [학생] 테이블에 학번 : "200878", 이름 : "정몽주", 학년 : "1"인 자료를 삽입하려고 한다. (ⓐ) 안에 들어갈 내용으로 옳은 것은?

```
INSERT INTO 학생(학번,이름,학년) ( ⓐ ) ("200878","정몽주","1");
```

① VALUES
② INTO
③ WHERE
④ FROM

정답 49 ③ 50 ④ 51 ①

참고 파트03-챕터03-섹션05

 합격 강의

52 | UPDATE문

- 갱신문 : 테이블에 저장되어 있는 데이터를 갱신하며, UPDATE-SET-WHERE의 유형을 가짐
- 형식

```
UPDATE 테이블명
SET 필드이름1= 값1, 필드이름2=값2, …
WHERE 조건
```

다음 중 사원 테이블에서 호봉이 6인 사원의 연봉을 3% 인상된 값으로 수정하는 실행 쿼리를 작성하고자 할 때, 아래의 각 괄호에 넣어야 할 구문을 순서대로 나열한 것은?

```
UPDATE 사원
(          ) 연봉=연봉*1.03
(          ) 호봉=6;
```

① FROM, WHERE
② SET, WHERE
③ VALUE, SELECT
④ INTO, VALUE

참고 파트03-챕터04-섹션01

 합격 강의

53 | 폼의 개념

- 폼은 테이블이나 쿼리를 레코드 원본으로 사용하는 개체
- 폼은 테이블이나 쿼리 데이터의 입력, 수정 및 편집 작업을 편리하고 쉽게 할 수 있도록 도와주는 개체
- 폼에서 데이터를 입력 및 수정할 경우 연결된 테이블이나 쿼리에 그 변경된 내용이 반영됨
- 폼은 보고서, 매크로, 모듈 등과 연결시켜 해당 작업을 자동화할 수 있음
- 폼은 데이터베이스의 보안성을 높여줌
- 폼은 테이블이나 쿼리와는 달리 이벤트를 설정할 수 있음
- 폼은 테이블이나 쿼리의 데이터와 연결되어 있는 바운드 폼(Bound Form)과 그렇지 않은 언바운드 폼(Unbound Form)으로 나눔
- **바운드 컨트롤** : 테이블이나 쿼리의 필드를 데이터 원본으로 사용하는 컨트롤로 데이터베이스에 있는 필드의 값(짧은 텍스트, 날짜, 숫자, Yes/No 값, 그림 또는 그래프)을 표시할 수 있음
- **언바운드 컨트롤** : 데이터 원본(테 필드 또는 식)이 없는 컨트롤로 정보, 그림, 선 또는 직사각형을 표시할 때 사용함
- **계산 컨트롤** : 필드 대신 식을 데이터 원본으로 사용하는 컨트롤로 식을 정의하여 컨트롤의 데이터 원본으로 사용할 값을 지정함
- **레이블 컨트롤** : 제목이나 캡션 등의 설명 텍스트를 표시할 때 사용하는 컨트롤로 필드나 식의 값을 표시할 수 없음

다음 중 폼에 대한 설명으로 옳지 않은 것은?

① 입력 및 편집 작업을 위한 인터페이스이다.
② 폼을 작성하기 위한 원본으로는 테이블만 가능하다.
③ 폼을 이용하면 여러 개의 테이블에 데이터를 한 번에 입력할 수 있다.
④ 바운드(Bound) 폼과 언바운드(Unbound) 폼이 있다.

54 | 탭 순서

- 탭 순서는 폼 보기에서 Tab 이나 Enter 를 눌렀을 때 각 컨트롤 사이에 이동되는 순서를 설정함
- 탭 순서는 폼에 컨트롤을 추가하여 작성한 순서대로 설정됨
- 탭 정지 속성의 기본값은 '예'이며, '아니요'를 선택하면 Tab 을 눌러도 커서가 오지 않음
- 단, 레이블 컨트롤과 이미지 컨트롤은 탭 순서에서 제외되며, 탭 정지 속성이 지원되지 않음

다음 중 폼에서의 탭 순서(Tab Order) 지정에 관한 설명으로 옳지 않은 것은?

① 폼 보기에서 Tab 이나 Enter 를 눌렀을 때 포커스 (Focus)의 이동 순서를 지정하는 것이다.

② 키보드를 이용하여 컨트롤 간 이동을 신속하게 할 수 있는 기능이다.

③ 레이블 컨트롤을 포함한 모든 컨트롤에 탭 순서를 지정할 수 있다.

④ 해당 컨트롤의 '탭 정지' 속성을 '아니요'로 지정하면 탭 순서에서 제외된다.

55 | 하위 폼

- 하위 폼은 폼 안에 들어 있는 또 하나의 폼
- 폼/하위 폼의 조합을 계층형 폼 또는 마스터 폼/세부 폼, 상위/하위 폼이라고도 함
- 하위 폼을 사용하면 일대다 관계에 있는 테이블이나 쿼리 데이터를 효과적으로 표시할 수 있음
- 기본 폼은 관계의 '일'쪽에 있는 데이터를 표시하며, 하위 폼은 관계의 '다'쪽에 있는 데이터를 표시함
- 기본 폼은 단일 폼으로만 표시할 수 있지만, 하위 폼은 데이터 시트로 표시하거나 단일 폼 또는 연속 폼으로 표시할 수 있음
- 기본 폼이 포함할 수 있는 하위 폼의 수에는 제한이 없음. 또한 하위 폼을 7개 수준까지 중첩시킬 수도 있음

다음 중 기본 폼과 하위 폼을 연결하기 위한 기본 조건에 대한 설명으로 옳지 않은 것은?

① 기본 필드와 하위 필드의 데이터 형식과 필드의 크기는 같거나 호환되어야 한다.

② 중첩된 하위 폼은 최대 2개 수준까지 만들 수 있다.

③ 테이블 간에 관계가 설정되어 있지 않은 경우에도 하위 폼으로 연결할 수 있다.

④ 하위 폼의 '기본 필드 연결' 속성은 기본 폼을 하위 폼에 연결해 주는 기본 폼의 필드를 지정하는 속성이다.

정답 54 ③ 55 ②

참고 파트03-챕터04-섹션06 ▶ 합격 강의

56 | 도메인 함수

- 테이블이나 쿼리, SQL 식에 의해 정의된 레코드 집합을 이용하여 통계 계산을 구할 때 사용하는 함수
- 도메인 계산 함수는 폼이나 보고서의 계산 컨트롤, 쿼리 조건식, 매크로, 모듈에서 사용할 수 있음
- =도메인 계산 함수(인수, 도메인, 조건식)
- DSum(합계), DAvg(평균), DCount(개수), DMin(최소값), DMax(최대값), DLookUp(특정 필드값) 등

폼 바닥글에 [사원] 테이블의 '직급'이 '과장'인 레코드들의 '급여' 합계를 구하고자 한다. 다음 중 폼 바닥글의 텍스트 상자 컨트롤에 입력해야 할 식으로 옳은 것은?

① =DHAP("[사원]", "[급여]", "[직급]='과장'")
② =DHAP("[급여]", "[사원]", "[직급]='과장'")
③ =DSUM("[사원]", "[급여]", "[직급]='과장'")
④ =DSUM("[급여]", "[사원]", "[직급]='과장'")

참고 파트03-챕터05-섹션01 ▶ 합격 강의

57 | 보고서

- 보고서는 데이터베이스에 저장된 테이블이나 쿼리의 내용을 화면이나 프린터로 출력하기 위한 개체
- 보고서는 데이터 원본으로 테이블, 쿼리, SQL문을 사용하며 제목이나 날짜, 페이지 번호 같은 나머지 정보는 보고서 디자인에 저장됨
- 보고서는 폼과는 달리 컨트롤에 데이터를 입력하거나 수정할 수 없음
- 보고서는 그룹과 페이지에 데이터별 평균, 합계와 같은 요약 정보를 인쇄할 수 있음

다음 중 Access의 보고서 개체에 대한 설명으로 옳지 않은 것은?

① 보고서는 테이블이나 쿼리의 내용을 화면이나 프린터로 인쇄하기 위한 개체이다.
② 보고서의 레코드 원본으로 테이블, 쿼리, SQL 문을 사용한다.
③ 보고서에도 조건부 서식을 적용할 수 있다.
④ 보고서의 컨트롤을 이용하여 레코드 원본으로 사용된 테이블에 데이터를 입력하거나 수정할 수 있다.

참고 파트03-챕터05-섹션02 ▶ 합격 강의

58 | 보고서의 구성

- 보고서는 보고서 머리글/바닥글, 페이지 머리글/바닥글, 그룹 머리글/바닥글, 본문 등의 여러 구역으로 구성됨
- 보고서의 머리글/바닥글, 페이지의 머리글/바닥글 구역은 숨기거나 나타낼 수 있으며 그룹이 설정되어 있는 경우 그룹 머리글과 그룹 바닥글이 표시됨

다음 중 보고서의 각 구역에 관한 설명으로 옳지 않은 것은?

① 보고서 머리글은 보고서의 맨 앞에 한 번 출력되며, 일반적으로 로고나 제목 및 날짜와 같이 표지에 나타나는 정보를 추가한다.
② 그룹 머리글은 각 새 레코드 그룹의 맨 앞에 출력되며, 그룹 이름을 출력하려는 경우에 사용한다.
③ 본문은 레코드 원본의 모든 행에 대해 한 번씩 출력되며, 보고서의 본문을 구성하는 컨트롤이 여기에 추가된다.
④ 보고서 바닥글은 모든 페이지의 맨 끝에 출력되며, 페이지 번호 또는 페이지별 정보를 표시하려는 경우에 사용한다.

- 페이지 바닥글 : 보고서의 매 페이지의 하단에 표시됨, 페이지 번호나 날짜 등의 항목을 삽입함
- 보고서 바닥글 : 보고서의 맨 마지막 페이지에 한 번만 표시됨, 보고서 총계나 안내 문구 등의 항목을 삽입함, 보고서 디자인의 마지막 구역이지만 인쇄된 보고서의 마지막 페이지에서 페이지 바닥글 앞에 표시됨

정답 56 ④ 57 ④ 58 ④

59 | 페이지 번호 출력

- =[Page] → 1, 2
- =[Page] & "페이지" → 1페이지, 2페이지
- =[Page] & "/" & [Pages] & "페이지" → 1/10페이지, 2/10페이지
- =[Pages] & "페이지 중" & [Page] & "페이지" → 10페이지 중 1페이지, 10페이지 중 2페이지
- =Format([Page], "000") → 001, 002

다음 중 보고서 페이지 번호를 표시하는 컨트롤에 입력된 컨트롤 원본과 그 결과가 맞게 연결된 것을 모두 고른 것은? (단, 전체 페이지는 5페이지임)

	컨트롤 원본	결과
ⓐ	="Page" & [Page] & "/" & [Pages]	1/5 Page
ⓑ	=[Page] & "페이지"	1페이지
ⓒ	=[Page] & "/" & [Pages] & "Page"	Page1/5
ⓓ	=Format([Page], "00")	01

① ⓐ, ⓑ, ⓒ
② ⓑ, ⓒ, ⓓ
③ ⓐ, ⓒ
④ ⓑ, ⓓ

60 | 매크로

- 매크로(Macro)는 여러 개의 명령문을 하나로 묶어서 일련의 절차를 미리 정의하는 기능
- 반복적으로 수행되는 작업을 자동화하기 위한 것
- 매크로 함수를 이용하면 작업 순으로 묶어 하나의 명령어로 저장할 수 있으므로 반복 작업을 쉽게 처리할 수 있음
- 엑셀은 매크로 기록 기능이 지원되지만, 액세스는 매크로 기록 기능이 지원되지 않음

다음 중 액세스에서의 매크로 기능에 대한 설명으로 가장 옳지 않은 것은?

① 엑셀에서와 같이 사용자가 수행하는 작업에 대한 매크로를 자동적으로 기록해 준다.
② 액세스에서 제공하는 기본적인 매크로 함수를 이용하여 매크로를 작성한다.
③ 데이터베이스 파일을 열 때 매크로를 자동으로 실행시키려면 매크로 이름을 'AutoExec'로 작성한다.
④ 매크로 이름 열에 지정한 바로 가기 키를 이용하여 매크로를 실행할 수 있다.

2024년 상시 기출문제 01회

풀이 시간 _____ 분   내 점수 _____ 점

시험 시간	합격 점수	문항수
60분	60점	총 60개

1과목 컴퓨터 일반

참고 파트01-챕터04-섹션02

01 다음 중 전자우편에서 스팸(SPAM) 메일에 대한 설명으로 옳지 않은 것은?

① 다수의 불특정인에게 보내는 광고성 메일이나 메시지를 의미한다.
② 바이러스를 유포시켜 개인 정보를 탈취하거나 데이터를 파괴하는 행위이다.
③ 일반적으로 상업용을 목적으로 발송된다.
④ 요청에 의한 것이 아닌 대량으로 전송되는 모든 형태의 통신이다.

참고 파트01-챕터03-섹션07

02 다음 중 한글 Windows 10의 시스템이 종료되었을 때 저장된 정보가 없어지는 기억 장치로 옳은 것은?

① HDD
② SSD
③ DVD
④ RAM

참고 파트01-챕터04-섹션05

03 다음 중 아래에서 설명하는 통신망으로 옳은 것은?

합격 강의

> • 단일 회사의 사무실 공간이나 건물 내에 설치되어 패킷 지연이 최소화된다.
> • 설치 이후 확장성이 좋으며 재배치가 용이하다.
> • 낮은 에러율로 정보 전송에 있어서 신뢰성이 확보된다.
> • 네트워크 내의 모든 정보 기기와 통신이 가능하다.

① 부가가치통신망(VAN)
② 종합정보통신망(ISDN)
③ 근거리 통신망(LAN)
④ 광대역통신망(WAN)

참고 파트01-챕터04-섹션05

04 변조는 데이터 전송시 사용되는 기능이다. 다음 중 변조의 필요성에 대한 설명으로 옳은 것은?

① 변조란 데이터를 전송하기 위한 반송파를 발생시키는 것이다.
② 변조는 근거리 전송에만 사용되며, 장거리 전송에는 사용되지 않는다.
③ 변조는 데이터를 손실 없이 가능하면 멀리 전송하기 위한 것이다.
④ 변조는 수신된 데이터를 원래의 데이터로 복원시키는 기능이다.

참고 파트01-챕터02-섹션01

05 다음 중 한글 Windows 10에서 컴퓨터에 설치된 디바이스 하드웨어를 확인하거나 설정 및 디바이스 사용 안 함, 디바이스 제거, 드라이버의 업데이트 등 드라이버 소프트웨어를 관리할 수 있는 곳은?

① 시스템 정보
② 작업 관리자
③ 장치 관리자
④ 레지스트리 편집기

참고 파트01-챕터03-섹션12

06 다음 중 인터프리터의 특징으로 옳지 않은 것은?

① 인터프리터는 실행할 때마다 한 줄씩 소스 코드를 기계어로 번역하는 방식이다.
② 인터프리터 언어의 실행 속도는 컴파일 언어보다 느리다.
③ 인터프리터 언어는 프로그램 수정이 간단하나 소스 코드가 쉽게 공개된다.
④ 인터프리터 언어는 Python, SQL, Ruby, R, JavaScript, Scratch, C, C++, C# 등이 있다.

참고 파트01-챕터01-섹션05

07 다음 중 Windows 10의 기본 프린터 설정에 관한 설명으로 옳지 않은 것은?

① 기본 프린터는 해당 프린터 아이콘에 체크 표시가 추가된다.
② 기본 프린터는 한 대만 지정할 수 있다.
③ 인쇄 시 특정 프린터를 지정하지 않으면 기본 프린터로 인쇄된다.
④ 네트워크 프린터를 제외한 로컬 프린터만 기본 프린터로 지정할 수 있다.

참고 파트01-챕터03-섹션07

08 다음 중 보기에서 설명하는 컴퓨터의 하드디스크 연결 방식으로 옳은 것은?

- 직렬(Serial) 인터페이스 방식이다.
- 핫 플러그인(Hot Plug In)을 지원한다.
- 데이터 선이 얇아 내부의 통풍이 잘된다.
- 데이터 전송 속도가 빠르다.

① IDE
② EIDE
③ SCSI
④ SATA

참고 파트01-챕터03-섹션04

09 다음 중 64가지의 각기 다른 자료를 나타내려고 하면 최소한 몇 개의 비트(Bit)가 필요한가?

① 1   ② 3   ③ 5   ④ 6

참고 파트01-챕터03-섹션14

10 다음 중 인터넷 관련 캐시 파일, 휴지통의 파일, 임시 파일 등을 삭제하여 하드디스크의 공간을 늘리는 역할을 하는 것은?

① 백업
② 디스크 정리
③ 디스크 조각 모음
④ 압축

참고 파트01-챕터03-섹션12

11 다음 중 웹 프로그래밍 언어인 JSP에 대한 설명으로 옳지 않은 것은?

① 웹 서버에서 동적으로 웹 브라우저를 관리하는 스크립트 언어이다.
② 웹 환경에서 작동되는 웹 어플리케이션을 개발할 수 있다.
③ JAVA 언어를 기반으로 하여 윈도우즈 운영체제에서만 실행이 가능하다.
④ HTML 문서 내에서는 <% ⋯ %>와 같은 형태로 작성된다.

참고 파트01-챕터01-섹션03

12 다음 중 파일의 성격 유형 분류에 해당하는 확장자의 종류로 옳지 않은 것은?

① 실행 파일 : COM, EXE, ZIP
② 그림 파일 : BMP, JPG, GIF
③ 사운드 파일 : WAV, MP3, MID
④ 동영상 파일 : MPG, AVI, MOV

참고 파트01-챕터01-섹션03

13 다음 중 한글 Windows 10의 파일 삭제에 대한 설명으로 옳지 않은 것은?

① 삭제할 파일을 선택한 다음 [Shift]와 [Delete]를 함께 누르면 휴지통에 저장되지 않고 영구히 삭제된다.
② 명령 프롬프트 창에서 삭제한 파일은 휴지통에 보관한다.
③ [Shift]를 누른 상태에서 삭제할 파일을 마우스 왼쪽 버튼으로 드래그하여 바탕 화면의 휴지통 아이콘에 올려놓으면 휴지통에 보관되지 않고 영구적으로 삭제된다.
④ 하드디스크 드라이브마다 휴지통 크기를 다르게 설정할 수 있다.

참고 파트01-챕터02-섹션01

14 다음 중 한글 Windows에서 시스템에 설치되어 있는 [글꼴]에 대한 설명으로 옳지 않은 것은?

① 글꼴 파일은 png 또는 txt의 확장자를 가지고 있다.
② C:₩Windows₩Fonts 폴더에 글꼴이 설치되어 있다.
③ 설치되어 있는 글꼴을 폴더에서 제거할 수 있다.
④ 트루타입 글꼴 파일도 있고 여러 가지 트루타입의 글꼴을 모아놓은 글꼴 파일도 있다.

참고 파트01-챕터03-섹션09

15 다음 중 컴퓨터 시스템에서 사용하는 채널(Channel)에 관한 설명으로 옳지 않은 것은?

① 주변 장치에 대한 제어 권한을 CPU로부터 넘겨받아 CPU 대신 입출력을 관리한다.
② 입출력 작업이 끝나면 CPU에게 인터럽트 신호를 보낸다.
③ CPU와 주기억 장치의 속도차를 해결하기 위하여 사용된다.
④ 채널에는 셀렉터(Selector), 멀티플랙서(Multiplexer), 블록 멀티플랙서(Block Multiplexer) 등이 있다.

참고 파트01-챕터03-섹션09

16 다음 중 PC에서 CMOS 셋업 시의 비밀번호를 잊어버린 경우에 해결 방법으로 가장 옳은 것은?

① 컴퓨터의 하드디스크를 포맷하고, 운영체제를 다시 설치하여야 한다.
② 시동 디스크를 이용하여 컴퓨터를 다시 부팅한다.
③ 컴퓨터 본체의 리셋 버튼을 눌러 다시 부팅한다.
④ 메인 보드에 장착되어 있는 배터리를 뽑았다가 다시 장착한다.

참고 파트01-챕터03-섹션04

17 다음 중 컴퓨터에서 사용하는 유니코드(Unicode)에 대한 설명으로 옳지 않은 것은?

① 세계 각국의 언어를 통일된 방법으로 표현할 수 있게 제안된 국제적인 코드 규약의 이름이다.
② 8비트 문자코드인 아스키(ASCII) 코드를 32비트로 확장하여 전 세계의 모든 문자를 표현하는 표준코드이다.
③ 한글은 조합형, 완성형, 옛글자 모두를 표현할 수 있다.
④ 최대 65,536자의 글자를 코드화할 수 있다.

참고 파트01-챕터04-섹션04

18 다음 중 디지털 콘텐츠의 제작 및 유통, 보안 등의 모든 과정을 관리할 수 있게 하는 기술 표준을 제시한 MPEG의 종류로 옳은 것은?

① MPEG-3
② MPEG-4
③ MPEG-7
④ MPEG-21

참고 파트01-챕터04-섹션04

19 다음 멀티미디어 용어 중 선택된 두 개의 이미지에 대해 하나의 이미지가 다른 이미지로 자연스럽게 변화하도록 하는 특수 효과를 뜻하는 것은?

① 렌더링(Rendering)
② 안티앨리어싱(Anti-Aliasing)
③ 모핑(Morphing)
④ 블러링(Bluring)

참고 파트01-챕터05-섹션02

20 다음 중 정보 보안을 위한 비밀키 암호화 기법의 설명으로 옳지 않은 것은?

① 서로 다른 키로 데이터를 암호화하고 복호화한다.
② 암호화와 복호화의 속도가 빠르다.
③ 알고리즘이 단순하고 파일의 크기가 작다.
④ 사용자의 증가에 따라 관리해야 할 키의 수가 상대적으로 많아진다.

참고 파트02-챕터03-섹션05

21 다음 아래의 시트에서 [B1] 셀에 '=MID(CONCAT(LEFT(A1,3),RIGHT(A1,3)),3,3)' 수식을 입력한 결과로 옳은 것은?

	A	B
1	가나다라마바사	
2		

① 마바사
② 다라마
③ 가나다
④ 다마바

참고 파트02-챕터02-섹션01

22 다음 중 셀 포인터의 이동 작업에 사용되는 바로 가기 키의 기능으로 옳은 것은?

① [Ctrl]+[Shift]+[Home] : [A1] 셀로 이동한다.
② [Ctrl]+[Page Down] : 한 화면을 오른쪽으로 이동한다.
③ [Alt]+[Page Down] : 다음 시트로 이동한다.
④ [Shift]+[Tab] : 셀 포인터가 왼쪽으로 이동한다.

참고 파트02-챕터02-섹션05

23 다음 아래의 삭제 대화 상자는 [홈] 탭-[셀] 그룹-[삽입]에서 [셀 삽입]을 클릭했을 때 나타나는 대화 상자이다. 바로 가기 키로 옳은 것은?

① [Alt]+[+]를 누른다.
② [Alt]+[-]를 누른다.
③ [Ctrl]+[+]를 누른다.
④ [Ctrl]+[-]를 누른다.

참고 파트02-챕터02-섹션06

24 다음 중 아래 워크시트의 [A1] 셀에 '#,###,,'처럼 사용자 지정 표시 형식을 설정했을 때의 결과로 옳은 것은?

	A	B
1	343899.89	
2		

① 3
② 3,438
③ 4
④ 아무것도 표시되지 않음

참고 파트02-챕터06-섹션04

25 다음 중 차트의 오차 막대에 관한 설명으로 옳지 않은 것은?

① 데이터 계열의 각 데이터 표식에 대한 오류 가능성이나 불확실성의 정도를 표시한다.
② 3차원 세로 막대형 차트에서 사용 가능하다.
③ 고정값, 백분율, 표준 편차, 표준 오차 등으로 설정할 수 있다.
④ 분산형과 거품형 차트에 X값, Y값 또는 이 두 값 모두에 대한 오차 막대를 나타낼 수 있다.

참고 파트02-챕터03-섹션01

26 다음 중 셀에 수식을 입력하는 방법에 대한 설명으로 옳지 않은 것은?

① 수식에서 통합 문서의 여러 워크시트에 있는 동일한 셀 범위 데이터를 이용하려면 3차원 참조를 사용한다.
② 계산할 셀 범위를 선택하여 수식을 입력한 다음 [Ctrl]+[Enter]를 누르면 동일한 수식을 선택한 범위의 모든 셀에 빠르게 입력할 수 있다.
③ 수식을 입력한 후 결과값이 수식이 아닌 상수로 입력되게 하려면 수식을 입력한 후 바로 [Alt]+[F9]를 누른다.
④ 배열 상수에는 숫자나 텍스트 외에 'TRUE', 'FALSE' 등의 논리값 또는 '#N/A'와 같은 오류 값도 포함될 수 있다.

참고 파트02-챕터02-섹션06

27 다음 중 셀 서식 관련 바로 가기 키에 대한 설명으로 옳지 않은 것은?

① Ctrl + 1 : 셀 서식 대화 상자가 표시된다.
② Ctrl + 2 : 선택한 셀에 글꼴 스타일 '굵게'가 적용되며, 다시 누르면 적용이 취소된다.
③ Ctrl + 3 : 선택한 셀에 밑줄이 적용되며, 다시 누르면 적용이 취소된다.
④ Ctrl + 5 : 선택한 셀에 취소선이 적용되며, 다시 누르면 적용이 취소된다.

참고 파트02-챕터06-섹션02

28 다음 아래의 내용에 해당하는 차트로 옳은 것은?

- 일반적으로 과학, 통계 및 공학 데이터와 같은 숫자 값을 표시하고 비교하는 데 사용된다.
- 워크시트의 여러 열과 행에 있는 데이터를 XY 차트로 그릴 수 있다.
- x 값을 한 행이나 열에 두고 해당 y값을 인접한 행이나 열에 입력한다.
- 두 개의 값 축, 즉 가로(x) 및 세로(y) 값 축이 있다.
- x 및 y의 값이 단일 데이터 요소로 결합되어 일정하지 않은 간격이나 그룹으로 표시된다.

① 표면형 차트
② 분산형 차트
③ 꺾은선형 차트
④ 방사형 차트

참고 파트02-챕터01-섹션03

29 다음 중 시트 보호 설정 시 '워크시트에서 허용할 내용'으로 옳지 않은 것은?

① 셀 서식, 열 서식, 행 서식
② 행 삽입, 열 삽입, 하이퍼링크 삽입
③ 열 삭제, 행 삭제, 정렬, 자동 필터 사용
④ 시트 이름 바꾸기, 탭 색 변경하기

참고 파트02-챕터03-섹션06

30 다음 중 아래의 시트처럼 코드별 해당 과일을 표시하기 위해 [B2] 셀에 입력할 수식으로 옳은 것은? (단, [B2] 셀의 수식을 [B6] 셀까지 복사한다.)

	A	B	C
1	코드	과일	
2	A	사과	
3	B	바나나	
4	O	오렌지	
5	S	딸기	
6	X	없음	
7			

① =CHOOSE(A2,"사과","바나나","오렌지","딸기","없음")
② =IF(A2="A","사과",A2="B","바나나",A2="O","오렌지",A2="S","딸기","없음")
③ =IFS(A2="A","사과",A2="B","바나나",A2="O","오렌지",A2="S","딸기","없음")
④ =IFS(A2="A","사과",A2="B","바나나",A2="O","오렌지",A2="S","딸기",TRUE,"없음")

참고 파트02-챕터04-섹션08

31 다음 중 상품 가격이 200,000원인 물품의 총판매액이 15,000,000원이 되려면 판매 수량이 몇 개가 되어야 하는지 알고 싶을 때 사용하는 기능은?

① 통합
② 부분합
③ 목표값 찾기
④ 시나리오 관리자

참고 파트02-챕터02-섹션05

32 다음 중 날짜 데이터의 자동 채우기 옵션에 포함되지 않는 내용은?

① 주 단위 채우기
② 일 단위 채우기
③ 월 단위 채우기
④ 평일 단위 채우기

참고 파트02-챕터03-섹션02

33 다음 중 엑셀의 참조에 대한 설명으로 옳지 않은 것은?

① 참조는 워크시트의 셀이나 셀 범위를 나타내며 수식에 사용할 값이나 데이터를 찾을 수 있다.

② 문자(총 16,384개의 열에 대해 A부터 XFD까지)로 열을 참조하고 숫자(1부터 1,048,576까지)로 행을 참조하는 A1 참조 스타일이 기본적으로 사용된다.

③ 통합 문서의 여러 워크시트에 있는 동일한 셀 데이터나 셀 범위 데이터를 분석하려면 2차원 참조 스타일인 R1C1 참조 스타일을 사용한다.

④ R1C1 참조 스타일은 워크시트의 행과 열 모두에 번호가 매겨지는 참조 스타일을 사용할 수도 있다.

참고 파트02-챕터02-섹션01

34 다음 중 아래의 빈칸 ㉠과 ㉡에 들어갈 내용으로 옳은 것은?

> [㉠]와/과 [㉡]은/는 엑셀의 연산이나 기타 기능에 상관없이 사용자에게 셀에 입력된 데이터의 추가정보를 제공하기 위해서 사용하는 것이다. 셀의 데이터를 삭제할 때 [㉠]은/는 함께 삭제되지 않으며, [㉡]은/는 함께 삭제된다.

① ㉠ : 메모 ㉡ : 윗주 ② ㉠ : 윗주 ㉡ : 메모
③ ㉠ : 메모 ㉡ : 회람 ④ ㉠ : 회람 ㉡ : 메모

참고 파트02-챕터04-섹션08

35 다음 중 다양한 상황과 변수에 따른 여러 가지 결과 값의 변화를 가상의 상황을 통해 예측하여 분석할 수 있는 도구는?

① 시나리오 관리자
② 목표값 찾기
③ 부분합
④ 통합

참고 파트02-챕터07-섹션01

36 다음 중 아래의 괄호 안에 들어갈 단추명이 바르게 연결된 것은?

> 매크로 대화 상자의 (㉮) 단추는 바로 가기 키나 설명을 변경할 수 있고, (㉯) 단추는 매크로 이름이나 명령 코드를 수정할 수 있다

① ㉮-옵션, ㉯-편집
② ㉮-편집, ㉯-옵션
③ ㉮-매크로, ㉯-보기 편집
④ ㉮-편집, ㉯-매크로 보기

참고 파트02-챕터02-섹션06

37 다음 중 입력 데이터가 '3275860'이고 [셀 서식]의 표시 형식이 '###0,'으로 설정되었을 때 표시되는 값으로 옳은 것은?

① 3,275
② 3275
③ 3276
④ 3,276

참고 파트02-챕터02-섹션07

38 다음 아래의 시트처럼 홀수 열에만 서식을 적용하는 조건부 서식의 수식으로 옳은 것은?

▲	A	B	C	D	E
1	지점명	1사분기	2사분기	3사분기	4사분기
2	동부	10	20	30	40
3	서부	15	30	45	60
4	남부	20	30	40	50
5	북부	25	30	35	40

① =ISODD(ROW())
② =ISEVEN(ROW())
③ =ISODD(COLUMN())
④ =ISEVEN(COLUMN())

참고 파트02-챕터02-섹션06

39 다음 중 [B7] 셀에 '한상공'을 입력하면 [B8] 셀에 해당하는 ⓐ'직급'과 [B9] 셀에 해당하는 ⓑ'합계'를 구하는 수식으로 옳게 짝지어진 것은?

▲	A	B	C	D	E	F
1	사원번호	직급	근무평가	연수점수	합계	성명
2	23A001	과장	88	90	178	이대한
3	02B222	대리	75	60	135	한상공
4	12A333	사원	86	80	166	이기적
5	20C444	부장	90	100	190	김선
6						
7	성명	한상공				
8	직급	ⓐ				
9	합계	ⓑ				

① ⓐ =VLOOKUP(B7,F2:F5,B2:B5),
　ⓑ =HLOOKUP(B7,F2:F5,E2:E5)

② ⓐ =VLOOKUP(B7,F2:F5,B2:B5),
　ⓑ =VLOOKUP(B7,F2:F5,E2:E5)

③ ⓐ =HLOOKUP(B7,F2:F5,B2:B5),
　ⓑ =HLOOKUP(B7,F2:F5,E2:E5)

④ ⓐ =XLOOKUP(B7,F2:F5,B2:B5),
　ⓑ =XLOOKUP(B7,F2:F5,E2:E5)

참고 파트02-챕터05-섹션02

40 다음 중 문서를 인쇄했을 때 문서의 위쪽에 "-1 Page-" 형식으로 페이지 번호를 표시하는 방법으로 옳은 것은?

① -#[페이지 번호] Page-
② #-[페이지 번호] Page-
③ -&[페이지 번호] Page-
④ &-[페이지 번호] Page

3과목 **데이터베이스 일반**

참고 파트03-챕터02-섹션03

41 다음 중 액세스에서 테이블의 필드 이름을 지정하는 방법으로 옳지 않은 것은?

① 필드 이름은 공백을 포함하여 64자까지 지정할 수 있지만, 공백으로 시작하는 필드 이름은 줄 수 없다.
② 필드 이름 첫 글자는 숫자로 시작할 수 있다.
③ 필드 이름과 테이블 이름은 동일하게 지정할 수 없다.
④ 테이블 내에서 필드 이름이 중복될 수는 없다.

참고 파트03-챕터03-섹션03

42 다음 중 테이블에서 이미 작성된 필드의 순서를 변경하려고 할 때 옳지 않은 것은?

① 데이터시트 보기에서 이동시킬 필드를 선택한 후 새로운 위치로 드래그 앤 드롭하여 필드를 이동시킬 수 있다.
② 디자인 보기에서 이동시킬 필드를 선택한 후 새로운 위치로 드래그 앤 드롭하여 필드를 이동시킬 수 있다.
③ 디자인 보기에서 한 번에 여러 개의 필드를 선택한 후 이동시킬 수 있다.
④ 데이터시트 보기에서 「잘라내기」와 「붙여넣기」를 이용하여 필드를 이동시킬 수 있다.

참고 파트03-챕터03-섹션01

43 다음 중 하나의 테이블로만 구성되어 있는 데이터베이스에서 사용할 수 없는 쿼리 마법사는?

① 단순 쿼리 마법사
② 중복 데이터 검색 쿼리 마법사
③ 크로스탭 쿼리 마법사
④ 불일치 검색 쿼리 마법사

참고 파트03-챕터03-섹션02

44 다음 중 SQL 명령 중 DDL에 해당하는 것으로만 옳게 짝지어진 것은?

① CREATE, ALTER, SELECT
② CREATE, ALTER, DROP
③ CREATE, UPDATE, DROP
④ DELETE, ALTER, DROP

참고 파트03-챕터01-섹션02

45 다음의 데이터베이스 설계 단계 중 가장 먼저 행해지는 것은?

① 물리 설계
② 논리 설계
③ 개념 설계
④ 요구 분석

참고 파트03-챕터05-섹션02

46 다음 중 일반적으로 보고서의 시작 부분에 한 번만 표시하는 회사의 로고나 보고서 제목, 인쇄일 등을 표시하는 구역으로 옳은 것은?

① 그룹 머리글
② 그룹 바닥글
③ 보고서 머리글
④ 페이지 머리글

참고 파트03-챕터01-섹션01

47 다음은 학생이라는 개체의 속성을 나타내고 있다. 여기서 '학과'를 기본키로 사용하기 곤란한 이유로 가장 타당한 것은?

학생(학과, 성명, 학번, 세부전공, 주소, 우편번호)

① 학과는 기억하기 어렵다.
② 동일한 학과명을 가진 학생이 두 명 이상 존재할 수 있다.
③ 학과는 기억 공간을 많이 필요로 한다.
④ 학과는 정렬하는 데 많은 시간이 소요된다.

참고 파트03-챕터02-섹션06

48 다음 중 테이블의 '디자인 보기'에서 필드마다 한/영 키를 사용하지 않고도 데이터 입력 시의 한글이나 영문 입력 상태를 정할 수 있는 필드 속성은?

① 캡션
② 기본값
③ IME 모드
④ 인덱스

참고 파트03-챕터03-섹션06

49 다음 중 쿼리를 실행할 때마다 아래처럼 메시지 상자를 표시하여 사용자에게 조건 값을 입력받아 쿼리를 실행하는 유형은?

① 크로스탭 쿼리
② 매개 변수 쿼리
③ 통합 쿼리
④ 실행 쿼리

참고 파트03-챕터03-섹션02

50 다음 중 [속성 시트] 창에서 하위 폼의 제목(레이블)을 변경하기 위한 방법으로 옳은 것은?

① [형식] 탭의 '캡션'을 수정한다.
② [데이터] 탭의 '표시'를 수정한다.
③ [이벤트] 탭의 '제목'을 수정한다.
④ [기타] 탭의 '레이블'을 수정한다.

참고 파트03-챕터02-섹션07

51 다음 중 외래키 값이 참조하는 테이블의 기본키 값과 동일하게 유지해 주는 제약 조건은?

① 동일성
② 관련성
③ 참조 무결성
④ 동시 제어성

참고 파트03-챕터01-섹션01

52 다음 중 관계형 데이터베이스에서 사용되는 용어에 대한 설명으로 옳은 것은?

① 도메인(Domain) : 테이블에서 행을 나타내는 말로 레코드와 같은 의미
② 튜플(Tuple) : 하나의 속성이 취할 수 있는 값의 집합
③ 속성(Attribute) : 테이블에서 열을 나타내는 말로 필드와 같은 의미
④ 차수(Degree) : 한 릴레이션에서의 튜플의 개수

참고 파트03-챕터03-섹션02

53 〈고객포인트〉 폼에서 '등급'을 임의로 수정할 수 없도록 설정하는 방법은?

① '표시' 속성을 '아니요'로 설정한다.
② '사용 가능' 속성을 '아니요'로 설정한다.
③ '잠금' 속성을 '예'로 설정한다.
④ '탭 정지' 속성을 '아니요'로 설정한다.

참고 파트03-챕터03-섹션01

54 다음 중 보고서의 원본으로 사용할 수 없는 것은?

① 폼
② 쿼리
③ 테이블
④ SQL 구문

참고 파트03-챕터02-섹션08

55 다음 아래의 [찾기 및 바꾸기] 대화 상자에서 와일드카드를 사용하고자 할 때 옳지 않은 것은?

① a[b-c]d : abc, acd 등을 찾는다.
② 소?자 : 소유자, 소개자, 소비자를 찾는다.
③ 1#3 : 103, 113, 123 등을 찾는다.
④ 소[!비유]자 : 소유자, 소개자, 소비자 등을 찾는다.

참고 파트03-챕터03-섹션03, 06

56 다음 중 함수에 대한 설명으로 옳지 않은 것은?

① ROUND() : 인수로 입력한 숫자를 지정한 자리
수로 반올림해 준다.
② VALUE() : 문자열에 포함된 숫자를 적절한 형
식의 숫자값으로 반환한다.
③ INSTR() : 문자열에서 특정한 문자 또는 문자열
이 존재하는 위치를 구해 준다.
④ DSUM() : 지정된 레코드 집합에서 해당 필드
값의 합계를 계산할 수 있다.

참고 파트03-챕터03-섹션05

57 다음 중 특정 필드에 입력 마스크를 '09#L'로 설정하였을 때의 입력 데이터로 옳은 것은?

① 123A
② A124
③ 12A4
④ 12AB

참고 파트03-챕터05-섹션04

58 다음과 같이 페이지 번호를 출력하고자 할 때의 수식으로 옳은 것은?

> 10 페이지 중 1

① =[Page]& 페이지 중& [Pages]
② =[Pages]& 페이지 중& [Page]
③ =[Page]& " 페이지 중 "& [Pages]
④ =[Pages]& " 페이지 중 "& [Page]

참고 파트03-챕터04-섹션04

59 다음 중 아래의 기능을 가진 컨트롤은?

> • 좁은 공간에서 효율적으로 사용할 수 있다.
> • 직접 입력하거나 목록에서 선택할 수 있다.
> • 테이블 또는 쿼리를 목록의 값 원본으로 지정할 수도 있다.
> • 목록에 있는 값만 입력하도록 설정할 수 있다.

① 텍스트 상자
② 콤보 상자
③ 확인란
④ 토글 단추

참고 파트03-챕터06-섹션03

60 다음 중 프로시저에 대한 설명으로 옳지 않은 것은?

① 프로시저는 연산을 수행하거나 값을 계산하는
일련의 명령문과 메서드로 구성된다.
② 명령문은 대체로 프로시저나 선언 구역에서 한
줄로 표현되며 명령문의 끝에는 세미콜론(;)을
찍어 구분한다.
③ 이벤트 프로시저는 특정 객체에 해당 이벤트가
발생하면 자동적으로 실행되나 다른 프로시저에
서도 이를 호출하여 실행할 수 있다.
④ Function 프로시저는 Function 문으로 함수
를 선언하고 End Function 문으로 함수를 끝
낸다.

빠른 정답 확인 QR
스마트폰으로 QR을 찍으면 정답표가 오픈됩니다.
기출문제를 편리하게 채점할 수 있습니다.

자동채점 서비스　▶ 합격 강의

2024년 상시 기출문제 02회

풀이 시간 _____ 분　내 점수 _____ 점

시험 시간	합격 점수	문항수
60분	60점	총 60개

1과목 **컴퓨터 일반**

참고 파트01-챕터03-섹션07

01 다음 중 컴퓨터에서 사용하는 캐시 메모리에 관한 설명으로 옳은 것은?

① 중앙 처리 장치와 주기억 장치 사이에 위치하여 컴퓨터의 처리 속도를 향상시키는 역할을 한다.
② RAM의 종류 중 DRAM이 캐시 메모리로 사용된다.
③ 보조 기억 장치의 일부를 주기억 장치처럼 사용하는 메모리이다.
④ 주기억 장치의 용량보다 큰 프로그램을 로딩하여 실행시킬 때 사용된다.

참고 파트01-챕터03-섹션04

02 다음 중 전송 오류 검출 방식이 아닌 것은?

① CRC(순환 중복 검사) 방식
② 패리티 검사 방식
③ 정마크 부호 방식
④ CSMA/CD(매체 접근 제어) 방식

참고 파트01-챕터03-섹션04

03 다음 중 컴퓨터 통신과 관련하여 P2P 방식에 관한 설명으로 옳은 것은?

① 인터넷에서 이루어지는 개인 대 개인의 파일 공유를 위한 기술이다.
② 인터넷을 통해 MP3를 제공해 주는 기술 및 서비스이다.
③ 인터넷을 통해 동영상을 상영해 주는 기술 및 서비스이다.
④ 여러 사용자가 동시에 온라인 게임을 할 수 있도록 제공해 주는 기술이다.

참고 파트01-챕터04-섹션05

04 다음 중 사물 인터넷에 대한 설명으로 옳지 않은 것은?

① IoT(Internet of Things)라고도 하며 개인 맞춤형 스마트 서비스를 지향한다.
② 사람을 제외한 사물과 공간, 데이터 등을 이더넷으로 서로 연결시켜주는 무선통신기술을 의미한다.
③ 스마트센싱기술과 무선통신기술을 융합하여 실시간으로 데이터를 주고받는 기술이다.
④ 사물 인터넷 기반 서비스는 개방형 아키텍처를 필요로 하기 때문에 정보 공유에 대한 부작용을 최소화하기 위한 정보보안기술의 적용이 중요하다.

참고 파트01-챕터03-섹션12

05 다음 중 프로그래밍 언어에 대한 설명으로 옳지 않은 것은?

① HTML5는 액티브X나 플러그인 등의 프로그램 설치 없이 동영상이나 음악 재생을 실행할 수 있는 웹 표준 언어이다.
② 자바(Java)는 HTML 문서 속에 내장시켜서 사용할 수 있다.
③ ASP는 Windows 환경에서 동적인 웹 페이지를 제작할 수 있는 스크립트 언어이다.
④ WML은 무선 접속을 통하여 웹 페이지의 텍스트와 이미지 부분이 표시될 수 있도록 해주는 웹 프로그래밍 언어이다.

참고 파트01-챕터01-섹션02

06 한글 Windows에서 LNK 확장자를 갖는 파일에 대한 다음 설명 중 옳지 않은 것은?

① 바로 가기 아이콘과 관계가 있다.
② 시스템에 여러 개 존재할 수 있다.
③ 연결 대상 파일의 위치 정보를 가지고 있다.
④ 연결 정보를 가지고 있으므로 삭제하면 연결 프로그램에 중요한 영향을 끼친다.

참고 파트01-챕터05-섹션02

07 다음 중 방화벽(Firewall)에 대한 설명으로 옳지 않은 것은?

① 보안이 필요한 네트워크의 통로를 단일화하여 관리한다.
② 내부 네트워크에서 외부로 나가는 패킷을 체크하여 인증된 패킷만 통과시킨다.
③ 역추적 기능으로 외부 침입자의 흔적을 찾을 수 있다.
④ 방화벽은 외부 네트워크와 내부 네트워크 사이에 위치한다.

참고 파트01-챕터04-섹션05

08 다음 중 3D 프린터에 대한 설명으로 옳지 않은 것은?

① 입력한 도면을 바탕으로 3차원의 입체적인 공간에 물품을 만들어 내는 프린터이다.
② 2D 이미지를 인쇄하는 잉크젯 프린터의 인쇄 원리와 같으며 제작 방식에 따라 층(레이어)으로 겹겹이 쌓아 입체 형상을 만들어내는 적층형과 큰 덩어리를 조각하듯이 깎아내는 절삭형으로 나뉜다.
③ 기계, 건축, 예술, 우주 등 많은 분야에서 응용되고 있으며, 의료 분야에서도 활발히 활용되고 있다.
④ 출력 속도의 단위는 LPM, PPM, IPM 등이 사용된다.

참고 파트01-챕터03-섹션07

09 다음 중 운영체제에서 관리하는 가상 메모리는 실제로 어떤 장치에 존재하는가?

① 하드디스크 장치
② 주기억 장치
③ 프로세서 장치
④ 캐시 기억 장치

참고 파트01-챕터01-섹션01

10 다음 중 32비트 및 64비트 버전의 Windows OS에 관한 설명으로 옳지 않은 것은?

① 64비트 버전의 Windows에서는 대용량 RAM을 32비트 시스템보다 효과적으로 처리한다.
② 64비트 버전의 Windows을 설치하려면 64비트 버전의 Windows를 실행할 수 있는 CPU가 필요하다.
③ 64비트 버전의 Windows에서 하드웨어 장치가 정상적으로 동작하려면 64비트용 장치 드라이버가 필요하다.
④ 앱이 64비트 버전의 Windows용으로 설계된 경우 호환성 유지를 위해 32비트 버전의 Windows에서도 작동되도록 설계되어 있다.

참고 파트01-챕터04-섹션05

11 다음 중 인터넷 통신 장비인 게이트웨이(Gateway)의 기본적인 역할에 관한 설명으로 옳은 것은?

① 현재 위치한 네트워크에서 다른 네트워크로 연결할 때 사용된다.
② 인터넷 신호를 증폭하며 먼 거리로 정보를 전달할 때 사용된다.
③ 네트워크 계층의 연동 장치로 경로 설정에 사용된다.
④ 문자로 된 도메인 이름을 숫자로 이루어진 실제 IP 주소로 변환하는데 사용된다.

참고 파트01-챕터01-섹션04

12 다음 중 한글 Windows의 [보조프로그램]의 [그림판]에 관한 설명으로 옳지 않은 것은?

① [그림판]으로 작성된 파일의 형식은 BMP, JPG, GIF 등으로 저장할 수 있다.
② 레이어 기능으로 그림의 작성과 편집 과정을 편리하게 하여 준다.
③ 배경색을 설정하려면 [홈] 탭의 [색] 그룹에서 색2를 클릭한 다음 원하는 색 사각형을 클릭한다.
④ 정원 또는 정사각형을 그리려면 타원이나 직사각형을 선택한 후에 Shift 를 누른 상태로 그리면 된다.

참고 파트01-챕터04-섹션01

13 다음 중 쿠키에 대한 설명으로 옳은 것은?

① 특정 웹 사이트 접속 시 반복적으로 사용되는 접속 정보를 가지고 있는 파일이다.
② 인터넷 사용 시 네트워크에 접속하기 위한 프로그램이다.
③ 웹 브라우저에서 기본으로 제공하지 않는 기능을 부가적으로 설치하여 구현되도록 한다.
④ 자주 사용하는 사이트의 자료를 저장한 후 다시 동일한 사이트 접속 시 자동으로 자료를 불러온다.

참고 파트01-챕터04-섹션02

14 다음 중 텔레매틱스(Telematics)에 대한 설명으로 옳지 않은 것은?

① 통신(Telecommunication)과 정보과학(Informatics)의 합성어이다.
② 차량에 장착된 특수한 장치와 노변의 장치를 이용하여 안전하게 차량을 제어하는 시스템이다.
③ 다양한 멀티미디어 서비스를 제공하며 여러 IT 기술을 차량에 접목하여 새로운 부가 가치를 창출한다.
④ 자동차에 무선 통신 기술을 접목한 것으로 '차량 무선 인터넷 서비스'라고 한다.

참고 파트01-챕터03-섹션04

15 7bit ASCII 코드에 1bit 짝수 패리티(Even Parity) 비트를 첨부하여 데이터를 송신하였을 경우 수신된 데이터에 에러가 발생하는 것은 어느 것인가?(단, 우측에서 첫 번째 비트가 패리티 비트이다.)

① 10101100
② 01110111
③ 10101011
④ 00110101

참고 파트01-챕터04-섹션03

16 다음 중 다양한 정보의 데이터베이스를 구축하여 사용자가 요구하는 정보를 원하는 시간에 서비스 받을 수 있는 멀티미디어 서비스를 무엇이라 하는가?

① 폴링(Polling)
② P2P(Peer-to-Peer)
③ VCS(Video Conference System)
④ VOD(Video-On-Demand)

참고 파트01-챕터01-섹션03

17 다음 중 Windows의 [폴더 옵션] 창에서 설정할 수 있는 작업으로 옳지 않은 것은?

① 탐색 창, 미리 보기 창, 세부 정보 창의 표시 여부를 선택할 수 있다.
② 숨김 파일이나 폴더의 표시 여부를 지정할 수 있다.
③ 폴더에서 시스템 파일을 검색할 때 색인의 사용 여부를 선택할 수 있다.
④ 알려진 파일 형식의 파일 확장명을 숨기도록 설정할 수 있다.

참고 파트01-챕터04-섹션01

18 다음 중 인터넷에서 사용하는 표준 주소 체계인 URL(Uniform Resource Locator)의 4가지 구성 요소를 순서대로 옳게 나열한 것은?

① 프로토콜, 서버 주소, 포트 번호, 파일 경로
② 서버 주소, 프로토콜, 포트 번호, 파일 경로
③ 프로토콜, 서버 주소, 파일 경로, 포트 번호
④ 포트 번호, 프로토콜, 서버 주소, 파일 경로

참고 파트01-챕터03-섹션09

19 다음 중 PC의 CMOS에서 설정 가능한 항목으로 옳지 않은 것은?

① 시스템 날짜와 시간
② 부팅 순서
③ Windows 로그인 암호 변경
④ 칩셋 설정

참고 파트01-챕터04-섹션04

20 다음 중 이미지 데이터의 표현 방식에서 벡터(Vector) 방식에 관한 설명으로 옳지 않은 것은?

① 벡터 방식의 그림 파일 형식에는 wmf, ai 등이 있다.
② 이미지를 점과 선을 이용하여 표현하는 방식이다.
③ 그림을 확대하거나 축소할 때 계단 현상이 발생하지 않는다.
④ 포토샵, 그림판 등의 소프트웨어로 그림을 편집할 수 있다.

2과목　스프레드시트 일반

참고 파트02-챕터04-섹션02

21 다음 중 자동 필터에 관한 설명으로 옳지 않은 것은?

① 데이터에 필터를 적용하면 지정한 조건에 맞는 행만 표시되고 나머지 행은 숨겨지며, 필터링된 데이터는 다시 정렬하거나 이동하지 않고도 복사, 찾기, 편집 및 인쇄를 할 수 있다.
② '상위 10 자동 필터'는 숫자 데이터 필드에서만 설정 가능하고, 텍스트 데이터 필드에서는 사용할 수 없다.
③ 한 열에 숫자 입력 셀이 5개 있고, 텍스트 입력 셀이 3개 있는 경우 자동 필터는 셀의 수가 적은 '텍스트 필터' 명령으로 표시된다.
④ 날짜 데이터는 연, 월, 일의 계층별로 그룹화되어 계층에서 상위 수준을 선택하거나 선택을 취소하는 경우 해당 수준 아래의 중첩된 날짜가 모두 선택되거나 선택 취소된다.

참고 파트02-챕터02-섹션05

22 다음 중 데이터 입력에 대한 설명으로 옳은 것은?

① Ctrl + E 는 값을 자동으로 채워주는 [빠른 채우기]의 바로 가기 키이다.
② 데이터를 입력하는 도중에 입력을 취소하려면 Tab 을 누른다.
③ 텍스트, 텍스트/숫자 조합, 날짜, 시간 데이터는 셀에 입력하는 처음 몇 자가 해당 열의 기존 내용과 일치하면 자동으로 입력된다.
④ 여러 셀에 동일한 데이터를 입력하려면 해당 셀을 범위로 지정하여 데이터를 입력한 후 Alt + Enter 를 누른다.

참고 파트02-챕터05-섹션02

23 다음 중 [페이지 설정] 대화 상자에 대한 설명으로 옳지 않은 것은?

① 인쇄 배율을 수동으로 설정할 수 있으며, 배율은 워크시트 표준 크기의 10%에서 400%까지 설정할 수 있다.
② [시트] 탭에서 머리글/바닥글과 행/열 머리글이 인쇄되도록 설정할 수 있다.
③ [페이지] 탭에서 '자동 맞춤'의 용지 너비와 용지 높이를 각각 1로 지정하면 여러 페이지가 한 페이지에 인쇄된다.
④ 셀에 설정된 메모는 '시트에 표시된 대로'나 '시트 끝'에 인쇄되도록 설정할 수 있다.

참고 파트02-챕터06-섹션02

24 다음 중 항목의 구성비를 표현하는 데 적합한 차트인 원형 차트 및 도넛형 차트에 대한 설명으로 옳지 않은 것은?

① 원형 차트의 모든 조각을 차트 중심에서 끌어낼 수 있다.
② 도넛형 차트는 원형 차트와 마찬가지로 전체에 대한 각 부분의 구성비를 보여 주지만 데이터 계열이 두 개 이상 포함될 수 있다는 점이 다르다.
③ 원형 차트는 첫째 조각의 각을 0도에서 360도 사이의 값을 이용하여 회전시킬 수 있으나 도넛형 차트는 첫째 조각의 각을 회전시킬 수 없다.
④ 도넛형 차트의 도넛 구멍 크기는 0%에서 90% 사이의 값으로 변경할 수 있다.

참고 파트02-챕터06-섹션02

25 다음 중 아래의 차트에 대한 설명으로 옳지 않은 것은?

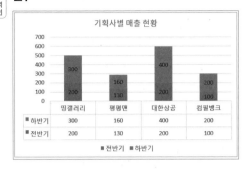

① 레이블 내용으로 값이 표시되어 있다.
② 범례 표지를 포함한 데이터 테이블이 나타나도록 설정되어 있다.
③ 범례는 아래쪽으로 설정되어 있다.
④ 누적 트리맵 차트로 데이터를 계층 구조 보기로 제공하므로 다른 범주 수준을 비교하는 간편한 방법으로 사용된다.

참고 파트02-챕터02-섹션06

26 다음 중 [셀 서식]-[맞춤] 탭의 '텍스트 방향'에서 설정할 수 없는 항목은?

① 텍스트 방향대로
② 텍스트 반대 방향으로
③ 왼쪽에서 오른쪽
④ 오른쪽에서 왼쪽

참고 파트02-챕터05-섹션03

27 다음 중 화면 제어에 관한 설명으로 옳지 않은 것은?

① 틀 고정은 행 또는 열, 열과 행으로 모두 고정이 가능하다.
② 창 나누기는 워크시트를 여러 개의 창으로 분리하는 기능으로 최대 4개까지 분할할 수 있다.
③ [창] 그룹-[틀 고정]을 실행하면 현재 셀의 위쪽과 왼쪽에 틀 고정선이 나타난다.
④ 틀 고정선은 마우스를 드래그하여 위치를 변경할 수 있다.

참고 파트02-챕터03-섹션01

28 다음 중 수식에 잘못된 인수나 피연산자를 사용할 때 표시되는 오류 메시지로 옳은 것은?

① #DIV/0!
② #NUM!
③ #NAME?
④ #VALUE!

참고 파트02-챕터04-섹션05

29 아래 시트에서 [표1]의 할인율 [B3]을 적용한 할인가 [B4]를 이용하여 [표2]의 각 정가에 해당하는 할인가 [E3:E6]을 계산하고자 한다. 다음 중 가장 적합한 데이터 도구는?

▲	A	B	C	D	E	F
1	[표1] 할인 금액			[표2] 할인 금액표		
2	정가	₩10,000		정가	₩9,500	
3	할인율	5%		₩10,000		
4	할인가	₩9,500		₩15,000		
5				₩24,000		
6				₩30,000		
7						

① 통합
② 데이터 표
③ 부분합
④ 시나리오 관리자

참고 파트02-챕터03-섹션07

30 다음 중 10,000,000원을 2년간 연 5.5%의 이자율로 대출할 때, 매월 말 상환해야 할 불입액을 구하기 위한 수식으로 옳은 것은?

① =PMT(5.5%/12, 24, -10000000)
② =PMT(5.5%, 24, -10000000)
③ =PMT(5.5%, 24, -10000000,0,1)
④ =PMT(5.5%/12, 24, -10000000,0,1)

참고 파트02-챕터03-섹션09

31 다음 배열 수식 및 배열 함수에 대한 설명으로 옳지 않은 것은?

① 배열 수식에서 사용되는 배열 상수의 숫자로는 정수, 실수, 지수 형식의 숫자를 사용할 수 있다.
② MDETERM 함수는 배열로 저장된 행렬에 대한 역행렬을 산출한다.
③ PERCENTILE.INC 함수는 범위에서 k번째 백분위수 값을 구하며, 이때 k는 0에서 1까지 백분위수 값 범위이다.
④ FREQUENCY 함수는 값의 범위 내에서 해당 값의 발생 빈도를 계산하여 세로 배열 형태로 나타낸다.

참고 파트02-챕터04-섹션05

32 다음 중 부분합에 관한 설명으로 옳지 않은 것은?

① 여러 함수를 이용하여 부분합을 작성하려면 두 번째부터 실행하는 [부분합] 대화 상자에서 '새로운 값으로 대치'가 반드시 선택되어 있어야 한다.
② 부분합을 작성한 후 개요 기호를 눌러 특정한 데이터가 표시된 상태에서 차트를 작성하면 화면에 표시된 데이터만 차트에 표시된다.
③ 부분합을 실행하기 전에 그룹화하고자 하는 필드를 기준으로 정렬되어 있어야 올바른 결과를 얻을 수 있다.
④ 그룹별로 페이지를 달리하여 인쇄하기 위해서는 [부분합] 대화 상자에서 '그룹 사이에서 페이지 나누기'를 선택한다.

참고 파트02-챕터02-섹션03

33 다음 중 [Excel 옵션]-[고급]에서 [소수점 자동 삽입]의 [소수점 위치]를 −2로 설정한 다음 시트에서 1을 입력하는 경우의 결과로 옳은 것은?

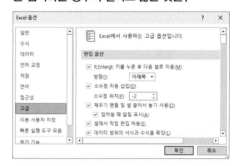

① 0.01
② 0.001
③ 100
④ 1000

참고 파트02-챕터04-섹션06

34 다음 중 피벗 테이블에 대한 설명으로 옳지 않은 것은?

① 피벗 차트 보고서는 피벗 테이블 보고서를 만들지 않고는 만들 수 없으며, 피벗 테이블과 피벗 차트를 함께 만든 후 피벗 테이블을 삭제하면 피벗 차트는 일반 차트로 변경된다.
② 피벗 테이블 보고서에서 필드 단추를 다른 열이나 행의 위치로 끌어다 놓으면 데이터 표시형식이 달라진다.
③ 피벗 테이블 보고서는 엑셀에서 작성된 데이터를 대상으로 새로운 대화형 테이블을 만드는 데 사용하며 외부 액세스 데이터베이스에서 만들어진 데이터는 호환되지 않으므로 사용할 수 없다.
④ 피벗 테이블 보고서를 이용하면 필터, 정렬, 그룹 및 조건부 서식을 적용하여 가장 유용한 하위 데이터 집합에서 원하는 정보만 강조할 수 있다.

참고 파트02-챕터04-섹션02

35 다음 중 아래 시트에서 사원명이 두 글자이면서 실적이 전체 실적의 평균을 초과하는 데이터를 검색할 때, 고급 필터의 조건으로 옳은 것은?

	A	B
1	사원명	실적
2	유민	15,030,000
3	오성준	35,000,000
4	김근태	18,000,000
5	김원	9,800,000
6	정영희	12,000,000
7	남궁정훈	25,000,000
8	이수	30,500,000
9	김용훈	8,000,000

①

사원명	실적조건
="=??"	=$B2>AVERAGE($B$2:$B$9)

②

사원명	실적
="=??"	=$B2&">AVERAGE($B$2:$B$9)"

③

사원명	실적
=LEN($A2)=2	=$B2>AVERAGE($B$2:$B$9)

④

사원명	실적조건
="=**"	=$B2>AVERAGE($B$2:$B$9)

참고 파트02-챕터03-섹션05, 09

36 매출액 [B3:B9]을 이용하여 매출 구간별 빈도수를 [F3:F6] 영역에 계산한 후 그 값만큼 "★"을 반복하여 표시하고자 한다. 다음 중 [F3] 셀에 입력될 수식으로 옳은 것은?

	A	B	C	D	E	F
1						
2		매출액		매출구간		빈도수
3		75		0	50	★
4		93		51	100	★★
5		130		101	200	★★★
6		32		201	300	★
7		123				
8		257				
9		169				

① =REPT("★",FREQUENCY(B3:B9))
② =REPT("★",FREQUENCY(E3:E6))
③ =REPT("★",FREQUENCY(E3:E6,B3:B9))
④ =REPT("★",FREQUENCY(B3:B9,E3:E6))

참고 파트02-챕터02-섹션04

37 다음 중 [찾기 및 바꾸기] 대화 상자에 대한 설명으로 옳지 않은 것은?

① 문서에서 '찾을 내용'에 입력한 내용과 일치하는 이전 항목을 찾으려면 Shift 를 누른 상태에서 [다음 찾기] 단추를 클릭한다.
② '찾을 내용'에 입력한 문자만 있는 셀을 검색하려면 '전체 셀 내용 일치'를 선택한다.
③ 별표(*), 물음표(?) 및 물결표(~) 등의 문자가 포함된 내용을 찾으려면 '찾을 내용'에 작은따옴표(') 뒤에 해당 문자를 붙여 입력한다.
④ 찾을 내용을 워크시트에서 검색할지 전체 통합 문서에서 검색할지 등을 선택하려면 '범위'에서 '시트' 또는 '통합 문서'를 선택한다.

참고 파트02-챕터07-섹션01

38 통합 문서를 열 때마다 특정 작업이 자동으로 수행되는 매크로를 작성하려고 한다. 이때 사용해야 할 매크로 이름으로 옳은 것은?

① Auto_Open
② Auto_Exec
③ Auto_Macro
④ Auto_Start

참고 파트02-챕터05-섹션02

39 다음 중 인쇄 시 테두리나 그래픽 등을 생략하고 데이터만 인쇄하려고 할 때 설정해야 할 것으로 올바른 것은?

① 눈금선
② 행/열 머리글
③ 간단하게 인쇄
④ 흑백으로

참고 파트02-챕터07-섹션03

40 다음 중 1부터 10까지의 합을 구하는 VBA 모듈로 옳지 않은 것은?

①
```
no = 0
sum = 0
Do While no <= 10
sum = sum + no
no = no + 1
Loop
MsgBox sum
```

②
```
no = 0
sum = 0
Do
sum = sum + no
no = no + 1
Loop While no <= 10
MsgBox sum
```

③
```
no = 0
sum = 0
Do While no < 10
sum = sum + no
no = no + 1
Loop
MsgBox sum
```

④
```
sum = 0
For no = 1 To 10
sum = sum + no
Next
MsgBox sum
```

3과목 **데이터베이스 일반**

참고 파트03-챕터06-섹션03

41 다음 중 특정 컨트롤로 포커스를 이동시킬 때 사용하는 매크로 함수는?

① GoToRecord
② GoToControl
③ SetValue
④ RunCode

참고 파트03-챕터04-섹션06

42 다음 중 현재 폼에서 활성화되어 있는 ShipForm 폼의 DateDue 컨트롤의 Visible 속성을 참조하는 방법으로 옳은 것은?

① Forms![ShipForm]![DateDue].Visible
② Forms.[ShipForm]![DateDue].Visible
③ Forms![ShipForm].[DateDue]!Visible
④ Forms.[ShipForm].[DateDue].Visible

참고 파트03-챕터02-섹션02

43 다음 중 레코드가 추가될 때마다 시스템에서 자동으로 값을 입력해 주며 업데이트나 수정이 불가한 데이터 형식은?

① 짧은 텍스트
② 숫자
③ 일련번호
④ Yes/No

참고 파트03-챕터03-섹션02

44 다음 중 아래 그림과 같은 결과를 표시하는 쿼리로 옳은 것은?

영화명	감독	장르	제작년도
베테랑	백감독	멜로	2013
베테랑	류승완	액션	2015
퇴마전	김휘	스릴러	2014
Mother	난니 모레티	멜로	2015

① SELECT * FROM movie ORDER BY 영화명, 장르;
② SELECT * FROM movie ORDER BY 영화명 DESC, 장르 DESC;
③ SELECT * FROM movie ORDER BY 제작년도, 장르 DESC;
④ SELECT * FROM movie ORDER BY 감독, 제작년도;

참고 파트03-챕터02-섹션06

45 [직원] 테이블의 '급여' 필드는 데이터 형식이 숫자이고, 필드 크기가 정수(Long)로 설정되어 있다. 다음 중 '급여' 필드에 입력이 가능한 숫자를 백만 원 이상, 오백만 원 이하로 설정하기 위한 유효성 검사 규칙으로 옳은 것은?

① <= 1000000 Or <= 5000000
② >= 1000000 And <= 5000000
③ >= 1000000, <= 5000,000
④ 1,000,000 <= And <= 5,000,000

참고 파트03-챕터04-섹션06

46 다음 중 [학생] 테이블에서 '점수'가 60 이상인 학생들의 인원수를 구하는 식으로 옳은 것은? (단, '학번' 필드는 [학생] 테이블의 기본키이다.)

① =DCount("[학생]", "[학번]", "[점수]>= 60")
② =DCount("[학번]", "[학생]", "[점수]>= 60")
③ =DLookUp("[학생]", "[학번]", "[점수]>= 60")
④ =DLookUp("*", "[학생]", "[점수]>= 60")

참고 파트03-챕터02-섹션06

47 다음은 색인(Index)에 대한 설명이다. 가장 옳지 않은 것은?

① 하나의 필드나 필드 조합에 인덱스를 만들어 레코드 찾기와 정렬을 효율적으로 수행할 수 있게 한다.
② 색인을 많이 설정하면 테이블의 변경 속도가 저하될 수 있다.
③ 인덱스를 삭제하면 필드나 필드 데이터도 함께 삭제된다.
④ 레코드를 변경하거나 추가할 때마다 자동으로 업데이트된다.

참고 파트03-챕터03-섹션05

48 회원(회원번호, 이름, 나이, 주소)테이블에서 회원번호가 555인 회원의 주소를 '부산'으로 변경하는 질의문으로 옳은 것은?

① UPGRAGE 회원 set 회원번호=555 where 주소='부산'
② UPGRAGE 회원 set 주소='부산' where 회원번호=555
③ UPDATE 회원 set 회원번호=555 where 주소='부산'
④ UPDATE 회원 set 주소='부산' where 회원번호=555

참고 파트03-챕터01-섹션02

49 다음 중 다양한 사용자의 요구 사항을 분석하여 정보 구조를 표현한 관계도(ERD)를 생성하는 데이터베이스 설계 단계는?

① 요구 조건 분석
② 개념적 설계
③ 논리적 설계
④ 물리적 설계

참고 파트03-챕터02-섹션08

50 다음 중 아래와 같이 표시된 폼의 탐색 단추에 대한 설명으로 옳지 않은 것은?

레코드: ◄◄ ◄ 4/4 ► ►► ►*
　　　　　㉠ ㉡　　　　㉢ ㉣

① ㉠ 첫 레코드로 이동한다.
② ㉡ 이전 레코드로 이동한다.
③ ㉢ 마지막 레코드로 이동한다.
④ ㉣ 이동할 레코드 번호를 입력하여 이동한다.

참고 파트03-챕터04-섹션03

51 다음 중 기본 폼과 하위 폼에 대한 설명으로 옳지 않은 것은?

① '일대다' 관계일 때 하위 폼에는 '일'에 해당하는 데이터가 표시되며, 기본 폼에는 '다'에 해당하는 데이터가 표시된다.
② 하위 폼은 연속 폼의 형태로 표시할 수 있지만 기본 폼은 연속 폼의 형태로 표시할 수 없다.
③ 기본 폼 내에 포함시킬 수 있는 하위 폼의 개수는 제한이 없으며, 최대 7 수준까지 하위 폼을 중첩시킬 수 있다.
④ 테이블, 쿼리나 다른 폼을 이용하여 하위 폼을 작성할 수 있다.

참고 파트03-챕터04-섹션02

52 다음 중 아래의 탭 순서 대화 상자에 대한 설명으로 옳지 않은 것은?

① 폼 보기에서 Tab 이나 Enter 를 눌렀을 때 포커스(Focus)의 이동 순서를 지정하는 것이다.
② 키보드를 이용하여 컨트롤 간 이동을 신속하게 할 수 있는 기능이다.
③ 레이블 컨트롤을 포함한 모든 컨트롤에 탭 순서를 지정할 수 있다.
④ 해당 컨트롤의 '탭 정지' 속성을 '아니요'로 지정하면 탭 순서에서 제외된다.

참고 파트03-챕터01-섹션01

53 다음 데이터베이스 관련 용어 중에서 성격이 다른 것은?

① DDL
② DBA
③ DML
④ DCL

참고 파트03-챕터03-섹션03

54 폼이나 보고서의 특정 컨트롤에서 '=[단가]*[수량]*(1-[할인률])'과 같은 계산식을 사용하고자 한다. 이 때 계산 결과를 소수점 이하 첫째 자리까지 표시하기 위한 함수는?

① Clng( )
② Val( )
③ Format( )
④ DLookUp( )

참고 파트03-챕터01-섹션01

55 다음 중 데이터를 입력 또는 삭제 시 이상(Anomaly) 현상이 일어나지 않도록 데이터베이스를 설계하기 위한 기술을 의미하는 용어는?

① 자동화
② 정규화
③ 순서화
④ 추상화

참고 파트03-챕터02-섹션02

56 다음 중 각 데이터 형식에 대한 설명으로 옳지 않은 것은?

① 조회 마법사는 필드에 값을 직접 입력하지 않고 다른 테이블에서 값을 선택할 때 사용한다.
② Yes/No 형식은 Yes/No, True/False, On/Off 등 두 값 중 하나만 입력하는 경우에 사용하는 것으로 기본 필드 크기는 1비트이다.
③ 설명, 참고 사항 등 255자를 초과해서 저장할 때는 긴 텍스트 데이터 형식을 사용한다.
④ 일련번호는 번호가 부여된 후 변경하거나 삭제할 수 있으며 크기는 2바이트이다.

참고 파트03-챕터02-섹션06

57 다음 중 <학생> 테이블의 '나이' 필드에 유효성 검사규칙을 아래와 같이 지정한 경우 데이터 입력 상황에 대한 설명으로 옳은 것은?

유효성 검사 규칙	>20
유효성 검사 테스트	숫자는 >20으로 입력합니다.

① 데이터를 입력하려고 하면 항상 '숫자는 >20으로 입력합니다.'라는 메시지가 먼저 표시된다.

② 20을 입력하면 '숫자는 >20으로 입력합니다.'라는 메시지가 표시된 후 입력 값이 정상적으로 저장된다.

③ 20을 입력하면 '숫자는 >20으로 입력합니다.'라는 메시지가 표시되며, 값을 다시 입력해야만 한다.

④ 30을 입력하면 '유효성 검사 규칙에 맞습니다.'라는 메시지가 표시된 후 입력 값이 정상적으로 저장된다.

참고 파트03-챕터06-섹션03

58 다음 중 아래 VBA 코드를 실행했을 때 MsgBox에 표시되는 값은?

```
Dim i As Integer
Dim Num As Integer
For i = 0 To 7 Step 2
Num = Num + i
Next i
MsgBox Str(Num)
```

① 7
② 12
③ 24
④ 28

참고 파트03-챕터03-섹션03

59 다음 중 각 연산식에 대한 결과 값이 옳지 않은 것은?

① IIF(1,2,3) → 결과값: 2
② MID("123456",3,2) → 결과값: 34
③ "A" & "B" → 결과값: "AB"
④ 4 MOD 2 → 결과값: 2

참고 파트03-챕터03-섹션03

60 다음 중 보고서의 그룹 바닥글 구역에 '=COUNT(*)'를 입력했을 때 출력되는 결과로 옳은 것은?

① Null 필드를 포함한 그룹별 레코드 개수
② Null 필드를 포함한 전체 레코드 개수
③ Null 필드를 제외한 그룹별 레코드 개수
④ Null 필드를 제외한 전체 레코드 개수

빠른 정답 확인 QR
스마트폰으로 QR을 찍으면 정답표가 오픈됩니다.
기출문제를 편리하게 채점할 수 있습니다.

자동채점 서비스 　 ▶합격 강의

2024년 상시 기출문제 03회

풀이 시간 _____분　내 점수 _____점

시험 시간	합격 점수	문항수
60분	60점	총 60개

1과목 **컴퓨터 일반**

참고 파트01-챕터01-섹션01

01 다음 중 한글 Windows의 실행 대화 상자에서 [시스템 구성] 대화 상자를 열 수 있는 명령어로 옳은 것은?

① ipconfig
② tracert
③ ping
④ msconfig

참고 파트01-챕터03-섹션07

02 다음 중 기억된 정보의 일부분을 이용하여 원하는 정보가 기억된 위치를 알아낸 후 그 위치에서 나머지 정보에 접근하는 기억장치를 무엇이라 하는가?

① 캐시 메모리(Cache Memory)
② 주기억 장치(Main Memory)
③ 가상 기억 장치(Virtual Memory)
④ 연관 메모리(Associative Memory)

참고 파트01-챕터03-섹션09

03 둘 이상의 프로세스들이 자원을 점유한 상태에서 서로 다른 프로세스가 점유하고 있는 자원을 서로 사용하기를 원해서 시스템이 정지되는 상황을 무엇이라 부르는가?

① LOCK
② DEADLOCK
③ UNLOCK
④ BLOCK

참고 파트01-챕터03-섹션09

04 다음 중 컴퓨터에서 정상적인 프로그램을 처리하고 있는 도중에 특수한 상태가 발생했을 때 현재 실행하고 있는 프로그램을 일시 중단하고, 그 특수한 상태를 처리한 후 다시 원래의 프로그램을 처리하는 과정을 무엇이라 하는가?

① 채널(Channel)
② 인터럽트(Interrupt)
③ 데드락(Deadlock)
④ 스풀(Spool)

참고 파트01-챕터03-섹션06

05 컴퓨터 내부에서 중앙 처리 장치와 메모리 사이의 데이터 전송에 사용되는 통로를 버스(Bus)라고 한다. 다음 중 이 버스에 해당하지 않는 것은?

① 제어 버스(Control Bus)
② 프로그램 버스(Program Bus)
③ 데이터 버스(Data Bus)
④ 주소 버스(Address Bus)

참고 파트01-챕터04-섹션04

06 다음 중 AVI, MPEG-1, MPEG-4, ASF(Advanced Stream Format) 파일 형식의 공통점은 무엇인가?

① 텍스트 파일 형식
② 오디오 파일 형식
③ 이미지 파일 형식
④ 비디오 파일 형식

참고 파트01-챕터03-섹션14

07 다음 중 한글 Windows에서 하드디스크에 저장된 파일을 다시 정렬하는 단편화 제거 과정을 통해 디스크의 파일 읽기/쓰기 성능을 향상시키는 프로그램으로 옳은 것은?

① 디스크 검사
② 디스크 정리
③ 디스크 포맷
④ 드라이브 조각 모음 및 최적화

참고 파트01-챕터01-섹션02

08 다음 중 한글 Windows 10의 작업 표시줄에 대한 설명으로 옳지 않은 것은?

① 작업 표시줄은 현재 실행되고 있는 프로그램 단추와 프로그램을 빠르게 실행하기 위해 등록한 고정 프로그램 단추 등이 표시되는 곳이다.
② 작업 표시줄은 위치를 변경하거나 크기를 조절할 수 있으며, 크기는 화면의 1/4까지만 늘릴 수 있다.
③ '작업 표시줄 잠금'이 지정된 상태에서는 작업 표시줄의 크기나 위치 등을 변경할 수 없다.
④ 작업 표시줄은 기본적으로 바탕화면의 맨 아래쪽에 있다.

참고 파트01-챕터03-섹션04

09 다음 중 아래의 기능을 수행하는 코드로 옳은 것은?

> • 에러 검출과 교정이 가능한 코드로, 최대 2비트까지 에러를 검출하고 1비트의 에러 교정이 가능한 방식
> • 일반적으로 8421코드에 3비트의 짝수 패리티를 추가해서 구성함

① 해밍 코드
② 패리티 체크 비트
③ 순환 중복 검사
④ 정 마크 부호 방식

참고 파트01-챕터01-섹션01

10 운영체제가 응용 프로그램의 상태에 의존하지 않고 강제로 작업을 변경함으로써 하나의 응용 프로그램에 문제가 발생해도 다른 응용 프로그램에 영향을 주지 않도록 하는 제어 방식을 무엇이라 하는가?

① 비선점형 멀티태스킹
② 선점형 멀티태스킹
③ 플러그 앤 플레이
④ 멀티 프로그래밍

참고 파트01-챕터04-섹션04

11 다음 중 비트맵 방식에 대한 설명으로 옳지 않은 것은?

① 픽셀 단위로 표현한다.
② 저장 공간을 많이 차지한다.
③ 비트맵 방식의 그래픽 프로그램으로는 코렐드로, 일러스트레이터가 있다.
④ 확대하거나 축소하면 이미지가 손상된다.

참고 파트01-챕터05-섹션02

12 다음 중 송신자의 송신 여부와 수신자의 수신 여부를 확인하는 기능으로 송·수신자가 송수신 사실을 부정하지 못하도록 하는 보안 기능은?

① 인증
② 접근 제어
③ 부인 방지
④ 기밀성

참고 파트01-챕터03-섹션03

13 다음 중 디지털 컴퓨터의 특징으로만 짝지어진 것은?

> ⓐ 증폭 회로 ⓑ 논리 회로 ⓒ 부호화된 문자, 숫자
> ⓓ 프로그래밍 ⓔ 연속적인 물리량 ① 범용성

① ⓐ, ⓑ, ⓒ, ⓓ
② ⓑ, ⓒ, ⓓ, ①
③ ⓒ, ⓓ, ⓔ, ①
④ ⓐ, ⓑ, ⓒ, ①

참고 파트01-챕터04-섹션01

14 다음 중 일반적으로 URL로 표시된 주소의 프로토콜과 기본 포트 번호가 관련이 없는 것은?

① [http://www.korcham.net] 포트 번호 : 80
② [ftp://ftp.korcham.net] 포트 번호 : 22
③ [telnet://home.chollian.net] 포트 번호 : 23
④ [gopher://gopher.ssu.org] 포트 번호 : 70

참고 파트01-챕터04-섹션03

15 다음 중 하이퍼미디어에 관한 설명으로 옳지 않은 것은?

① 특정 텍스트나 이미지 등의 다양한 미디어를 클릭하면 연결된 문서로 이동하는 문서 형식이다.
② 문서와 문서가 연결된 형식으로 문서를 읽는 순서가 결정되는 선형 구조를 가지고 있다.
③ 하이퍼미디어는 하이퍼텍스트와 멀티미디어를 합한 개념이다.
④ 하나의 데이터를 여러 사용자가 서로 다른 경로를 통해 검색할 수 있다.

참고 파트01-챕터04-섹션01

16 다음 중 IPv6에 해당하는 내용으로만 올바르게 짝지어진 것은?

> ⓐ 32비트, ⓑ 64비트, ⓒ 128비트, ⓓ 10진수로 표현,
> ⓔ 16진수로 표현, ⓕ 각 부분을 콜론(:)으로 구분, ⓖ 각 부분을 점(.)으로 구분

① ⓐ, ⓓ, ⓖ
② ⓒ, ⓔ, ⓕ
③ ⓑ, ⓓ, ⓕ
④ ⓒ, ⓓ, ⓖ

참고 파트01-챕터04-섹션02

17 다음 중 영상 신호와 음향 신호를 압축하지 않고 통합하여 전송하는 고선명 멀티미디어 인터페이스로 S-비디오, 컴포지트 등의 아날로그 케이블보다 고품질의 음향 및 영상을 감상할 수 있는 것은?

① DVI
② HDMI
③ USB
④ IEEE 1394

참고 파트01-챕터03-섹션11

18 다음 중 소스 코드까지 제공되어 사용자들이 자유롭게 수정하거나 변경할 수 있는 소프트웨어를 의미하는 것은?

① 오픈 소스 소프트웨어(Open Source Software)
② 주문형 소프트웨어(Customized Software)
③ 쉐어웨어(Shareware)
④ 프리웨어(Freeware)

참고 파트01-챕터01-섹션01

19 다음 중 Windows에서 에어로 쉐이크(Aero Shake)와 같은 기능을 하는 바로 가기 키로 옳은 것은?

① ⊞+E
② ⊞+X
③ ⊞+U
④ ⊞+Home

참고 파트01-챕터01-섹션01

20 다음 중 운영체제의 발달 과정이 올바르게 나열된 것은?

① 다중 프로그래밍 → 시분할 처리 → 다중 처리 → 분산 처리 → 일괄 처리 → 실시간 처리
② 실시간 처리 → 다중 프로그래밍 → 시분할 처리 → 다중 처리 → 분산 처리 → 일괄 처리
③ 일괄 처리 → 실시간 처리 → 다중 프로그래밍 → 시분할 처리 → 다중 처리 → 분산 처리
④ 시분할 처리 → 다중 처리 → 분산 처리 → 일괄 처리 → 실시간 처리 → 다중 프로그래밍

2과목 | 스프레드시트 일반

[참고] 파트02-챕터03-섹션01

21 아래 시트에서 [D1] 셀을 선택한 상태에서 수식 입력 줄의 (B1+C1)을 선택하고 F9를 누르면 나타나는 현상에 대한 설명으로 옳은 것은?

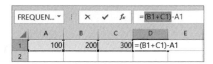

① 선택된 수식이 계산되어 500이 표시된다.
② 선택된 해당 셀의 값이 표기되어 (200+300)이 표시된다.
③ 수식 입력줄의 모든 수식이 계산되어 400이 표시된다.
④ 수식 입력줄의 셀의 값이 표기되어 (200+300)-100이 표시된다.

[참고] 파트02-챕터02-섹션05

22 다음 중 아래 워크시트에서 [A1:D1] 영역을 선택한 후 채우기 핸들을 이용하여 [D4] 셀까지 드래그했을 때 [A4] 셀, [B4] 셀, [C4] 셀, [D4] 셀의 값으로 옳은 것은?

	A	B	C	D
1	AAA-000	1989-06-03	Excel-A	1-A
2				
3				
4				

① DDD-003, 1992-06-03, Excel-D, 4-A
② DDD-000, 1989-09-03, Excel-A, 1-D
③ AAA-333, 1992-09-03, Excel-4, 4-A
④ AAA-003, 1989-06-06, Excel-A, 4-A

[참고] 파트02-챕터03-섹션04

23 다음 수식의 결과값으로 옳은 것은?

=ROUNDDOWN(165.657,2) − ABS(POWER(−2,3))

① 156.65   ② 157.65
③ 156.66   ④ 157.66

[참고] 파트02-챕터04-섹션05

24 다음 중 데이터 통합에 대한 설명으로 옳지 않은 것은?

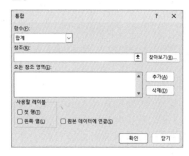

① 데이터 통합은 여러 셀 범위를 통합하여 합계, 평균, 최대값, 최소값, 표준 편차 등을 계산할 수 있는 기능이다.
② 서로 다른 통합 문서에 분산 입력된 데이터를 통합하기 위해서는 모든 통합 문서를 열어 놓고 실행해야 한다.
③ 참조 영역의 범위에 열 이름표와 행 이름표를 복사할 것인지를 설정하려면 '사용할 레이블'에서 옵션을 체크한다.
④ '원본 데이터에 연결' 옵션을 선택하면 원본 데이터의 변경이 통합된 데이터에 즉시 반영된다.

[참고] 파트02-챕터02-섹션06

25 다음에서 설명하는 기능으로 옳은 것은?

- 선택한 셀의 모든 데이터가 열에 맞게 표시되도록 글꼴의 문자 크기를 줄임
- 열 너비를 변경하면 문자 크기가 자동으로 조정됨
- 적용된 글꼴 크기는 바뀌지 않음

① 자동 줄 바꿈
② 셀 병합
③ 텍스트 방향
④ 셀에 맞춤

참고 파트02-챕터02-섹션01

26 다음 중 엑셀에서 날짜 데이터의 입력 방법에 대한 설명으로 옳지 않은 것은?

① 날짜 데이터는 하이픈(-)이나 슬래시(/)를 이용하여 년, 월, 일을 구분한다.
② 날짜의 연도를 생략하고 월과 일만 입력하면 자동으로 현재 연도가 추가된다.
③ 날짜의 연도를 두 자리로 입력할 때 연도가 30 이상이면 1900년대로 인식하고, 29 이하이면 2000년대로 인식한다.
④ Ctrl + Shift + ; 을 누르면 오늘 날짜가 입력된다.

참고 파트02-챕터02-섹션07

27 다음 중 조건부 서식 설정을 위한 [새 서식 규칙] 대화 상자의 '규칙 유형 선택' 항목에 해당하지 않는 것은?

① 임의의 날짜를 기준으로 셀의 서식 지정
② 셀 값을 기준으로 모든 셀의 서식 지정
③ 다음을 포함하는 셀만 서식 지정
④ 고유 또는 중복 값만 서식 지정

참고 파트02-챕터01-섹션01

28 다음 중 [상태 표시줄 사용자 지정]에서 선택할 수 있는 자동 계산으로 옳은 것은?

① 특수 기호 셀 수 : 선택한 영역 중 특수 기호 데이터가 입력된 셀의 수
② 숫자 셀 수 : 선택한 영역 중 숫자 데이터가 입력된 셀의 수
③ 문자 셀 수 : 선택한 영역 중 문자 데이터가 입력된 셀의 수
④ 수식 셀 수 : 선택한 영역 중 수식 데이터가 입력된 셀의 수

참고 파트02-챕터02-섹션02

29 다음 중 카메라 기능에 대한 설명으로 옳지 않은 것은?

① 카메라 기능은 특정한 셀 범위를 그림으로 복사하여 붙여넣는 기능이다.
② 카메라 기능을 이용하여 셀 범위를 복사한 경우 그림으로 복사한 셀에 입력된 내용이 변경되면 그림에 표시되는 텍스트도 자동으로 변경된다.
③ 카메라 기능을 이용하여 복사된 그림은 일반 그림과 같이 취급하여 그림자 효과를 줄 수 있다.
④ 카메라 기능을 이용하려면 [삽입] 탭-[일러스트레이션] 그룹에서 [카메라] 버튼을 클릭하여 실행한다.

참고 파트02-챕터02-섹션04

30 다음 중 수식의 결과가 나머지 셋과 다른 것은?

① =ABS(INT(-3/2))
② =MOD(-3,2)
③ =ROUNDUP(RAND(),0)
④ =FACT(1.9)

참고 파트02-챕터02-섹션05

31 다음 중 데이터를 분석하기 위한 부분합에 대한 설명으로 옳지 않은 것은?

① 부분합은 SUBTOTAL 함수를 사용하여 합계나 평균 등의 요약 함수를 계산한다.
② 첫 행에는 열 이름표가 있어야 하며 부분합을 구하려는 항목을 기준으로 정렬한다.
③ 부분합을 제거하면 부분합과 함께 표에 삽입된 개요 및 페이지 나누기도 제거된다.
④ 같은 열에 있는 자료에 대하여 여러 개의 함수를 중복하여 사용할 수 없다.

참고 파트02-챕터04-섹션08

32 다음 중 시나리오에 대한 설명으로 옳지 않은 것은?

① 시나리오는 별도의 파일로 저장하고 자동으로 바꿀 수 있는 값의 집합이다.

② 시나리오를 사용하여 워크시트 모델의 결과를 예측할 수 있다.

③ 여러 시나리오를 비교하기 위해 시나리오를 한 페이지의 피벗 테이블로 요약할 수 있다.

④ 시나리오 피벗 테이블 보고서에는 결과 셀이 반드시 있어야 한다.

참고 파트02-챕터04-섹션01

33 다음 중 데이터를 정렬할 때 정렬 옵션으로 설정할 수 있는 사항이 아닌 것은?

① 문자/숫자 우선순위

② 대/소문자 구분 여부

③ 정렬 방향 : 위쪽에서 아래쪽

④ 정렬 방향 : 왼쪽에서 오른쪽

참고 파트02-챕터02-섹션01

34 다음 중 괄호( ) 안에 해당하는 바로 가기 키로 옳은 것은?

> 통합 문서 내에서 (ㄱ)키는 다음 워크시트로 이동, (ㄴ) 키는 이전 워크시트로 이동할 때 사용된다.

① (ㄱ) `Home` , (ㄴ) `Ctrl`+`Home`

② (ㄱ) `Ctrl`+`Page Down` , (ㄴ) `Ctrl`+`Page Up`

③ (ㄱ) `Ctrl`+`←`, (ㄴ) `Ctrl`+`→`

④ (ㄱ) `Shift`+`↑` , (ㄴ) `Shift`+`↓`

참고 파트02-챕터02-섹션03

35 다음 중 아래의 예처럼 천 단위 데이터를 빠르게 입력하기 위해 [Excel 옵션]-[고급]에서 설정해야 하는 작업으로 옳은 것은?

> **예** 1을 입력하면 1000, 2를 입력하면 2000, 3을 입력하면 3000, 11을 입력하면 11000, 22를 입력하면 22000으로 표시된다.

① 자동 % 입력 사용

② 소수점 자동 삽입

③ 셀에서 직접 편집

④ 셀 내용을 자동 완성

참고 파트02-챕터02-섹션01

36 다음 중 엑셀에서 특수문자나 한자를 입력하는 경우 그에 대한 설명으로 틀린 것은?

① 특수문자는 한글 자음 중 하나를 입력한 후 `한자`를 누르면 하단에 특수문자 목록이 표시된다.

② 한글 자음 모두 하단에 표시되는 특수문자가 동일하므로 아무 자음을 입력해도 된다.

③ "한"과 같이 한자의 음이 되는 글자를 한 글자 입력한 후 `한자`를 누르면 하단에 해당 글자에 대한 한자 목록이 표시된다.

④ "대한민국"을 입력한 후 바로 마우스로 블록을 설정하고 `한자`를 누르면 [한글/한자 변환] 대화 상자가 나타나며 "大韓民國"을 선택하여 한 번에 변환시킬 수 있다.

참고 파트02-챕터03-섹션06

37 아래 시트에서 주민등록번호의 여덟 번째 문자가 '1' 또는 '3'이면 '남', '2' 또는 '4'이면 '여'로 성별 정보를 알 수 있다. 다음 중 성별을 계산하기 위한 [D2] 셀의 수식으로 옳지 않은 것은? (단, [F2:F5] 영역은 숫자 데이터임)

	A	B	C	D	E	F	G
1	번호	성명	주민등록번호	성별		코드	성별
2	1	이경훈	940209-1******	남		1	남
3	2	서정연	920305-2******	여		2	여
4	3	이정재	971207-1******	남		3	남
5	4	이준호	990528-1******	남		4	여
6	5	김지수	001128-4******	여			

① =IF(OR(MID(C2, 8, 1)="2", MID(C2, 8, 1)="4"), "여", "남")

② =CHOOSE(VALUE(MID(C2, 8, 1)), "남", "여", "남", "여")

③ =VLOOKUP(VALUE(MID(C2, 8, 1)), $F$2:$G$5, 2, 0)

④ =IF(MOD(VALUE(MID(C2, 8, 1)), 2)=0, "남", "여")

참고 파트02-챕터06-섹션04

38 다음 중 아래 차트에 대한 설명으로 옳지 않은 것은?

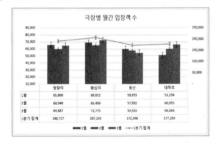

① 계열 옵션에서 '간격 너비'가 0%로 설정되어 있다.

② 범례 표지 없이 데이터 테이블이 표시되어 있다.

③ '1월', '2월', '3월' 계열에 오차 막대가 표시되어 있다.

④ '1분기 합계' 계열은 '보조 축'으로 지정되어 있다.

참고 파트02-챕터02-섹션06

39 다음 중 서식 코드를 셀의 사용자 지정 표시 형식으로 설정한 경우 입력 데이터와 표시 결과가 옳지 않은 것은?

	서식 코드	입력 데이터	표시
ⓐ	# ???/???	3.75	3 3/4
ⓑ	0,00#,	-6789	-0,007
ⓒ	*-#,##0	6789	*----6789
ⓓ	▲#;▼#;0	-6789	▼6789

① ⓐ

② ⓑ

③ ⓒ

④ ⓓ

참고 파트02-챕터04-섹션06

40 다음 중 피벗 테이블과 피벗 차트에 대한 설명으로 옳지 않은 것은?

① 새 워크시트에 피벗 테이블을 생성하면 보고서 필터의 위치는 [A1] 셀, 행 레이블은 [A3] 셀에서 시작한다.

② 피벗 테이블과 연결된 피벗 차트가 있는 경우 피벗 테이블에서 [피벗 테이블 분석]의 [모두 지우기] 명령을 사용하면 피벗 테이블과 피벗 차트의 필드, 서식 및 필터가 제거된다.

③ 하위 데이터 집합에도 필터와 정렬을 적용하여 원하는 정보만 강조할 수 있으나 조건부 서식은 적용되지 않는다.

④ [피벗 테이블 옵션] 대화 상자에서 오류 값을 빈 셀로 표시하거나 빈 셀에 원하는 값을 지정하여 표시할 수도 있다.

참고 파트03-챕터03-섹션02

41 다음 중 주어진 [학생] 테이블을 참조하여 아래의 SQL 문을 실행한 결과로 옳은 것은?

```
SELECT AVG(나이) FROM 학생
WHERE 전공 NOT IN ('수학', '회계');
```

[학생] 테이블

학번	전공	학년	나이
100	국사	4	21
150	회계	2	19
200	수학	3	30
250	국사	3	31
300	회계	4	25
350	수학	2	19
400	국사	1	23

① 25
② 23
③ 21
④ 19

참고 파트03-챕터02-섹션01

42 다음 중 Access 파일에 암호를 설정하는 방법으로 옳은 것은?

① [데이터베이스 압축 및 복구] 도구에서 파일 암호를 설정할 수 있다.
② 데이터베이스를 단독 사용 모드(단독으로 열기)로 열어야 파일 암호를 설정할 수 있다.
③ 데이터베이스를 MDE 형식으로 저장한 후 파일을 열어야 파일 암호를 설정할 수 있다.
④ [Access 옵션] 창의 보안 센터에서 파일 암호를 설정할 수 있다.

참고 파트03-챕터02-섹션02

43 다음 중 테이블에서의 필드 이름 지정 규칙에 대한 설명으로 옳은 것은?

① 필드 이름의 첫 글자는 숫자로 시작할 수 없다.
② 테이블 이름과 동일한 이름을 필드 이름으로 지정할 수 없다.
③ 한 테이블 내에 동일한 이름의 필드를 2개 이상 지정할 수 없다.
④ 필드 이름에 문자, 숫자, 공백, 특수문자를 조합한 모든 기호를 포함할 수 있다.

참고 파트03-챕터02-섹션07

44 다음 중 테이블 간의 관계 설정에서 일대일 관계가 성립하는 것은?

① 양쪽 테이블의 연결 필드가 모두 중복 불가능의 인덱스나 기본키로 설정되어 있는 경우
② 어느 한쪽의 테이블의 연결 필드가 중복 불가능의 인덱스나 기본키로 설정되어 있는 경우
③ 오른쪽 관련 테이블의 연결 필드가 중복 가능한 인덱스나 후보키로 설정되어 있는 경우
④ 양쪽 테이블의 연결 필드가 모두 중복 가능한 인덱스나 후보키로 설정되어 있는 경우

참고 파트03-챕터04-섹션02

45 다음 중 읽기 전용 폼을 만들기 위한 폼과 컨트롤의 속성 설정이 옳지 않은 것은?

① [편집 가능] 속성을 '아니오'로 설정한다.
② [삭제 가능] 속성을 '아니오'로 설정한다.
③ [잠금] 속성을 '아니오'로 설정한다.
④ [추가 가능] 속성을 '아니오'로 설정한다.

참고 파트03-챕터05-섹션02

46 다음 중 보고서의 그룹화 및 정렬에 대한 설명으로 옳지 않은 것은?

① '그룹'은 머리글과 같은 소계 및 요약 정보와 함께 표시되는 레코드의 모음으로 그룹 머리글, 세부 레코드 및 그룹 바닥글로 구성된다.

② 그룹화할 필드가 날짜 데이터이면 전체 값(기본), 일, 주, 월, 분기, 연도 중 선택한 기준으로 그룹화할 수 있다.

③ Sum 함수를 사용하는 계산 컨트롤을 그룹 머리글에 추가하면 현재 그룹에 대한 합계를 표시할 수 있다.

④ 필드나 식을 기준으로 최대 5단계까지 그룹화할 수 있으며, 같은 필드나 식은 한 번씩만 그룹화할 수 있다.

참고 파트03-챕터03-섹션03

47 다음 중 '영동1단지'에서 숫자로 된 단지정보 '1'을 추출하기 위한 함수로 옳은 것은?

① left("영동1단지", 3)

② right("영동1단지", 3)

③ mid("영동1단지", 3, 1)

④ instr("영동1단지", 3, 1)

참고 파트03-챕터03-섹션02

48 [성적] 테이블에서 '수행' 필드와 '지필' 필드를 더한 후 합계라는 이름으로 표시하고자 한다. 다음 중 SQL문의 괄호 안에 들어갈 내용으로 옳은 것은?

SELECT 수행+지필 (   ) FROM 성적;

① NAME IS 합계

② ALIAS 합계

③ AS 합계

④ TO 합계

참고 파트03-챕터05-섹션03

49 다음 중 서류 봉투에 초대장을 넣어 발송하려는 경우 우편물에 사용할 수신자의 주소를 프린트하기에 가장 적합한 보고서는?

① 업무 문서 양식 보고서

② 우편 엽서 보고서

③ 레이블 보고서

④ 크로스탭 보고서

참고 파트03-챕터03-섹션02

50 다음 중 SQL문의 각 예약어에 대한 설명으로 옳지 않은 것은?

① SQL문에서 검색 결과가 중복되지 않게 표시하기 위해서 'DISTINCT'를 입력한다.

② ORDER BY문을 사용할 때에는 HAVING절을 사용하여 조건을 지정한다.

③ FROM절에는 SELECT문에 나열된 필드를 포함하는 테이블이나 쿼리를 지정한다.

④ 특정 필드를 기준으로 그룹화하여 검색할 때에는 GROUP BY문을 사용한다.

참고 파트03-챕터02-섹션02

51 다음 중 테이블의 필드 속성에서 인덱스를 지정할 수 없는 데이터 형식은?

① 짧은 텍스트

② OLE 개체

③ Yes/No

④ 숫자

참고 파트03-챕터01-섹션01

52 다음 중 키의 개념에 대한 설명으로 옳지 않은 것은?

① 후보키(Candidate Key)는 유일성과 최소성을 만족한다.

② 슈퍼키(Super Key)는 유일성은 가지지만 최소성을 가지지 않는 키이다.

③ 기본키(Primary Key)로 지정된 속성은 모든 튜플에 대해 널(null)값을 가질 수 없다.

④ 외래키(Foreign Key)는 후보키 중에서 기본키로 정의되지 않은 나머지 후보키들을 말한다.

참고 파트03-챕터03-섹션06

53 아래와 같이 조회할 고객의 최소 나이를 입력받아 검색하는 매개 변수 쿼리를 작성하려고 한다. 다음 중 '나이' 필드의 조건식으로 옳은 것은?

① >={조회할 최소 나이}

② >="조회할 최소 나이"

③ >=[조회할 최소 나이]

④ >=(조회할 최소 나이)

참고 파트03-챕터01-섹션01

54 다음 두 개의 테이블 사이에서 외래키(Foreign Key)는 무엇인가? (단, 밑줄은 각 테이블의 기본키를 표시함)

직원(<u>사번</u>, 성명, 부서명, 주소, 전화, 이메일)
부서(<u>부서명</u>, 팀장, 팀원수)

① 직원 테이블의 사번

② 부서 테이블의 팀원수

③ 직원 테이블의 부서명

④ 부서 테이블의 팀장

참고 파트03-챕터02-섹션05

55 다음 중 테이블에서 입력 마스크를 "LA09?"로 설정한 경우 입력할 수 없는 값은?

① AA111

② A11

③ AA11

④ A111A

참고 파트03-챕터04-섹션06

56 폼의 머리글에 아래와 같은 도메인 함수 계산식을 사용하는 컨트롤을 삽입하였다. 다음 중 계산 결과값에 대한 설명으로 옳은 것은?

= DLOOKUP("성명", "사원", "[사원번호] = 1")

① 성명 테이블에서 사원 번호가 1인 데이터의 성명 필드에 저장되어 있는 값

② 성명 테이블에서 사원 번호가 1인 데이터의 사원 필드에 저장되어 있는 값

③ 사원 테이블에서 사원 번호가 1인 데이터의 성명 필드에 저장되어 있는 값

④ 사원 테이블에서 사원 번호가 1인 데이터의 사원 필드에 저장되어 있는 값

참고 파트03-챕터02-섹션08

57 다음 중 외부 데이터 가져오기 기능을 이용하여 액세스로 가져올 수 없는 데이터 형식은?

① Excel
② HTML
③ HWP 파일
④ 텍스트 파일

참고 파트03-챕터03-섹션03

58 다음 중 선택 쿼리에서 사용자가 지정한 패턴과 일치하는 데이터를 찾고자 할 때 사용되는 연산자는?

① Match
② Some
③ Like
④ Any

참고 파트03-챕터01-섹션02

59 다음 중 개체 관계 모델(Entity Relationship Model)에 관한 설명으로 옳지 않은 것은?

① 개념적 설계에 가장 많이 사용되는 모델로 개체 관계도(ERD)가 가장 대표적이다.
② 개체집합과 관계집합으로 나누어서 개념적으로 표시하는 방식으로 특정 데이터베이스 관리 시스템(DBMS)을 고려한 것은 아니다.
③ 데이터를 개체(Entity), 관계(Relationship), 속성(Attribute)과 같은 개념으로 표시한다.
④ 개체(Entity)는 가상의 객체나 개념을 의미하고, 속성(Attribute)은 개체를 묘사하는 데 사용될 수 있는 특성을 의미한다.

참고 파트03-챕터04-섹션06

60 다음 중 보고서에서 순번 항목과 같이 그룹 내의 데이터에 대한 일련번호를 표시하기 위해 텍스트 상자 컨트롤의 속성을 설정하는 방법으로 옳은 것은?

① 텍스트 상자의 컨트롤 원본을 '=1'로 지정하고, 누적 합계 속성을 '그룹'으로 지정한다.
② 텍스트 상자의 컨트롤 원본을 '+1'로 지정하고, 누적 합계 속성을 '그룹'으로 지정한다.
③ 텍스트 상자의 컨트롤 원본을 '+1'로 지정하고, 누적 합계 속성을 '모두'로 지정한다.
④ 텍스트 상자의 컨트롤 원본을 '=1'로 지정하고, 누적 합계 속성을 '모두'로 지정한다.

2023년 상시 기출문제 01회

풀이 시간 _____ 분   내 점수 _____ 점

시험 시간	합격 점수	문항수
60분	60점	총 60개

1과목 컴퓨터 일반

참고 파트01–챕터03–섹션06

01 다음 중 컴퓨터가 현재 실행하고 있는 명령을 끝낸 후 다음에 실행할 명령의 주소를 기억하고 있는 레지스터는?

① 명령 레지스터(Instruction Register)
② 프로그램 계수기(Program Counter)
③ 부호기(Encoder)
④ 명령 해독기(Instruction Decoder)

참고 파트01–챕터03–섹션04~11

02 다음 중 〈표1〉과 〈표2〉에 표시된 용어 간 관련성이 높은 것끼리 연결한 것으로 옳은 것은?

〈표1〉

> ㉮ 멀티프로세싱(Multiprocessing)
> ㉯ 멀티프로그래밍(Multiprogramming)
> ㉰ 가상 기억 장치(Virtual Memory)
> ㉱ 파일 압축(File Compression)
> ㉲ 응답 시간(Response Time)

〈표2〉

> ⓐ 페이지 테이블(Page Table)
> ⓑ 여러 개의 CPU
> ⓒ 시분할(Time Sharing)
> ⓓ 유틸리티 프로그램(Utility Program)
> ⓔ 시스템 성능 측정(System Performance)

① ㉮ ↔ ⓑ, ㉯ ↔ ⓒ, ㉰ ↔ ⓐ, ㉱ ↔ ⓓ, ㉲ ↔ ⓔ
② ㉮ ↔ ⓑ, ㉯ ↔ ⓒ, ㉰ ↔ ⓐ, ㉱ ↔ ⓔ, ㉲ ↔ ⓓ
③ ㉮ ↔ ⓒ, ㉯ ↔ ⓑ, ㉰ ↔ ⓐ, ㉱ ↔ ⓓ, ㉲ ↔ ⓔ
④ ㉮ ↔ ⓒ, ㉯ ↔ ⓑ, ㉰ ↔ ⓓ, ㉱ ↔ ⓐ, ㉲ ↔ ⓔ

참고 파트01–챕터03–섹션03

03 다음 중 한글 Windows에서 파일의 검색 기능을 향상시키기 위해 사용하는 기능은?

① 복원
② 색인
③ 압축
④ 백업

참고 파트01–챕터03–섹션07

04 다음 중 반도체를 이용한 컴퓨터 보조 기억 장치로 크기가 작고 충격에 강하며, 소음 발생이 없는 대용량 저장 장치에 해당하는 것은?

① HDD(Hard Disk Drive)
② DVD(Digital Versatile Disk)
③ SSD(Solid State Drive)
④ CD–RW(Compact Disc Rewritable)

참고 파트01–챕터03–섹션09

05 다음 내용은 무엇에 대한 설명인가?

> • 시스템의 전원을 켜는 순간부터 Windows가 시작되기까지 부팅 과정을 이끄는 역할을 담당
> • 하드웨어와 소프트웨어 사이의 연결과 번역 기능을 담당하는 인터페이스
> • 루틴, 서비스 처리 루틴, 하드웨어 인터럽트 처리 루틴으로 구성
> • 개발한 회사에 따라 AWARD(어워드), AMI(아미), PHONIX(피닉스) 등이 있음

① BIOS
② LOCAL BUS
③ MAINBOARD
④ BIU(Bus Interface Unit)

참고 파트01-챕터01-섹션05

06 다음 중 한글 Windows의 스풀(SPOOL) 기능에 관한 설명으로 옳지 않은 것은?

① 컴퓨터 내부 장치에 비해 상대적으로 처리 속도가 느린 프린터 작업을 효율적으로 처리하기 위하여 사용하는 기능이다.

② 인쇄할 내용을 하드디스크 장치에 임시로 저장한 후에 인쇄 작업을 수행한다.

③ 스풀 기능을 설정하면 보다 인쇄 속도가 빨라지고 동시 작업 처리도 가능하다.

④ 스풀 기능을 선택하면 문서 전체 또는 일부를 스풀한 다음 인쇄를 시작할 수 있게 하는 기능을 선택할 수 있다.

참고 파트01-챕터04-섹션04

07 다음 중 멀티미디어 그래픽과 관련하여 비트맵(Bitmap) 방식에 관한 설명으로 옳지 않은 것은?

① 비트맵은 실물 사진이나 복잡하고 세밀한 이미지 표현에 적합하다.

② 픽셀(Pixel) 단위의 단순한 매트릭스로 구성되어 있는 이미지를 표현하는 방식이다.

③ 벡터(Vector) 방식의 이미지를 저장했을 때보다 많은 메모리를 차지한다.

④ 비트맵 방식의 이미지를 확대하면 테두리가 거칠어지는 현상이 없이 매끄럽게 이미지를 표현할 수 있다.

참고 파트01-챕터03-섹션04

08 다음 중 자료의 구성 단위에 대한 설명으로 옳지 않은 것은?

① 1바이트(Byte)는 8비트(Bit)로 구성된다.

② 문자를 표현하는 최소 단위는 워드(Word)가 사용된다.

③ 레코드(Record)는 하나 이상의 필드들이 모여서 구성된 자료 처리 단위이다.

④ 파일(File)은 여러 개의 레코드가 모여 구성되며, 디스크의 저장 단위로 사용된다.

참고 파트01-챕터03-섹션10

09 다음 중 컴퓨터 소프트웨어 개발 과정에서 제작되는 알파(Alpha) 버전에 관한 설명으로 옳은 것은?

① 정식 프로그램의 기능을 홍보하기 위해 기능 및 기간을 제한하여 배포하는 프로그램이다.

② 베타 테스트를 하기 전에 제작 회사 내에서 테스트할 목적으로 제작된 프로그램이다.

③ 정식 버전을 출시하기 전에 테스트 목적으로 일반인에게 공개하는 프로그램이다.

④ 오류 수정이나 성능 향상을 위해 이미 배포된 프로그램의 일부를 변경해 주는 프로그램이다.

참고 파트01-챕터05-섹션02

10 다음 중 외부로부터의 데이터 침입 행위에 관한 유형의 위조(Fabrication)에 대한 설명으로 옳은 것은?

① 자료가 수신측으로 전달되는 것을 방해하는 행위

② 전송한 자료가 수신지로 가는 도중에 몰래 보거나 도청하는 행위

③ 원래의 자료를 다른 내용으로 바꾸는 행위

④ 자료가 다른 송신자로부터 전송된 것처럼 꾸미는 행위

참고 파트01-챕터03-섹션12

11 다음 중 Java 언어에 대한 설명으로 옳지 않은 것은?

① 특정 컴퓨터 구조와 무관한 가상 바이트 머신 코드를 사용하므로 플랫폼이 독립적이다.

② 인터프리터를 이용한 프로그래밍 언어로 특히 인공지능 분야에서 널리 사용되고 있다.

③ 객체 지향 언어로 추상화, 상속화, 다형성과 같은 특징을 가진다.

④ 네트워크 환경에서 분산 작업이 가능하도록 설계되었다.

참고 파트01-챕터04-섹션02

12 다음 중 용어에 대한 설명으로 옳지 않은 것은?

① Ubiquitous : 시간과 장소에 상관없이 자유롭게 네트워크에 접속할 수 있는 정보 통신 환경

② Wibro : 고정된 장소에서 초고속 인터넷을 이용할 수 있는 무선 휴대 인터넷 서비스

③ VoIP : 음성 데이터를 인터넷 프로토콜 데이터 패킷으로 변화하여 일반 데이터망에서 통화를 가능하게 해주는 통신서비스 기술

④ RFID : 전파를 이용해 정보를 인식하는 기술로 출입 관리, 주차 관리에 주로 사용

참고 파트01-챕터03-섹션03

13 컴퓨터는 취급하는 데이터에 따라 디지털 컴퓨터, 아날로그 컴퓨터, 하이브리드 컴퓨터로 나눌 수 있다. 다음 중 아날로그 컴퓨터에서 사용되는 주요 구성 회로는?

① 연산 회로

② 논리 회로

③ 플립플롭 회로

④ 증폭 회로

참고 파트01-챕터04-섹션01

14 다음 중 인터넷 주소 체계에서 IPv6에 대한 설명으로 옳지 않은 것은?

① 32비트를 8비트씩 4부분으로 나누어 각 부분을 점(.)으로 구분한다.

② 등급별, 서비스별로 패킷을 구분할 수 있어서 품질보장이 용이하다.

③ 실시간으로 흐름을 제어하므로 향상된 멀티미디어 기능이 지원된다.

④ 주소의 개수는 약 43억×43억×43억×43억 개다.

참고 파트01-챕터04-섹션03

15 다음 중 사용자가 눈으로 보는 현실 화면이나 실제 영상에 문자나 그래픽과 같은 가상의 3차원 정보를 실시간으로 겹쳐 보여주는 새로운 멀티미디어 기술을 의미하는 용어로 옳은 것은?

① 가상 장치 인터페이스(VDI)

② 가상 현실 모델 언어(VRML)

③ 증강 현실(AR)

④ 주문형 비디오(VOD)

참고 파트01-챕터04-섹션01

16 다음 중 OSI 7계층 중 종점 호스트 사이의 데이터 전송을 다루는 계층으로 종점 간의 연결 관리, 오류 제어와 흐름 제어 등을 수행하는 계층은?

① 응용 계층

② 전송 계층

③ 프리젠테이션 계층

④ 물리 계층

참고 파트01-챕터03-섹션04

17 다음 중 7개의 데이터 비트(Data Bit)와 1개의 패리티 비트(Parity Bit)를 사용하며, 128개의 문자를 표현할 수 있는 코드로 옳은 것은?

① BCD 코드

② ASCII 코드

③ EBCDIC 코드

④ UNI 코드

참고 파트01-챕터04-섹션01

18 다음 중 호스트의 IP 주소를 호스트와 연결된 네트워크 접속장치의 물리적 주소로 번역해 주는 프로토콜로 옳은 것은?

① TCP

② UDP

③ IP

④ ARP

참고 파트01-챕터01-섹션05

19 다음 중 한글 Windows에서 프린터 설치에 관한 설명으로 옳지 않은 것은?

① [프린터 추가 마법사]를 실행하여 새로운 프린터를 설치할 수 있다.
② 새로운 프린터를 설치하는 과정에서 네트워크 프린터를 기본 프린터로 설정하려면 반드시 스풀링의 설정이 필요하다.
③ 여러 대의 프린터를 한 대의 컴퓨터에 설치할 수 있고, 한 대의 프린터를 네트워크로 공유하여 여러 대의 컴퓨터에서 사용할 수 있다.
④ 기본 프린터는 한 대만 지정할 수 있으며, 기본 프린터로 설정된 프린터도 삭제할 수 있다.

참고 파트01-챕터03-섹션07

20 다음 중 SRAM과 DRAM에 대한 설명으로 옳은 것은?

① SRAM의 소비전력이 DRAM보다 낮다.
② DRAM은 SRAM에 비해 속도가 빠르다.
③ DRAM의 가격이 SRAM보다 고가이다.
④ SRAM은 재충전이 필요 없는 메모리이다.

2과목 스프레드시트 일반

참고 파트02-챕터02-섹션01

21 다음 중 메모에 대한 설명으로 옳지 않은 것은?

① 메모를 삽입할 때 바로 가기 키인 [Shift]+[F2]를 사용하거나 [검토] 탭의 [메모] 그룹에서 [새 메모]를 클릭한다.
② 피벗 테이블에서 메모를 삽입한 경우 데이터를 정렬하면 메모는 함께 정렬되지 않는다.
③ 입력된 텍스트의 크기에 맞게 메모 크기를 자동으로 조정하려면 [Excel 옵션]-[고급]의 [메모가 있는 셀 표시]에서 '자동 크기'를 설정한다.
④ [메모 서식]에서 메모의 글꼴, 텍스트 맞춤(가로, 세로), 방향, 채우기 색, 선의 종류 및 색을 설정할 수 있다.

참고 파트02-챕터02-섹션01

22 [홈] 탭-[맞춤] 그룹의 [자동 줄 바꿈]은 길이가 매우 긴 텍스트를 여러 줄로 줄 바꿈 처리하여 모든 내용이 표시되도록 하는 기능이다. 다음 중 [자동 줄 바꿈] 기능의 다른 방법으로 옳지 않은 것은?

① 셀을 선택한 다음 [Alt]+[H]+[W]를 누른다.
② 셀을 선택한 다음 [F2]를 누른 후 셀에서 선을 끊을 위치를 클릭하고 [Alt]+[Enter]를 클릭한다.
③ [Ctrl]+[1]을 누른 후 [셀 서식] 대화 상자의 [맞춤] 탭-[텍스트 조정]에서 '자동 줄 바꿈'을 클릭하여 설정한다.
④ [보기] 탭의 [표시] 그룹에서 'Wrap Text'를 클릭하여 설정한다.

참고 파트02-챕터05-섹션02

23 다음 중 아래의 워크시트처럼 셀 구분선과 행/열 머리글을 그대로 인쇄하기 위한 설정 방법으로 옳은 것은?

	A	B	C	D
1	컴퓨터활용능력		컴퓨터활용능력	
2		컴퓨터활용능력		
3	컴퓨터활용능력		컴퓨터활용능력	
4				
5				

① 페이지 설정 대화 상자의 [페이지] 탭에서 '눈금선'과 '행/열 머리글'을 선택한다.
② 페이지 설정 대화 상자의 [여백] 탭에서 '눈금선'과 '행/열 머리글'을 선택한다.
③ 페이지 설정 대화 상자의 [머리글/바닥글] 탭에서 '눈금선'과 '행/열 머리글'을 선택한다.
④ 페이지 설정 대화 상자의 [시트] 탭에서 '눈금선'과 '행/열 머리글'을 선택한다.

참고 파트02-챕터05-섹션02

24 다음 중 문서를 인쇄했을 때 문서의 위쪽에 "-1 Page-" 형식으로 페이지 번호를 표시하는 방법으로 옳은 것은?

① -#[페이지 번호] Page-

② #-[페이지 번호] Page-

③ -&[페이지 번호] Page-

④ &-[페이지 번호] Page-

참고 파트02-챕터07-섹션04

25 통합 문서의 첫 번째 시트 뒤에 새로운 시트를 추가하는 프로시저를 작성하려고 한다. 다음 중 괄호( ) 안에 해당하는 인수로 옳은 것은?

> Worksheets.Add ( )=Sheets(1)

① Left

② Right

③ After

④ Before

참고 파트02-챕터03-섹션07

26 다음 중 아래 그림에서 수식 =DMAX(A1:C6,2, E1:E2)를 실행하였을 때의 결과값으로 옳은 것은?

	A	B	C	D	E
1	성명	키	체중		체중
2	홍길동	167	88		>=70
3	이기적	178	67		
4	최영진	174	69		
5	한민국	162	58		
6	홍범도	180	80		

① 167

② 174

③ 178

④ 180

참고 파트02-챕터04-섹션01

27 다음 중 아래의 워크시트처럼 [D1:D5] 범위를 선택하고 [데이터] 탭-[정렬 및 필터] 그룹에서 [정렬]을 클릭했을 때의 결과로 옳은 것은?

① 점수를 기준으로 오름차순 또는 내림차순 정렬을 선택하는 정렬 대화 상자가 나타난다.

② 선택하지 않은 나머지 데이터를 자동으로 선택하여 영역을 확장한다.

③ 현재 선택된 영역을 기준으로 기본 내림차순 정렬이 실행된다.

④ '선택하지 않은 데이터가 있으며 이 데이터는 정렬되지 않습니다.'라는 정렬 경고 대화 상자가 표시된다.

참고 파트02-챕터03-섹션08

28 다음 중 배열 수식의 입력 및 변경 규칙에 대한 설명으로 옳지 않은 것은?

① 배열 수식을 입력하거나 편집할 때에는 Ctrl + Shift + Enter 를 눌러야 수식이 올바르게 실행된다.

② 수식에 사용되는 배열 인수들은 각각 동일한 개수의 행과 열을 가져야 한다.

③ 배열 수식의 일부만을 이동하거나 삭제할 수는 있으나 전체 배열 수식을 이동하거나 삭제할 수는 없다.

④ 배열 상수는 중괄호를 직접 입력하여 상수를 묶어야 한다.

참고 파트02-챕터02-섹션05

29 다음 아래의 삭제 대화 상자는 [홈] 탭-[셀] 그룹-[삭제]에서 [셀 삭제]를 클릭했을 때 나타나는 대화 상자이다. 바로 가기 키로 옳은 것은?

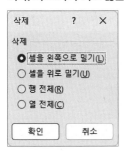

① Alt + + 를 누른다.
② Alt + − 를 누른다.
③ Ctrl + + 를 누른다.
④ Ctrl + − 를 누른다.

참고 파트02-챕터03-섹션07

30 다음 중 연이율 4.5%로 2년 만기로 매월 말 400,000원씩 저축할 경우, 복리 이자율로 계산하여 만기에 찾을 수 있는 금액을 구하기 위한 수식으로 옳은 것은?

① =FV(4.5%/12,2*12,−400000)
② =FV(4.5%/12,2*12,−400000,,1)
③ =FV(4.5%,2*12,−400000,,1)
④ =FV(4.5%,2*12,−400000)

참고 파트02-챕터05-섹션03

31 다음 중 작업에 필요한 여러 개의 통합 문서를 한 화면에 함께 표시하여 비교하면서 작업하기에 편리한 기능은?

① 창 나누기
② 창 정렬
③ 틀 고정
④ 페이지 나누기

참고 파트02-챕터06-섹션02

32 다음 설명하는 차트의 종류로 옳은 것은?

- 과학, 통계 및 공학 데이터와 같은 숫자 값을 표시하고 비교하는 데 주로 사용
- 두 개의 숫자 그룹을 XY 좌표로 이루어진 하나의 계열로 표시하기에 적합
- 가로축의 값이 일정한 간격이 아닌 경우
- 가로축의 데이터 요소 수가 많은 경우
- 데이터 요소 간의 차이점보다는 데이터 집합 간의 유사점을 표시하려는 경우

① 주식형 차트　　② 분산형 차트
③ 영역형 차트　　④ 방사형 차트

참고 파트02-챕터03-섹션01

33 다음 중 수식에서 발생하는 각 오류에 대한 원인으로 옳지 않은 것은?

① #NULL! − 배열 수식이 들어 있는 범위와 행 또는 열수가 같지 않은 배열 수식의 인수를 사용하는 경우
② #VALUE! − 수식에서 잘못된 인수나 피연산자를 사용한 경우
③ #NUM! − 수식이나 함수에 잘못된 숫자 값이 포함된 경우
④ #NAME? − 수식에서 이름으로 정의되지 않은 텍스트를 큰따옴표로 묶지 않고 입력한 경우

참고 파트02-챕터03-섹션05

34 다음 중 아래 시트에서 각 수식을 실행했을 때의 결과값으로 옳은 것은?

	A	B	C	D	E
1	이름	국어	영어	수학	평균
2	홍길동	83	90	73	82
3	이대한	65	87	91	81
4	한민국	80	75	100	85
5	평균	76	84	88	82.66667

① =SUM(COUNTA(B2:D4), MAXA(B2:D4)) → 102
② =AVERAGE(SMALL(C2:C4, 2), LARGE(C2:C4, 2)) → 75
③ =SUM(LARGE(B3:D3, 2), SMALL(B3:D3, 2)) → 174
④ =SUM(COUNTA(B2,D4), MINA(B2,D4)) → 109

참고 파트02-챕터01-섹션03

35 다음 중 여러 워크시트를 선택하여 그룹으로 설정한 경우에 대한 설명으로 옳지 않은 것은?

① 엑셀 창의 맨 위 제목 표시줄에 [그룹]이라고 표시된다.

② 그룹 상태에서 도형이나 차트 등의 그래픽 개체는 삽입되지 않는다.

③ 그룹으로 설정된 임의의 시트에서 입력하거나 편집한 데이터는 그룹으로 설정된 모든 시트에 반영된다.

④ 그룹 상태에서 여러 개의 시트에 정렬 및 필터 기능을 수행할 수 있다.

참고 파트02-챕터04-섹션05

36 다음 중 가상 분석 도구인 [데이터 표]에 대한 설명으로 옳지 않은 것은?

① 테스트할 변수의 수에 따라 변수가 한 개이거나 두 개인 데이터 표를 만들 수 있다.

② 데이터 표를 이용하여 입력된 데이터는 부분적으로 수정 또는 삭제할 수 있다.

③ 워크시트가 다시 계산될 때마다 데이터 표도 변경 여부와 관계없이 다시 계산된다.

④ 데이터 표의 결과값은 반드시 변화하는 변수를 포함한 수식으로 작성해야 한다.

참고 파트02-챕터02-섹션01

37 다음 중 데이터 입력에 대한 설명으로 옳지 않은 것은?

① Ctrl + E 는 값을 자동으로 채워주는 빠른 채우기의 바로 가기 키이다.

② 데이터를 입력하는 도중에 입력을 취소하려면 Esc 를 누른다.

③ 텍스트, 텍스트/숫자 조합, 날짜, 시간 데이터는 셀에 입력하는 처음 몇 자가 해당 열의 기존 내용과 일치하면 자동으로 입력된다.

④ 여러 셀에 동일한 데이터를 입력하려면 해당 셀을 범위로 지정하여 데이터를 입력한 후 Ctrl + Enter 를 누른다.

참고 파트02-챕터04-섹션06

38 다음 중 피벗 테이블에 대한 설명으로 옳지 않은 것은?

① 피벗 차트 보고서는 피벗 테이블 보고서를 만들지 않고는 만들 수 없으며, 피벗 테이블과 피벗 차트를 함께 만든 후 피벗 테이블을 삭제하면 피벗 차트는 일반 차트로 변경된다.

② 피벗 테이블 보고서에서 필드 단추를 다른 열이나 행의 위치로 끌어다 놓으면 데이터 표시형식이 달라진다.

③ 피벗 테이블 보고서는 엑셀에서 작성된 데이터를 대상으로 새로운 대화형 테이블을 만드는 데 사용하며 외부 액세스 데이터베이스에서 만들어진 데이터는 호환되지 않으므로 사용할 수 없다.

④ 피벗 테이블 보고서를 이용하면 가장 유용하고 관심이 있는 하위 데이터 집합에 대해 필터, 정렬, 그룹 및 조건부 서식을 적용하여 원하는 정보만 강조할 수 있다.

참고 파트02-챕터07-섹션01

39 다음 중 작성된 매크로를 실행하는 방법으로 옳지 않은 것은?

① 매크로 대화 상자에서 매크로를 선택하여 실행한다.

② 매크로를 작성할 때 지정한 바로 가기 키를 이용하여 실행한다.

③ 매크로를 지정한 도형을 클릭하여 실행한다.

④ 매크로가 적용되는 셀의 바로 가기 메뉴를 이용하여 실행한다.

참고 파트02-챕터06-섹션04

40 다음 중 차트의 데이터 계열 서식에 대한 설명으로 옳지 않은 것은?

① 계열 겹치기 수치를 양수로 지정하면 데이터 계열 사이가 벌어진다.

② 차트에서 데이터 계열의 간격을 넓게 또는 좁게 지정할 수 있다.

③ 특정 데이터 계열의 값이 다른 데이터 계열의 값과 차이가 많이 나거나 데이터 형식이 혼합되어 있는 경우 보조 세로(값) 축에 하나 이상의 데이터 계열을 나타낼 수 있다.

④ 보조 축에 해당되는 데이터 계열을 구분하기 위하여 보조 축의 데이터 계열만 선택하여 차트 종류를 변경할 수 있다.

3과목 데이터베이스 일반

참고 파트03-챕터01-섹션02

41 다음 중 개체 관계 모델(Entity Relationship Model)에 관한 설명으로 옳지 않은 것은?

① 개념적 설계에 가장 많이 사용되는 모델로 개체 관계도(ERD)가 가장 대표적이다.

② 개체집합과 관계집합으로 나누어서 개념적으로 표시하는 방식으로 특정 데이터베이스 관리 시스템(DBMS)을 고려한 것은 아니다.

③ 데이터를 개체(entity), 관계(relationship), 속성(attribute)과 같은 개념으로 표시한다.

④ 개체(entity)는 가상의 객체나 개념을 의미하고, 속성(attribute)은 개체를 묘사하는 데 사용될 수 있는 특성을 의미한다.

참고 파트03-챕터01-섹션01

42 다음 중 관계형 데이터베이스에서 사용되는 용어에 대한 설명으로 옳은 것은?

① 도메인(Domain) : 테이블에서 행을 나타내는 말로 레코드와 같은 의미

② 튜플(Tuple) : 하나의 속성이 취할 수 있는 값의 집합

③ 속성(Attribute) : 테이블에서 열을 나타내는 말로 필드와 같은 의미

④ 차수(Degree) : 한 릴레이션에서의 튜플의 개수

참고 파트03-챕터01-섹션01

43 다음 중 관계를 맺고 있는 릴레이션 R1, R2에서 릴레이션 R1이 참조하고 있는 릴레이션 R2의 기본키와 같은 R1 릴레이션의 속성을 무엇이라 하는가?

① 후보키(Candidate Key)

② 외래키(Foreign Key)

③ 슈퍼키(Super Key)

④ 대체키(Alternate Key)

참고 파트03-챕터01-섹션02

44 다음 중 E-R 다이어그램에서 개체를 의미하는 기호는?

① 사각형   ② 오각형

③ 삼각형   ④ 타원

참고 파트03-챕터03-섹션06

45 다음 중 전체 페이지가 5페이지이고 현재 페이지가 2페이지인 보고서에서 표시되는 식과 결과가 옳지 않은 것은?

① 식 =[Page] → 결과 2

② 식 =[Page] & "페이지" → 결과 2페이지

③ 식 =[Page] & "중 " & [Page] → 결과 5중 2

④ 식 =Format([Page], "000") → 결과 002

참고 파트03-챕터03-섹션04

46 사원관리 데이터베이스에는 [부서정보] 테이블과 실적 정보를 포함한 [사원정보] 테이블이 관계로 연결되어 있다. 다음 중 아래의 SQL문의 실행 결과에 대한 설명으로 옳은 것은? (단, 부서에는 여러 사원이 있으며, 한 사원은 하나의 부서에 소속되는 일대다 관계임)

> SELECT 부서정보. 부서번호, 부서명, 번호, 이름, 실적
> FROM 부서정보
> RIGHT JOIN 사원정보 ON 부서정보.부서번호 = 사원정보.부서번호:

① 두 테이블에서 부서번호가 일치되는 레코드의 부서번호, 부서명, 번호, 이름, 실적 필드를 표시한다.

② [부서정보] 테이블의 레코드는 모두 포함하고, [사원정보] 테이블에서는 실적이 있는 레코드만 포함하여 결과를 표시한다.

③ [부서정보] 테이블의 레코드는 [사원정보] 테이블의 부서번호와 일치되는 것만 포함하고, [사원정보] 테이블에서는 실적이 있는 레코드만 포함하여 결과를 표시한다.

④ [부서정보] 테이블의 레코드는 [사원정보] 테이블의 부서번호와 일치되는 것만 포함하고, [사원정보] 테이블에서는 모든 레코드가 포함하여 결과를 표시한다.

참고 파트03-챕터04-섹션06

47 폼 바닥글에 [사원] 테이블의 '직급'이 '과장'인 레코드들의 '급여' 합계를 구하고자 한다. 다음 중 폼 바닥글의 텍스트 상자 컨트롤에 입력해야 할 식으로 옳은 것은?

① =DHAP("[사원]", "[급여]", "[직급]='과장'")
② =DHAP("[급여]", "[사원]", "[직급]='과장'")
③ =DSUM("[사원]", "[급여]", "[직급]='과장'")
④ =DSUM("[급여]", "[사원]", "[직급]='과장'")

참고 파트03-챕터04-섹션04

48 다음 중 폼이나 보고서에서 테이블이나 쿼리의 필드를 컨트롤 원본으로 사용하는 컨트롤을 의미하는 것은?

① 언바운드 컨트롤
② 바운드 컨트롤
③ 계산 컨트롤
④ 레이블 컨트롤

참고 파트03-챕터02-섹션03

49 테이블에서 이미 작성된 필드의 순서를 변경하려고 할 때 옳지 않은 것은?

① 데이터시트 보기에서 이동시킬 필드를 선택한 후 새로운 위치로 드래그 앤 드롭하여 필드를 이동시킬 수 있다.

② 디자인 보기에서 이동시킬 필드를 선택한 후 새로운 위치로 드래그 앤 드롭 하여 필드를 이동시킬 수 있다.

③ 디자인 보기에서 한번에 여러 개의 필드를 선택한 후 이동시킬 수 있다.

④ 데이터시트 보기에서 「잘라내기」와 「붙여넣기」를 이용하여 필드를 이동시킬 수 있다.

참고 파트03-챕터03-섹션06

50 다음 중 쿼리를 실행할 때마다 메시지 상자를 표시하여 사용자에게 조건 값을 입력받아 쿼리를 실행하는 유형은?

① 크로스탭 쿼리
② 매개 변수 쿼리
③ 통합 쿼리
④ 실행 쿼리

참고 파트03-챕터02-섹션05

51 다음 중 Access의 테이블 디자인에서 필드 속성의 입력 마스크가 'L&A'로 설정되어 있을 때 입력할 수 있는 데이터는?

① 123
② 1AB
③ AB
④ A1B

참고 파트03-챕터04-섹션01

52 다음 중 위쪽 구역에 데이터시트를 표시하는 열 형식의 폼을 만들고, 아래쪽 구역에 선택한 레코드에 대한 정보를 수정하거나 입력할 수 있는 데이터시트 형식의 폼을 자동으로 만들어 주는 도구는?

① 폼
② 폼 분할
③ 여러 항목
④ 폼 디자인

참고 파트03-챕터06-섹션03

53 다음 중 프로시저에 대한 설명으로 옳지 않은 것은?

① 프로시저는 연산을 수행하거나 값을 계산하는 일련의 명령문과 메서드로 구성된다.
② 명령문은 대체로 프로시저나 선언 구역에서 한 줄로 표현되며 명령문의 끝에는 세미콜론(;)을 찍어 구분한다.
③ 이벤트 프로시저는 특정 객체에 해당 이벤트가 발생하면 자동으로 실행되나 다른 프로시저에서도 이를 호출하여 실행할 수 있다.
④ Function 프로시저는 Function 문으로 함수를 선언하고 End Function 문으로 함수를 끝낸다.

참고 파트03-챕터02-섹션02

54 다음 중 회원(회원번호, 성명, 연락처, 회원사진) 테이블에서 회원사진 필드에 회원의 사진을 저장하려고 한다. 가장 적합한 데이터 형식으로 옳은 것은?

① 일련번호
② 긴 텍스트
③ 첨부 파일
④ 하이퍼링크

참고 파트03-챕터03-섹션01

55 아래는 쿼리의 '디자인 보기'이다. 다음 중 아래 쿼리의 실행 결과로 옳은 것은?

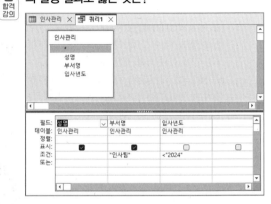

① 2024년 전에 입사했거나 부서명이 인사팀인 직원의 성명과 부서명을 표시
② 2024년 전에 입사하여 부서명이 인사팀인 직원의 성명과 부서명을 표시
③ 2024년 전에 입사했거나 부서명이 인사팀인 직원의 성명, 부서명, 입사년도를 표시
④ 2024년 전에 입사하여 부서명이 인사팀인 직원의 성명, 부서명, 입사년도를 표시

참고 파트03-챕터05-섹션02

56 다음 중 보고서의 각 구역에 대한 설명으로 옳지 않은 것은?

① 보고서 바닥글 영역에는 로고, 보고서 제목, 날짜 등을 삽입하며, 보고서의 모든 페이지에 출력된다.

② 페이지 머리글 영역에는 열 제목 등을 삽입하며, 모든 페이지의 맨 위에 출력된다.

③ 그룹 머리글/바닥글 영역에는 일반적으로 그룹별 이름, 요약 정보 등을 삽입한다.

④ 본문 영역은 실제 데이터가 레코드 단위로 반복 출력되는 부분이다.

참고 파트03-챕터02-섹션07

57 다음 중 아래처럼 테이블 간의 관계 설정에서 일대일 관계가 성립하는 것은?

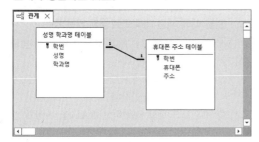

① 양쪽 테이블의 연결 필드가 모두 중복 불가능의 인덱스나 기본키로 설정된 경우

② 어느 한쪽의 테이블의 연결 필드가 중복 불가능의 인덱스나 기본키로 설정된 경우

③ 오른쪽 관련 테이블의 연결 필드가 중복 가능한 인덱스나 후보키로 설정된 경우

④ 양쪽 테이블의 연결 필드가 모두 중복 가능한 인덱스나 후보키로 설정된 경우

참고 파트03-챕터02-섹션07

58 다음 중 관계형 데이터 모델에서 데이터의 정확성과 일관성을 보장하기 위한 것은?

① 릴레이션
② 관계 연산자
③ 무결성 제약조건
④ 속성의 집합

참고 파트03-챕터03-섹션05

59 다음 중 사원 테이블에서 호봉이 33인 사원의 연봉을 3% 인상된 값으로 수정하는 실행 쿼리를 작성하고자 할 때, 아래의 각 괄호에 넣어야 할 구문을 순서대로 나열한 것은?

```
UPDATE 사원
(      ) 연봉 = 연봉 * 1.03
(      ) 호봉 = 33;
```

① FROM, WHERE
② SET, WHERE
③ VALUE, SELECT
④ INTO, VALUE

참고 파트03-챕터01-섹션01

60 다음 데이터베이스 관련 용어 중에서 성격이 다른 것은?

① DDL
② DBA
③ DML
④ DCL

빠른 정답 확인 QR
스마트폰으로 QR을 찍으면 정답표가 오픈됩니다.
기출문제를 편리하게 채점할 수 있습니다.

2023년 상시 기출문제 02회

풀이 시간 _____분   내 점수 _____점

시험 시간	합격 점수	문항수
60분	60점	총 60개

1과목 컴퓨터 일반

참고 파트01-챕터04-섹션05

01 다음 중 통신 기술과 GPS, 실시간으로 사용할 수 있는 데이터베이스와의 연동으로 주변의 위치 정보 서비스와 그에 따른 기타 부가 서비스를 제공하는 기술은?

① 빅 데이터(Big Data)
② 사물 인터넷(IoT)
③ 위치 기반 서비스(LBS)
④ 시멘틱 웹(Semantic Web)

참고 파트01-챕터03-섹션07

02 다음 〈보기〉에서 설명하는 기억 장치로 옳은 것은?

〈보기〉

- 기억 공간의 확대에 목적이 있다.
- 운영체제에서 소프트웨어적으로 사용한다.
- 보조 기억 장치인 하드디스크 일부를 주기억 장치처럼 사용한다.
- 주기억 장치보다 큰 프로그램을 로드하여 실행할 때 유용하다.
- 페이징 기법(동일한 크기의 블록)과 세그멘테이션(가변적 크기의 블록) 기법이 있다.

① 연관 메모리(Associative Memory)
② 캐시 메모리(Cache Memory)
③ 가상 메모리(Virtual Memory)
④ 플래시 메모리(Flash Memory)

참고 파트01-챕터04-섹션04

03 다음 중 멀티미디어 그래픽 데이터의 벡터 방식에 대한 설명으로 옳지 않은 것은?

① 좌표 개념을 사용하여 이동 회전 등의 변형이 쉽다.
② 이미지를 확대하여도 테두리가 매끄럽게 표현된다.
③ 점과 점을 연결하는 직선이나 곡선을 이용하여 이미지를 표현한다.
④ 비트맵 방식과 비교하여 기억 공간을 많이 차지한다.

참고 파트01-챕터03-섹션13

04 다음 중 컴퓨터에서 메모리가 정상적으로 인식되지 않을 때에 해결 대책으로 옳지 않은 것은?

① CMOS 셋업에서 캐시 항목이 Enable로 설정되어 있는지 확인한다.
② CMOS 셋업에서 RAM의 속도를 임의로 변경하지 않았는지 확인한다.
③ 메인보드에서 지원하는 RAM을 사용했는지 확인한다.
④ RAM 소켓에 RAM이 올바르게 꽂혀있는지 확인한다.

참고 파트01-챕터03-섹션12

05 다음 중 〈보기〉에 해당하는 프로그래밍 언어는?

〈보기〉

- 미국의 선 마이크로시스템즈에서 개발한 객체 지향적 프로그래밍 언어이다.
- 처음에는 가전제품 내에 탑재해 동작하는 프로그램을 위해 개발했다.
- 현재 웹 어플리케이션 개발에 가장 많이 사용하는 언어 가운데 하나이다.
- 모바일 기기용 소프트웨어 개발에도 널리 사용하고 있는 언어이다.
- 네트워크 분산 처리 환경에서 사용하기 때문에 보안성이 좋다.
- 컴파일한 코드는 클래스(Class)로 제공되므로 다른 운영체제에서 사용할 수 있다.

① JAVA   ② C++
③ LISP   ④ SNOBOL

참고 파트01-챕터01-섹션03

06 다음 중 한글 Windows에서 사용하는 [휴지통]에 대한 설명으로 옳은 것은?

① USB 메모리에 있는 파일을 선택한 후 Delete 를 눌러 삭제하면 휴지통으로 가지 않고 완전히 지워진다.
② 지정된 휴지통의 용량을 초과하면 가장 최근에 삭제된 파일부터 자동으로 지워진다.
③ 삭제할 파일을 선택하고 Shift + Delete 를 누르면 해당 파일이 휴지통으로 이동한다.
④ 휴지통의 크기는 사용자가 원하는 크기를 KB 단위로 지정할 수 있다.

참고 파트01-챕터04-섹션01

07 다음 중 HTTP 프로토콜에 대한 설명으로 옳지 않은 것은?

① 파일 전송 프로토콜로, 파일을 전송하거나 받을 때 사용한다.
② HTTPS는 HTTP의 보안이 강화된 버전이다.
③ HTTP가 사용하는 포트는 80번 포트이다.
④ 인터넷에서 하이퍼텍스트(Hypertext) 문서를 전송하기 위한 용도로 사용되는 통신규약이다.

참고 파트01-챕터05-섹션02

08 다음 중 공격 유형 중 마치 다른 송신자로부터 정보가 수신된 것처럼 꾸미는 것으로, 시스템에 불법적으로 접근하여 오류의 정보를 정확한 정보인 것처럼 속이는 행위를 뜻하는 것은?

① 차단(Interruption)
② 변조(Modification)
③ 위조(Fabrication)
④ 가로채기(Interception)

참고 파트01-챕터05-섹션02

09 다음 중 대칭형 암호화 방식에 대한 설명으로 옳지 않은 것은?

① 처리 속도가 빠르다.
② RSA와 같은 키 교환 방식을 사용한다.
③ 키의 교환 문제가 발생한다.
④ 단일키이므로 알고리즘이 간단하고 파일의 크기가 작다.

참고 파트01-챕터04-섹션01

10 다음 중 한글 Windows에서 인터넷을 사용하기 위하여 해당 컴퓨터의 IP 주소를 동적으로 구성할 때 사용하는 프로토콜로 옳은 것은?

① POP3   ② FTP
③ DHCP   ④ SMTP

참고 파트01-챕터03-섹션03

11 다음 〈보기〉 중 디지털 컴퓨터의 특징으로만 짝지어진 것은?

〈보기〉

ⓐ 증폭 회로	ⓑ 논리 회로
ⓒ 부호화된 문자, 숫자	ⓓ 프로그래밍
ⓔ 연속적인 물리량	ⓕ 범용성

① ⓐ, ⓑ, ⓒ, ⓓ   ② ⓑ, ⓒ, ⓓ, ⓕ
③ ⓒ, ⓓ, ⓔ, ⓕ   ④ ⓐ, ⓑ, ⓒ, ⓕ

참고 파트01-챕터03-섹션09

12 다음 중 컴퓨터에서 중앙 처리 장치와 입출력 장치 사이의 속도 차이로 인한 문제점을 해결해 주는 장치는?

① 레지스터(Register)
② 인터럽트(Interrupt)
③ 콘솔(Console)
④ 채널(Channel)

참고 파트01-챕터04-섹션04

13 다음 중 시퀀싱(Sequencing)에 대한 설명으로 옳은 것은?

① 컴퓨터를 이용하여 오디오 파일이나 여러 연주, 악기 소리 등을 프로그램에 입력하여 녹음하는 방법으로 음악을 제작, 녹음, 편집하는 작업을 의미한다.
② 전자 악기 사이의 데이터 교환을 위한 규약으로 음의 강도, 악기 종류 등과 같은 정보를 기호화하여 코드화한 방식이다.
③ 아날로그 신호를 디지털화하여 나타내는 것으로, 소리의 파장이 그대로 저장되며, 자연의 음향과 사람의 음성 표현이 가능하다.
④ 오디오 데이터 압축 파일 형식으로 무손실 압축 포맷이며 원본 오디오의 음원 손실이 없다.

참고 파트01-챕터03-섹션04

14 다음 중 한쪽의 CPU가 가동 중일 때, CPU가 고장이 나거나 장애가 발생하면 즉시 예비로 대기 중인 다른 CPU가 작동되도록 운영하는 것으로 시스템의 안정성을 고려한 방식은?

① 다중 처리 시스템
② 듀얼 시스템(Dual System)
③ 분산 처리 시스템
④ 듀플렉스 시스템(Duplex System)

참고 파트01-챕터05-섹션02

15 다음 중 인터넷의 보안 문제로부터 특정 네트워크를 격리하는 데 사용되는 것으로 보안이 필요한 네트워크의 통로를 단일화하여 이 출입구를 관리함으로써 외부로부터의 불법적인 접근을 대부분 막을 수 있는 시스템은?

① 방화벽(Firewall)
② 해킹(Hacking)
③ 펌웨어(Firmware)
④ 데이터 디들링(Data Diddling)

참고 파트01-챕터04-섹션01

16 다음 중 인터넷에 대한 설명으로 옳지 않은 것은?

① 인터넷에서 사용할 수 있는 서비스로 E-mail, FTP, Telnet 등이 있다.
② URL이란 인터넷상에서 각종 자원이 있는 위치를 나타낸다.
③ IPv4는 16비트 주소 체계를 가지고 있으며 IPv6는 32비트 주소 체계를 가지고 있다.
④ HTTP는 WWW를 이용할 때 서버와 클라이언트 간의 정보교환 프로토콜이다.

참고 파트01-챕터03-섹션04

17 다음 중 전송 오류 검출 방식이 아닌 것은?

① CRC(순환 중복 검사) 방식
② 패리티 검사 방식
③ 정마크 부호 방식
④ CSMA/CD(매체 접근 제어) 방식

참고 파트01-챕터03-섹션06

18 다음 중 CISC와 RISC의 차이를 대비한 것으로 옳지 않은 것은?

① CISC : 복잡한 주소지정 방식, RISC : 간단한 주소지정 방식

② CISC : 복잡하고 기능이 많은 명령어, RISC : 간단한 명령어

③ CISC : 많은 수의 레지스터, RISC : 적은 수의 레지스터

④ CISC : 다양한 사이즈의 명령어, RISC : 동일한 사이즈의 명령어

참고 파트01-챕터03-섹션12

19 다음 중 컴파일러(Compiler) 언어와 인터프리터(Interpreter) 언어의 차이점에 대한 설명으로 옳지 않은 것은?

① 인터프리터는 번역 과정을 따로 거치지 않고 각 명령문을 디코딩(Decoding)을 거쳐 직접 처리한다.

② 인터프리터 언어는 대화식 처리가 가능하나, 컴파일러 언어는 일반적으로 불가능하다.

③ 컴파일러 언어는 목적 프로그램이 있는 반면, 인터프리터 언어는 일반적으로 없다.

④ 인터프리터 언어가 컴파일러 언어보다 일반적으로 실행 속도가 빠르다.

참고 파트01-챕터04-섹션02

20 다음 〈보기〉는 전자 메일에 사용되는 프로토콜에 대한 설명이다. (   ) 안에 들어갈 프로토콜을 순서대로 올바르게 나열한 것은?

〈보기〉

(ⓐ)는 사용자의 컴퓨터에서 작성된 메일을 받아서 다른 사람의 계정이 있는 곳으로 전송해 주는 역할에 사용되며, (ⓑ)는 전송 받은 메일을 저장하고 있다가 사용자가 메일 서버에 접속하면 이를 보내 주는 역할에 사용된다.

① ⓐ SNMP, ⓑ TCP

② ⓐ POP3, ⓑ SMTP

③ ⓐ TCP, ⓑ SNMP

④ ⓐ SMTP, ⓑ POP3

2과목 **스프레드시트 일반**

참고 파트02-챕터02-섹션04

21 다음 중 [찾기 및 바꾸기] 대화 상자에 대한 설명으로 옳지 않은 것은?

① [찾기]의 바로 가기 키는 Ctrl + F, [바꾸기]의 바로 가기 키는 Ctrl + H를 사용한다.

② [찾기] 탭에서 찾는 위치는 '수식, 값, 메모'를 사용할 수 있고, [바꾸기] 탭에서는 '수식'만 사용할 수 있다.

③ [범위]에서 행 방향을 우선하여 찾을 것인지 열 방향을 우선하여 찾을 것인지를 지정할 수 있다.

④ [서식] 단추를 이용하면 특정 셀의 서식을 선택하여 동일한 셀 서식이 적용된 셀을 찾을 수도 있다.

참고 파트02-챕터01-섹션01

22 다음 중 아래 그림의 리본 메뉴에 대한 설명으로 옳지 않은 것은?

① 그림과 같이 리본 메뉴에 바로 가기 키를 나타내려면 Alt 나 / 를 누른다.

② 오른쪽 방향키(→)를 누르면 활성화된 탭이 [수식] 탭에서 [데이터] 탭으로 변경된다.

③ [빠른 실행 도구 모음]에 명령이 추가되면 일련 번호로 바로 가기 키가 부여된다.

④ [탭] 및 [명령] 간에 이동할 때도 키보드를 사용할 수 있으며, 그림과 같은 상태에서 W를 누르면 [수학/삼각 함수]로 변경된다.

참고 파트02-챕터03-섹션04~06

23 다음 수식의 결과로 옳지 않은 것은?

① =REPLACE("December",SEARCH("E","korea"),4,"") → Dec

② =CHOOSE(MOD(−11,2),1,2,3) → 1

③ =EOMONTH("2024−6−3",2) → 2024−8−31

④ =FIXED(3.141592) → 3.14

참고 파트02-챕터04-섹션05

24 다음 중 부분합에 대한 설명으로 옳은 것은?

① 부분합은 [데이터] 탭-[예측] 그룹-[가상 분석] 에서 실행할 수 있다.

② 부분합에서 그룹으로 사용할 데이터는 반드시 내림차순으로 정렬된 상태에서만 실행할 수 있다.

③ 부분합에서 데이터 아래에만 요약을 표시할 수 있다.

④ 부분합은 그룹 사이에서 페이지를 나눌 수 있다.

참고 파트02-챕터04-섹션08

25 다음 중 아래의 워크시트에서 평균 점수가 85점이 되려면 영어 점수가 몇 점이 되어야 하는지 알고 싶을 때 사용할 수 있는 기능은?

	A	B	C
1	성명	김선	
2	국어	80	
3	영어	60	
4	수학	90	
5	정보	90	
6			
7	평균	80	
8			

① 부분합

② 목표값 찾기

③ 데이터 표

④ 피벗 테이블

참고 파트02-챕터03-섹션05~06

26 다음과 같은 시트에서 [D5] 셀에 아래의 수식을 입력했을 때 계산 결과로 올바른 것은?

=COUNT(OFFSET(D4,−2,−2,3,3))

	A	B	C	D
1	성명	컴일반	엑셀	액세스
2	홍범도	90	100	80
3	이상공	67	68	69
4	진선미	80	80	90

① 3

② 9

③ 68

④ 90

참고 파트02-챕터02-섹션05

27 다음 아래의 시트처럼 메일주소에서 ID와 도메인을 분리하는 패턴으로 만들기 위한 바로 가기 키로 옳은 것은?

	A	B	C
1	메일주소	ID	도메인
2	com@korcham.net	com	korcham.net
3	abc@naver.com		
4	sunny@gmail.com		
5	excel@daum.net		

① Ctrl + Shift + L

② Ctrl + E

③ Ctrl + F

④ Ctrl + T

참고 파트02-챕터01-섹션01

28 다음 〈보기〉 중 시트의 계산을 원하는 셀 영역을 선택한 후 상태 표시줄의 바로 가기 메뉴인 [상태 표시줄 사용자 지정]에서 선택할 수 있는 자동 계산에 해당하지 않는 것으로 옳게 짝지어진 것은?

〈보기〉

ⓐ 합계, ⓑ 평균, ⓒ 개수, ⓓ 숫자 셀 수
ⓔ 최대값, ⓕ 최소값, ⓖ 최빈수, ⓗ 중위수

① ⓐ, ⓑ

② ⓒ, ⓓ

③ ⓔ, ⓕ

④ ⓖ, ⓗ

참고 파트02-챕터06-섹션02

29 다음 중 〈보기〉에 해당하는 경우 사용할 수 있는 차트로 옳은 것은?

〈보기〉

- 데이터 계열이 하나만 있는 경우
- 데이터에 음수 값이 없는 경우
- 데이터의 값 중 0 값이 거의 없는 경우
- 항목의 수가 7개 이하이며 이 항목이 모두 전체 이 차트의 일부분을 나타내는 경우

① 세로 막대형 차트
② 영역형 차트
③ 원형 차트
④ 방사형 차트

참고 파트02-챕터01-섹션03

30 다음 중 아래와 같이 [통합 문서 보호]를 설정했을 경우에 대한 설명으로 옳지 않은 것은?

① [검토] 탭-[보호] 그룹의 [통합 문서 보호]를 클릭하여 실행한다.
② 워크시트의 추가나 삭제 작업을 실행할 수 없다.
③ 워크시트의 이동이나 복사, 이름 수정, 코드 보기, 시트 보호, 모든 시트 선택을 실행할 수 없다.
④ 암호는 반드시 입력하지 않아도 된다.

참고 파트02-챕터02-섹션01

31 다음 중 윗주에 대한 설명으로 옳은 것은?

① 윗주의 서식은 변경할 수 없다.
② 윗주는 데이터를 삭제하면 같이 삭제된다.
③ 문자, 숫자 데이터 모두 윗주를 표시할 수 있다.
④ 윗주 필드 표시는 인쇄 미리 보기에서는 표시되지만 인쇄할 때는 같이 인쇄되지 않는다.

참고 파트02-챕터07-섹션03

32 다음 중 아래의 프로시저에서 1부터 100까지 홀수의 평균을 구하기 위해서 입력될 코드로 옳지 않은 것은?

```
Public Sub OddAvg()
    Dim i As Integer
    Dim sum As Double
    Dim count As Integer
    i=1
    sum=0
    count=0
While i<=100
    If ( ① ) Then
    sum=( ② )
    count=( ③ )
    End If
    i=i+1
Wend
    MsgBox "1부터 100까지 홀수의 평균 : " & ( ④ )
End Sub
```

① i Mod 2=1
② sum+i
③ count+1
④ count/sum

참고 파트02-챕터06-섹션02

33 다음 중 아래의 차트에 대한 설명으로 옳은 것은?

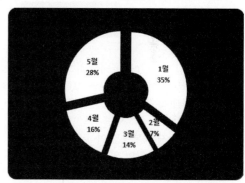

① 차트의 종류는 전체에서 차지하는 비율을 보여주는 원형 대 원형 차트이다.
② 계열1 요소인 1월의 첫째 조각의 각은 200°가 설정된 상태이다.
③ 쪼개진 정도는 10%가 설정된 상태이다.
④ 차트 가운데 구멍의 크기는 0%가 설정된 상태이다.

참고 파트02-챕터02-섹션01

34 다음 중 아래의 시트에서 [A1:E7] 범위만 선택하는 방법으로 옳지 않은 것은?

	A	B	C	D	E	F
1	성명	헤어미용	피부미용	메이크업	네일아트	
2	전세현	80	90	100	88	
3	임하림	100	98	77	59	
4	송학사	56	72	40	90	
5	안예희	60	60	71	63	
6	이새솔	77	88	43	99	
7	장유리	69	79	89	99	
8						

① [A1] 셀을 클릭하고 선택 영역 확장키인 F8 을 누른 뒤에 → 방향키를 4번 눌러 E열까지 이동한 후 ↓ 방향키를 6번 눌러 7행까지 선택한다.
② [A1] 셀을 클릭한 후 Ctrl + A 를 누른다.
③ [A1] 셀을 클릭한 후 Shift 를 누른 채 [E7] 셀을 클릭한다.
④ [모두 선택] 단추(◢)를 클릭한다.

참고 파트02-챕터02-섹션02

35 다음 아래의 그림에 대한 설명으로 옳지 않은 것은?

① [삽입] 탭-[일러스트레이션] 그룹의 [SmartArt]를 실행하여 [SmartArt 그래픽 선택] 대화 상자에서 목록형의 세로 상자 목록형을 실행한 결과이다.
② 세로 상자 목록형은 여러 정보 그룹, 특히 수준 2 텍스트가 많이 있는 그룹을 표시하고 정보의 글머리 기호 목록을 사용하는 경우 적합하다.
③ 텍스트 창에서 수식을 입력할 경우 계산된 수식의 결과값이 SmartArt에 표시되며 입력 데이터가 변경되면 자동으로 그 결과값이 변경된다.
④ 텍스트 창에서 텍스트를 입력한 후 텍스트를 수정하면 SmartArt에서도 자동으로 변경된다.

참고 파트02-챕터05-섹션03

36 다음 중 화면 제어에 대한 설명으로 옳지 않은 것은?

① 틀 고정을 위한 구분선은 마우스를 드래그하여 변경할 수 있다.
② 화면에 틀이 고정되어 있어도 인쇄에는 영향을 끼치지 않는다.
③ 창 나누기는 [실행 취소] 명령으로 나누기를 해제할 수 없다.
④ 창 나누기는 셀 포인터의 위치를 기준으로 2개 또는 4개로 나눌 수 있다.

참고 파트02-챕터03-섹션04~05

37 다음 중 아래의 워크시트에서 사원번호의 첫 번째 문자가 'S'인 매출액[B2:B6]의 합계를 구하는 배열 수식으로 옳은 것은?

	A	B
1	사원번호	매출액
2	S0603	12500
3	F2005	7500
4	S0117	30000
5	F1233	56450
6	T3211	17990

① ={SUM(LEFT($A$2:$A$6,1="S")*$B$2:$B$6)}
② ={SUM((LEFT($A$2:$A$6,1)="S"),$B$2:$B$6)}
③ {=SUM(LEFT($A$2:$A$6,1="S"),$B$2:$B$6)}
④ {=SUM((LEFT($A$2:$A$6,1)="S")*$B$2:$B$6)}

참고 파트02-챕터07-섹션01

38 다음 중 매크로 기록에 관한 설명으로 옳지 않은 것은?

① 매크로에서 지정한 바로 가기 키와 엑셀에서 사용하는 바로 가기 키가 같을 경우 엑셀 고유 기능의 바로 가기 키가 우선 적용된다.

② 매크로를 기록하는 경우 기본적으로 절대 참조로 기록되며, 상대 참조로 기록을 해야 할 경우는 '상대 참조로 기록'을 클릭하여 선택한 다음 매크로 기록을 실행한다.

③ 매크로 저장 위치를 '개인용 매크로 통합 문서'에 저장하면 엑셀 실행 시 자동으로 로드되고 다른 통합 문서에서도 실행할 수 있다.

④ 매크로 기록 시 리본 메뉴의 탐색은 기록에 포함되지 않는다.

참고 파트02-챕터04-섹션02

39 다음 중 아래의 시트에서 조건([E1:F3])을 이용하여 고급 필터를 실행한 결과에 해당하는 성명이 아닌 것은?

	A	B	C	D	E	F	G
1	성명	직급	호봉		성명	호봉	
2	홍길동	과장	33		홍*	<=30	
3	지용훈	대리	30		지*	>=30	
4	홍범도	부장	30				
5	이상영	대리	23				
6	지유환	차장	44				
7							

① 홍길동　　　　② 지용훈
③ 홍범도　　　　④ 지유환

참고 파트02-챕터03-섹션01

40 다음 중 아래 시트의 [1학년]과 [2학년] 강의 시간표를 [1, 2학년] 강의 시간표처럼 하나로 합치는 수식으로 옳은 것은?

	A	B	C	D	E	F	G	H	I	J	K	L	M
1	[1, 2학년]												
2		Mon	Tue	Wed	Thu	Fri							
3	1교시	정보	CG	엑세스	AI	JAVA							
4	2교시	보안	엑셀	엑세스	AI	JAVA							
5	3교시	보안	엑셀	CG	논리회로	파이썬							
6	4교시	정보	Chat GPT	CG	논리회로	파이썬							
7													
8	[1학년]								[2학년]				
9		Mon	Tue	Wed	Thu	Fri				Mon	Tue	Wed	Thu	Fri
10	1교시	정보		엑세스					1교시	CG			AI	JAVA
11	2교시		엑셀	엑세스					2교시	보안			AI	JAVA
12	3교시		엑셀		논리회로	파이썬			3교시	보안		CG		
13	4교시	정보			논리회로	파이썬			4교시		Chat GPT	CG		

① =SUM(AND(B10:F13,I10:M13))

② =SUBSTITUTE(B10:F13,I10:M13)

③ =REPLACE(B10:F13,I10:M13)

④ =(B10:F13)&(I10:M13)

3과목　데이터베이스 일반

참고 파트03-챕터03-섹션02

41 다음 〈보기〉 중 데이터 조작어(DML : Data Manipulation Language)의 특징으로 옳지 않은 것은?

〈보기〉

> 가. 데이터 처리를 위하여 사용자와 DBMS 사이의 인터페이스를 제공한다.
> 나. 데이터 처리를 위한 연산의 집합으로 데이터의 검색, 삽입, 삭제, 변경 등 데이터 조작을 제공하는 언어이다.
> 다. SELECT, INSERT, UPDATE, DELETE가 DML 명령어에 해당한다.
> 라. 데이터 보안(Security), 무결성(Integrity), 회복(Recovery) 등에 관련된 사항을 정의한다.

① 가　　　　　　② 나
③ 다　　　　　　④ 라

참고 파트03-챕터01-섹션01

42 다음 중 관계형 데이터베이스 관리 시스템(RDBMS)의 종류에 해당하지 않는 것은?

① MS-SQL Server
② 오라클(ORACLE)
③ MY-SQL
④ 파이썬(Python)

참고 파트03-챕터04-섹션02

43 다음 중 폼에 연결할 데이터의 테이블 이름이나 쿼리를 입력하여 설정할 폼의 속성으로 옳은 것은?

① 캡션
② 레코드 원본
③ 기본 보기
④ 레코드 잠금

참고 파트03-챕터05-섹션02

44 다음 중 보고서의 각 부분에 대한 설명으로 옳은 것은?

① 보고서 머리글 : 보고서의 모든 페이지 상단에 표시된다.
② 구역 선택기 : 보고서를 선택하거나 보고서의 속성을 지정할 때 사용한다.
③ 페이지 머리글 : 실제 데이터가 반복적으로 표시되는 부분이다.
④ 그룹 바닥글 : 그룹별 요약 정보를 각 그룹의 하단에 표시한다.

참고 파트03-챕터04-섹션01

45 다음 중 폼을 작성할 수 있는 [만들기] 탭의 [폼] 그룹에서 선택 가능한 명령에 해당하지 않는 것은?

① 폼 디자인   ② 여러 항목
③ 매크로   ④ 모달 대화 상자

참고 파트03-챕터03-섹션01

46 [매출] 테이블에서 '전반기' 필드와 '하반기' 필드를 더한 후 '총매출'이라는 이름으로 표시하고자 한다. 다음 중 SQL문의 (   ) 안에 들어갈 내용으로 옳은 것은?

```
SELECT 전반기+하반기 (          ) FROM 매출;
```

① NAME IS 총매출
② ALIAS 총매출
③ AS 총매출
④ TO 총매출

참고 파트03-챕터03-섹션03

47 다음 중 '코참패스2024'에서 '2024'를 추출하기 위한 함수로 옳은 것은?

① left("코참패스2024", 8)
② rigth("코참패스2024", 2024)
③ mid("코참패스2024", 5, 4)
④ instr("코참패스2024", 5, 4)

참고 파트03-챕터02-섹션07

48 [학과] 테이블의 '학과코드'는 기본키로 설정되어 있고, [학생] 테이블의 '학과코드' 필드는 [학과] 테이블의 '학과코드'를 참조하고 있는 외래키(FK)이다. 다음 중 [학과] 테이블과 [학생] 테이블에 아래와 같이 데이터가 입력되어 있을 때의 설명으로 옳지 않은 것은?

[학과] 테이블

학과코드	학과명
A	인공지능학과
E	영어영문학과
C	컴퓨터공학과

[학생] 테이블

학번	성명	학과코드
2401	이선훈	A
2402	이상영	C
2403	홍범도	A
2404	지유환	null

① 현재 각 테이블에 입력된 데이터 상태는 참조 무결성이 유지되고 있다.
② [학과] 테이블에서 학과코드 'E'를 삭제하면 참조 무결성이 유지되지 않는다.
③ [학생] 테이블에서 학번이 2402인 이상영 학생을 삭제해도 참조 무결성이 유지된다.
④ [학생] 테이블에서 학번이 2404인 지유환 학생의 '학과코드'를 'B'로 입력하면 참조 무결성이 유지되지 않는다.

참고 파트03-챕터04-섹션02

49 다음 중 아래와 같은 폼을 작성하려고 할 때 [만들기] 탭-[폼] 그룹에서 사용하는 폼 작성 도구는 무엇인가?

① 새 폼   ② 여러 항목
③ 모달 대화 상자   ④ 폼 분할

참고 파트03-챕터05-섹션01

50 다음 중 액세스의 보고서 작성에 대한 설명으로 옳지 않은 것은?

① 보고서를 작성해 놓으면 데이터가 변경된 경우 새로운 보고서를 작성할 필요없이 해당 데이터에 대한 보고서를 다시 출력하면 된다.

② 엑셀 데이터와 같은 외부 데이터를 연결한 테이블을 이용하여 보고서를 작성할 수도 있다.

③ 표나 레이블이 미리 인쇄되어 있는 양식 종이를 이용하여 보고서를 인쇄하는 경우 [페이지 설정] 대화 상자에서 '데이터만 인쇄'를 선택한다.

④ 텍스트 상자나 콤보 상자와 같은 컨트롤을 이용하는 경우 보고서에서 테이블의 데이터를 수정할 수 있다.

참고 파트03-챕터03-섹션01

51 다음 중 쿼리에 대한 설명으로 옳지 않은 것은?

① 쿼리는 테이블의 데이터를 이용하여 사용자가 원하는 형식으로 가공하여 보여줄 수 있다.

② 쿼리를 이용하여 추출한 결과는 폼에서만 사용할 수 있다.

③ 쿼리는 단순한 조회 이외에도 데이터의 추가, 삭제, 수정 등을 수행할 수 있다.

④ 테이블이나 다른 쿼리를 이용하여 새로운 쿼리를 생성할 수 있다.

참고 파트03-챕터03-섹션03

52 다음 중 SQL문에서 HAVING문을 사용하여 조건을 설정할 수 있는 것은?

① WHERE 절
② LIKE 절
③ GROUP BY 절
④ ORDER BY 절

참고 파트03-챕터05-섹션02

53 다음 보고서에 대한 설명으로 옳지 않은 것은? (단, 보고서는 전체 7페이지이며, 현재 페이지는 4페이지이다.)

제품별 납품 현황

제품코드	제품명	납품일자	거래처명	납품단가	납품수량	납품금액
D5	커플러	2010-10-12	구리전기	35	45	1,575
		2003-10-19	의정부전기	35	94	3,290
		2003-10-09	호주전기	35	31	1,085
		납품건수 : 7				
제품코드	제품명	납품일자	거래처명	납품단가	납품수량	납품금액
D6	PCB	2003-08-12	강화전기	65	23	1,495
		2003-12-20	산본전기	65	34	2,210
		2003-08-22	금촌전기	65	42	2,730
		납품건수 : 3				
제품코드	제품명	납품일자	거래처명	납품단가	납품수량	납품금액
D7	와이어	2003-08-21	정화전기	40	31	1,240

4/7

① '제품별 납품 현황'을 표시하는 제목은 보고서 머리글에 작성하였다.

② '그룹화 및 정렬' 옵션 중 '같은 페이지에 표시 안 함'을 설정하였다.

③ '제품코드'에 대한 그룹 머리글과 그룹 바닥글을 모두 만들었다.

④ '제품코드'와 '제품명'을 표시하는 컨트롤의 '중복 내용 숨기기' 속성을 '예'로 설정하였다.

참고 파트03-챕터04-섹션06

54 다음 중 [성적] 테이블에서 '점수'가 90 이상인 학생들의 인원수를 구하는 식으로 옳은 것은? (단, '학번' 필드는 [성적] 테이블의 기본키이다.)

① =DCount("[성적]", "[학번]", "[점수]>=90")
② =DCount("[학번]", "[성적]", "[점수]>=90")
③ =DLookUp("[성적]", "[학번]", "[점수]>=90")
④ =DLookUp("*", "[성적]", "[점수]>= 90")

참고 파트03-챕터01-섹션01

55 다음 중 기관이 필요로 하는 정보를 생성하기 위한 모든 데이터 객체들에 대한 정의뿐만 아니라 데이터베이스 접근권한, 보안정책, 무결성 규칙에 대한 명세를 기술한 것은?

① 외부스키마
② 개념 스키마
③ 내부스키마
④ 서브스키마

참고 파트03-챕터03-섹션02

56 다음 중 SQL 명령 중 DDL에 해당하는 것으로만 짝지어진 것은?

① SELECT, INSERT, UPDATE
② UPDATE, DROP, INSERT
③ ALTER, DROP, UPDATE
④ CREATE, ALTER, DROP

참고 파트03-챕터03-섹션02

57 총 10개의 튜플을 갖는 EMPLOYEE 테이블에서 DEPT_ID 필드의 값은 "D1"이 4개, "D2"가 4개, "D3"가 2개로 구성되어 있다면 다음 SQL문 ㉠, ㉡의 실행 결과 튜플 수로 옳은 것은?

> ㉠ SELECT DEPT_ID FROM EMPLOYEE;
> ㉡ SELECT DISTINCT DEPT_ID FROM EMPLOYEE;

① ㉠ 1, ㉡ 10
② ㉠ 3, ㉡ 10
③ ㉠ 10, ㉡ 1
④ ㉠ 10, ㉡ 3

참고 파트03-챕터01-섹션01

58 다음 중 한 릴레이션의 기본키를 구성하는 어떠한 속성값도 널(null) 값이나 중복값을 가질 수 없다는 것을 의미하는 것은?

① 참조 무결성 제약 조건
② 주소 무결성 제약 조건
③ 원자값 무결성 제약 조건
④ 개체 무결성 제약 조건

참고 파트03-챕터04-섹션04

59 다음 〈보기〉에 해당하는 컨트롤은?

〈보기〉

- 적은 공간에서 목록값을 선택하며 새로운 값을 입력할 경우 유용하다.
- 드롭다운 화살표를 클릭 전까지는 목록이 숨겨져 있으며, 클릭하면 목록이 표시된다.
- 목록에 없는 값을 직접 입력하거나 선택할 수 있다.
- 목록에 있는 값만 입력하도록 설정할 수 있다.

① 콤보 상자
② 텍스트 상자
③ 명령 단추
④ 옵션 그룹

참고 파트03-챕터03-섹션04

60 다음 아래의 조인 속성 대화 상자처럼 '동아리코드' 테이블의 레코드는 모두 포함하고, '학번성명동아리코드' 테이블에서는 '동아리코드' 필드가 일치하는 레코드만 포함하는 조인 형식으로 옳은 것은?

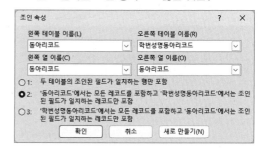

① 교차 조인(Cross Join)
② 내부 조인(Inner Join)
③ 왼쪽 외부 조인(Left Join)
④ 오른쪽 외부 조인(Right Join)

빠른 정답 확인 QR
스마트폰으로 QR을 찍으면 정답표가 오픈됩니다.
기출문제를 편리하게 채점할 수 있습니다.

상시 기출문제
정답 & 해설

2024년 상시 기출문제 01회

01 ②	02 ④	03 ③	04 ③	05 ③
06 ④	07 ④	08 ④	09 ④	10 ②
11 ③	12 ①	13 ②	14 ①	15 ③
16 ④	17 ②	18 ④	19 ③	20 ①
21 ④	22 ④	23 ③	24 ④	25 ②
26 ③	27 ③	28 ②	29 ④	30 ④
31 ③	32 ①	33 ③	34 ①	35 ①
36 ①	37 ③	38 ③	39 ④	40 ③
41 ③	42 ④	43 ④	44 ②	45 ④
46 ③	47 ②	48 ③	49 ②	50 ①
51 ③	52 ③	53 ③	54 ①	55 ④
56 ②	57 ①	58 ④	59 ②	60 ②

2023년 상시 기출문제 01회

01 ②	02 ①	03 ②	04 ③	05 ①
06 ③	07 ④	08 ②	09 ②	10 ④
11 ②	12 ②	13 ④	14 ①	15 ③
16 ②	17 ②	18 ④	19 ②	20 ④
21 ③	22 ④	23 ④	24 ③	25 ①
26 ④	27 ④	28 ③	29 ④	30 ①
31 ②	32 ②	33 ①	34 ③	35 ④
36 ②	37 ③	38 ③	39 ④	40 ①
41 ④	42 ③	43 ②	44 ①	45 ③
46 ④	47 ④	48 ②	49 ④	50 ②
51 ④	52 ②	53 ②	54 ③	55 ②
56 ①	57 ①	58 ③	59 ②	60 ②

2024년 상시 기출문제 02회

01 ①	02 ④	03 ①	04 ②	05 ②
06 ④	07 ②	08 ④	09 ①	10 ④
11 ①	12 ②	13 ①	14 ②	15 ③
16 ④	17 ①	18 ①	19 ③	20 ④
21 ③	22 ①	23 ④	24 ③	25 ④
26 ②	27 ④	28 ④	29 ④	30 ①
31 ②	32 ①	33 ③	34 ③	35 ①
36 ④	37 ③	38 ①	39 ③	40 ③
41 ②	42 ①	43 ③	44 ①	45 ②
46 ②	47 ③	48 ④	49 ②	50 ④
51 ①	52 ③	53 ②	54 ③	55 ②
56 ④	57 ③	58 ②	59 ④	60 ①

2023년 상시 기출문제 02회

01 ③	02 ③	03 ④	04 ①	05 ①
06 ①	07 ①	08 ③	09 ②	10 ③
11 ②	12 ④	13 ①	14 ④	15 ①
16 ③	17 ④	18 ③	19 ④	20 ④
21 ③	22 ④	23 ①	24 ④	25 ②
26 ②	27 ②	28 ④	29 ③	30 ③
31 ②	32 ④	33 ③	34 ④	35 ③
36 ①	37 ④	38 ①	39 ①	40 ④
41 ④	42 ④	43 ②	44 ④	45 ③
46 ③	47 ③	48 ②	49 ③	50 ④
51 ②	52 ③	53 ①	54 ②	55 ②
56 ④	57 ④	58 ④	59 ①	60 ③

2024년 상시 기출문제 03회

01 ④	02 ④	03 ②	04 ②	05 ②
06 ④	07 ④	08 ②	09 ①	10 ②
11 ③	12 ③	13 ②	14 ②	15 ②
16 ②	17 ②	18 ①	19 ④	20 ③
21 ①	22 ④	23 ②	24 ②	25 ④
26 ④	27 ①	28 ②	29 ④	30 ①
31 ④	32 ①	33 ①	34 ②	35 ②
36 ②	37 ④	38 ①	39 ③	40 ③
41 ①	42 ②	43 ③	44 ①	45 ③
46 ④	47 ③	48 ③	49 ③	50 ②
51 ②	52 ④	53 ③	54 ③	55 ①
56 ③	57 ③	58 ③	59 ④	60 ①

상시 기출문제 / 정답 & 해설

|---|---|---|---|---|
01 ②	02 ④	03 ③	04 ③	05 ③
06 ④	07 ④	08 ④	09 ④	10 ②
11 ③	12 ①	13 ②	14 ①	15 ③
16 ④	17 ②	18 ④	19 ③	20 ①
21 ④	22 ④	23 ④	24 ④	25 ②
26 ③	27 ③	28 ②	29 ④	30 ④
31 ③	32 ①	33 ③	34 ①	35 ①
36 ①	37 ③	38 ③	39 ④	40 ④
41 ③	42 ④	43 ④	44 ②	45 ④
46 ③	47 ②	48 ③	49 ②	50 ①
51 ③	52 ③	53 ④	54 ①	55 ④
56 ②	57 ①	58 ④	59 ②	60 ②

2024년 상시 기출문제 01회 4-31p

1과목 컴퓨터 일반

01 ②

스팸(SPAM) 메일은 바이러스를 유포시켜 개인 정보를 탈취하거나 데이터를 파괴하는 행위의 기능은 없음

02 ④

RAM(Random Access Memory)
- 실행 중인 프로그램이나 데이터를 저장하며, 자유롭게 읽고 쓰기가 가능한 주기억 장치
- 전원이 공급되지 않으면 기억된 내용이 사라지는 휘발성(소멸성) 메모리

오답 피하기
- HDD(Hard Disk Drive) : 하드디스크는 디스크 표면을 전자기적으로 변화시켜 대량의 데이터를 저장하고 비교적 빠르게 접근할 수 있는 보조 기억 장치로 비휘발성임
- SSD(Solid State Drive) : 무소음, 저전력, 소형화, 경량화, 고효율의 속도를 지원하는 반도체 보조 기억 장치이며 비휘발성임
- DVD(Digital Versatile Disk) : 광디스크 방식의 보조 기억 장치로 4.7GB의 기본 용량(최대 17GB)을 가지며 비휘발성임

03 ③

근거리 통신망(LAN) : 수 km 이내의 거리(한 건물이나 지역)에서 데이터 전송을 목적으로 연결된 통신망

오답 피하기
- 부가가치통신망(VAN) : 통신 회선을 직접 보유하거나 통신 사업자의 회선을 임차하여 이용하는 형태(하이텔, 천리안, 유니텔 등)
- 종합정보통신망(ISDN) : 여러 가지 통신 서비스를 하나의 디지털 통신망으로 통합한 통신망
- 광대역통신망(WAN) : 원거리 통신망이라고도 하며, 하나의 국가 등 매우 넓은 네트워크 범위를 갖는 통신망

04 ③

변조(Modulation) : 디지털 신호를 아날로그 신호로 변경하는 것으로 전화 회선을 통해 데이터의 손실 없이 가능하면 먼 거리를 전송하기 위해 사용됨

오답 피하기
모뎀(MODEM) : 디지털 신호를 아날로그 신호로 변환하는 변조 과정과 아날로그 신호를 디지털 신호로 변환하는 복조 과정을 수행하는 장치

05 ③

장치 관리자 : 컴퓨터에 설치된 디바이스 하드웨어 설정 및 드라이버 소프트웨어를 관리함

오답 피하기
- 시스템 정보 : 디바이스 이름, 프로세서(CPU), 설치된 RAM, 장치 ID, 제품 ID, 시스템 종류(32/64비트 운영체제), 펜 및 터치 등에 대해 알 수 있음
- 작업 관리자 : 내 PC에서 실행되고 있는 프로그램(앱)들에 대한 프로세스, 성능, 앱 기록, 시작 프로그램, 사용자, 세부 정보, 서비스 등에 대한 정보를 제공해 줌
- 레지스트리 편집기 : 레지스트리는 Windows에서 사용하는 환경 설정 및 각종 시스템과 관련된 정보가 저장된 계층 구조식 데이터베이스로 'regedit' 명령으로 실행함

06 ④
- C, C++, C# 언어는 컴파일러 언어임
- 컴파일러(Compiler)는 고급 언어를 기계어로 번역하는 프로그램으로 전체를 한 번에 번역하고 실행 속도가 빠르며 목적 프로그램을 생성함

오답 피하기
인터프리터(Interpreter)
- 대화식 언어로 작성된 프로그램을 필요할 때마다 매 번 기계어로 번역하여 실행하는 프로그램(Python, SQL, Ruby, R, JavaScript, Scratch, BASIC, LISP, SNOBOL, APL 등)
- 행 단위로 번역하고 실행 속도가 느리며 목적 프로그램을 생성하지 않음

07 ④

기본 프린터 : 프로그램에서 사용할 프린터를 지정하지 않고 인쇄 명령을 선택했을 때 컴퓨터가 자동으로 문서를 보내는 프린터로 네트워크 프린터도 기본 프린터로 지정할 수 있음

08 ④

오답 피하기
- IDE : 저가에 안정적이지만 연결할 수 있는 주변 장치의 수가 2개로 한정됨
- EIDE : IDE의 확장판으로 종전의 단점을 보완하여 주변기기를 4개까지 연결함
- SCSI : 시스템 구분 없이 주변 장치를 7개에서 최대 15개까지 연결함

09 ④

$2^6=64$이므로 6비트로 64가지의 각기 다른 자료를 나타낼 수 있음

10 ②

디스크 정리

- Windows에서 디스크의 사용 가능한 공간을 늘리기 위하여 불필요한 파일들을 삭제하는 작업으로 디스크의 전체 크기와는 상관없음
- 디스크 정리 대상에 해당하는 파일은 임시 파일, 휴지통에 있는 파일, 다운로드한 프로그램 파일, 임시 인터넷 파일, 오프라인 웹 페이지 등이 있음

- 백업(Backup) : 하드디스크의 중요한 파일들을 다른 저장 장치로 저장하는 것으로 불의의 사고로부터 데이터를 보호하기 위해 사용
- 디스크 조각 모음 : 디스크에 단편화되어 저장된 파일들을 모아서 디스크를 최적화함
- 압축 : 디스크 공간의 절약이나 전송 시간의 효율화를 위해 파일의 용량을 줄이는 기술

11 ③

JSP(Java Server Page) : Java의 장점을 그대로 수용, 자바 서블릿 코드로 변환되어 실행되며 여러 운영체제에서 실행할 수 있음

12 ①

ZIP : 압축 파일의 확장자

13 ②

명령 프롬프트 창에서 삭제한 파일은 휴지통에 보관되지 않음

14 ①

txt는 텍스트 파일 확장자이지만, png는 이미지 확장자임

15 ③

CPU와 주기억 장치의 속도차를 해결하기 위하여 사용되는 것은 캐시 메모리(Cache Memory)임

16 ④

CMOS 셋업 시의 비밀번호를 잊어버린 경우 메인 보드에 장착되어 있는 배터리를 뽑았다가 다시 장착함

17 ②

유니코드(Unicode)

- 2바이트 코드로 세계 각 나라의 언어를 표현할 수 있는 국제 표준 코드
- 16비트이므로 65,536자까지 표현할 수 있음

ASCII 코드(미국 표준 코드) : Zone은 3비트, Digit는 4비트로 구성됨, 7비트로 128가지의 표현이 가능함, 일반 PC용 컴퓨터 및 데이터 통신용 코드, 대소문자 구별이 가능함

18 ④

- MPEG-3 : HDTV 방송(고 선명도의 화질)을 위해 고안되었으나, MPEG-2 표준에 흡수, 통합되어 현재는 존재하지 않는 규격
- MPEG-4 : 동영상의 압축 표준안 중에서 IMT-2000 멀티미디어 서비스, 차세대 대화형 인터넷 방송의 핵심 압축 방식으로 비디오/오디오를 압축하기 위한 표준
- MPEG-7 : 인터넷상에서 멀티미디어 동영상의 정보 검색이 가능, 정보검색 등을 효율적으로 사용하기 위한 콘텐츠 저장 및 검색을 위한 표준

19 ③

모핑(Morphing) : 사물의 형상을 다른 모습으로 서서히 변화시키는 기법으로 영화의 특수 효과에서 많이 사용함

- 렌더링(Rendering) : 그림자, 색상, 농도 등의 3차원 질감을 줌으로써 사실감을 추가하는 과정
- 안티앨리어싱(Anti-Aliasing) : 화면의 해상도가 낮아 도형이나 문자를 그릴 때 각이 계단처럼 층이 나면서 테두리가 거칠게 표현되는 계단 현상(Aliasing) 부분을 뭉개고 곧게 이어지는 듯한 화질로 형성하는 것
- 블러링(Bluring) : 특정 부분을 흐릿하게 하는 효과로 원하는 영역을 선명하지 않게 만드는 기법

20 ①

서로 다른 키로 데이터를 암호화하고 복호화하는 것은 공개키(비대칭키, 이중키) 암호화 기법임

비밀키(대칭키, 단일키) 암호화 : 송신자와 수신자가 서로 동일(대칭)한 하나(단일)의 비밀키를 가짐

2과목 스프레드시트 일반

21 ④

• LEFT(문자열, 개수) 문자열의 왼쪽에서 지정한 개수만큼 문자를 추출함
• LEFT(A1,3) → 가나다 ("가나다라마바사"에서 왼쪽부터 3개 추출)
• RIGHT(문자열, 개수) 문자열의 오른쪽에서 지정한 개수만큼 문자를 추출함
• RIGHT(A1,3) → 마바사 ("가나다라마바사"에서 오른쪽부터 3개 추출)
• CONCAT : 텍스트를 연결하여 나타냄
• CONCAT(LEFT(A1,3),RIGHT(A1,3)) → "가나다"와 "마바사"를 연결 → 가나다마바사
• MID(문자열, 시작 위치, 개수) : 문자열의 시작 위치에서부터 지정한 개수만큼 문자를 추출함
• =MID(CONCAT(LEFT(A1,3),RIGHT(A1,3)),3,3) → "가나다마바사"에서 3번째부터 3개를 추출 → 다마바

B1	▼	× ✓ fx	=MID(CONCAT(LEFT(A1,3),RIGHT(A1,3)),3,3)			
	A	B	C	D	E	F
1	가나다라마바사	다마바				
2						

22 ④

- Tab : 현재 셀의 오른쪽으로 이동
- Shift + Tab : 현재 셀의 왼쪽으로 이동함

- ① : [A1] 셀로 이동한다. → Ctrl + Home
- ② : 한 화면을 오른쪽으로 이동한다. → Alt + Page Down
- ③ : 다음 시트로 이동한다. → Ctrl + Page Down

23 ③

셀 삽입의 바로 가기 키 : Ctrl + +

셀 삭제의 바로 가기 키 : Ctrl + −

24 ④

- .(쉼표) 이후에 더 이상 코드를 사용하지 않으면 천 단위 배수로 표시함
- #,###,, : .(쉼표)가 2개이므로 백만 단위 이하를 생략하며 셀에 아무것도 표시되지 않음

25 ②

3차원 차트는 오차 막대를 사용할 수 없음

26 ③

수식을 입력한 후 결과값이 수식이 아닌 상수로 입력되게 하려면 수식을 입력한 후 바로 F9 를 누름

27 ③

Ctrl + 3 : 선택한 셀에 기울임이 적용되며, 다시 누르면 적용이 취소됨

오답 피하기

Ctrl + 4 : 선택한 셀에 밑줄이 적용되며, 다시 누르면 적용이 취소됨

28 ②

오답 피하기

- 표면형 차트 : 두 데이터 집합 간의 최적 조합을 찾을 때 유용함
- 꺾은선형 차트 : 일정한 배율의 축에 시간에 따른 연속 데이터가 표시되며 월, 분기, 회계 연도 등과 같은 일정 간격에 따라 데이터의 추세를 표시하는 데 유용함
- 방사형 차트 : 워크시트의 여러 열이나 행에 있는 데이터를 차트로 그릴 수 있으며 여러 데이터 계열의 집계 값을 비교함

29 ④

시트 이름과 탭 색 변경은 시트 보호와 상관없음

30 ④

IFS 함수

- 형식 : =IFS(조건식1, 참인 경우 값1, 조건식2, 참인 경우 값2, ……)
- 하나 이상의 조건이 충족되는지 확인하고 첫 번째 TRUE 조건에 해당하는 값을 반환함
- 여러 중첩된 IF문 대신 사용할 수 있고 여러 조건을 사용할 수 있음

31 ③

목표값 찾기 : 수식의 결과값은 알고 있으나 그 결과값을 얻기 위한 입력값을 모를 때 목표값 찾기 기능을 이용함

오답 피하기

- 통합 : 하나 이상의 원본 영역을 지정하여 하나의 표로 데이터를 요약
- 부분합 : 워크시트에 있는 데이터를 일정한 기준으로 요약하여 통계 처리를 수행
- 시나리오 관리자 : 변경 요소가 많은 작업표에서 가상으로 수식이 참조하고 있는 셀의 값을 변화시켜 작업표의 결과를 예측하는 기능

32 ①

- [홈] 탭-[편집] 그룹-[채우기]-[계열]의 [연속 데이터]에서 '날짜 단위'에 주 단위는 지원되지 않음
- 날짜 단위 : 일, 평일, 월, 년 등

33 ③

통합 문서의 여러 워크시트에 있는 동일한 셀 데이터나 셀 범위 데이터를 분석하려면 3차원 참조 스타일을 사용함(예 : =sheet1:sheet3!A1)

34 ①

- 셀의 데이터를 삭제할 때 [메모]는 함께 삭제되지 않으며, [윗주]는 함께 삭제됨
- [검토]-[메모]-[새 메모], [홈]-[글꼴]-[윗주 필드 표시/숨기기]-[윗주 편집]

35 ①

시나리오 관리자 : 변경 요소가 많은 작업표에서 가상으로 수식이 참조하고 있는 셀의 값을 변화시켜 작업표의 결과를 예측하는 기능

오답 피하기

- 목표값 찾기 : 수식의 결과값은 알고 있으나 그 결과값을 얻기 위한 입력값을 모를 때 목표값 찾기 기능을 이용함
- 부분합 : 워크시트에 있는 데이터를 일정한 기준으로 요약하여 통계 처리를 수행
- 통합 : 하나 이상의 원본 영역을 지정하여 하나의 표로 데이터를 요약

36 ①

- [옵션] 단추 : 바로 가기 키나 설명을 변경할 수 있음

- [편집] 단추 : 매크로 이름이나 명령 코드를 수정할 수 있음

37 ③

###0, : 콤마(,) 뒤에 코드가 없으므로 뒤의 세 자리 860이 삭제되면서(천 단위 배수) 반올림되어 표시되므로 결과는 32760이 됨

38 ③

- ISODD(숫자) : 숫자가 홀수일 때 TRUE, 짝수이면 FALSE를 반환함
- COLUMN() : 열 번호를 반환함
- ③ =ISODD(COLUMN()) : 열 번호가 홀수(A, C, E열)일 때 조건부 서식이 적용됨

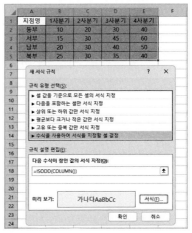

오답 피하기

- ISEVEN(숫자) : 숫자가 짝수일 때 TRUE, 홀수이면 FALSE를 반환함
- ROW() : 행 번호를 반환함
- ① =ISODD(ROW()) : 행 번호가 홀수(1, 3, 5)일 때 조건부 서식이 적용됨
- ② =ISEVEN(ROW()) : 행 번호가 짝수(2, 4, 6)일 때 조건부 서식이 적용됨
- ④ =ISEVEN(COLUMN()) : 열 번호가 짝수(B, D열)일 때 조건부 서식이 적용됨

39 ④

XLOOKUP 함수

- 형식 : =XLOOKUP(찾을 값, 찾을 범위, 반환범위, 찾을 값 없을 때 텍스트, 일치 유형, 검색 방법)
- "찾을 값"을 "찾을 범위"에서 찾아서 "반환 범위"의 값을 반환함
- ⓐ =XLOOKUP(B7,F2:F5,B2:B5) : [B7] 셀의 '한상공'을 [F2:F5] 범위에서 찾아서 [B2:B5] 범위의 값을 반환함(대리)
- ⓑ =XLOOKUP(B7,F2:F5,E2:E5) : [B7] 셀의 '한상공'을 [F2:F5] 범위에서 찾아서 [E2:E5] 범위의 값을 반환함(135)

40 ③

- &[페이지 번호] : 페이지 번호 삽입
- -&[페이지 번호] Page- : -1 Page-

41 ③

필드 이름과 테이블 이름은 동일하게 지정할 수 있음

42 ④

데이터시트 보기에서 「잘라내기」와 「붙여넣기」를 이용하여 필드를 이동시킬 수 없음

43 ④

불일치 검색 쿼리 마법사 : 다른 테이블의 레코드와 관련이 없는 레코드를 찾는 쿼리이므로 하나의 테이블로만 구성된 경우는 실행할 수 없음

오답 피하기

- 단순 쿼리 마법사 : 선택한 필드를 사용하여 선택 쿼리를 만듦
- 중복 데이터 검색 쿼리 마법사 : 한 테이블이나 쿼리에서 중복된 필드 값이 있는 레코드를 찾는 쿼리를 만듦
- 크로스탭 쿼리 마법사 : 간단한 스프레드시트 형식의 크로스탭 쿼리를 만듦

44 ②

데이터 정의 언어(DDL : Data Definition Language) : CREATE(테이블 생성), ALTER(테이블 변경), DROP(테이블 삭제)

오답 피하기

- 데이터 조작 언어(DML : Data Manipulation Language) : SELECT(검색), INSERT(삽입), UPDATE(갱신), DELETE(삭제)
- 데이터 제어 언어(DCL : Data Control Language) : GRANT(권한 부여), REVOKE(권한 해제), COMMIT(갱신 확정), ROLLBACK(갱신 취소)

45 ④

데이터베이스 설계 단계 : 요구 조건 분석 → 개념적 설계 → 논리적 설계 → 물리적 설계 → 구현

46 ③

보고서 머리글

- 보고서의 첫 페이지 상단에 한 번만 표시됨(페이지 머리글 위에 인쇄됨)
- 로고, 보고서 제목, 인쇄일 등의 항목을 삽입함

오답 피하기

- 그룹 머리글 : 그룹 설정 시 반복하여 그룹 상단에 표시됨
- 그룹 바닥글 : 그룹 설정 시 반복하여 그룹 하단에 표시됨
- 페이지 머리글 : 보고서의 매 페이지의 상단에 표시됨(열 제목 등의 항목을 삽입함)

47 ②

기본키는 한 테이블에서 유일성과 최소성을 만족하는 후보키 중 선정되어 사용되는 키이므로 동일한 학과명을 가진 학생이 두 명 이상 존재하기 때문에 '학과'를 기본키로 사용할 수 없음

48 ③

IME 모드 : 필드로 포커스가 이동되었을 때 설정될 한글, 영숫자 등의 입력 상태를 지정함

오답 피하기

- 캡션 : 폼이나 데이터시트에서 사용할 필드 레이블
- 기본값 : 새 레코드를 만들 때 필드에 자동으로 입력되는 값
- 인덱스 : 찾기 및 정렬 속도는 빨라지지만 업데이트 속도는 느려짐

49 ②

매개 변수 쿼리 : 실행할 때 검색 조건의 일정한 값(매개 변수)을 입력하여 원하는 정보를 추출함

오답 피하기

- 크로스탭 쿼리 : 테이블이나 쿼리의 필드별 합계, 개수, 평균 등의 요약을 계산함
- 통합 쿼리 : 2개 이상의 테이블이나 쿼리에서 대응되는 필드들을 결합하여 하나의 필드로 만들어 주는 쿼리
- 실행 쿼리 : 여러 레코드의 변경과 이동을 일괄적으로 실행함

50 ①

[속성 시트] 창에서 하위 폼의 제목(레이블)을 변경하려면 [형식] 탭의 '캡션'을 수정하면 됨

51 ③

참조 무결성 : 참조 무결성은 참조하고 참조되는 테이블 간의 참조 관계에 아무런 문제가 없는 상태를 의미함

52 ③

오답 피하기

- 도메인(Domain) : 하나의 속성이 취할 수 있는 값의 집합
- 튜플(Tuple) : 테이블에서 행을 나타내는 말로 레코드와 같은 의미
- 차수(Degree) : 한 릴레이션(테이블)에서 속성(필드=열)의 개수

53 ③

'잠금' 속성을 '예'로 설정하면 내용을 수정할 수 없음

54 ①

보고서는 데이터 원본으로 테이블, 쿼리, SQL문을 사용함

55 ④

! : 대괄호 안에 있지 않은 문자를 찾음으로 "소[!비유]자"를 입력하면 소개자는 찾지만 소비자와 소유자는 무시함

오답 피하기

- – : 영문자의 경우, 문자 범위 내에서 하나의 문자를 찾음
- ? : 한 자리의 문자만 찾음
- # : 숫자 한 자리를 찾음

56 ②

Val(문자열) : 숫자 형태의 문자열을 숫자값으로 변환

57 ①

오답 피하기

문자	의미	09#L로 설정한 경우
0	필수요소, 0~9까지의 숫자	② A124 → 첫 글자가 A라 틀림
9	선택요소, 숫자나 공백	
#	선택요소, 숫자나 공백	③ 12A4, ④ 12AB → 세 번째 글자가 A라 틀림
L	필수요소, A ~ Z, 한글	

58 ④

- [Pages] : 전체 페이지, [Page] : 현재 페이지
- & : 문자 연결 연산자
- =[Pages]& " 페이지 중 "& [Page] → 10 페이지 중 1

59 ②

오답 피하기

- 텍스트 상자 : 레코드 원본의 데이터를 표시, 입력 또는 편집하거나, 계산 결과를 표시하거나, 사용자의 입력 내용을 적용할 때 사용하는 컨트롤
- 확인란 : 폼, 보고서에서 원본 테이블, 쿼리, SQL 문의 Yes/No 값을 표시하는 독립형 컨트롤
- 토글 단추 : 폼에서 토글(전환) 단추를 독립형 컨트롤로 사용하여 원본 레코드 원본의 Yes/No 값을 나타낼 때 사용함

60 ②

- 한 줄에 두 개 이상의 명령문을 입력하는 경우 명령어의 끝에는 콜론(:)을 찍어 구분함
- ⓒ : For i = 1 To 10: sum = sum + i: Next: MsgBox sum

---

01 ①	02 ④	03 ①	04 ②	05 ②
06 ④	07 ②	08 ④	09 ①	10 ④
11 ①	12 ②	13 ①	14 ②	15 ③
16 ④	17 ①	18 ①	19 ③	20 ④
21 ③	22 ①	23 ②	24 ③	25 ④
26 ②	27 ④	28 ④	29 ③	30 ①
31 ②	32 ①	33 ③	34 ③	35 ①
36 ④	37 ③	38 ①	39 ③	40 ③
41 ①	42 ①	43 ③	44 ①	45 ②
46 ②	47 ③	48 ④	49 ②	50 ④
51 ①	52 ③	53 ②	54 ③	55 ②
56 ④	57 ③	58 ②	59 ④	60 ①

1과목 컴퓨터 일반

01 ①

캐시 메모리(Cache Memory) : CPU와 주기억 장치 사이에 있는 고속의 버퍼 메모리, 자주 참조되는 데이터나 프로그램을 메모리에 저장, 메모리 접근 시간을 감소시키는 데 그 목적이 있음, RAM의 종류 중 SRAM이 캐시 메모리로 사용됨

02 ④

CSMA/CD(반송파 감지 다중 접근/충돌 검사) 방식 : LAN의 접근 방식으로 한 회선을 여러 사용자가 사용할 때 이용하는 방식

오답 피하기

전송 오류 검출 방식은 패리티 비트, 정마크 부호 방식, 해밍 코드, 블록합 검사, CRC 등이 있음

03 ①

P2P(Peer To Peer) : 인터넷상에서 개인끼리 파일을 공유하는 기술이나 행위로, 컴퓨터와 컴퓨터가 동등하게 연결되는 방식

04 ②

사물 인터넷(IoT : Internet of Things) : 인간 대 사물, 사물 대 사물 간에 인터넷으로 연결되어 정보의 소통이 가능한 기술

05 ②

자바 스크립트(Java Script) : 스크립트는 HTML 문서 속에 직접 기술하며, 'Script'라는 꼬리표를 사용함

06 ④

바로 가기를 삭제해도 원본 프로그램에는 영향을 미치지 않음

07 ②

방화벽(Firewall) : 외부 네트워크에서 내부로 들어오는 패킷을 체크하여 인증된 패킷만 통과시킴

08 ④

3D 프린터의 출력 속도의 단위는 MMS가 사용되며, MMS(MilliMeters per Second)는 '1초에 이동하는 노즐의 거리'를 의미함

오답 피하기

- LPM(Lines Per Minute) : 1분당 인쇄되는 라인 수(활자식 프린터, 잉크젯 프린터 등)
- PPM(Pages Per Minute) : 1분당 인쇄되는 페이지 수(잉크젯 프린터, 레이저 프린터 등)
- IPM(Images Per Minute) : ISO(국제 표준화 기구)에서 규정한 잉크젯 속도 측정 방식으로 각 프린터 업체의 자체 기준에 맞춘 고속 모드로 출력된 PPM과는 달리 일반(보통) 모드에서 ISO 규격 문서를 측정함

09 ①

가상 메모리(Virtual Memory) : 보조 기억 장치의 일부, 즉 하드디스크의 일부를 주기억 장치처럼 사용하는 메모리 사용 기법으로, 기억 장소를 주기억 장치의 용량으로 제한하지 않고, 보조 기억 장치까지 확대하여 사용함

10 ④

앱이 64비트 버전의 Windows용으로 설계된 경우, 32비트 버전과의 호환성 유지 기능은 지원되지 않음

11 ①

게이트웨이(Gateway) : 네트워크에서 다른 네트워크로 들어가는 관문의 기능을 수행하는 지점을 의미하며 서로 다른 프로토콜을 사용하는 네트워크를 연결할 때 사용하는 장치

오답 피하기

- ② : 리피터(Repeater)에 관한 설명
- ③ : 라우터(Router)에 관한 설명
- ④ : DNS(Domain Name System)에 관한 설명

12 ②

그림판은 레이어 기능이 지원되지 않으며, 레이어 기능은 포토샵 같은 소프트웨어에서 가능함

13 ①

쿠키(Cookie) : 인터넷 웹 사이트의 방문 정보를 기록하는 텍스트 파일

14 ②

첨단 도로 시스템(Automated Highway Systems) : 차량에 장착된 특수한 장치와 노변의 장치를 이용하여 안전하게 차량을 제어하는 시스템

15 ③

짝수 검사이므로 수신된 데이터의 '1'의 개수가 짝수이어야 하므로, 1의 개수가 홀수이면 오류가 발생함

16 ④

주문형 비디오 (Video On Demand) : 각종 영상 정보(뉴스, 드라마, 영화, 게임 등)를 데이터베이스로 구축하여 사용자의 요구에 따라 프로그램을 즉시 전송하여 가정에서 원하는 정보를 이용

오답 피하기

- 폴링(Polling) : 회선 제어 기법인 멀티 포인트에서 호스트 컴퓨터가 단말 장치들에게 '보낼(송신) 데이터가 있는가?'라고 묻는 제어 방법
- P2P(Peer-to-Peer) : 동배 시스템이라 하며 네트워크상의 모든 컴퓨터가 동등한 위치에서 자료를 교환할 수 있는 시스템
- VCS(Video Conference System) : 화상 회의 시스템으로 서로 먼 거리에 떨어져 있는 사람들끼리 각자의 실내에 설치된 TV 화면에 비친 화상 및 음향 등을 통하여 회의를 진행할 수 있도록 만든 시스템

17 ①

파일 탐색기의 [보기] 탭-[창] 그룹에서 탐색 창, 미리 보기 창, 세부 정보 창의 표시 여부를 선택할 수 있음

18 ①

표준 주소 체계인 URL(Uniform Resource Locator) : 프로토콜 : //서버 주소[: 포트 번호]/파일 경로/파일명

19 ③

- CMOS 셋업에서 Windows 로그인 암호 변경 설정은 지원되지 않음
- 시스템의 날짜/시간, 하드디스크 유형, 부팅 순서, 칩셋 및 USB 관련, 전원 관리, PnP/PCI 구성, 시스템 암호 등을 설정함

20 ④

벡터(Vector) 방식은 일러스트레이터(Illustrator)나 코렐드로우(CorelDraw) 등으로 편집함

오답 피하기

포토샵이나 그림판은 비트맵 방식의 그림을 편집할 수 있음

| 2과목 | **스프레드시트 일반** |

21 ③

한 열에 숫자 입력 셀이 5개 있고, 텍스트 입력 셀이 3개 있는 경우 자동 필터는 셀의 수가 많은 '숫자 필터' 명령으로 표시됨

22 ①

오답 피하기

- ② : 데이터를 입력하는 도중에 입력을 취소하려면 Esc 를 누름
- ③ : 텍스트, 텍스트/숫자 조합은 셀에 입력하는 처음 몇 자가 해당 열의 기존 내용과 일치하면 자동으로 입력되지만 날짜, 시간 데이터는 자동으로 입력되지 않음
- ④ : 여러 셀에 동일한 데이터를 입력하려면 해당 셀을 범위로 지정하여 데이터를 입력한 후 Ctrl + Enter 를 누름

23 ②

머리글/바닥글은 [머리글/바닥글] 탭에서 설정함

24 ③

도넛형 차트 : 첫째 조각의 각 0~360도 회전 가능

25 ④

누적 세로 막대형 차트로 개별 요소를 전체적인 관점에서 비교할 때 사용함

오답 피하기

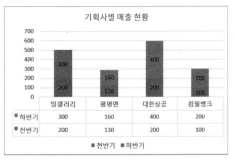

- ① : 레이블 내용으로 값이 표시되어 있음
- ② : 범례 표지를 포함한 데이터 테이블이 나타나도록 설정되어 있음
- ③ : 범례는 아래쪽으로 설정되어 있음

26 ②

텍스트 방향 : 텍스트 방향대로, 왼쪽에서 오른쪽, 오른쪽에서 왼쪽

27 ④

창 나누기의 경우에는 구분된 선을 마우스로 드래그하여 경계선을 이동할 수 있지만 틀 고정선은 마우스를 드래그하여 위치를 변경할 수 없음

28 ④

#VALUE! : 함수의 인수로 잘못된 값을 사용한 경우나 수치를 사용해야 할 장소에 다른 데이터를 사용한 경우

오답 피하기

- #DIV/0! : 0으로 나누기 연산을 시도한 경우
- #NUM! : 숫자가 필요한 곳에 잘못된 값을 지정한 경우
- #NAME? : 함수 이름이나 정의되지 않은 셀 이름을 사용한 경우

29 ②

데이터 표 : 워크시트에서 특정 데이터를 변화시켜 수식의 결과가 어떻게 변하는지 보여 주는 셀 범위를 데이터 표라고 함

오답 피하기

- 통합 : 하나 이상의 원본 영역을 지정하여 하나의 표로 데이터를 요약
- 부분합 : 워크시트에 있는 데이터를 일정한 기준으로 요약하여 통계 처리를 수행
- 시나리오 관리자 : 변경 요소가 많은 작업표에서 가상으로 수식이 참조하고 있는 셀의 값을 변화시켜 작업표의 결과를 예측하는 기능

30 ①

- PMT(PayMenT) 함수 : 정기적으로 지불하고 일정 이자율이 적용되는 대출에 대해 매회 지급액을 구하는 함수
- PMT(이자율%/12, 기간(연*12), 현재 가치(대출금), 미래 가치, 납입 시점)
- 이자율%/12 : 5.5%/12
- 기간(연*12) : 2*12,
- 현재 가치(대출금) : 10,000,000(불입액을 양수로 나오게 하기 위해 −10000000으로 입력함)
- 미래 가치(최종 불입한 후 잔액) : 생략하면 0
- 납입 시점 : 매월 말은 0 또는 생략, 1은 기초

31 ②

MDETERM 함수는 배열의 행렬식을 구하며, MINVERSE 함수가 배열의 역행렬을 산출함

32 ①

'새로운 값으로 대치'는 이미 부분합이 작성된 목록에서 이전 부분합을 지우고 현재 설정 대로 새로운 부분합을 작성하여 삽입하므로, 여러 함수를 이용하여 부분합을 작성하려면 두 번째부터 실행하는 [부분합] 대화 상자에서 '새로운 값으로 대치'의 선택을 해제해야 함

33 ③

소수점의 위치가 −2인 경우 1을 입력하면 결과는 100이 됨

오답 피하기

소수점의 위치가 2인 경우 1을 입력하면 결과는 0.01이 됨

34 ③

외부 액세스 데이터베이스에서 만들어진 데이터도 호환 가능함

35 ①

- 사원명이 두 글자인 사원을 필터링하기 위한 조건 : ="=??" → =??
- 조건을 =??로 나타내야 하므로 ="=??"처럼 " "안에 =를 하나 더 입력함
- ?는 한 글자를 의미하므로 두 글자의 경우 ??로 입력함
- 수식을 조건으로 하는 경우 필드명을 다르게 해야 함 : 실적조건
- 실적이 전체 실적의 평균을 초과하는 데이터를 검색 : =$B2>AVERAGE($B$2:$B$9) → FALSE

- 사원명이 두 글자이면서 실적 평균인 19,166,251을 초과하는 '이수, 30,500,000'이 필터링됨

36 ④

- =REPT(텍스트, 반복 횟수) : 텍스트를 지정된 횟수만큼 반복함
- =FREQUENCY(배열, 구간 배열) : 값의 범위 내에서 해당 값의 발생 빈도를 계산하여 세로 배열 형태로 나타냄

37 ③

별표(*), 물음표(?) 및 물결표(~) 등의 문자가 포함된 내용을 찾으려면 '찾을 내용'을 입력할 때 물결표(~) 뒤에 해당 문자를 붙여서 입력함 예 : ~*, ~?, ~~

38 ①

Auto_Open 매크로 이름을 사용하면 파일을 열 때 특정 작업이 자동으로 수행됨

39 ③

간단하게 인쇄 : 테두리, 그래픽 등은 인쇄하지 않음

40 ③

Do While에서 조건이 no 〈 10 이기 때문에 1부터 9까지의 합 45가 결과로 구해지며 1부터 10까지의 합을 구하기 위해서는 보기 ①번처럼 Do While no 〈= 10이 되어야 함

오답 피하기

- 반복 제어문 Do While ~ Loop와 Do ~ Loop While 명령 모두 조건이 no 〈= 10처럼 되어야 1부터 10까지의 합을 구함
- 반복 제어문 For ~ Next는 no = 1 To 10에 의해 1부터 10까지의 합이 구해짐

3과목 데이터베이스 일반

41 ②

GoToControl : 현재 폼이나 데이터시트에서 커서를 지정한 필드나 컨트롤로 이동시킴

오답 피하기

- GoToRecord : 열려 있는 테이블, 폼, 쿼리 결과 집합에서 지정한 레코드를 현재 레코드로 이동함
- SetValue : 폼, 폼 데이터시트, 보고서의 필드, 컨트롤, 속성값을 설정함
- RunCode : 프로시저 코드를 실행함

42 ①

Forms![A]![B].Visible : A 이름의 폼에 사용된 B 이름의 컨트롤을 보이거나 감춤

43 ③

일련번호 : 레코드 추가 시 자동으로 고유 번호를 부여할 때 사용함, 번호가 부여되면 변경하거나 삭제할 수 없음, 기본키를 설정하는 필드에서 주로 사용됨

44 ①

- ORDER BY : 검색 결과에 대한 정렬을 수행함
- ASC : 오름차순을 의미하며 생략하면 기본적으로 오름차순임
- DESC : 내림차순을 의미함
- ① : 'SELECT * FROM movie ORDER BY 영화명, 장르;'는 영화명, 장르 모두 정렬 방법이 생략되어 있으므로 오름차순으로 정렬됨

45 ②

입력이 가능한 숫자를 백만 원 이상(>= 1000000), 오백만 원 이하(<= 5000000)로 설정하기 위한 유효성 검사 규칙은 And를 사용함 → >= 1000000 And <= 5000000

46 ②

=DCount("[학번]","[학생]","[점수]>=60") : =DCount(인수, 도메인(테이블명이나 쿼리명), 조건식)으로 특정 레코드의 집합(도메인)의 레코드 개수를 계산함

47 ③

인덱스 삭제 시 인덱스만 제거되고 필드 자체는 제거되지 않음

48 ④

UPDATE 테이블 SET 필드명=수정 내용 WHERE 조건 : 테이블에서 조건에 맞는 필드의 해당 필드의 내용을 수정함

49 ②

- 개체-관계 모델 : 개체 타입과 이들 간의 관계 타입을 이용해 현실 세계를 개념적으로 표현한 방법
- ERD(Entity Relationship Diagram) : 개체-관계 모델에 의해 작성된 설계도로 개체, 속성, 관계, 링크 등으로 구성됨
- 개념적 설계 단계 : 현실 세계에 대한 추상적인 개념(정보 모델링)으로 표현하는 단계

오답 피하기

- 요구 조건 분석 단계 : 데이터베이스 사용자의 요구 사항 및 조건 등을 조사하여 요구 사항을 분석하는 단계
- 논리적 설계 단계 : 개념 세계를 데이터 모델링을 거쳐 논리적으로 표현하는 단계
- 물리적 설계 단계 : 컴퓨터 시스템의 저장 장치에 저장하기 위한 구조와 접근 방법 및 경로 등을 설계하는 단계

50 ④

④ : 새(빈) 레코드를 추가함

51 ①

'일대다' 관계일 때 하위 폼에는 '다'에 해당하는 데이터가 표시되며, 기본 폼에는 '일'에 해당하는 데이터가 표시됨

52 ③

레이블 컨트롤과 이미지 컨트롤은 탭 순서에서 제외되며, 탭 정지 속성이 지원되지 않음

53 ②

데이터베이스관리자(DBA) : 데이터베이스를 관리하는 책임자, 전체 시스템에 대한 권한을 행사하는 사람

오답 피하기

- 데이터 정의어(DDL; Data Definition Language) : 데이터 베이스 구조와 관계, 데이터 베이스이름 정의, 데이터 항목, 키 값의 고정, 데이터의 형과 한계 규정
- 데이터 조작어(DML; Data Manipulation Language) : 주 프로그램에 내장하여 데이터 베이스를 실질적으로 운영 및 조작, 데이터의 삽입, 삭제, 검색, 변경 연산 등의 처리를 위한 연산 집합
- 데이터 제어어(DCL; Data Control Language) : 데이터베이스를 공용하기 위하여 데이터 제어를 정의 및 기술, 데이터 보안, 무결성, 회복, 병행 수행 등을 제어

54 ③

Format() : 숫자, 날짜, 시간, 텍스트의 표시 및 인쇄 방법을 사용자 지정

오답 피하기

- CIng(숫자) : 숫자 값을 Long형식으로 변환
- Val(문자열) : 숫자 형태의 문자열을 숫자값으로 변환
- DLookUp(인수, 도메인, 조건식) : 레코드 집합(도메인)의 특정 필드값을 구함

55 ②

- 정규화(Normalization) : 이상(Anomaly) 현상이 발생하지 않도록 하기 위한 것으로 관계형 데이터베이스를 설계할 때 데이터의 중복 최소화와 불일치를 방지하기 위해 릴레이션 스키마를 분해해 가는 과정
- 이상(Anomaly) 현상 : 관계형 데이터베이스의 릴레이션을 조작할 때 발생하는 현상으로 삽입 이상, 삭제 이상, 갱신 이상 등이 있음

56 ④

일련번호는 번호가 부여되면 변경하거나 삭제할 수 없으며 크기는 4바이트임

57 ③

- 유효성 검사 규칙 : 레코드, 필드, 컨트롤 등에 입력할 수 있는 데이터 요구 사항을 지정할 수 있는 속성 → ">20"
- 유효성 검사 테스트 : 유효성 검사 규칙에 위반하는 데이터를 입력할 때 표시할 오류 메시지를 지정할 수 있는 속성 → "숫자는 >20으로 입력합니다."
- 유효성 검사 테스트 메시지가 표시된 다음 값을 다시 입력해야 됨(20보다 큰 수를 입력)

58 ②

VBA 코드	의미
Dim i As Integer	i를 정수화(Integer) 변수로(As) 선언(Dim)함
Dim Num As Integer	Num을 정수화(Integer) 변수로(As) 선언(Dim)함
For i = 0 To 7 Step 2	For문에 의해 i 값을 0부터 7까지 2씩 증가(0, 2, 4, 6)하면서 반복함
Num = Num+i	Num(0)=Num(0)+i(0), Num(2)=Num(0)+i(2), Num(6)=Num(2)+i(4), Num(12)=Num(6)+i(6) → 마지막 Num에는 0+2+4+6의 결과 12가 저장됨
Next i	For문의 마지막을 의미함
MsgBox Str(Num)	Num 변수의 값을 문자열(Str) 형식으로 변환하여 표시(MsgBox)함

59 ④

4 MOD 2 → 결과값 : 0 (4를 2로 나눈 나머지를 구하므로 결과는 0이 됨)

오답 피하기

- ① : IIF(조건,참,거짓)에서 조건이 1 이상의 숫자일 경우 참으로 처리되므로 2가 결과 값이 됨
- ② : 3번째에서 2개의 문자를 추출하므로 34가 결과 값이 됨
- ③ : 문자를 연결하므로 "AB"가 결과 값이 됨

60 ①

보고서의 그룹 바닥글 구역에 '=COUNT(*)'를 입력하면 Null 필드를 포함한 그룹별 레코드 개수를 출력할 수 있음

01 ④	02 ④	03 ②	04 ②	05 ②
06 ④	07 ④	08 ②	09 ①	10 ②
11 ③	12 ③	13 ②	14 ②	15 ②
16 ②	17 ②	18 ①	19 ④	20 ③
21 ①	22 ④	23 ②	24 ②	25 ④
26 ④	27 ①	28 ②	29 ④	30 ①
31 ④	32 ②	33 ①	34 ②	35 ②
36 ②	37 ④	38 ①	39 ④	40 ③
41 ①	42 ②	43 ③	44 ①	45 ③
46 ④	47 ③	48 ③	49 ③	50 ③
51 ②	52 ④	53 ③	54 ③	55 ①
56 ③	57 ③	58 ③	59 ④	60 ①

1과목 컴퓨터 일반

01 ④

시스템 구성 : [실행]에서 열기란에 'msconfig'를 입력하고 [확인]을 클릭함

오답 피하기

- ipconfig : 사용자 자신의 컴퓨터 IP 주소를 확인하는 명령
- tracert : 네트워크에 연결된 컴퓨터의 경로(라우팅 경로)를 추적할 때 사용하는 명령
- ping : 네트워크의 현재 상태나 다른 컴퓨터의 네트워크 접속 여부를 확인하는 명령

02 ④

연관 메모리(Associative Memory) : 저장된 내용의 일부를 이용하여 기억 장치에 접근하여 데이터를 읽어오는 기억 장치

오답 피하기

- 캐시 메모리(Cache Memory) : 휘발성 메모리로, 속도가 빠른 CPU와 상대적으로 속도가 느린 주기억 장치 사이에 있는 고속의 버퍼 메모리
- 주기억 장치(Main Memory) : CPU가 직접 참조하는 고속의 메모리로, 프로그램이 실행될 때 보조 기억 장치로부터 프로그램이나 자료를 이동시켜 실행시킬 수 있는 기억 장소
- 가상 기억 장치(Virtual Memory) : 보조 기억 장치의 일부, 즉 하드디스크의 일부를 주기억 장치처럼 사용하는 메모리 사용 기법

03 ②

데드락(Deadlock) : 교착 상태로 자원은 한정되어 있으나 각 프로세스가 서로 자원을 차지하려고 무한정 대기하는 상태

04 ②

오답 피하기

- 채널(Channel) : 입출력 전용 데이터 통로이며, CPU를 대신해서 입출력 조작을 수행하는 장치이므로, CPU는 입출력 작업을 수행하는 대신 연산을 동시에 할 수 있음
- 데드락(Deadlock) : 동일한 자원을 공유하고 있는 두 개의 컴퓨터 프로그램들이 상대방이 자원에 접근하는 것을 사실상 서로 방해함으로써 두 프로그램 모두 기능이 중지되는 교착 상태
- 스풀(Spool) : 저속의 입출력 장치를 중앙 처리 장치와 병행하여 작동시켜 컴퓨터 전체의 처리 효율을 높이는 기능

05 ②

외부(시스템) 버스의 종류 : 데이터 버스(Data Bus), 주소 버스(Address Bus), 제어 버스(Control Bus)

06 ④

- AVI(Audio Video Interleaved) : Windows의 표준 동영상 형식의 디지털 비디오 압축 방식
- MPEG-1 : 비디오 CD나 CD-i의 규격
- MPEG-4 : 멀티미디어 통신을 위해 만들어진 영상 압축 기술
- ASF : 스트리밍이 가능한 동영상 형식으로 화질이 떨어지기는 하지만 스트리밍 기술을 이용하여 영상을 전송하고, 재생함

07 ④

드라이브 조각 모음 및 최적화

- 디스크에 단편화되어 저장된 파일들을 모아서 디스크를 최적화함
- 비율이 10%를 넘으면 디스크 조각 모음을 수행해야 함
- 단편화를 제거하여 디스크의 수행 속도를 높여줌
- 처리 속도는 효율적이나 총용량이 늘어나지는 않음

오답 피하기

- 디스크 검사 : 파일과 폴더 및 디스크의 논리적, 물리적인 오류를 검사하고 수정함
- 디스크 정리 : Windows에서 디스크의 사용 가능한 공간을 늘리기 위하여 불필요한 파일들을 삭제하는 작업
- 디스크 포맷 : 하드디스크 등을 초기화하는 것으로 트랙과 섹터로 구성하는 작업

08 ②

크기는 화면의 1/2까지만 늘릴 수 있음

09 ①

오답 피하기

- 패리티 체크 비트 : 원래 데이터 1비트를 추가하여 에러 발생 여부를 검사하는 체크 비트
- 순환 중복 검사 : 다항식 코드를 사용하여 오류를 검출하는 방식
- 정 마크 부호 방식 : 패리티 검사가 코드 자체적으로 이루어지는 방식

10 ②

선점형 멀티태스킹(Preemptive MultiTasking)

- 운영체제가 CPU를 미리 선점하여 각 응용 소프트웨어의 CPU 사용을 통제하고 관리하여 멀티태스킹(다중 작업)이 원활하게 이루어짐
- 응용 소프트웨어의 CPU 선점이 통제되어 시스템의 안정성이 강화됨

11 ③

비트맵은 Photoshop, Paint Shop Pro 등이 대표적인 소프트웨어임

오답 피하기

코렐드로, 일러스트레이터 : 벡터 방식

12 ③

오답 피하기

- 인증 : 네트워크 보안 기술로 전송된 메시지가 확실히 보내졌는지 확인하는 것과 사용자 또는 발신자가 본인인지 확인하는 것
- 접근 제어 : 사용자가 어떠한 정보나 자원을 사용하고자 할 때 해당 사용자가 적절한 접근 권한을 가지고 있는지 확인하는 것
- 기밀성 : 전송 도중 데이터의 내용을 임의의 다른 사용자가 보았을 때 그 내용을 파악하지 못하도록 하는 기능

13 ②

디지털 컴퓨터 : ⓑ 논리 회로, ⓒ 부호화된 문자, 숫자, ⓓ 프로그래밍, ① 범용성

오답 피하기

아날로그 컴퓨터 : ⓐ 증폭 회로, ⓔ 연속적인 물리량

14 ②

ftp 기본 포트 번호는 21임

15 ②

문서와 문서가 연결된 형식으로 문서를 읽는 순서가 결정되지 않는 비선형 구조를 가짐

16 ②

IPv6 : ⓒ 128비트, ⓔ 16진수로 표현, ① 각 부분을 콜론(:)으로 구분

오답 피하기

IPv4 : ⓐ 32비트, ⓓ 10진수로 표현, ⓖ 각 부분을 점(.)으로 구분

17 ②

HDMI(High-Definition Multimedia Interface)

- 고선명 멀티미디어 인터페이스로 비압축 방식이므로 영상이나 음향 신호 전송 시 소프트웨어나 디코더 칩(Decoder Chip) 같은 별도의 디바이스가 필요 없음
- 기존의 아날로그 케이블보다 고품질의 음향이나 영상을 전송함

오답 피하기

- DVI : 디지털 TV를 만들기 위해 개발되었던 것을 인텔에서 인수하여 동영상 압축 기술(최대 144:1정도)로 개발됨
- USB : 허브(Hub)를 사용하면 최대 127개의 주변기기 연결이 가능하며, 기존의 직렬, 병렬, PS/2 포트 등을 하나의 포트로 대체하기 위한 범용 직렬 버스 장치
- IEEE 1394 : 컴퓨터 주변 장치와 비디오 카메라, 오디오 제품, TV, VCR 등의 가전 기기를 개인용 컴퓨터에 접속하는 인터페이스로 개발됨

18 ①

오픈 소스 소프트웨어(Open Source Software) : 소스 코드가 공개되어 수정 및 변경이 가능한 소프트웨어

19 ④

에어로 쉐이크(Aero Shake) : 창의 제목 표시줄을 클릭한 채로 마우스를 흔들면 현재 창을 제외한 열린 모든 창이 순식간에 사라졌다가 다시 흔들면 원래대로 복원되는 기능(⊞+[Home])

오답 피하기

- ⊞+[E] : 파일 탐색기 열기
- ⊞+[X] : 빠른 링크 메뉴 열기
- ⊞+[U] : 접근성 센터 열기

20 ③

운영체제의 발달 과정 : 일괄 처리 → 실시간 처리 → 다중 프로그래밍 → 시분할 처리 → 다중 처리 → 분산 처리

21 ①

F9 를 누르면 수식의 결과가 상수로 변환됨

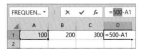

22 ④

- 혼합 데이터 : 문자와 숫자가 혼합된 데이터로, 채우기 핸들을 끌면 문자는 복사되고 숫자는 1씩 증가함 → AAA-003, 4-A
- 날짜 데이터 : 날짜는 1일 단위로 자동 증가하면서 채워짐 → 1989-06-06
- 문자 데이터 : 문자 데이터를 입력하고 채우기 핸들을 끌면 데이터가 복사되어 채워짐 → Excel-A

	A	B	C	D
1	AAA-000	1989-06-03	Excel-A	1-A
2	AAA-001	1989-06-04	Excel-A	2-A
3	AAA-002	1989-06-05	Excel-A	3-A
4	AAA-003	1989-06-06	Excel-A	4-A

23 ②

- ROUNDDOWN(수1, 수2) : 수1을 무조건 내림하여 자릿수(수2)만큼 반환함
- ROUNDDOWN(165.657, 2) : 165.657을 무조건 내림하여 2자릿수만큼 반환함 → 165.65
- POWER(-2, 3) : -2의 3제곱을 구함 → -8
- ABS(-8) : -8의 절대값을 구함 → 8
- ∴ 165.65 - 8 = 157.65가 됨

24 ②

- 통합할 다른 문서가 열려있지 않더라도 데이터 통합 작업을 할 수 있음
- [통합] 대화 상자에서 [찾아보기] 단추를 클릭하여 열리지 않은 통합 문서도 불러올 수 있음

25 ④

오답 피하기

- 자동 줄 바꿈 : 셀에서 텍스트를 여러 줄로 표시함
- 셀 병합 : 선택한 두 개 이상의 셀을 하나의 셀로 결합함
- 텍스트 방향 : 읽는 순서와 맞춤을 지정하려면 방향 상자에서 옵션(텍스트 방향대로, 왼쪽에서 오른쪽, 오른쪽에서 왼쪽)을 선택함

26 ④

Ctrl + Shift + ; 을 누르면 시간이 입력됨

27 ①

규칙 유형 선택에 '임의의 날짜를 기준으로 셀의 서식 지정'은 지원되지 않음

28 ②

상태 표시줄 : 평균, 개수, 숫자 셀 수, 최소값, 최대값, 합계를 선택하면 자동으로 계산되어 나타남

29 ④

- [카메라] 기능은 [삽입] 탭-[일러스트레이션] 그룹에서 지원되는 기능이 아니고, 빠른 실행 도구 모음에 추가한 다음 사용함
- [Excel 옵션]-[빠른 실행 도구 모음]-[명령 선택]에서 [리본 메뉴에 없는 명령]을 선택한 후 [카메라] 도구를 찾아 선택하고 [추가]한 다음 [확인]을 클릭하면 빠른 실행 도구 모음에 추가됨

30 ①

-3/2의 결과인 -1.5는 INT(가장 가까운 정수로 내림, 음수는 0에서 먼 방향으로 내림)에 의해 -2가 되고 ABS(절대값)가 적용되어 2가 됨

오답 피하기

- ② =MOD(-3,2) : -3을 2로 나눈 나머지를 구하므로 결과는 1이 됨
- ③ =ROUNDUP(RAND(),0) : 0과 1사이에 발생한 난수를 자리 올림하여 결과는 1이 됨
- ④ =FACT(1.9) : 소수점 이하는 무시하고 1의 계승값을 구하므로 결과는 1이 됨

31 ④

- 같은 열에 있는 자료에 대하여 여러 개의 함수를 중복하여 사용할 수 있음
- 새로운 값으로 대치 : 여러 함수를 이용하여 부분합을 만들 경우 이 항목의 선택을 해제함

32 ①

시나리오는 변경 셀로 지정한 셀에 계산식이 포함되어 있으면 자동으로 상수로 변경되어 시나리오가 작성되지만 별도의 파일로 저장되지는 않음

33 ①

정렬 옵션 : 대/소문자 구분, 위쪽에서 아래쪽, 왼쪽에서 오른쪽

34 ②

Ctrl + Page Up / Ctrl + Page Down : 활성 시트의 앞/뒤 시트로 이동함

오답 피하기

- ① Home : 해당 행의 A열로 이동함 , Ctrl + Home : 워크시트의 시작 셀(A1)로 이동함
- ③ Ctrl + ← : 현재 영역의 좌측 마지막 셀로 이동함, Ctrl + → : 현재 영역의 우측 마지막 셀로 이동함
- ④ Shift + ↑ : 위쪽으로 범위가 설정됨, Shift + ↓ : 아래쪽으로 범위가 설정됨

35 ②

천 단위 데이터를 빠르게 입력 : [파일] 탭-[옵션]-[Excel 옵션]-[고급]-[소수점 자동 삽입]에서 [소수점 위치]를 -3으로 설정함(③ [소수점 위치]가 -3으로 설정되었기 때문에 1을 입력하면 1000으로 표시됨)

36 ②

자음마다 특수문자가 모두 다름

37 ④

- 주민등록번호의 여덟 번째 문자가 '1' 또는 '3'이면 '남' : 2로 나눈 나머지가 1이 됨
- 주민등록번호의 여덟 번째 문자가 '2' 또는 '4'이면 '여' : 2로 나눈 나머지가 0이 됨
- ④ =IF(MOD(VALUE(MID(C2, 8, 1)), 2)=0, "남", "여") : [C2] 셀의 주민등록번호 8번째 문자를 2로 나눈 나머지가 0이면 "남", 아니면 "여"이므로 순서가 옳지 않음
- 따라서, ④번은 =IF(MOD(VALUE(MID(C2, 8, 1)), 2)=0, "여", "남")처럼 수정하면 올바른 결과가 산출됨

형식	=IF(조건, 값1, 값2)
기능	조건이 참이면 값1, 거짓이면 값2를 반환함
사용 예	=IF(MOD(VALUE(MID(C2, 8, 1)), 2)=0, "여", "남")
의미	[C2]셀의 주민등록번호 여덟 번째 문자를 2로 나눈 나머지가 0이면 "여", 아니면 "남"을 결과로 산출함

오답 피하기

- ① =IF(OR(MID(C2, 8, 1)="2", MID(C2, 8, 1)="4"), "여", "남")
- ▶ 주민등록번호 8번째 문자가 "2" 또는 "4"인 경우 "여", 아니면 "남"
- ② =CHOOSE(VALUE(MID(C2, 8, 1)), "남", "여", "남", "여")
- ▶ 주민등록번호 8번째 문자가 1이면 "남", 2이면 "여", 3이면 "남", 4이면 "여"
- ③ =VLOOKUP(VALUE(MID(C2, 8, 1)), $F$2:$G$5, 2, 0)
- ▶ 주민등록번호 8번째 문자를 [$F$2:$G$5] 범위에서 첫 코드열의 값과 일치하는 값을 찾아 2열(성별)의 같은 행에 있는 성별을 검색함

38 ①

- 계열 옵션에서 '간격 너비'가 0%로 설정되어 있지 않음
- 계열 옵션에서 '간격 너비'가 0%로 설정되어 있는 경우 아래처럼 표시됨

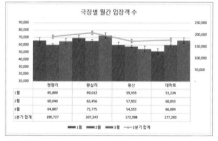

오답 피하기

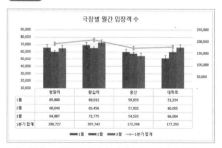

- ② : 범례 표지 없이 데이터 테이블이 표시되어 있음
- ③ : '1월', '2월', '3월' 계열에 오차 막대가 표시되어 있음
- ④ : '1분기 합계' 계열은 '보조 축'으로 지정되어 있음

39 ③

셀의 빈 열 폭 만큼 원하는 문자를 넣을 때 *를 이용하여 * 다음에 원하는 문자를 위치시키므로 ⓒ의 결과는 ──6,789로 표시됨

오답 피하기

- # : 유효 자릿수만 나타내고 유효하지 않은 0은 표시하지 않음
- 0 : 유효하지 않은 자릿수를 0으로 표시함
- ? : 유효하지 않은 자릿수를 공백으로 표시함
- , : 천 단위 구분 기호로 쉼표를 삽입, ,(쉼표) 이후에 더 이상 코드가 없으면 천 단위 배수로 표시함
- ; : 양수, 음수, 0값을 세미콜론(;)으로 구분함
- ⓐ : #에 의해 3이 표시되며 0.75를 분수로 나타내어 3/4가 표시됨
- ⓑ : ,(쉼표) 이후 코드가 없으므로 -6789를 천 단위 배수로 표시하여 -6이 남고 반올림되어 -0.007이 표시됨
- ⓓ : -6789가 음수이므로 ▼#이 적용되어 ▼6789가 표시됨

40 ③

하위 데이터 집합에도 필터와 정렬을 적용하여 원하는 정보만 강조할 수 있으며 조건부 서식 역시 적용 가능하므로 데이터를 시각적으로 탐색 및 분석할 수 있음

3과목 데이터베이스 일반

41 ①

SELECT AVG(나이) FROM 학생 WHERE 전공 NOT IN ('수학', '회계'); → 학생 테이블에서 전공이 '수학'과 '회계'가 아닌 나이의 평균(AVG)을 구함. 따라서 21, 31, 23의 평균인 25가 결과가 됨

오답 피하기

- SELECT 열리스트 FROM 테이블명 WHERE 조건 : 테이블에서 조건에 만족하는 열을 검색
- IN(값1, 값2, …) : 목록 안에 값(값1, 값2, …)을 검색
- NOT : 부정, "~이 아니다"를 의미
- AVG(필드명) : 필드의 평균을 구함

42 ②

- 데이터베이스 암호를 설정하거나 제거하려면 데이터베이스를 단독 사용 모드로 열어야 함
- 데이터베이스를 단독 사용 모드로 열려면 데이터베이스를 닫은 다음 [파일] 탭-[열기] 명령을 사용하여 다시 연 다음 [열기] 대화 상자에서 [열기] 단추 옆에 있는 화살표를 클릭한 후 [단독으로 열기]를 선택함

43 ③

테이블 내에서 필드 이름이 중복될 수는 없음

오답 피하기

- 필드 이름 첫 글자는 숫자로 시작할 수 있음
- 필드 이름과 테이블 이름은 동일하게 지정 가능함
- 마침표(.), 느낌표(!), 대괄호([ ])를 제외한 특수 기호나 숫자, 문자, 공백을 조합해서 사용할 수 있음
- 필드 이름은 공백을 포함하여 64자까지 지정할 수 있음
- 공백으로 시작하는 필드 이름은 줄 수 없음

44 ①

일대일 관계 성립 조건 : 양쪽 테이블의 연결 필드가 모두 중복 불가능의 기본키나 인덱스가 지정되어 있어야 함

45 ③

읽기 전용 폼을 만들기 위한 폼과 컨트롤의 속성 설정 중 [잠금] 속성은 '예'로 설정해야 함

46 ④

보고서에서는 필드나 식을 최대 10단계까지 그룹화할 수 있음

47 ③

mid 함수는 문자열의 시작 위치에서 지정된 수의 문자를 표시하므로 「mid("영동1단지", 3, 1)」는 '영동1단지'의 3번째 문자(1)에서 문자 1개를 표시함 → 1

48 ③

- AS : 필드나 테이블의 이름을 별명(Alias)으로 지정할 때 사용함
- AS 합계 : 수행+지필의 합을 합계라는 이름으로 구함

49 ③

우편물 레이블 보고서 : 우편 발송을 위해 편지 봉투에 붙일 주소 레이블을 작성하는 보고서

오답 피하기

- 업무 문서 양식 보고서 : 업무 문서 양식 마법사를 사용하여 거래 명세서, 세금 계산서를 작성하는 보고서
- 우편 엽서 보고서 : 우편 엽서 마법사를 사용하여 우편 발송을 위해 우편 엽서에 붙일 레이블을 작성하는 보고서
- 크로스탭 보고서 : 여러 개의 열로 이루어진 보고서로, 열마다 그룹의 머리글과 바닥글, 세부 구역 등이 각 열마다 표시됨

50 ②

GROUP BY문을 사용할 때에는 HAVING절을 사용하여 조건을 지정함

51 ②

OLE 개체 데이터 형식의 필드에는 인덱스를 사용할 수 없음

52 ④

대체키(Alternate Key) : 후보키 중에서 기본키로 선택되지 않은 나머지 키

오답 피하기

외래키(Foreign Key) : 외래키가 다른 참조 테이블의 기본키일 때 그 속성키를 외래키라 함

53 ③

매개 변수 쿼리

- 실행할 때 레코드 검색 조건이나 필드에 삽입할 값과 같은 정보를 물어보는 쿼리
- 두 조건 이상의 쿼리 작성이 가능함
- 매개 변수 쿼리 시 [ ]를 사용함
- 조건란에 ">=[조회할 최소 나이]" 처럼 입력함

필드:	고객명	지역	나이
테이블:	고객	고객	고객
정렬:			
표시:	☑	☑	☑
조건:			>=[조회할 최소 나이]
또는:			

54 ③

외래키(FK : Foreign Key) : 외래키가 다른 참조 테이블(릴레이션)의 기본키(PK)일 때 그 속성키를 외래키라 함(직원 테이블의 부서명)

55 ①

입력 마스크	L	A	0	9	?
입력 여부	필수	필수	필수	선택	선택
입력 가능값	A~Z, 한글	A~Z, 한글, 0~9	0~9	0~9, 공백	A~Z, 한글
①	A	A	1	1	1

- 입력 마스크의 마지막 ?는 A~Z, 한글만 허용되는 경우이므로 숫자 1이 입력될 수 없음

오답 피하기

입력 마스크	L	A	0	9	?
입력 여부	필수	필수	필수	선택	선택
입력 가능값	A~Z, 한글	A~Z, 한글, 0~9	0~9	0~9, 공백	A~Z, 한글
②	A	1	1		
③	A	A	1	1	
④	A	1	1	1	A

- ② : 9와 ?는 입력 여부가 선택이므로 입력값이 없어도 됨
- ③ : ?는 입력 여부가 선택이므로 입력값이 없어도 됨

56 ③

- 도메인 계산 함수의 구성 : =도메인 계산 함수(인수, 도메인, 조건식)
- DLookUp 함수 : 레코드 집합(도메인)의 특정 필드값을 구함

57 ③

HWP 파일은 워드프로세서 문서로 엑세스에서 가져올 수 없음

58 ③

Like 조건을 사용하여 데이터 찾기

- ~와 "같은"의 의미로 쿼리에서 특정 패턴과 일치하는 값을 필드에서 찾을 수 있음
- 패턴의 경우 전체 값(예 Like "영진")을 지정하거나 와일드카드 문자를 사용하여 값 범위(예 Like "영*")를 찾을 수 있음
- Like "P[A-F]###" : P로 시작하고 그 뒤에 A에서 F 사이에 임의의 문자와 세 자리 숫자가 오는 데이터를 반환함

59 ④

개체(Entity)는 다른 것과 구분되는 개체로 단독으로 존재하는 실세계의 객체나 개념을 의미함

60 ①

텍스트 상자의 컨트롤 원본을 '='로 지정하고, 누적 합계 속성을 '그룹'으로 지정하면 그룹 내 데이터의 일련번호가 표시됨

01 ②	02 ①	03 ②	04 ③	05 ①
06 ③	07 ④	08 ②	09 ②	10 ④
11 ②	12 ②	13 ④	14 ①	15 ③
16 ②	17 ②	18 ④	19 ②	20 ④
21 ③	22 ④	23 ④	24 ③	25 ②
26 ④	27 ④	28 ③	29 ④	30 ①
31 ②	32 ②	33 ①	34 ③	35 ④
36 ②	37 ③	38 ③	39 ④	40 ①
41 ④	42 ③	43 ④	44 ①	45 ③
46 ④	47 ④	48 ②	49 ④	50 ②
51 ④	52 ②	53 ②	54 ③	55 ②
56 ①	57 ①	58 ③	59 ②	60 ②

1과목　컴퓨터 일반

01 ②

오답 피하기

- 명령 레지스터(Instruction Register) : 현재 수행 중인 명령어의 내용을 기억하는 레지스터
- 부호기(Encoder) : 명령 레지스터에 있는 명령어를 암호화하는 회로
- 명령 해독기(Instruction Decoder) : 명령 레지스터에 있는 명령어를 해독하는 회로

02 ①

- 멀티프로세싱(Multiprocessing) : 하나의 컴퓨터에 여러 개의 CPU를 설치하여 프로그램을 처리하는 방식
- 멀티프로그래밍(Multiprogramming) : 1대의 CPU로 여러 개의 프로그램을 동시에 처리하는 것으로 시간별로 대기하여 처리하는 시분할 방식
- 가상 기억 장치(Virtual Memory) : 보조 기억 장치를 주기억 장치로 사용하는 기술로 페이지 테이블을 이용하여 처리함
- 파일 압축(File Compression) : 파일을 압축하는 프로그램은 유틸리티 프로그램
- 응답 시간(Response Time) : 명령을 내린 후 처리할 때 걸리는 시간으로 시스템의 성능을 측정할 때 사용함

03 ②

색인(Index) : 파일 검색 시 속도를 향상시키는 기능

04 ③

SSD(Solid State Drive) : 반도체를 이용하여 정보를 저장하는 장치이며 기존의 하드디스크 드라이브에 비하여 속도가 빠르고 기계적 지연이나 실패율, 발열이나 소음도 적어, 소형화 · 경량화할 수 있는 장점이 있는 저장 장치

오답 피하기

- HDD(Hard Disk Drive) : 디스크 표면을 전자기적으로 변화시켜 대량의 데이터를 저장하고 비교적 빠르게 접근할 수 있는 보조 기억 매체로, 일련의 '디스크'들이 레코드판처럼 겹쳐 있음
- DVD(Digital Versatile Disk) : 광디스크의 일종으로 기존의 다른 매체와는 달리 4.7GB의 기본 용량(최대 17GB)을 가짐
- CD-RW(Compact Disc Rewritable) : 여러 번에 걸쳐 기록과 삭제를 할 수 있는 CD

05 ①

바이오스(BIOS : Basic Input Output System)

- 전원을 켜면 제일 먼저 컴퓨터 제어를 맡아 기본적인 기능을 처리하는 프로그램으로, 롬 바이오스(ROM BIOS)라고도 함
- 컴퓨터의 기본 입출력 시스템이며 부팅(Booting)과 운영에 대한 기본적인 정보가 들어 있음
- BIOS는 EPROM이나 플래시 메모리 등에 저장되어 있음

06 ③

스풀 기능을 설정하면 인쇄 속도가 스풀 설정 이전보다 느려짐

07 ④

비트맵(Bitmap) 방식

- 이미지를 점(Pixel, 화소)의 집합으로 표현하는 방식(래스터(Raster) 이미지라고도 함)
- 고해상도를 표현하는 데 적합하지만 파일 크기가 커지고, 이미지를 확대하면 테두리가 거칠어지는 계단 현상이 발생함
- 이미지를 확대해도 거칠어지지 않는 방식은 벡터(Vecter) 방식임

08 ②

문자를 표현하는 최소 기본 단위는 바이트임

오답 피하기

워드는 컴퓨터 내부의 명령 처리 단위로 한 번에 처리할 수 있는 데이터의 양을 가리킴

09 ②

오답 피하기

①은 데모 버전, ③은 베타 버전, ④는 패치 프로그램

10 ④

①은 가로막기, ②는 가로채기, ③은 수정에 대한 설명임

11 ②

리스트 처리용 언어 및 인공지능 분야에서 널리 사용되고 있는 것은 LISP, SNOBOL 등이 있음

12 ②

Wibro : 언제, 어디서나, 이동 중에 초고속 인터넷을 이용할 수 있는 무선 휴대 인터넷 서비스

13 ④

아날로그 컴퓨터의 주요 구성 회로는 증폭 회로이며 연속적인 물리량(전류, 온도, 속도 등)을 데이터로 사용함

14 ①

IPv6의 경우 128비트를 16비트씩 8개의 영역으로 구성되어 있으며, 각 부분은 콜론(:)으로 구분함

오답 피하기

IPv4 : 32비트를 8비트씩 4부분으로 나누어 각 부분을 점(.)으로 구분

15 ③

증강 현실(Augmented Reality) : 사람이 눈으로 볼 수 있는 실세계와 관련된 3차원의 부가 정보를 받을 수 있는 기술

16 ②

전송 계층(Transport Layer) : 4계층
- 종단 간 투명하고 신뢰성 있는 데이터의 전송을 제공함
- 상하위 계층 간의 중간 인터페이스 역할을 제공함
- 데이터 전송에 대한 오류 검출, 오류 복구, 흐름 제어 등의 기능을 수행함

17 ②

ASCII 코드 : Zone은 3비트, Digit는 4비트로 구성, 7비트로 128가지의 표현이 가능, 일반 PC용 컴퓨터 및 데이터 통신용 코드

18 ④

ARP(Address Resolution Protocol : 주소 결정 규약) : 네트워크에 접속된 컴퓨터의 인터넷 주소(IP 주소)와 이더넷 주소를 대응시키는 프로토콜로 IP 주소를 물리 주소로 변환시킴

19 ②

스풀(SPOOL) : 병행 처리 기법으로, 인쇄할 내용을 프린터로 바로 전송하지 않고 하드디스크와 같은 보조 기억 장치에 일시적으로 저장하였다가 CPU의 여유 시간을 이용하여 데이터를 프린터로 전송하여 인쇄하는 방식이며 네트워크 프린터를 기본 프린터로 설정하는 작업과는 무관함

20 ④

SRAM과 DRAM의 비교

구분	SRAM	DRAM
① 소비 전력	높음	낮음
② 속도	빠름	느림
③ 가격	고가	저가
④ 재충전 여부	불필요	필요

21 ③

자동 크기 : [메모 서식]의 [맞춤] 탭에서 '자동 크기'를 설정함

22 ④

[보기] 탭의 [표시] 그룹에서는 눈금자, 수식 입력 줄, 눈금선, 머리글 등의 표시 설정만 지원됨

23 ④

[시트] 탭에서 '눈금선'과 '행/열 머리글'을 선택하고 인쇄하면 셀 구분선과 행/열 머리글이 인쇄됨

24 ③

- [페이지 설정]–[머리글/바닥글] 탭–[머리글 편집]에서 설정함
- &[페이지 번호] : 현재 페이지 번호를 자동으로 삽입함
- –&[페이지 번호] Page– 의 결과는 "–1 Page–"처럼 표시됨

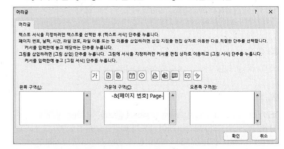

25 ③

- Worksheets.Add : 워크시트 추가
- 첫 번째 시트 뒤에 새로운 시트를 추가하는 경우이므로 After가 사용됨

26 ④

- D 함수의 형식 : =DMAX(데이터베이스, 필드, 조건 범위)
- =DMAX(A1:C6,2,E1:E2) : 조건 범위 [E1:E2]에 의해 체중이 70 이상()>=70)인 경우에 해당하는 키(필드가 2이므로 2번째 열) 중 최대값(DMAX)이므로 180이 됨

27 ④

정렬 경고 대화 상자는 표 범위에서 하나의 열만 범위로 선택한 경우에 발생함

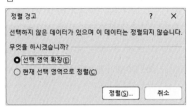

28 ③

배열 수식은 전체가 하나의 수식이 되기 때문에 전체 배열 수식을 이동하거나 삭제할 수는 있으나 배열 수식의 일부만을 이동하거나 삭제할 수는 없음

29 ④

셀 삭제의 바로 가기 키 : [Ctrl]+[-]

> 오답 피하기

[Ctrl]+[+] : 셀 삽입

30 ①

- FV 함수 : Future Value, 즉 미래 가치를 구하는 함수로 일정 금액을 정기적으로 불입하고 일정한 이율을 적용하는 투자의 미래 가치를 계산함
- =FV(연이율/12, 투자기간(년)*12, 불입액, 현재가치, 납입 시점 유형)
  → =FV(4.5%/12,2*12,-400000)
- 불입액은 만기 금액이 양수로 나오게 하기 위해 -400000로 하며 현재가치는 0이므로 생략하고 납입 시점 유형도 매월 말은 0이므로 생략함

31 ②

창 정렬 : 여러 개의 통합 문서를 배열하여 비교하면서 작업할 수 있는 기능

> 오답 피하기

- 창 나누기 : 워크시트의 내용이 많아 하나의 화면으로는 모두 표시하기가 어려워 불편할 때 멀리 떨어져 있는 데이터를 한 화면에 표시할 수 있도록 분할하는 기능
- 틀 고정 : 데이터 양이 많은 경우, 특정한 범위의 열 또는 행을 고정시켜 셀 포인터의 이동과 상관없이 화면에 항상 표시할 수 있도록 하는 기능
- 페이지 나누기 : 워크시트를 인쇄할 수 있도록 페이지 단위로 나누어 구분하는 기능

32 ②

분산형 차트 : 데이터의 불규칙한 간격이나 묶음을 보여주는 것으로 주로 과학, 공학용 데이터 분석에 사용, 3차원 차트로 작성할 수 없음, 데이터 요소 간의 차이점보다는 데이터 집합 간의 유사점을 표시하려는 경우에 사용됨

> 오답 피하기

- 주식형 차트 : 주가 변동을 나타내는 데 사용(과학 데이터도 사용 가능)함
- 영역형 차트 : 시간의 흐름에 대한 변동의 크기를 강조하여 표시, 합계 값을 추세와 함께 분석할 때 사용함
- 방사형 차트 : 여러 열이나 행에 있는 데이터를 차트로 표시, 여러 데이터 계열의 집계 값을 비교함

33 ①

#NULL! : 교점 연산자(공백)를 사용했을 때 교차 지점을 찾지 못한 경우

34 ③

③ =SUM(LARGE(B3:D3, 2), SMALL(B3:D3, 2)) → 174

- LARGE(B3:D3, 2) → 87 (B3:D3 범위에서 2번째로 큰 수를 구함)
- SMALL(B3:D3, 2) → 87 (B3:D3 범위에서 2번째로 작은 수를 구함)
- SUM(87,87) → 174 (인수로 지정한 숫자의 합계를 구함)

> 오답 피하기

① =SUM(COUNTA(B2:D4), MAXA(B2:D4)) → 109

- COUNTA(B2:D4) → 9 (B2:D4 범위에서 공백이 아닌 인수의 개수를 구함)
- MAXA(B2:D4) → 100 (B2:D4 범위의 인수 중에서 최대값을 구함)
- SUM(9,100) → 109 (인수로 지정한 숫자의 합계를 구함)

② =AVERAGE(SMALL(C2:C4, 2), LARGE(C2:C4, 2)) → 87

- SMALL(C2:C4, 2) → 87 (C2:C4 범위에서 2번째로 작은 수를 구함)
- LARGE(C2:C4, 2) → 87 (C2:C4 범위에서 2번째로 큰 수를 구함)
- AVERAGE(87,87) → 87 (인수로 지정한 숫자의 평균을 구함)

④ =SUM(COUNTA(B2,D4), MINA(B2,D4)) → 85

- COUNTA(B2,D4) → 2 (B2와 D4, 2개의 인수 개수를 구함)
- MINA(B2,D4) → 83 (B2셀의 값 83, D4셀의 값 100에서 작은 값을 구함)
- SUM(2,83) → 85

35 ④

그룹 상태에서는 여러 개의 시트에 정렬 및 필터 기능을 수행할 수 없음

36 ②

데이터 표

- 워크시트에서 특정 데이터를 변화시켜 수식의 결과가 어떻게 변하는지 보여주는 셀 범위를 데이터 표라고 함
- 데이터 표 기능을 통해 입력된 셀 일부분만 수정하거나 삭제할 수 없음

37 ③

텍스트, 텍스트/숫자 조합은 셀에 입력하는 처음 몇 자가 해당 열의 기존 내용과 일치하면 자동으로 입력되지만 날짜, 시간 데이터는 자동으로 입력되지 않음

38 ③

외부 액세스 데이터베이스에서 만들어진 데이터도 호환할 수 있음

39 ④

매크로가 적용되는 셀의 바로 가기 메뉴에 나타나지 않음

40 ①

계열 겹치기 수치를 양수로 지정하면 데이터 계열 사이가 겹침

41 ④

개체(Entity)는 다른 것과 구분되는 개체로 단독으로 존재하는 실세계의 객체나 개념을 의미함

42 ③

오답 피하기

- 도메인(Domain) : 하나의 속성이 취할 수 있는 값의 집합
- 튜플(Tuple) : 테이블에서 행을 나타내는 말로 레코드와 같은 의미
- 차수(Degree) : 한 릴레이션(테이블)에서 속성(필드=열)의 개수

43 ②

외래키(FK, Foreign Key) : 한 테이블(릴레이션)에 속한 속성, 외래키(FK)가 다른 참조 테이블(릴레이션)의 기본키(PK)일 때 그 속성키를 외래키(Foreign Key)라고 함

오답 피하기

- 후보키(Candidate Key) : 후보키 중에서 선정되어 사용되는 키(예 사원번호 – 인사관리), 기본키는 널(Null)이 될 수 없으며 중복될 수 없음
- 슈퍼키(Super Key) : 한 릴레이션에서 어떠한 열도 후보키가 없을 때 두 개 이상의 열을 복합(연결)할 경우 유일성을 만족하여 후보키가 되는 키를 의미
- 대체키(Alternate Key) : 후보키 중 기본키로 선택되지 않는 나머지 키(예 사원번호가 기본키일 때 주민등록번호)

44 ①

개체 타입 : 사각형

오답 피하기

- 타원 : 속성
- 마름모 : 관계 타입
- 선 : 링크

45 ③

식 =[Page] & "중 " & [Page] → 결과 2중 2

46 ④

우외부 조인(Right Join) : 오른쪽 테이블을 우선해서 오른쪽의 테이블에 관해 모든 행을 결과로 남기는 조인이므로 [사원정보] 테이블에서는 모든 레코드가 포함하여 결과를 표시되며, [부서정보] 테이블의 레코드는 [사원정보] 테이블의 부서번호와 일치되는 것만 포함됨

47 ④

- DSUM : 특정 필드 값의 합계를 구할 때 사용하는 함수
- =DSUM("구할 필드", "테이블명", "조건")이므로 → =DSUM("[급여]", "[사원]", "[직급]='과장'")

48 ②

바운드 컨트롤 : 테이블이나 쿼리의 필드를 데이터 원본으로 사용하는 컨트롤로 데이터베이스에 있는 필드의 값(짧은 텍스트, 날짜, 숫자, Yes/No 등)을 표시할 수 있음

오답 피하기

- ① 언바운드 컨트롤 : 데이터 원본(예 필드 또는 식)이 없는 컨트롤로 정보, 그림, 선 또는 직사각형을 표시할 때 사용함
- ③ 계산 컨트롤 : 필드 대신 식을 데이터 원본으로 사용하는 컨트롤로 '식'을 정의하여 컨트롤의 데이터 원본으로 사용할 값을 지정함
- ④ 레이블 컨트롤 : 제목이나 캡션 등의 설명 텍스트를 표시할 때 사용하는 컨트롤로 필드나 식의 값을 표시할 수 없음

49 ④

데이터시트 보기에서 「잘라내기」와 「붙여넣기」를 이용하여 필드를 이동시킬 수 없음

50 ②

매개 변수 쿼리 : 실행할 때 검색 조건의 일정한 값(매개 변수)을 입력하여 원하는 정보를 추출함

오답 피하기

- ① 크로스탭 쿼리 : 테이블이나 쿼리의 필드별 합계, 개수, 평균 등의 요약을 계산함
- ③ 통합 쿼리 : 2개 이상의 테이블이나 쿼리에서 대응되는 필드들을 결합하여 하나의 필드로 만들어 주는 쿼리
- ④ 실행 쿼리 : 여러 레코드의 변경과 이동을 일괄적으로 실행함

51 ④

- L : 필수 요소로 A부터 Z까지의 영문자나 한글 입력
- & : 필수 요소로 모든 문자나 공백을 입력
- A : 필수 요소로 영문자나 한글, 숫자를 입력

52 ②

폼 분할 : 위쪽 구역에 데이터시트를 표시하는 분할 폼을 만들고 아래쪽 구역에 데이터시트에서 선택한 레코드에 대한 정보를 입력하는 폼을 만듦

오답 피하기

- ① 폼 : 한 번에 한 개의 레코드에 대한 정보를 입력할 수 있는 폼을 만듦
- ③ 여러 항목 : 여러 개의 레코드가 표시되는 폼을 만듦
- ④ 폼 디자인 : 디자인 보기에서 새 양식을 만듦

53 ②

- 한 줄에 두 개 이상의 명령문을 입력하는 경우 명령어의 끝에는 콜론(:)을 찍어 구분함
- 예 For i = 1 To 10: sum = sum + i: Next: MsgBox sum

54 ③

사진과 같은 이미지 파일은 첨부 파일 형식을 이용함

55 ②

- 표시는 확인란에 성명과 부서명만 선택되어 있으므로 직원들의 성명과 부서명을 표시함(입사년도는 선택되어 있지 않으므로 표시되지 않음)
- 조건은 부서명이 인사팀이고 2024년 전에 입사한 경우임

56 ①

보고서 바닥글 영역에는 보고서 총계나 안내 문구 등의 항목을 삽입하며 보고서의 맨 마지막 페이지에 한 번만 표시됨

오답 피하기

보고서 머리글 : 로고, 보고서 제목, 날짜 등을 삽입하며 보고서의 첫 페이지 상단에 한 번만 표시됨

57 ①

일대일 관계 성립 조건 : 양쪽 테이블의 연결 필드가 모두 중복 불가능의 기본키나 인덱스가 지정되어 있어야 함

58 ③

참조 무결성 : 관련 테이블의 레코드 간 관계가 유효하고 사용자가 관련 데이터를 실수로 삭제 또는 변경하지 않았는지 확인하기 위해 사용하는 규칙으로 데이터의 정확성과 일관성이 보장됨

59 ②

• 갱신문 : 테이블에 저장된 데이터를 갱신하며, UPDATE–SET–WHERE의 유형을 가짐

• **형식**

```
UPDATE 테이블명
SET 필드이름1= 값1, 필드이름2=값2, …
WHERE 조건
```

오답 피하기

• 삽입문 : 테이블에 새로운 데이터(행)를 삽입하며, INSERT–INTO–VALUES의 유형을 가짐

• 삭제문 : 테이블에 저장된 행을 삭제하며, DELETE–FROM–WHERE의 유형을 가짐

60 ②

데이터베이스관리자(DBA) : 데이터베이스를 관리하는 책임자, 전체 시스템에 대한 권한을 행사하는 사람

오답 피하기

• ① 데이터 정의어(DDL; Data Definition Language) : 데이터베이스 구조와 관계, 데이터베이스 이름 정의, 데이터 항목, 키값의 고정, 데이터의 형과 한계 규정

• ③ 데이터 조작어(DML; Data Manipulation Language) : 주 프로그램에 내장하여 데이터베이스를 실질적으로 운영 및 조작, 데이터의 삽입, 삭제, 검색, 변경 연산 등의 처리를 위한 연산 집합

• ④ 데이터 제어어(DCL; Data Control Language) : 데이터베이스를 공용하기 위하여 데이터 제어를 정의 및 기술, 데이터 보안, 무결성, 회복, 병행 수행 등을 제어

01 ③	02 ③	03 ④	04 ①	05 ①
06 ①	07 ①	08 ④	09 ②	10 ③
11 ②	12 ④	13 ①	14 ④	15 ①
16 ③	17 ④	18 ④	19 ④	20 ④
21 ③	22 ④	23 ①	24 ④	25 ②
26 ②	27 ②	28 ④	29 ③	30 ③
31 ②	32 ④	33 ③	34 ④	35 ④
36 ①	37 ④	38 ①	39 ①	40 ④
41 ④	42 ④	43 ②	44 ④	45 ③
46 ③	47 ③	48 ④	49 ③	50 ④
51 ③	52 ③	53 ①	54 ②	55 ②
56 ④	57 ④	58 ④	59 ①	60 ③

1과목 컴퓨터 일반

01 ③

위치 기반 서비스(Location Based Service)

• 사용자의 휴대폰에 내장된 칩을 통해 이동 통신망이나 위성항법장치(GPS: Global Positioning System)로 위치 정보를 파악하여 위치와 관련된 정보를 서비스하는 기술

• 위치 추적이 가능하며 위치 정보에 따른 특정 지역의 기상 상태나 교통 및 생활 정보 등을 제공 받을 수 있는 위치 기반 서비스

오답 피하기

• 빅 데이터(Big Data) : 수치, 문자, 영상 등을 포함하는 디지털 데이터로 생성 주기가 짧고 규모가 방대한 데이터

• 사물 인터넷(IoT) : 인간 대 사물, 사물 대 사물 간에 인터넷으로 연결되어 정보의 소통이 가능한 기술

• 시멘틱 웹(Semantic Web) : 컴퓨터가 웹 페이지의 정보를 가공하고 처리하여 새로운 개인 맞춤형 정보를 생성하게 한 차세대 지능형 웹

02 ③

오답 피하기

• 연관 메모리(Associative Memory) : 저장된 내용 일부를 이용하여 기억장치에 접근하여 데이터를 읽어오는 기억 장치

• 캐시 메모리(Cache Memory) : 휘발성 메모리로, 속도가 빠른 CPU와 상대적으로 속도가 느린 주기억 장치 사이에 있는 고속의 버퍼 메모리

• 플래시 메모리(Flash Memory) : EEPROM의 일종으로, PROM 플래시라고도 하며, 전기적으로 내용을 변경하거나 일괄 소거도 가능

03 ④

벡터 방식은 고해상도 표현에 적합하지 않으므로 비트맵 방식과 비교하여 기억 공간을 많이 차지하지 않음

04 ①

캐시 항목의 Enable 설정은 캐시 항목을 사용하기 위한 설정으로 메모리의 정상적 인식을 해결하는 대책이 아님

05 ①

오답 피하기
- C++ : 객체 지향 언어이며 문제를 객체로 모델링하여 표현, 추상화, 코드 재사용, 클래스, 상속 등이 가능함
- LISP : 리스트 처리용 언어이며, 인공 지능 분야에서 사용함
- SNOBOL : 문자열 처리를 위해 개발된 언어

06 ①

USB 메모리에 있는 파일을 삭제하면 휴지통으로 가지 않고 완전히 지워짐

오답 피하기
- ② : 지정된 휴지통의 용량을 초과하면 가장 오래전에 삭제된 파일부터 자동으로 지워짐
- ③ : 삭제할 파일을 선택하고 Shift + Delete 를 누르면 해당 파일이 휴지통으로 이동하지 않고 완전히 삭제됨
- ④ : 휴지통의 크기는 사용자가 원하는 크기를 MB 단위로 지정할 수 있음

07 ①

①은 FTP(File Transfer Protocol)의 기능임

08 ③

오답 피하기
- 차단(Interruption) : 데이터의 전달을 가로막아 수신자 측으로 정보가 전달되는 것을 방해하는 행위
- 변조(Modification) : 원래의 데이터가 아닌 다른 내용으로 수정하여 변조시키는 행위
- 가로채기(Interception) : 전송되는 데이터를 가는 도중에 도청 및 몰래 보는 행위

09 ②

RSA 방식 : 공개키(비대칭키, 이중키) 암호화에서 사용

오답 피하기
비밀키(대칭키, 단일키) 암호화 방식 : 대표적인 방식은 DES가 있음

10 ③

DHCP(Dynamic Host Configuration Protocol) : 클라이언트가 동적 IP 주소를 할당받을 수 있게 해주는 서버

오답 피하기
- POP3(Post Office Protocol) : 메일 서버에 도착한 E-mail을 사용자 컴퓨터로 가져올 수 있도록 메일 서버에서 제공하는 전자우편을 수신하기 위한 프로토콜
- FTP(File Transfer Protocol) : 파일 전송 프로토콜로, 파일을 전송하거나 받을 때 사용하는 서비스
- SMTP(Simple Mail Transfer Protocol) : 사용자의 컴퓨터에서 작성한 메일을 다른 사람의 계정이 있는 곳으로 전송해 주는 전자우편을 송신하기 위한 프로토콜

11 ②

분류	디지털 컴퓨터	아날로그 컴퓨터
구성 회로	논리 회로	증폭 회로
취급 데이터	셀 수 있는 데이터(숫자, 문자 등)	연속적인 물리량(전류, 속도, 온도 등)
사용 목적	범용성	특수성
프로그램	필요	불필요
주요 연산	사칙 연산	미적분 연산
연산 속도	느림	빠름
정밀도	필요한 한도까지	제한적(0.01%까지)

12 ④

채널(Channel) : CPU의 처리 효율을 높이고 데이터의 입출력을 빠르게 할 수 있게 만든 입출력 전용 처리기

오답 피하기
- 레지스터(Register) : CPU에서 명령이나 연산 결과 값을 일시적으로 저장하는 임시 기억 장소
- 인터럽트(Interrupt) : 프로그램 처리 중 특수한 상태가 발생, 처리를 중지하고 특수한 상태를 처리한 후 다시 정상적인 처리를 하는 것
- 콘솔(Console) : 대형 컴퓨터에서 컴퓨터와 오퍼레이터가 의사 전달을 할 수 있는 장치로 오퍼레이터는 콘솔을 통하여 프로그램과 주변 장치를 총괄함

13 ①

시퀀싱(Sequencing) : 오디오 파일이나 여러 연주, 악기 소리 등을 프로그램에 입력하여 녹음하는 방법으로 음의 수정이나 리듬 변형 등의 여러 편집 작업이 가능함

오답 피하기
② : MIDI 형식, ③ : WAVE 형식, ④ : FLAC(Free Lossless Audio Codec)

14 ④

듀플렉스 시스템(Duplex System) : 두 개의 CPU 중 한 CPU가 작업 중일 때 다른 하나는 예비로 대기하는 시스템

오답 피하기
- 다중 처리 시스템 : 두 개 이상의 CPU로 동시에 여러 개의 프로그램을 처리하는 기법
- 듀얼 시스템(Dual System) : 두 개의 CPU가 동시에 같은 업무를 처리하는 방식
- 분산 처리 시스템 : 각 지역별로 발생한 자료를 분산 처리하는 방식

15 ①

방화벽(Firewall) : 외부에서 내부 네트워크로 들어오는 패킷은 내용을 엄밀히 체크하여 인증된 패킷만 통과시키는 구조

오답 피하기
- 해킹(Hacking) : 컴퓨터 시스템에 불법적으로 접근, 침투하여 정보를 유출하거나 파괴하는 행위
- 펌웨어(Firmware) : 비휘발성 메모리인 ROM에 저장된 프로그램으로, 하드웨어의 교체 없이 소프트웨어의 업그레이드만으로 시스템의 성능을 높일 수 있음
- 데이터 디들링(Data Diddling) : 데이터를 위조하거나 변조하여 바꿔치기하거나 끼워 넣는 해킹 수법으로 주로 금융기관 등에서 사용되는 방식임

16 ③

- IPv4 주소 체계 : 32비트를 8비트씩 4부분으로 나누어 각 부분을 점(.)으로 구분
- IPv6 주소 체계 : 128비트를 16비트씩 8부분으로 나누어 각 부분을 콜론(:)으로 구분

17 ④

CSMA/CD(반송파 감지 다중 접근/충돌 검사) 방식 : LAN의 접근 방식으로 한 회선을 여러 사용자가 사용할 때 이용하는 방식

오답 피하기

전송 오류 검출 방식은 패리티 비트, 정마크 부호 방식, 해밍 코드, 블록합 검사, CRC 등이 있음

18 ③

- CISC(Complex Instruction Set Computer) : 많은 종류의 명령어와 주소 지정 모드가 지원되며, 명령어의 길이가 가변적이고 주소 지정 방식이 다양하여 레지스터의 수가 적음
- RISC(Reduced Instruction Set Computer) : 복잡한 연산을 수행하기 위해 명령어들이 반복, 조합되어야 하므로 레지스터의 수가 많음

19 ④

구분	컴파일러	인터프리터
번역 단위	프로그램 전체를 한 번에 번역	프로그램의 행 단위 번역
번역 속도	전체를 번역하므로 느림	행 단위 번역이므로 빠름
해당 언어	FORTRAN, COBOL, PL/1, PASCAL, C언어 등	BASIC, LISP, SNOBOL, APL 등
목적 프로그램	생성함	생성하지 않음
실행 속도	목적 프로그램이 생성되므로 빠름	느림

20 ④

- SMTP(Simple Mail Transfer Protocol) : 사용자의 컴퓨터에서 작성한 메일을 다른 사람의 계정이 있는 곳으로 전송해 주는 전자우편을 송신하기 위한 프로토콜
- POP3(Post Office Protocol) : 메일 서버에 도착한 E-mail을 사용자 컴퓨터로 가져올 수 있도록 메일 서버에서 제공하는 전자우편을 수신하기 위한 프로토콜

오답 피하기

- SNMP(Simple Network Management Protocol) : 네트워크를 운영하기 위해 각종 기기를 관리하는 프로토콜이며 TCP/IP 프로토콜에 포함됨
- TCP(Transmission Control Protocol) : 메시지를 송수신의 주소와 정보로 묶어 패킷 단위로 나누고, 전송 데이터의 흐름을 제어하며 데이터의 에러

2과목 스프레드시트 일반

21 ③

[검색]에서 행 방향을 우선하여 찾을 것인지 열 방향을 우선하여 찾을 것인지를 지정할 수 있음

오답 피하기

[범위]에서는 찾을 범위를 '시트, 통합 문서' 중에서 선택할 수 있음

22 ④

그림과 같은 상태에서 W를 누르면 [보기] 탭으로 변경됨

23 ①

- =REPLACE("December",SEARCH("E","korea"),4,"") → Decr
- SEARCH("E","korea") : "korea"에서 "E"를 찾음(대소문자를 구분하지 않으므로 위치 결과는 4)
- =REPLACE("December",4,4,"") : "December"의 4번째에서 4개를 공백으로 교체하므로 결과는 Decr이 됨

오답 피하기

- =CHOOSE(MOD(-11,2),1,2,3) : MOD(-11,2)의 값이 1이므로 CHOOSE에 의해 첫 번째 값인 1이 선택됨 → 1
- =EOMONTH("2024-6-3",2) : 시작 날짜를 기준으로 2개월 후의 마지막 날을 반환 → 2024-8-31
- =FIXED(3,141592) : 수를 고정 소수점 형태의 텍스트로 바꾸며 소수점 이하 자릿수가 생략되었으므로 2로 간주함 → 3.14

24 ④

부분합 대화 상자에서 '그룹 사이에서 페이지 나누기'를 설정하면 그룹 사이에서 페이지를 나눌 수 있음

오답 피하기

- ① : 부분합은 [데이터] 탭-[개요] 그룹-[부분합]에서 실행할 수 있음
- ② : 부분합에서 그룹으로 사용할 데이터는 내림차순이든 오름차순이든 둘 중 하나로 정렬된 상태에서 실행할 수 있음
- ③ : 부분합에서 '데이터 아래에 요약 표시' 설정을 해제하면 데이터 위에도 요약을 표시할 수 있음

25 ②

목표값 찾기 : 수식의 결과값(평균 점수가 85점)은 알고 있으나 그 결과값을 얻기 위한 입력값(영어 점수가 몇 점)을 모를 때 목표값 찾기 기능을 이용함

오답 피하기

- 부분합 : 워크시트에 있는 데이터를 일정한 기준으로 요약하여 통계 처리를 수행함
- 데이터 표 : 특정한 값이나 수식을 입력한 다음 이를 이용하여 표를 자동으로 만들어 주는 기능
- 피벗 테이블 : 엑셀의 레코드 목록, 외부 데이터, 다중 통합 범위, 다른 피벗 테이블을 바탕으로 한 새로운 형태의 통계 분석표를 작성함

26 ②

- =OFFSET(기준 셀 좌표, 이동할 행 수, 이동할 열 수, 행 수, 열 수) : 지정한 셀 위치에서 지정한 행과 열 수만큼 이동한 후 지정한 행과 열 수 영역의 셀을 반환함
- =OFFSET(D4,-2,-2,3,3) : [D4] 셀에서 위로 2행 이동하고 왼쪽으로 2열 이동한 위치인 [B2] 셀에서부터 가로로 3행, 세로로 3열을 이동한 범위까지의 영역을 반환함 → [B2:D2]

90	100	80
67	68	69
80	80	90

- =COUNT(B2:D2) : [B2:D2] 영역에서 빈 셀을 제외한 숫자의 개수를 구함 → 9

27 ②

- Ctrl + E : 빠른 채우기
- [데이터] 탭-[데이터 도구] 그룹-[빠른 채우기]를 이용하여 값을 자동으로 채움

오답 피하기

- Ctrl + Shift + L : 자동 필터
- Ctrl + F : 찾기
- Ctrl + T : 표 만들기

28 ④

ⓖ 최빈수와 ⓗ 중위수는 [상태 표시줄 사용자 지정]에서 선택할 수 없음

29 ③

원형 차트

- 전체에 대한 각 값의 기여도를 표시함
- 항목의 값들이 합계의 비율로 표시되므로 중요한 요소를 강조할 때 사용함
- 항상 한 개의 데이터 계열만을 가지고 있으므로 축이 없음

오답 피하기

- 세로 막대형 차트 : 열 또는 행으로 정렬된 데이터는 세로 막대형 차트로 그릴 수 있으며, 일반적으로 가로(항목) 축을 따라 항목이 표시되고 세로(값) 축을 따라 값이 표시됨
- 영역형 차트 : 시간에 따른 변화를 보여 주며 합계 값을 추세와 함께 살펴볼 때 사용함
- 방사형 차트 : 많은 데이터 계열의 합계 값을 비교할 때 사용하며, 각 항목마다 가운데 요소에서 뻗어나온 값 축을 갖고, 선은 같은 계열의 모든 값을 연결함(가로, 세로 축 없음)

30 ③

코드 보기, 시트 보호, 모든 시트 선택은 실행 가능함

31 ②

셀의 데이터를 삭제하면 윗주도 함께 사라짐

오답 피하기

- ① : 윗주의 서식은 내용 전체에 대해 서식을 변경할 수 있음
- ③ : 문자 데이터에만 윗주를 표시할 수 있음
- ④ : 윗주 필드 표시는 인쇄 미리 보기에서 표시되고 인쇄할 때도 같이 인쇄됨

32 ④

1부터 100까지 홀수의 평균을 구하기 위해서는 홀수의 합(sum)을 개수(count)로 나누어야 되므로 ④번은 sum/count처럼 입력해야 됨

33 ③

오답 피하기

- ① : 차트의 종류는 도우넛 차트임
- ② : 계열1 요소인 1월의 첫째 조각의 각은 0°임
- ④ : 도넛 구멍의 크기는 30%가 설정된 상태임

34 ④

[모두 선택] 단추 ▨를 클릭하면 워크시트 전체가 선택됨

35 ③

텍스트 창에서 수식을 입력할 경우 SmartArt에 입력된 수식이 그대로 표시됨

36 ①

틀 고정선은 창 나누기와는 달리 고정선을 이용하여 고정선의 위치를 조절할 수 없음

37 ④

- 사원번호 첫 번째 문자가 'S'인 경우이므로 LEFT 함수를 이용하여 첫 글 자를 추출함 → LEFT($A$2:$A$6,1)
- 배열 수식을 이용하여 'S'인 경우 참(1)이 되는 것과 매출액을 곱(*)하여 그 합을 산출함 → =SUM((LEFT($A$2:$A$6,1)="S")*$B$2:$B$6)
- 배열 수식이므로 Ctrl + Shift + Enter 를 누르면 수식 앞, 뒤로 중괄호({ }) 가 생성됨 → {=SUM((LEFT($A$2:$A$6,1)="S")*$B$2:$B$6)}

38 ①

매크로에서 지정한 바로 가기 키와 엑셀에서 사용하는 바로 가기 키가 같을 경우 매크로에서 지정한 바로 가기 키가 우선 적용됨

39 ①

- 복합 조건(AND, OR 결합) : 첫 행에 필드명(성명, 호봉)을 나란히 입력하 고, 두 번째 행의 동일한 행에 첫 번째 조건(홍*, <=30)을 입력하고 다음 동일한 행에 두 번째 조건(지*, >=30)을 입력함

성명	호봉
홍*	<=30
지*	>=30

- 성명이 홍으로 시작하고 호봉이 30 이하 또는 성명이 지로 시작하고 호 봉이 30 이상인 데이터를 필터함(지용훈, 홍범도, 지유환)

40 ④

& : 여러 텍스트를 한 텍스트로 조인시킴

41 ④

④의 라.는 데이터 제어어(DCL)에 대한 설명임

42 ④

파이썬(Python) : 1991년 귀도 반 로섬(Guido van Rossum)이 발표한 대화 형 인터프리터식 프로그래밍 언어

43 ②

오답 피하기

- 캡션 : 폼 보기의 제목 표시줄에 나타나는 텍스트를 설정함
- 기본 보기 : 폼 보기의 기본 보기 형식을 설정함
- 레코드 잠금 : 동시에 같은 레코드를 편집하려고 할 때 레코드 잠그는 방 법을 설정함

44 ④

오답 피하기

- 보고서 머리글 : 보고서의 첫 페이지에 한 번만 표시됨(페이지 머리글 위 에 표시됨)
- 구역 선택기 : 각 구역을 선택하거나 구역의 속성을 지정할 때 사용함
- 페이지 머리글 : 보고서의 모든 페이지 상단에 표시됨

45 ③

매크로(Macro) : 여러 개의 명령문을 하나로 묶어서 일련의 절차를 미리 정 의하는 기능

46 ③

- AS : 필드나 테이블의 이름을 별명(Alias)으로 지정할 때 사용함
- AS 총매출 : 전반기+하반기의 합을 '총매출'이라는 이름으로 구함

47 ③

- mid 함수는 문자열의 시작 위치에서 지정된 수의 문자를 표시함
- mid("코참패스2024", 5, 4) : '코참패스2024'의 5번째부터 4개를 표시함 → 2024

48 ②

- 참조 무결성 : 외래키 값은 널(Null)이거나 참조 테이블에 있는 기본키 값 과 동일해야 함
- [학과] 테이블에서 학과코드 'E'를 삭제하더라도 [학과] 테이블의 학과코 드 'E'는 [학생] 테이블의 '학과코드' 필드에서 사용하고 있지 않으므로 참 조 무결성이 유지됨

49 ③

- 모달 폼 : 현재 모달 폼을 닫기 전까지 다른 창을 사용할 수 없음
- [만들기] 탭→[폼] 그룹→[기타 폼]→[모달 대화 상자]를 클릭하여 실행함

50 ④

보고서는 데이터의 입력, 추가, 삭제 등의 작업을 할 수 없음

51 ②

폼이나 보고서에서 쿼리를 레코드 원본으로 사용할 수 있음

52 ③

- GROUP BY : 그룹에 대한 쿼리시 사용
- GROUP BY 열리스트 [HAVING 조건]

53 ①

'제품별 납품 현황'은 보고서 매 페이지마다 인쇄해야 되므로 페이지 머리글 영역에 작성해야 됨

54 ②

=DCount("[학번]","[성적]","[점수]=90") : =DCount(인수, 도메인(테이블명이나 쿼리명), 조건식)으로 특정 레코드의 집합(도메인)의 레코드 개수를 계산함

55 ②

개념 스키마(Conceptual Schema)

- 일반적으로 스키마라고도 함
- 논리적(Logical) 입장에서의 데이터베이스 전체 구조를 의미함
- 데이터의 모양을 나타내는 도표로서 스키마라 함
- 각각의 응용 시스템이 필요로 하는 데이터 구조로 하나만 존재함
- 접근 권한, 보안 정책, 무결성 규칙을 명시함

오답 피하기
- 외부스키마 : 서브 스키마(Sub Schema) 또는 뷰(View)라고도 하며 스키마 전체를 이용자의 관점에 따라 부분적으로 분할한 스키마의 부분 집합
- 내부스키마 : 물리적 스키마(Physical Schema)라고도 하며 물리적 입장에서 액세스하는 데이터베이스 구조를 의미함

56 ④

데이터 정의 언어(DDL) (Data Definition Language)	CREATE(테이블 생성), ALTER(테이블 변경), DROP(테이블 삭제)
데이터 조작 언어(DML) (Data Manipulation Language)	SELECT(검색), INSERT(삽입), UPDATE(갱신), DELETE(삭제)
데이터 제어 언어(DCL) (Data Control Language)	GRANT(권한 부여), REVOKE(권한 해제), COMMIT(갱신 확정), ROLLBACK(갱신 취소)

57 ④

- ㉠ : EMPLOYEE 테이블의 DEPT_ID 필드 데이터 전체를 검색하므로 튜플 수는 10이 됨
- DISTINCT : 검색 결과값 중 중복된 결과값(레코드)을 제거, 중복되는 결과값은 한 번만 표시함
- ㉡ : EMPLOYEE 테이블의 DEPT_ID 필드 데이터에서 중복된 결과값은 한 번만 표시하므로 튜플 수는 3이 됨

58 ④

개체 무결성 : 테이블에서 기본키를 구성하는 속성(열) 값은 널(null) 값이나 중복 값을 가질 수 없음

59 ①

콤보 상자

- 콤보 상자는 적은 공간에서 목록값을 선택하며 새로운 값을 입력할 경우 유용함
- 콤보 상자의 드롭다운 화살표를 클릭 전까지는 목록이 숨겨져 있으며, 클릭하면 목록이 표시됨
- 콤보 상자는 텍스트 상자와 목록 상자의 기능이 결합된 컨트롤임
- 콤보 상자는 목록에 없는 값을 입력할 수 있음

오답 피하기
- 텍스트 상자 : 레코드 원본 데이터에 연결된 바운드 텍스트 상자, 바운드되지 않아 데이터는 저장되지 않는 언바운드 텍스트 상자, 계산 텍스트 상자로 작성할 수 있음
- 명령 단추 : 단순히 클릭하기만 하면 매크로 함수를 수행하는 방법을 제공함
- 옵션 그룹 : 틀, 옵션 단추, 확인란, 토글 단추 등으로 구성됨

60 ③

왼쪽 외부 조인 : 왼쪽의 테이블을 우선해서 왼쪽의 테이블에 관해 모든 행을 결과로 남기는 조인

오답 피하기
- 교차 조인 : 두 개의 테이블을 직교에 의해 조인하는 것으로 가장 단순한 조인으로 카테젼 곱(Cartesian Product)이라고 함
- 내부 조인 : 한쪽 테이블의 열의 값과 다른 한쪽의 테이블의 열의 값이 똑같은 행만을 결합하는 것
- 오른쪽 외부 조인 : 오른쪽 테이블을 우선해서 오른쪽의 테이블에 관해 모든 행을 결과로 남기는 조인

자격증은 이기적!

합격입니다.

이렇게
기막힌
적중률

컴퓨터활용능력 1급
필기 기본서

3권 · 데이터베이스 일반

"이" 한 권으로 합격의 "기적"을 경험하세요!

YoungJin.com Y.
영진닷컴

출제빈도에 따라 분류하였습니다.

- 상 : 반드시 보고 가야 하는 이론
- 중 : 보편적으로 다루어지는 이론
- 하 : 알고 가면 좋은 이론

▶ **합격 강의**

동영상 강의가 제공되는 부분을 표시했습니다. 이기적 수험서 사이트(license.youngjin.com)에 접속하여 시청하세요.

▶ 본 도서에서 제공하는 동영상의 시청과 PDF 자료는 1판 1쇄 기준 2년간 유효합니다. 단, 출제기준안에 따라 동영상 내용은 변경될 수 있습니다.

PART 03 데이터베이스 일반

데이터베이스 일반

파트 소개

3과목 데이터베이스 일반은 데이터베이스의 개요와 데이터를 담는 역할을 하는 테이블, 작성된 테이블에서 여러 가지 방법으로 데이터를 추출하는 방법인 쿼리 (질의), 효율적인 입출력을 하기 위한 폼 작성과 보고를 위한 서식 개념의 보고서 작성 및 프로그래밍에 대한 내용으로 구성됩니다. 개념과 용어는 암기 위주의 학습이 중요하며, 실습을 통한 이해와 기능별 숙지로 공부하는 것이 효율적입니다.

※ 데이터베이스 프로그램의 경우 기술 발달 및 산업 현장의 수요에 따라
　　Microsoft Office 2021 버전으로 업데이트되었음

CHAPTER 01

데이터베이스 개요

학습 방향

데이터베이스의 개념과 용어에 대해 전반적으로 묻는 추세이며 특히 데이터베이스의
장점과 단점의 선별 능력이 중요합니다. 아울러 키의 개념도 확실한 이해가 필요하며
정규화의 필요성과 종류에 대해서도 꼼꼼히 공부하세요.

출제 빈도

SECTION 01	상	83%
SECTION 02	하	17%

데이터베이스의 개념과 용어

▶ 합격 강의

빈출 태그 DBMS • 필수 기능 • 스키마 • 데이터베이스 언어 • 데이터베이스 모델 • 기본키 • 외래키 • 정규화

01 데이터베이스 개념

└─ 통합, 저장, 운영, 공용 데이터

1) 데이터베이스의 정의 14년 3월, 09년 10월, 06년 2월

Data의 의미인 『자료』와 Base의 『기초, 토대』가 합성되어 『데이터의 집합체』, 즉 서로 관련 있는 데이터의 집합을 의미한다.

- 서로 관련 있는 데이터(파일)의 집합체
- 여러 응용 시스템 간에 공유가 가능하도록 통합, 저장된 운영 데이터의 집합
- 데이터 처리를 위해 중복을 최소화하여 공동으로 사용할 수 있도록 한 통합된 데이터
- 컴퓨터 처리를 위한 데이터베이스 관리 시스템(DBMS)
- 방대한 양의 자료 처리를 위한 소프트웨어
- 데이터의 독립성 보장을 위한 종합 시스템

2) 데이터베이스의 특징 03년 5월

★ 질의(Query)
질문, 의문, 물음표(?)의 의미로, 하나 이상의 테이블에서 필요한 조건을 주어 자료를 추출하거나 검색하는 기능임

실시간 접근 처리 (Real Time Accessibility)	질의(Query)★에 대해 실시간 접근 처리를 지원함
내용에 의한 참조 (Content Reference)	지정된 주소가 아닌 데이터의 내용(Contents)에 따라 참조함
자원의 동시 공유 (Concurrent Sharing)	여러 사용자(User)가 자원을 동시에 공유함
계속적인 변화 (Continuous Evolution)	삽입(Insert), 삭제(Delete), 갱신(Update) 등을 통해 데이터를 동적으로 유지함

3) 데이터베이스의 장단점 21년 상시, 17년 9월, 15년 6월, 11년 10월, 10년 6월, 09년 7월, 08년 5월/8월, 06년 9월, …

🅱 기적의 TIP

데이터베이스의 특징과 장점 및 단점을 정확하게 구분하세요. 특히, 데이터베이스는 예비와 회복 기법이 어렵다는 점에 주의하세요.

장점	• 중복을 최소화하여 자료의 일치를 기함 • 데이터의 물리적, 논리적 독립성을 유지함 • 단말기를 통해 요구된 내용을 즉시 처리함(실시간 접근) • 데이터 보안을 유지하여 데이터의 손실을 방지함 • 최신 데이터를 유지하므로 데이터의 계속적인 변화에 적응함 • 데이터의 내용에 의한 액세스를 함 • 일관성, 무결성의 유지 및 데이터의 공유와 표준화가 가능함
단점	• 운영 비용 면에서 부담이 크며, 전산 비용이 증가되고 복잡함 • 자료의 처리 방법이 복잡함 • 시스템의 취약성이 있음 • 예비(Backup)와 회복(Recovery) 기법이 어려워짐

02 데이터베이스 관리 시스템(DBMS) ^{22년 상시, 13년 10월, 12년 9월, 10년 3월/10월, 09년 7월, …}

1) DBMS(DataBase Management System)

- 데이터베이스 관리 시스템으로, 종래 자료 처리 시스템의 문제점인 자료의 종속성과 중복성을 해결하기 위한 소프트웨어 시스템이다.
- 응용 프로그램과 데이터의 중재자 역할로, 모든 응용 프로그램들이 데이터베이스를 공유할 수 있도록 한다.

기적의 TIP

데이터베이스 관리 시스템은 자료의 종속성과 중복성을 해결하기 위한 소프트웨어 시스템입니다. 데이터 간의 종속성을 유지하려는 목적은 아닙니다.

2) 데이터베이스의 필수 기능

정의 기능	• 데이터베이스와 응용 프로그램 간의 상호 작용 수단을 제공함 • 물리적 저장 장치에 데이터베이스가 저장될 수 있게 물리적인 구조를 정의함
조작 기능	• 데이터베이스와 사용자 간의 상호 작용 수단(데이터 요청, 변경 등)을 제공함 • 데이터의 처리를 위한 데이터의 삽입, 삭제, 검색, 갱신 등을 지원함
제어 기능	• 데이터 간의 모순성이 발생하지 않도록 함 • 데이터베이스의 내용을 항상 정확하게 유지하여 데이터의 무결성이 파괴되지 않도록 함

3) 데이터베이스의 목적

데이터의 중복성 최소화	공유가 가능하도록 데이터의 중복을 최소화함
데이터의 공유	다른 사용자와 데이터를 공유하여 사용함
데이터의 독립성	데이터의 논리적 구조와 물리적 저장 형식, 구성이 독립적임
데이터의 무결성	데이터에 대한 효율적인 검증으로 데이터의 정확성을 유지함
데이터의 보안성	효율적인 통제로 인한 데이터의 보안을 보장함
데이터의 일관성	임의의 사항에 대한 여러 데이터들을 일괄적으로 변환함

암기 TIP

데이터베이스의 필수 기능
데이터베이스의 필수 기능을 만든 왕은 정조 맞제… 그래서 정의, 조작, 제어랍니다. 믿거나 말거나!!

데이터의 중복성으로 인한 문제점
- 데이터의 보안 유지가 어려움
- 데이터의 일관성 유지가 어려움
- 데이터의 무결성 유지가 어려움
- 데이터의 갱신(Update) 비용의 증가

03 데이터베이스 시스템의 구성

1) 스키마(Schema) ^{23년 상시, 18년 9월, 14년 10월}
'개요'의 사전적 의미가 있으며, 전체적인 도식 개념이 있음
데이터베이스를 구성하는 파일, 레코드, 항목의 형식과 상호 관계 전체를 정의하는 것이다.

외부 스키마 (External Schema)	• 서브 스키마(Sub Schema) 또는 뷰(View)★라고도 함 • 스키마 전체를 이용자의 관점에 따라 부분적으로 분할한 스키마의 부분 집합 • 사용자나 응용 프로그래머가 직접 필요로 하는 데이터 구조를 의미함 • 여러 개의 외부 스키마가 존재할 수 있음
개념 스키마 (Conceptual Schema)	• 일반적으로 스키마라고도 함 • 논리적(Logical) 입장에서의 데이터베이스 전체 구조를 의미함 • 데이터의 모양을 나타내는 도표로서 스키마라 함 • 각각의 응용 시스템이 필요로 하는 데이터 구조로 하나만 존재함 • 접근 권한, 보안 정책, 무결성 규칙을 명세함
내부 스키마 (Internal Schema)	• 물리적 스키마(Physical Schema)라고도 함 • 물리적 입장에서 액세스하는 데이터베이스 구조를 의미함 • 기억 장치 내에 실질적으로 구성된 구조를 의미함

★ 뷰(View)
하나 이상의 기본 테이블에서 유도하여 만든 가상 테이블

기적의 TIP

데이터베이스 언어는 정확히 파악해두세요. 시험에서 자주 출제되는 단골 내용입니다. 혼동되지 않도록 구분해서 외워두세요!! 또한 DBA의 역할과 책임도 반드시 알아두세요.

- 데이터베이스를 구성하는 정보 내용을 정의함
- 데이터의 저장 구조와 접근 방법을 결정함
- 시스템의 보안성과 무결성을 책임짐
- 백업과 회복을 위한 정책을 결정함
- 스키마를 정의함
- 데이터베이스를 사용자 요구에 맞도록 재구성함
- 시스템 성능 감지와 사용자의 요구 및 불편을 해소함

2) 데이터베이스 언어(DBL : DataBase Language) 24년 상시, 23년 상시, 22년 상시, 20년 2월, …

데이터 정의어 (DDL : Data Definition Language)	• 데이터베이스 구조와 관계, 데이터베이스 이름을 정의함 • 데이터 항목, 키 값의 고정, 데이터의 형과 한계를 규정함 • 데이터 액세스 방법 등을 규정함
데이터 조작어 (DML : Data Manipulation Language)	• 주 프로그램에 내장하여 데이터베이스를 실질적으로 운영 및 조작함 • 데이터의 삽입, 삭제, 검색, 변경, 연산 등의 처리를 위한 연산 집합
데이터 제어어 (DCL : Data Control Language)	• 데이터베이스를 공용하기 위하여 데이터 제어를 정의 및 기술함 • 데이터 보안, 무결성, 회복, 병행 수행 등을 제어함

3) 데이터베이스 사용자 24년 상시, 09년 10월, 06년 9월

일반 사용자	단말기를 이용하여 질의어로 데이터베이스에 접근하는 사람
응용 프로그래머	• 데이터 부속어와 호스트 프로그래밍 언어를 이용하여 프로그램을 작성함 • 작성한 프로그램으로 데이터에 접근하는 사람
데이터베이스 관리자 (DBA : DataBase Administrator)	데이터베이스 시스템을 총체적으로 감시, 관리하는 책임과 권한을 갖는 사람 또는 그룹

04 데이터베이스 모델 15년 10월

1) 계층적 데이터베이스(Hierarchical Database)

- 트리(Tree) 데이터베이스(=Hierarchical 데이터베이스)라고 한다.
- 하나의 부노드가 여러 자노드를 갖는다.

장점	단점
• 간단하여 이해하기 쉬움 • 구현, 수정, 탐색이 용이함	• 데이터 상호 간의 유연성이 부족함 • 검색 경로가 한정되어 있으므로 비효율적임

2) 네트워크 데이터베이스(Network Database) 14년 10월, 09년 7월

- 망 구조 데이터베이스, Plex 데이터베이스라고 한다.
- 일종의 그래프 형태로서 계층 데이터베이스 모델이 확장된 형태이다.
- 하나의 자노드가 여러 부노드를 가질 수 있다.
- 오너(Owner)-멤버(Member) 관계이다.

장점	단점
• 데이터 상호 간의 유연성이 좋음 • 다양한 형태의 구조를 제공하며, m : n의 관계 표현이 가능함	• 복잡하여 이해하기 어려움 • 변경이 어려워 확장성이 거의 없음

3) 관계형 데이터베이스(Relational Database) ^{09년 7월}

- Relational 데이터베이스, 표(Table) 데이터베이스라고 한다.
- 테이블(Table)을 이용하여 데이터 상호 관계를 정의한다.
- 계층적 데이터베이스와 네트워크 데이터베이스의 복잡한 구조를 단순화한다.

장점	단점
• 다른 데이터베이스로 변환이 쉬움 • 데이터의 추가, 삭제, 수정, 검색이 쉬움 • 간결하고 보기가 편리함	• 자료 검색에 있어서 성능이 다소 떨어짐 • 데이터의 중복이 생길 수 있음

4) 객체 지향형 데이터베이스(Object Oriented Database) 모델

- 객체(Object) 개념을 데이터베이스에 적용한 모델이다.
- 데이터베이스를 객체/상속(Inheritance) 구조로 표현한다.

05 관계형 데이터베이스

1) 테이블(Table)의 개념 및 특징 ^{24년 상시, 23년 상시, 22년 상시, 20년 7월, 19년 8월, 16년 3월, 13년 3월, 12년 6월, …}
=릴레이션(Relation)

성명	주소	학교명	성별
홍길동	서울시	정양고	남
이순신	부산시	서우고	남
김이순	대전시	부상고	여
김삼순	경기도	대정고	여

레코드 = 행 = 튜플(Tuple)

필드 = 열 = 속성(Attribute)

테이블(Table)	관계형 데이터베이스에서 2차원의 가로, 세로(행과 열) 형태로 나타내는 저장소
튜플(Tuple)	테이블에서 행을 나타내는 말로 레코드와 같은 의미임
속성(Attribute)	테이블에서 열을 나타내는 말로 필드와 같은 의미임(널(Null) 값을 가질 수 있음)
도메인(Domain)	하나의 속성이 취할 수 있는 값의 집합(예 성별의 경우 남, 여가 해당됨)
차수(Degree)	한 릴레이션(테이블)에서 속성(필드=열)의 개수임(예 4개(성명, 주소, 학교명, 성별))
기수(Cardinality)	카디널리티라고도 하며, 한 릴레이션(테이블)에서의 튜플의 개수임(예 4개(제목행 제외))

▶ 릴레이션의 특징

튜플의 유일성	한 릴레이션에 포함된 튜플들은 모두 다름
튜플의 무순서	한 릴레이션에 포함된 튜플 사이에는 순서가 없음
속성의 무순서	한 릴레이션을 구성하는 속성(Attribute) 사이에는 그 순서가 없음
속성의 원자값	모든 속성(Attribute) 값은 원자값(Atomic Value)임

🅑 기적의 TIP

데이터베이스 모델 중 관계형 데이터베이스는 자주 출제됩니다. 여기서는 개념과 장단점을 확인해두고 뒷 페이지에서 자세히 다루고 있으니 꼼꼼히 공부해두세요!

관계형 데이터베이스 관리 시스템 (RDBMS)의 종류
- MS-SQL Server
- MY-SQL
- 오라클(ORACLE)

🅑 기적의 TIP

테이블의 개념 및 특징과 키의 각 종류에 대한 완벽한 이해가 필요한 부분입니다. 아울러 정규화도 자주 출제되므로 정확히 이해하셔야 합니다. 전반적으로 자세히 공부해두세요!!

릴레이션(Relation) : 관계형 데이터베이스에서 데이터들을 표(Table) 형태로 표현한 것

🕙 암기 TIP

- 한 번 할래, 튜(두)번 행레... 튜플은 행 그리고 레코드랍니다.
- 속으로 열받죠, 담배 필래...속성은 열이며 필드랍니다. 참! 금연하세요.

릴레이션의 구성
- 릴레이션 스키마(Schema) : 일정 수의 속성의 집합
- 릴레이션 인스턴스(Instance) : 튜플의 집합
- 릴레이션 스키마는 정적인 성질이며, 릴레이션 인스턴스는 동적인 성질임

2) 키(Key)의 개념

- 테이블에서 다른 데이터와 구분하기 위한 유일한 값을 가지는 필드 또는 필드의 집합이다.
- 키(Key)는 각각의 튜플을 유일하게 식별할 수 있는 것으로, 한 테이블(릴레이션)에서 적어도 한 개의 키는 존재해야 한다.

3) 키(Key)의 종류 23년 상시, 22년 상시, 19년 3월, 17년 3월, 12년 6월/9월, 11년 10월, 10년 3월, 09년 4월, 08년 2월, …

① 후보키(Candidate Key)

한 테이블에서 유일성★과 최소성★을 만족하는 키이다(예 사원번호, 주민등록번호).

[인사] 테이블

사원번호	성명	주민등록번호	직급	부서코드
111	구승원	780627-1234567	부장	C
222	이상영	700810-2345678	부장	S
333	지유환	701128-4567892	과장	H
444	이선훈	900305-1112223	과장	I

② 기본키(PK : Primary Key) 24년 상시, 14년 3월, 13년 6월, 11년 7월, 10년 6월

- 후보키 중에서 선정되어 사용되는 키이다(예 사원번호 – 인사관리).
- 기본키는 널(Null)★이 될 수 없으며 중복될 수 없다.

③ 대체키(Alternate Key)

후보키 중 기본키로 선택되지 않는 나머지 키이다(예 사원번호가 기본키일 때 주민등록번호).

④ 슈퍼키(Super Key)

- 복합키(Composite Key) 또는 연결키라고도 한다.
- 유일성은 만족하나 최소성은 만족하지 않는다.
- 한 릴레이션에서 어떠한 열도 후보키가 없을 때 두 개 이상의 열을 복합(연결)할 경우 유일성을 만족하여 후보키가 되는 키를 의미한다.

[성적] 테이블

사원번호	과목명	점수
111	국어	100
111	영어	90
222	국어	86
222	영어	77

예 위의 [성적] 테이블의 경우 그 어떤 필드도 후보키로 존재할 수 없어 사원번호와 과목명을 복합(연결)하면 "111국어", "111영어", "222국어", "222영어"처럼 최소성은 만족하지 못하나 유일성은 만족시킨다. 이를 슈퍼키(Super Key)라 한다.

★ 유일성
키로 하나의 튜플만을 식별 가능함(예 사원번호 및 주민등록번호로 튜플 식별 가능)

★ 최소성
유일한 식별을 하기 위해 꼭 있어야하는 속성으로만 구성됨(예 사원번호와 주민등록번호 각각의 속성만으로 식별 가능)

★ 널(Null)
- 아무것도 없다는 의미임
- 값 자체가 존재하지 않음

개체 무결성
기본키는 널(Null) 값이 될 수 없음

🕐 암기 TIP

키의 종류
후기대슈, 외(왜)….
키의 종류는 후보키, 기본키, 대체키, 슈퍼키, 외래키가 있답니다.

⑤ **외래키**(FK : Foreign Key) 24년 상시, 23년 상시, 22년 상시, 17년 9월, 13년 3월, 12년 3월, 11년 3월

- 외래키(FK)가 다른 참조 테이블(릴레이션)의 기본키(PK)일 때 그 속성키를 외래키라고 한다.
- 하나의 테이블에는 여러 개의 외래키가 존재할 수 있다.

참조 무결성
외래키 값은 널(Null)이거나 참조 테이블에 있는 기본키 값과 동일해야 함

[인사] 테이블

사원번호	성명	주민등록번호	직급	부서코드
111	구승원	780627-1234567	부장	C
222	이상영	700810-2345678	부장	S
333	지유환	701128-4567892	과장	H
444	이선훈	900305-1112223	과장	I

[부서코드] 테이블

부서코드	부서명
C	전산부
S	홍보부
H	인사부
I	영업부

예 [인사] 테이블의 부서코드는 [부서코드] 테이블의 부서코드를 참조하며, 이때 [부서코드] 테이블의 부서코드가 기본키이므로 [인사] 테이블의 부서코드는 외래키(FK)에 해당한다.

└── 릴레이션을 항상 최상위 수준으로 정규화할 필요는 없음

4) 정규화(Normalization) 24년 상시, 22년 상시, 21년 상시, 20년 7월, 19년 3월, 18년 9월, 17년 3월, 14년 6월, 13년 6월, …

- 관계형 데이터베이스를 설계할 때 데이터의 중복을 최소화하고, 불일치를 방지하기 위해 릴레이션 스키마를 분해해 가는 과정이다.
- 데이터베이스의 논리적 설계 단계에서 수행된다.
- 정규화되지 못한 릴레이션의 조작 시 발생하는 이상(Anomaly) 현상★의 근본 원인은 여러 종류의 사실들이 하나의 릴레이션에 표현되기 때문이다.
- 이상 현상이 발생하지 않도록 중복성과 종속성을 배제하는 것을 원칙으로 한다.
- 정규화가 잘못되면 데이터의 불필요한 중복을 야기하여 릴레이션 조작 시 문제가 생긴다.
- 정규형(NF : Normal Form)에는 제1정규형(1NF), 제2정규형(2NF), 제3정규형(3NF), BCNF형, 제4정규형(4NF), 제5정규형(5NF) 등이 있다.

정규화의 목적
- 이상(Anomaly) 현상을 방지함
- 데이터를 삽입할 때 테이블을 재구성하는 번거로움을 줄임

★ **이상(Anomaly) 현상**
관계형 데이터베이스의 릴레이션을 조작할 때 발생하는 현상임
- **삽입 이상(Insertion Anomaly)** : 데이터를 삽입할 때 불필요한 데이터가 함께 삽입되는 현상으로, 제1정규형에 문제가 있는 경우 발생하는 현상
- **삭제 이상(Deletion Anomaly)** : 릴레이션의 한 튜플을 삭제함으로써 연쇄 삭제로 인해 정보의 손실이 발생하는 현상
- **갱신 이상(Update Anomaly)** : 중복된 튜플 중에서 일부 튜플의 값만을 갱신함으로써 정보의 모순성이 발생하는 현상

제1정규형(1NF)	• 원자값이며, 최소한의 값임 • 반복되는 열이 없음
제2정규형(2NF)	• 키를 결정하면 다른 열의 값이 결정됨 • 기본키에 완전 함수적 종속임(=부분 함수 종속 제거)
제3정규형(3NF)	• 기본키 열 이외의 열의 값에 따라 다른 열의 값이 결정되는 일이 없음 • 서로 독립적임(기본키에 이행적 종속이 아니면 이행 함수 종속 제거)
BCNF형 (Boyce & Codd NF)	• 엄격한 3차 정규형 • 모든 결정자가 후보키가 아닌 함수 종속을 제거함(=결정자를 모두 후보키로)
제4정규형(4NF)	두 개의 상호 독립적인 다중 값 속성을 서로 다른 두 릴레이션으로 분리(다른 종속 제거)
제5정규형(5NF)	후보키를 통하지 않은 조인 종속을 제거함

└── 정규화를 처음 개발한 사람

암기 TIP

1은 영어로 ONE(원)이므로 제 1정규형은 원자값

- 데이터베이스의 물리적 구조나 처리에 영향을 주지 않고 논리적 처리 및 품질에 영향을 미친다.
- 정규화를 하지 않을 경우에는 이상 현상, 즉 잠재적인 문제점이 발생한다.

01 다음 중 관계형 데이터베이스 관리 시스템(RDBMS)의 종류에 해당하지 <u>않는</u> 것은?

① MS-SQL Server   ② 오라클(ORACLE)
③ MY-SQL   ④ 파이썬(Python)

파이썬(Python) : 1991년 귀도 반 로섬(Guido van Rossum)이 발표한 대화형 인터프리터식 프로그래밍 언어

02 다음 중 릴레이션(Relation)에 대한 설명으로 옳지 <u>않</u>은 것은?

① 한 릴레이션에 포함된 튜플(Tuple)의 수를 인스턴스(Instance)라 한다.
② 연관된 속성의 집합으로 관계형 모델에서의 테이블(Table)을 의미한다.
③ 한 릴레이션을 구성하는 속성(Attribute)들 사이에는 순서가 없다.
④ 한 릴레이션에 포함된 튜플을 유일하게 식별하기 위한 속성들의 부분집합을 키(Key)로 설정한다.

기수(Cardinality) : 한 릴레이션(테이블)에서의 튜플(Tuple)의 개수

03 입사 지원자의 정보를 DB화 하기 위해 테이블을 설계하고자 한다. 다음 중 한명의 지원자가 여러 개의 이력이나 경력사항을 갖는 경우 가장 적절한 테이블 구조는?

① 지원자(지원자ID, 이름, 성별, 생년월일, 연락처) 경력(경력ID, 회사, 직무, 근무기간)
② 지원자(지원자ID, 이름, 성별, 생년월일, 연락처) 경력(경력ID, 지원자ID, 회사, 직무, 근무기간)
③ 지원자(지원자ID, 이름, 성별, 생년월일, 연락처, 회사, 직무, 근무기간)
④ 지원자(지원자ID, 이름, 성별, 생년월일, 연락처, 회사1, 직무1, 근무기간1, 회사2, 직무2, 근무기간2, 회사3, 직무3, 근무기간3)

한명의 지원자가 여러 개의 이력이나 경력사항을 갖는 경우이므로 각각 "지원자ID"를 기본키로 하는 [지원자] 테이블과 "경력ID"를 기본키로 하고 "지원자ID"를 외래키로 하는 [경력] 테이블이 필요함

04 다음 중 관계형 데이터베이스 모델에 대한 설명으로 옳지 <u>않은</u> 것은?

① 도메인(Domain)은 하나의 애트리뷰트(Attribute)가 취할 수 있는 같은 타입의 원자값들의 집합이다.
② 한 릴레이션(Relation)에 포함된 튜플(Tuple)들은 모두 상이하며, 튜플(Tuple) 사이에는 순서가 있다.
③ 튜플(Tuple)의 수를 카디널리티(Cardinality), 애트리뷰트(Attribute)의 수를 디그리(Degree)라고 한다.
④ 애트리뷰트(Attribute)는 데이터베이스를 구성하는 가장 작은 논리적 단위이며, 파일 구조상의 데이터 필드에 해당된다.

튜플(Tuple)의 무순서 : 튜플(Tuple) 사이에는 순서가 없음

05 다음 중 데이터를 입력 또는 삭제 시 이상(Anomaly) 현상이 일어나지 않도록 데이터베이스를 설계하기 위한 기술을 의미하는 용어는?

① 자동화   ② 정규화
③ 순서화   ④ 추상화

• 정규화(Normalization) : 이상(Anomaly) 현상이 발생하지 않도록 하기 위한 것으로 관계형 데이터베이스를 설계할 때 데이터의 중복 최소화와 불일치를 방지하기 위해 릴레이션 스키마를 분해해 가는 과정
• 이상(Anomaly) 현상 : 관계형 데이터베이스의 릴레이션을 조작할 때 발생하는 현상으로 삽입 이상, 삭제 이상, 갱신 이상 등이 있음

06 다음 중 데이터 보안 및 회복, 무결성, 병행 수행 제어 등을 정의하는 데이터베이스 언어로 데이터베이스 관리자가 데이터 관리를 목적으로 주로 사용하는 언어는?

① 데이터 제어어(DCL)   ② 데이터 부속어(DSL)
③ 데이터 정의어(DDL)   ④ 데이터 조작어(DML)

데이터 제어어(DCL : Data Control Language)
• 데이터베이스를 공용하기 위하여 데이터 제어를 정의 및 기술함
• 데이터 보안, 무결성, 회복, 병행 수행 등을 제어함
• 종류 : GRANT(권한 부여), REVOKE(권한 해제), COMMIT(갱신 확정), ROLLBACK(갱신 취소)

정답 01 ④ 02 ① 03 ② 04 ② 05 ② 06 ①

데이터베이스 설계

▶ 합격 강의

01 데이터베이스 설계

1) 데이터베이스 설계 시 고려 사항

무결성	삽입, 삭제, 갱신 등의 연산 이후 데이터가 정확해야 함
일관성	데이터의 질의와 응답에 모순성이 발생하면 안 됨
보안	불법적인 접근이나 변경으로부터 보호될 수 있어야 함
회복	시스템의 장애 발생 시 원 상태로의 복구가 가능해야 함
확장성	새로운 데이터의 추가가 가능해야 함

> **기적의 TIP**
>
> 데이터베이스의 설계 단계에 대해 정확히 익혀두세요. 첫 단계는 요구 조건 분석이며, 마지막 단계는 구현입니다.

2) 데이터베이스 설계 단계 24년 상시, 22년 상시, 15년 6월, 07년 7월, 04년 2월

① 요구 조건 분석 단계

데이터베이스 사용자의 요구 사항 및 조건 등을 조사하여 요구 사항을 분석하는 단계로 요구 명세서가 산출된다.

② 개념적 설계 단계

- 현실 세계에 대해 추상적인 개념(정보 모델링)으로 표현하는 단계이다.
- 요구 조건 분석 단계에서의 요구 명세서를 토대로 하여 데이터베이스에 사용할 데이터와 데이터의 관계, 의미, 제약 조건 등을 개념적 스키마로 설계한다.
- 트랜잭션(Transaction)의 정보가 스키마에 포함되도록 설계한다.

③ 논리적 설계 단계

- 개념 세계를 데이터 모델링(Modeling)을 거쳐 논리적으로 표현한다.
- 컴퓨터 시스템으로 처리가 가능한 형태의 논리적 스키마를 설계하는 단계이다.

④ 물리적 설계 단계

- 컴퓨터 시스템의 저장 장치에 저장하기 위한 구조와 접근 방법 및 경로 등을 설계한다.
- 물리적 저장 장치의 데이터를 검색 및 갱신하기 위하여 인덱스(Index) 기법을 이용한 탐색 방법과 저장 구조에 대해 고려해야 한다.

⑤ 구현

구현 후 운영과 그에 따른 감시 및 개선 작업이 이루어짐

> **암기 TIP**
>
> **데이터베이스 설계 단계**
> 요즘처럼 더울 때 개구쟁이들은 논에서 물놀이를 한다구요.
> 요구 조건 분석 → 개념적 설계 → 논리적 설계 → 물리적 설계 → 구현

02 데이터 모델링(Modeling) ^{21년 상시, 15년 3월}

데이터 모델의 요소는 데이터 구조, 연산, 제약 조건 등이 있음

현실 세계의 정보를 데이터베이스로 구현하기 위하여 개념적인 데이터 모델을 논리적인 데이터 모델로 변환하는 과정이다.

1) 개념적 데이터 모델

일반 사용자가 데이터를 인식할 수 있도록 하는 개념을 제공하며 객체와 객체 간의 관계로 데이터를 표현한다.

데이터 사전(Data Dictionary)
DB에 저장되어 있는 모든 개체들의 정보를 유지하고 관리하는 시스템(=시스템 카탈로그)

① 개체(Entity)
- 다른 것과 구분되는 개체로 단독으로 존재하는 실세계의 객체나 개념을 의미한다.
- 각 개체는 1개 이상의 속성(Attribute)을 가지며 파일 구성상 레코드(Record)에 해당한다(예 쇼핑몰에서의 "고객", "상품", "구매" 등).

② 속성(Attribute)
개체의 특성 및 상태를 표현한 것으로 파일 구성상 필드(Field)에 해당한다(예 "고객" 개체의 "고객성명", "고객번호", "휴대폰번호", "주민등록번호", "물품명" 등).

③ 관계(Relationship)
- 개체와 개체 간의 관계를 의미한다.
- 관계의 종류에는 1:1(일대일), 1:n(일대다), n:m(다대다)가 있다.

1:1(일대일)	개체와 개체가 일대일로 대응하는 관계
1:n(일대다)	한 개체가 다른 개체 집합의 여러 개체와 대응하는 관계
n:m(다대다)	• 한 개체 집합의 임의 개체가 다른 개체 집합의 여러 개체와 대응하는 관계 • 다른 개체 집합의 임의 개체 역시 여러 개체와 대응하는 관계

2) 논리적 데이터 모델

- 사용자들이 이해 가능한 형태의 개념을 제공하는 모델이다.
- 레코드 구조를 이용하기 때문에 레코드 기반 모델이라고도 한다.
- 관계 모델, 계층형 모델, 네트워크 모델 등이 있으며 주로 관계형 모델이 많이 사용된다.

03 개체–관계 모델(E–R Model) ^{24년 상시, 23년 상시, 21년 상시, 16년 10월, 12년 9월, 11년 3월, 09년 2월, …}

1) 개체–관계 모델(Entity–Relationship Model)

- 1976년 Peter Chen이 제안한 것으로 개체 타입(Entity Type)과 이들 간의 관계 타입(Relationship Type)을 이용해 현실 세계를 개념적으로 표현한 방법이다.
- 개념적 모델인 E–R 모델을 데이터베이스로 구현하기 위해서는 논리적 데이터 모델로 구현해야 한다.
- E–R 모델에서 하나의 속성은 관계형 데이터 모델에서 하나의 필드가 된다.

기적의 TIP

개체 관계 모델의 개념 및 E–R 다이어그램 기호의 의미를 묻는 문제가 출제되고 있습니다. 숙지해두세요.

2) E–R 다이어그램(ERD : Entity Relationship Diagram) ^{23년 상시, 18년 3월, 15년 3월, …}

- 개체–관계 모델(Entity–Relationship Model)에 의해 작성된 설계도이다.
- 개체–관계 모델을 그래픽 형태로 나타낸 것으로 개체, 속성, 관계, 링크 등으로 구성된다.

기호	의미	기호	의미
▭	개체 타입	▣	의존 개체 타입
◯	속성	◯(밑줄)	기본키 속성
◌ (점선)	유도된 속성	──	링크
◇	관계 타입	◈	관계 타입 식별

➕ 더 알기 TIP

"학생"이라는 개체는 "학번", "성명", "학과명"의 속성을 가지며 속성 중 "학번"은 기본키 속성을 갖는다. 이를 E–R 다이어그램으로 표현해 보자.

▶ 학생(학번, 성명, 학과명)

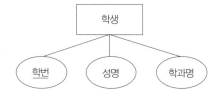

➕ 더 알기 TIP

"학생"과 "과목"으로 구성된 두 개체는 1 : n(일대다)의 "수강" 관계를 구성한다. 이를 E–R 다이어그램으로 표현해 보자.

✔ 개념 체크

1 개체–관계 모델에 의해 작성된 설계도를 ( )이라고 한다.

2 E–R 모델에서 하나의 속성은 관계형 데이터 모델에서 하나의 레코드가 된다. (○, ×)

3 E–R 다이어그램은 개체–관계 모델을 그래픽 형태로 나타낸 것이다. (○, ×)

1 E–R 다이어그램 2 × 3 ○

01 비디오 대여점을 위한 데이터베이스를 구성하여 '고객'별로 '대여일'과 '반납일'을 관리하려고 한다. 고객들은 여러 비디오를 대여하며, 한 비디오는 여러 고객들에게 대여된다. 다음의 테이블 설계 중에서 옳은 것은?(단, 밑줄은 기본키를 의미함)

① 고객(고객번호, 이름, 연락처)
  비디오(비디오코드, 영화제목, 출시일)
  대여(고객번호, 비디오코드, 대여일, 반납일, 대여금액)

② 대여(고객번호, 이름, 연락처, 대여비디오코드)
  비디오(비디오코드, 영화제목, 출시일)

③ 대여(고객번호, 이름, 연락처, 대여한비디오1, 대여한비디오2)
  비디오(비디오코드, 영화제목, 출시일)

④ 고객(고객번호, 이름, 연락처)
  비디오(비디오코드, 영화제목, 출시일)
  대여(고객번호, 비디오코드, 이름, 영화제목)

• [고객], [비디오], [대여] 테이블을 생성한 다음 관계를 설정하면 세 테이블의 내용을 참조할 수 있음(다 대 다 관계)
• [고객] 테이블은 [대여] 테이블과 '고객번호'로 관계를 설정함
• [비디오] 테이블은 [대여] 테이블과 '비디오코드'로 관계를 설정함

오답 피하기

• ②, ③ : 고객별로 관리하기 위해서는 [고객] 테이블이 존재해야 함
• ④ : [대여] 테이블에 '대여일'과 '반납일' 필드가 존재해야 함

02 다음 중 E-R 다이어그램 표기법의 기호와 의미가 바르게 연결된 것은?

① 사각형 – 속성(Attribute) 타입
② 마름모 – 관계(Relationship) 타입
③ 타원 – 개체(Entity) 타입
④ 밑줄 타원 – 의존 개체 타입

오답 피하기

• ① 사각형 : 개체(Entity) 타입
• ③ 타원 : 속성(Attribute) 타입
• ④ 밑줄 타원 : 기본키 속성 타입
• 이중 사각형 : 의존 개체 타입

03 다음 중 다양한 사용자의 요구 사항을 분석하여 정보 구조를 표현한 관계도(ERD)를 생성하는 데이터베이스 설계 단계는?

① 데이터베이스 기획
② 개념적 설계
③ 논리적 설계
④ 물리적 설계

• 개체–관계 모델 : 개체 타입과 이들 간의 관계 타입을 이용해 현실 세계를 개념적으로 표현한 방법
• ERD(Entity Relationship Diagram) : 개체–관계 모델에 의해 작성된 설계도로 개체, 속성, 관계, 링크 등으로 구성됨
• 개념적 설계 단계 : 현실 세계에 대한 추상적인 개념(정보 모델링)으로 표현하는 단계

오답 피하기

• 요구 조건 분석 단계 : 데이터베이스 사용자의 요구 사항 및 조건 등을 조사하여 요구 사항을 분석하는 단계
• 논리적 설계 단계 : 개념 세계를 데이터 모델링을 거쳐 논리적으로 표현하는 단계
• 물리적 설계 단계 : 컴퓨터 시스템의 저장 장치에 저장하기 위한 구조와 접근 방법 및 경로 등을 설계하는 단계

04 개체–관계(E-R) 모델에 대한 설명으로 옳지 않은 것은?

① 개념적 모델인 E-R 모델을 데이터베이스로 구현하기 위해서는 논리적 데이터 모델로 변환해야 한다.
② E-R 도형에서의 타원은 개체 타입을 나타낸다.
③ E-R 모델에서 정의한 데이터를 관계형 데이터베이스에 저장하기 위해서는 E-R 모델에서 각각의 개체를 각각의 테이블로 변환시켜야 한다.
④ E-R 모델에서 하나의 속성은 관계형 데이터 모델에서 하나의 필드가 된다.

E-R 다이어그램에서 타원은 속성을 나타냄

오답 피하기

E-R 다이어그램(ERD : Entity Relationship Diagram) : 개체–관계 모델의 의해 작성된 설계도로 개체–관계 모델을 그래픽 형태로 나타내며 개체 타입(사각형), 속성(타원), 관계(마름모), 링크(직선) 등으로 구성됨

정답 01 ① 02 ② 03 ② 04 ②

CHAPTER

테이블(Table) 작성

학습 방향

테이블을 만드는 방법에 대한 전체적인 학습이 필요하며 그에 따른 필드 속성의 지정 방법에 대해 자주 출제되므로 기출문제를 위주로 중요한 부분을 공부하는 것이 좋습니다.

출제 빈도

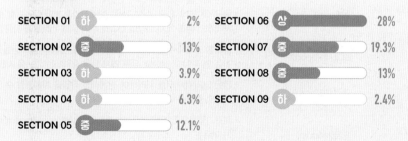

SECTION 01	하	2%	SECTION 06	상	28%
SECTION 02	중	13%	SECTION 07	중	19.3%
SECTION 03	하	3.9%	SECTION 08	중	13%
SECTION 04	하	6.3%	SECTION 09	하	2.4%
SECTION 05	중	12.1%			

액세스 사용의 기초

▶ 합격 강의

빈출 태그 액세스 • 테이블 • 쿼리 • 폼 • 보고서 • 페이지 • 매크로 • 모듈

01 액세스(Access) 기초

액세스(Access)는 "접근"이라는 사전적인 의미가 있으며,
"데이터베이스에 접근(Access)하여 정보를 얻는다"는 의미임

1) 액세스의 개요

• 액세스는 데이터베이스(Database)를 구축하고 관리하는 데이터베이스 관리 프로그램(DBMS : DataBase Management System)이다.
• 액세스는 많은 양의 자료를 컴퓨터에 저장하고 검색/추출하여 출력하기 위한 도구이다.
• 액세스는 실무 업무용 데이터베이스로서 인사 관리, 급여 관리, 재고 관리, 회계 관리, 학사 관리, 성적 관리 등 여러 분야에서 응용된다.
• 액세스는 테이블, 쿼리, 폼, 보고서, 매크로, 모듈과 같은 6개의 개체가 있다.
• 액세스의 데이터베이스 파일의 기본 확장자는 *.accdb이다.

2) Microsoft Access의 6가지 개체 19년 3월

테이블(Table)	• 데이터를 저장, 관리하는 공간으로, 테이블은 필드(항목)로 구성된 레코드의 집합 • 다른 개체의 원본 데이터로 사용이 가능한 기본이 되는 개체
쿼리(Query) └ 비절차적 언어	• 테이블 안의 데이터에 조건을 지정하여 원하는 자료를 찾아서 추출하는 개체 • 연관된 여러 개의 테이블을 연결하여 새로운 결과를 추출할 수 있음 • 쿼리는 폼이나 보고서에서 원본 데이터로 사용할 수 있음
폼(Form)	• 폼은 화면을 의미하며 입력 및 출력 화면을 폼이라 함 • 폼은 데이터의 입력, 수정, 삭제, 검색 작업을 효율적으로 할 수 있음 • 시각적인 여러 가지 모양의 효과를 주기 위해 컨트롤을 사용함
보고서(Report)	• 결과를 인쇄해 주는 개체로 데이터의 내용, 쿼리의 결과 등을 출력할 수 있음 • 각종 업무 양식, 레이블, 우편 엽서 등을 출력하는 기능을 지원함
매크로(Macro)	• 많은 양의 데이터를 처리하며, 반복적인 작업을 자동화할 수 있는 개체 • 매크로 함수를 이용하여 매크로를 작성함
모듈(Module)	• 프로그램을 직접 만들 수 있는 개체로 VBA(Visual Basic for Application) 코드가 이용됨 • 매크로의 처리 한계를 해결해 줌

3) 액세스의 시작과 종료

① 액세스 시작 방법

방법 1	[시작](⊞)-[Access]를 클릭하여 실행함
방법 2	⊞+R(실행)에서 열기란에 『msaccess』를 입력하고 [확인]을 클릭함
방법 3	[파일 탐색기]에서 액세스 파일(*.accdb)을 더블클릭하면 액세스가 시작되면서 해당 파일이 자동으로 열림
방법 4	바탕 화면에서 액세스의 바로 가기 아이콘(⬛)을 더블클릭함

▲ 액세스의 바로 가기 아이콘

② 액세스 종료 방법

방법 1	제목 표시줄 오른쪽의 [닫기](✕) 단추를 클릭함
방법 2	제목 표시줄의 빈 곳에서 마우스 오른쪽 버튼을 클릭한 다음 [닫기]를 클릭함
방법 3	Alt+F4를 누름
방법 4	Alt+F를 누른 후 X를 누름

🕐 **암기 TIP**

액세스의 종료
Alt+F4
알(트)게 뭐냐! F(팍) 4(死) 죽어라.

4) 화면 구성

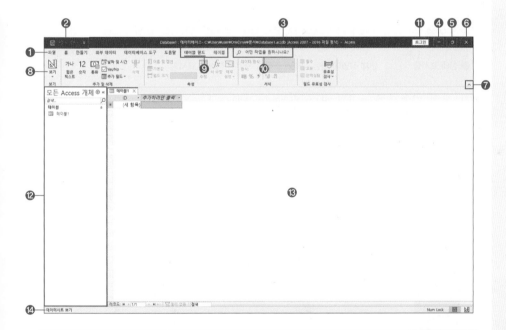

🅱 **기적의 TIP**

액세스를 구성하는 테이블, 쿼리, 폼, 보고서, 매크로, 모듈 등의 데이터베이스 개체가 왼쪽 탐색 창에 나타납니다.

❶ [파일] 탭	• [파일] 탭을 클릭하면 Microsoft Office Backstage 보기가 표시됨 • Backstage 보기는 정보, 새로 만들기, 열기, 저장, 다른 이름으로 저장, 인쇄, 닫기, 계정, 옵션 등의 기능을 제공
❷ 빠른 실행 도구 모음	저장 및 취소와 같이 자주 사용하는 명령을 마우스 한 번 클릭으로 실행할 수 있도록 제공되는 도구 모음. 리본 메뉴에 없는 도구 모음을 추가 및 제거할 수 있으며, 위치는 리본 메뉴의 위, 아래에 표시 가능함
❸ 제목 표시줄	현재 작업 중인 액세스 파일의 이름을 표시함

'폼 표시' 옵션은 [Access 옵션]-'현재 데이터베이스'에서 설정함

④ 최소화 단추 (아이콘화 단추)	창의 크기를 최소화하여 작업 표시줄에 단추로 표시함
⑤ 화면 복원 단추	창을 최대화하기 이전의 상태로 만들어 주며 창의 크기가 최대화되지 않은 상태에서는 [최대화(□)] 단추로 변경되어 표시함
⑥ 닫기 단추	창을 닫으며 액세스를 종료함
⑦ 리본 메뉴 축소	• 리본 메뉴에 탭 이름만 표시하여 축소함([Ctrl]+[F1]) • [파일] 탭을 제외한 리본 탭을 마우스로 더블클릭하여 축소하거나 확장할 수도 있음 • 각 탭에서 마우스 오른쪽 단추를 누른 다음 [리본 메뉴 축소]를 클릭함
⑧ 리본 메뉴	액세스에서 사용할 수 있는 명령을 탭으로 구분하여 표시함
⑨ 상황별 탭	개체를 선택했을 때만 개체별 상황에 맞게 다르게 표시되는 탭
⑩ 검색	검색어를 입력하면 작업 시 필요한 액세스 기능이나 도움말이 나타남([Alt]+[Q])
⑪ 로그인	• Microsoft 계정으로 로그인하며 [파일] 탭-[계정]에서 로그아웃 및 계정 전환이 가능함 • [파일] 탭-[계정]이나 [옵션]-[Access 옵션] 대화 상자의 [일반]에서 Office 배경을 선택할 수 있음
⑫ 탐색 창	• 현재 열려져 있는 데이터베이스의 모든 개체가 표시됨 • 탐색 창을 표시하거나 숨기려면 탐색 창의 오른쪽 위 모서리에 있는 셔터 표시줄 열기/닫기 단추(《)를 클릭하거나 [F11]을 누름 • 기본적으로 탐색 창을 숨기려면 [파일] 탭-[옵션]-[Access 옵션] 대화 상자에서 [현재 데이터베이스]를 클릭, 탐색에서 '탐색 창 표시' 확인란을 선택 취소한 다음 확인을 클릭
⑬ Access 창	• 기본적으로 테이블, 쿼리, 폼, 보고서 및 매크로는 Access 창에서 탭 개체로 표시됨 • 데이터베이스별로 변경할 수 있으며 탭 대신 개체 창을 사용할 수 있음 • 개체 탭을 클릭하면 여러 개체 사이를 쉽게 전환할 수 있음
⑭ 상태 표시줄	현재 작업에 대한 상태와 조작과 관련된 정보를 표시함

5) [파일] 탭 명령([Alt]+[F]) _{24년 상시, 20년 2월}

- [파일] 탭을 클릭하면 Microsoft Office Backstage 보기가 나타난다.
- Backstage 보기는 사전적 의미인 『무대 뒤에서』 처럼 액세스 화면 뒤에서 파일 및 파일에 대한 정보를 관리하는 공간이다.
- Backstage 보기는 새로 만들기, 열기, 정보, 저장, 다른 이름으로 저장, 인쇄, 닫기, 계정, 피드백, 옵션 등의 기능을 제공해 준다.

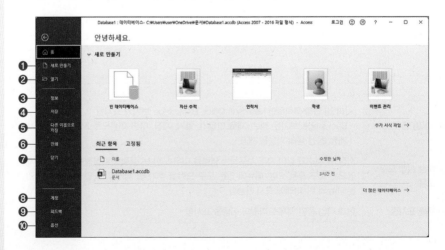

메뉴	기능	바로 가기 키
❶ [새로 만들기]	새 데스크톱 데이터베이스 파일, 각종 서식 파일, 온라인 서식 파일을 검색하여 사용할 수 있음	Ctrl + N
❷ [열기]	• 최근에 사용한 항목, OneDrive, 이 PC에서 파일을 열기함 • 찾아보기를 클릭, 열기 대화 상자에서 파일을 열기함	Ctrl + O
❸ [정보]	데이터베이스 압축 및 복구 | 압축 및 복구를 사용하여 데이터베이스 파일 문제를 예방 및 해결함 데이터베이스 암호 설정 | 암호를 사용하여 데이터베이스에 대한 액세스를 제한함 데이터베이스 속성 보기 및 편집	
❹ [저장]	사용 중인 테이블을 저장함	Ctrl + S Shift + F12
❺ [다른 이름으로 저장]	다른 이름으로 데이터베이스를 저장함 **다른 이름으로 데이터베이스 저장** 데이터베이스 파일 형식 Access 데이터베이스 (*.accdb) 기본 데이터베이스 형식입니다. / Access 2002-2003 데이터베이스 (*.mdb) Access 2002-2003과 호환되는 복사본을 저장합니다. Access 2000 데이터베이스 (*.mdb) Access 2000과 호환되는 복사본을 저장합니다. / 서식 파일 (*.accdt) 현재 데이터베이스를 데이터베이스 서식 파일(ACCDT)로 저장합니다. 고급 패키지 및 서명 데이터베이스를 패키지로 만들고 디지털 서명을 적용합니다. / ACCDE 파일 만들기 파일이 실행만 가능한 파일로 컴파일됩니다. 데이터베이스 백업 중요한 데이터베이스를 정기적으로 백업하여 데이터 손실을 방지합니다. / SharePoint 데이터베이스를 문서 관리 서버에 저장하여 공유합니다. 다른 이름으로 현재 데이터베이스 개체를 저장함 **현재 데이터베이스 개체 저장** 데이터베이스 파일 형식 다른 이름으로 개체 저장 현재 데이터베이스 개체를 새 개체로 저장합니다. / PDF/XPS 개체의 복사본을 PDF 또는 XPS 파일로 게시합니다. 고급 클라이언트 개체로 저장 이 개체의 클라이언트 개체 복사본 만들기	F12
❻ [인쇄]	빠른 인쇄 | 개체를 변경하지 않고 기본 프린터로 바로 보냄 인쇄 | 인쇄하기 전에 프린터, 인쇄 매수 및 기타 옵션을 선택할 수 있음 인쇄 미리 보기 | 인쇄하기 전에 페이지를 미리 보고 변경함	Ctrl + P
❼ [닫기]	데이터베이스 창을 닫음	Alt + F4
❽ [계정]	• 사용자 정보(사진 변경, 내 정보, 로그아웃, 계정 전환)와 제품 정보(제품인증 여부, Access 정보) 등을 알 수 있음 • Office 배경 및 Office 테마 변경, 서비스 추가 등을 설정함	
❾ [피드백]	Office 앱에 대한 선호, 비선호 여부와 새로운 기능 및 수정에 대한 피드백을 제공	
❿ [옵션]	현재 데이터베이스, 데이터 시트, 개체 디자이너, 언어 교정, 언어, 클라이언트 설정, 리본 사용자 지정, 빠른 실행 도구 모음, 추가 기능, 보안 센터 등에 대한 옵션을 설정	

데이터베이스 암호 설정하는 방법

• 데이터베이스 암호를 설정하거나 제거하려면 데이터베이스를 단독 사용 모드로 열어야 함

• 데이터베이스를 단독 사용 모드로 열려면 데이터베이스를 닫은 다음 [파일] 탭-[열기] 명령을 사용하여 다시 연 다음 [열기] 대화 상자에서 [열기] 단추 옆에 있는 화살표를 클릭한 후 [단독으로 열기]를 선택함

• [파일]-[정보]-[데이터베이스 암호 설정]을 클릭한 다음 암호를 설정함

6) 최근에 사용한 항목

- 표시할 파일의 목록 수는 [Access 옵션]–[클라이언트 설정]–'표시'의 '표시할 최근 데이터베이스 수'에서 설정한다(0~50개).
- 파일 목록에서 마우스 오른쪽 버튼을 클릭하여 [열기], [클립보드에 경로 복사], [목록에 고정], [목록에서 제거], [고정되지 않은 항목 지우기]를 할 수 있다.
- 자주 사용하는 파일은 ⚲(이 항목을 목록에 고정)을 클릭하여 항목을 목록에 고정하고, 고정된 파일은 ⚲(목록에서 이 항목 고정 해제)를 클릭하여 목록에서 고정을 해제할 수 있다.
- [Access 옵션]–[클라이언트 설정]–'표시'에서 '빠르게 액세스할 최신 데이터베이스 수'의 확인란을 클릭하여 체크 설정한 경우 [파일] 탭 메뉴의 하단에 빠르게 액세스할 파일 목록이 표시된다(데이터베이스 수는 '표시할 최신 데이터베이스 수'에서 설정한 최대값을 넘지 못함).

▲ 표시할 최신 데이터베이스 수를 넘지 못함

7) [Access 옵션] 대화 상자

- [파일] 탭–[옵션]을 클릭하여 실행한다.

- 일반, 현재 데이터베이스, 데이터시트, 개체 디자이너, 언어 교정, 언어, 클라이언트 설정, 리본 사용자 지정, 빠른 실행 도구 모음, 추가 기능, 보안 센터 등에 대한 옵션 설정이 가능하다.

메뉴	기능
❶ 일반	• Access 작업에 대한 일반 옵션 • 실시간 미리 보기 사용, 화면 설명 스타일, 화면 설명에 바로 가기 키 표시 • 하드웨어 그래픽 가속 사용 안 함 • 새 데이터베이스의 기본 파일 형식 선택, 기본 데이터베이스 폴더 설정, 새 데이터베이스 정렬 순서 설정 • 사용자 이름, 이니셜, Office 로그인 여부에 상관없이 항상 이 값 사용 • Office 배경(로그인했을 때만 표시됨) 및 Office 테마 설정
❷ 현재 데이터베이스	• 현재 데이터베이스에 대한 옵션 • 응용 프로그램 제목, 응용 프로그램 아이콘 설정 • 폼 표시, 웹 폼 표시, 상태 표시줄 표시, 문서 창 옵션(창 겹치기, 탭 문서), 문서 탭 표시 • Access 특수키 사용, 닫을 때 압축, 저장 시 파일 속성의 개인 정보 제거 • 폼에 Windows 테마 컨트롤 사용 • 레이아웃 보기 사용, 데이터시트 보기에서 테이블의 디자인 변경 사용 • 잘린 숫자 필드 확인, 탐색 창 표시, 탐색 옵션, 리본 메뉴 이름 등
❸ 데이터시트	• Access의 데이터시트 표시 방법을 사용자가 지정 • 기본 눈금선 표시(가로, 세로), 기본 셀 효과(기본, 볼록, 오목), 기본 열 너비(2.499cm) • 기본 글꼴 크기, 두께, 밑줄, 기울임꼴 등 설정
❹ 개체 디자이너	• 데이터베이스 개체를 디자인하기 위한 기본 설정을 변경(대부분의 옵션은 테이블 데이터 시트와 레이아웃 보기에서 무시됨) • 테이블 디자인 보기(기본 필드 형식, 기본 텍스트 필드 크기(1~255), 기본 숫자 필드 크기) • 쿼리 디자인(테이블 이름 표시, 모든 필드 출력, 자동 조인 사용, 쿼리 디자인 글꼴, 크기) • 폼/보고서 디자인 보기(컨트롤 선택 방식, 폼 서식 파일, 보고서 서식 파일) • 폼 및 보고서 디자인 보기에서 오류 검사(오류 검사 허용, 연결되지 않은 레이블 및 컨트롤 검사, 바로 가기 키 오류 검사 등)
❺ 언어 교정	• Access에서 자동으로 데이터베이스의 내용을 수정, 서식 지정 방법 및 오류 표시 방법 변경 • 자동 고침 옵션(⌘ 한/영 자동 고침, (ks) → Ⓚ), 맞춤법 검사 언어
❻ 언어	• Office 언어 기본 설정을 구성 • 문서 편집에 사용할 다른 언어를 추가 • 표시 및 도움말 언어 선택
❼ 클라이언트 설정	• 클라이언트 동작을 변경하는 설정(웹 환경에는 적용되지 않음) • [Enter] 키를 입력할 때 이동(이동 안 함, 다음 필드로, 다음 레코드로) • 필드 입력 시(전체 필드 선택, 필드의 시작으로 이동, 필드의 끝으로 이동) • 화살표 키 동작(다음 필드로, 다음 문자로) • 찾기/바꾸기 기능의 기본 설정(빠른 검색, 일반 검색, 필드의 시작 검색) • 확인(레코드 변경, 문서 삭제, 실행 쿼리 등) 설정, 기본 방향(왼쪽에서 오른쪽, 오른쪽에서 왼쪽) • 일반 맞춤(인터페이스 모드, 텍스트 모드), 커서 움직임(논리적으로, 보이는 대로) • 데이터시트에서 입력기 상태 유지, 회교식 달력 사용 • 표시할 최신 데이터베이스 수(0~50개) • 빠르게 액세스할 최신 데이터베이스 수(최소 1부터 표시할 최신 데이터베이스 수에서 설정한 수까지) • 고정되지 않은 최근에 사용한 폴더 표시 수(0~20개) • 파일을 열거나 저장할 때 Backstage 표시 안 함 • 상태 표시줄, 애니메이션 표시, 데이터시트에 작업 태그 표시, 폼 및 보고서에 작업 태그 표시 • 인쇄(왼쪽, 오른쪽, 위쪽, 아래쪽) 여백 설정 • Access를 시작할 때 마지막으로 사용한 데이터베이스 열기 설정 • 기본 열기 모드(공유, 단독), 기본 레코드 잠금(잠그지 않음, 모든 레코드, 편집한 레코드) • 암호화 방법(기존 암호화 사용, 기본 암호화 사용(높은 보안)) 설정

✓ 개념 체크

1 [일반] 탭에서 새 데이터베이스의 기본 파일 형식을 선택할 수 있다. (○, ×)

2 [현재 데이터베이스] 탭에서는 쿼리 디자인에 대한 옵션을 설정할 수 있다. (○, ×)

3 [데이터시트] 탭에서 기본 글꼴 크기, 두께, 밑줄, 기울임꼴 등을 설정할 수 있다. (○, ×)

4 [언어] 탭에서 표시 및 도움말 언어를 선택할 수 있다. (○, ×)

1 ○ 2 × 3 ○ 4 ○

메뉴	기능
❽ 리본 사용자 지정	• 리본 메뉴를 사용자가 지정함 • 리본 메뉴 사용자 지정 목록을 사용하여 탭, 그룹, 명령을 추가 및 제거하고 이름과 순서를 바꿀 수 있음 • 리본 메뉴에 사용자가 [새 탭], [새 그룹], [이름 바꾸기], [원래대로], [가져오기/내보내기]를 사용하여 설정함
❾ 빠른 실행 도구 모음	• 빠른 실행 도구 모음을 사용자가 지정함 • 빠른 실행 도구 모음에 명령을 추가하면 한 번만 클릭하여 명령을 실행 • 목록을 사용하여 명령을 추가 및 제거하고 순서를 바꿀 수 있음 • [원래대로], [가져오기/내보내기]를 사용하여 설정함
❿ 추가 기능	• Microsoft Office 추가 기능을 보고 관리함 • Access 추가 기능은 [추가 기능 관리자]를 이용하여 *.accda, *.accde, *.mda, *.mde 등의 추가 기능 파일을 설치함

⓫ 보안 센터	• 문서 및 컴퓨터를 안전하고 보안이 유지된 상태로 관리함
	• [보안 센터] 설정의 [매크로 설정]의 매크로 설정 선택 항목
	  – 모든 매크로 제외(알림 표시 없음)
	  – 모든 매크로 제외(알림 표시)
	  – 디지털 서명된 매크로를 제외한 나머지 모든 매크로를 사용 안 함
	  – 모든 매크로 포함(위험성 있는 코드가 실행될 수 있으므로 권장하지 않음)
	• [보안 센터] 설정의 [신뢰할 수 있는 문서]에서 '네트워크에 있는 문서를 신뢰하도록 허용'을 설정한 경우 : 신뢰할 수 있는 문서는 매크로, ActiveX 컨트롤 및 문서에 있는 기타 유형의 활성 컨텐츠에 대한 보안 메시지를 표시하지 않고 열리며 다음에 문서를 열 때 보안 메시지를 표시하지 않음

02 새로 데이터베이스 만들기

따라하기 TIP

따라하기 파일 • Part03_Chapter02_만들기연습−완성파일.accdb

① [시작](▦)−[Access]를 클릭하여 실행한다.
② 시작 페이지에 있는 [빈 데이터베이스] 아이콘을 클릭한다.

기적의 TIP

액세스는 워드프로세서나 스프레드시트 등 다른 응용 프로그램과는 달리 미리 파일을 저장한 다음에 작업을 실시함에 주의하세요.

③ [빈 데이터베이스] 대화 상자에서 데이터베이스의 저장 위치를 지정하기 위해 🗁을 클릭한다.

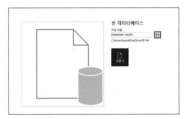

④ [새 데이터베이스 파일] 대화 상자에서 [저장 위치]에 해당하는 폴더를 선택하고 [파일 이름]에 파일명을 입력한 후 [확인]을 클릭한다.

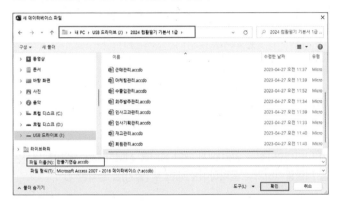

⑤ [빈 데이터베이스] 대화 상자에서 [만들기]를 클릭한다.

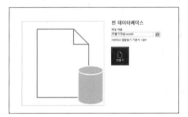

⑥ 지정된 위치에 주어진 이름의 데이터베이스 파일이 생성되고 새로운 테이블 생성을 위한 [데이터 시트] 탭이 표시된다.

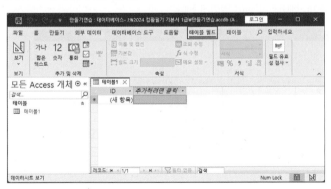

🔘 03 기존의 데이터베이스 열기

🏠 따라하기 TIP

따라하기 파일 • Part03_Chapter02_고객관리–따라파일.accdb

① [파일] 탭이나 바로 가기 키를 이용하여 데이터베이스를 열 수 있다.

[파일] 탭	[파일] 탭–[열기]–[찾아보기]를 클릭함
바로 가기 키	Ctrl + O를 누름

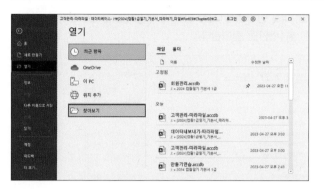

② [열기] 대화 상자가 나타나면 [찾는 위치]에서 해당 폴더를 선택한 다음 열기를 원하는 데이터베이스 파일을 더블클릭하거나 클릭하여 선택한 후 [열기]를 클릭한다.

③ 선택된 파일의 데이터베이스 파일이 열리게 된다.

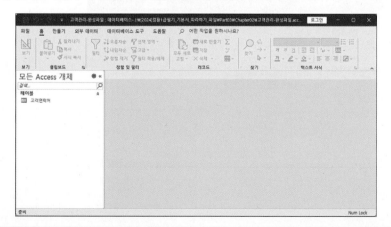

테이블 생성

▶ 합격 강의

빈출 태그 　테이블 만들기 • 데이터 형식 • 테이블 이름 변경

01 　테이블 만들기 　07년 5월, 03년 2월

테이블	• 데이터를 입력하여 새 테이블을 만듦 • 데이터 시트에 필드명과 데이터를 함께 입력하여 테이블을 작성함
테이블 디자인	• 미리 테이블의 구조를 설계한 다음 데이터를 입력하는 형태 • 필드 이름과 데이터 형식, 필드 속성을 지정하여 테이블을 만드는 가장 일반적이고 많이 사용되는 방법
SharePoint 목록	• SharePoint 목록에서 데이터를 가져오거나 SharePoint 목록에 연결하는 테이블을 작성함 • 미리 정의된 SharePoint 서식 파일에는 연락처, 작업, 문제점, 이벤트, 사용자 지정, 기존 SharePoint 목록이 있음
서식 파일	• 액세스에서 제공하는 문제점, 사용자, 설명, 연락처, 직업 등의 서식을 이용하여 테이블을 작성함 • 서식 파일 목록 중 하나를 선택하면 이미 설계되어 있는 필드 목록이 표시되며 데이터시트 형태로 표시됨

> **🅕 기적의 TIP**
>
> 테이블을 만드는 방법과 필드 이름, 테이블 작성 시 고려해야 할 요소에 대해 공부해 두세요.

1) 디자인 보기에서 테이블 만들기

> **🏠 따라하기 TIP**

따라하기 파일 • Part03_Chapter02_고객관리–따라파일.accdb

① [만들기] 탭–[테이블] 그룹에서 [테이블 디자인]을 클릭한다.

② 테이블 디자인 창이 열린다. 이때 제목 표시줄에 자동으로 '테이블1'로 이름이 부여된다. [필드 이름] 열의 첫 번째 셀에서부터 "고객관리" 데이터베이스에 해당하는 [필드 이름]과 [데이터 형식], [설명(옵션)]을 입력한다. [필드 이름] 열의 첫 번째 셀에 『고객관리번호』를 입력한 다음 [데이터 형식] 열의 셀을 클릭한 후 목록 단추(▽)를 클릭하여 [일련 번호]를 선택한다.

> **✅ 개념 체크**
>
> 1　테이블 디자인은 미리 테이블의 구조를 설계한 다음 데이터를 입력하는 방법이다. (○, ×)
>
> 2　서식 파일을 사용하여 테이블을 작성하면 이미 설계되어 있는 필드 목록이 표시되며 데이터 시트 형태로 표시된다. (○, ×)
>
> 1 ○ 2 ○

테이블의 [디자인 보기]에서 설정
가능한 작업
• 필드의 '설명'에 입력한 내용은
  테이블 구조에 영향을 미치지
  않고, 상태 표시줄에 표시됨
• 컨트롤 표시 속성은 텍스트 상
  자, 목록 상자, 콤보 상자 중 선
  택할 수 있음
• 한 개 이상의 필드를 선택하여
  기본키로 설정할 수 있음
※ 단, 테이블의 [디자인 보기]에서
  폼 필터를 적용하여 조건에 맞
  는 레코드만 표시할 수 없음

③ [설명(옵션)] 열에 해당 필드 이름의 설명을 기재한다. 반드시 입력해야 하는 것은 아니다.

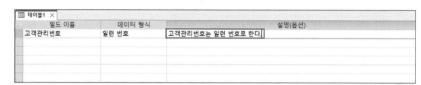

④ 두 번째 필드는 [필드 이름]을 『성명』으로 입력하고, [데이터 형식]은 [짧은 텍스트]를 선택하고 [설명(옵션)]에 내용을 입력한다. 계속해서 『휴대폰번호』 필드 역시 같은 방법으로 입력한다.

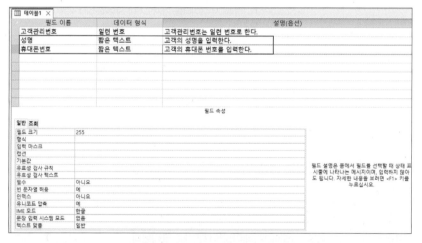

⑤ 테이블을 저장하기 위해 [빠른 실행 도구 모음]의 [저장](🖫)을 클릭한다. [다른 이름으로 저장] 대화 상자가 나타나면 [테이블 이름]을 『고객연락처』로 입력하고 [확인]을 클릭한다.

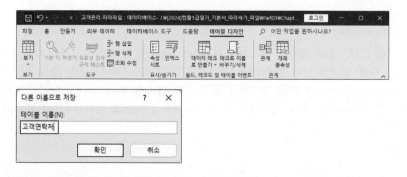

⑥ 기본키를 설정하지 않은 경우 다음과 같이 기본키 정의 여부를 묻는 대화 상자가 열린다. 여기에서는 테이블 간의 관계 설정이 없는 경우이므로 [아니요]를 클릭한다.

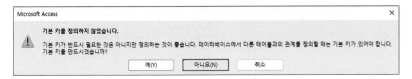

⑦ 테이블에 데이터를 입력하기 위해 [테이블 디자인] 탭-[보기] 그룹-[보기]-[데이터시트 보기]를 클릭한다.

⑧ [데이터시트 보기] 창이 열리면 [고객관리번호]와 [성명], [휴대폰번호]를 입력한다. 이때 [일련 번호]는 자동으로 입력되므로 [성명]부터 차례대로 입력한다.

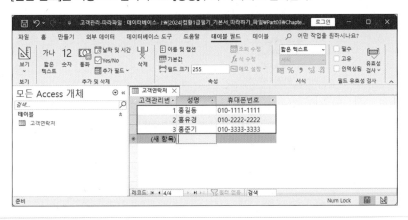

2) 데이터시트 보기에서 테이블 만들기 ^{19년 8월}

🏠 **따라하기 TIP**

따라하기 파일 • Part03_Chapter02_명함관리–따라파일.accdb

① [만들기] 탭-[테이블] 그룹-[테이블]을 클릭한다.

② [데이터 시트] 창에 데이터를 입력할 수 있는 필드가 주어진다. 필드의 이름을 바꾸기 위해 [ID] 열 머리글을 더블클릭한 후 '일련번호'를 입력하고 Enter를 누른다. 데이터 형식을 선택하는 바로 가기 메뉴가 나타나면 다음 필드의 데이터 형식에 맞게 '짧은 텍스트'를 선택하고 '성명'을 입력한다.

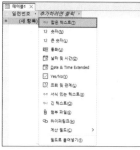

③ 나머지 다른 필드의 이름 역시 같은 방법으로 변경한 다음 각 필드에 해당하는 데이터를 입력한다.

④ [빠른 실행 도구 모음]의 [저장](■)을 클릭하고 [다른 이름으로 저장] 대화 상자에서 [테이블 이름]을 '명함관리테이블'로 입력하고 [확인]을 클릭한다.

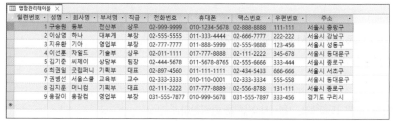

• 필드의 이름을 변경하는 다른 방법으로는 열 머리글에서 마우스 오른쪽 단추를 클릭하여 바로 가기 메뉴의 [필드 이름 바꾸기]를 이용하거나 [테이블 필드] 탭-[속성] 그룹-[이름 및 캡션]을 클릭한 다음 [필드 속성 입력] 대화 상자의 [이름]에서 필드이름을 변경하거나 [캡션], [설명] 등을 입력할 수 있다.

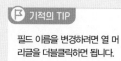

기적의 TIP

필드 이름을 변경하려면 열 머리글을 더블클릭하면 됩니다.

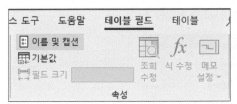 

[학생] 테이블의 'S_Number' 필드 레이블을 [데이터시트 보기] 상태에서는 '학번'으로 표시하고자 할 때는 캡션 항목을 설정해야 함

- 데이터의 형식은 [테이블 필드] 탭–[서식] 그룹–[데이터 형식]에서 변경할 수 있다.

- 테이블을 만든 다음 필드를 미리 정의하지 않고도 새 데이터시트에 데이터를 입력할 수 있다.
- 각 필드에 가장 적합한 데이터 형식이 자동으로 결정되기 때문에 별도로 지정할 필요가 없다.
- [추가하려면 클릭] 열을 통해 새 필드를 추가할 위치를 알 수 있다.
- Microsoft Excel 테이블의 데이터를 새 데이터시트에 붙여 넣을 수 있다(Access 2021에서는 자동으로 모든 필드를 만들고 데이터 형식을 인식함).

3) 서식 파일을 이용하여 테이블 만들기

- [만들기] 탭–[서식 파일] 그룹–[응용 프로그램 요소]를 사용하면 기존 데이터베이스에 기능을 쉽게 추가할 수 있다.
- [응용 프로그램 요소]는 미리 서식이 지정된 테이블 또는 연결된 폼 및 보고서가 있는 테이블과 같이 데이터베이스의 일부를 구성하는 서식 파일이다.

> 🔨 따라하기 TIP
>
> **따라하기 파일 •** Part03_Chapter02_서식파일–따라파일.accdb
>
> ① [만들기] 탭–[서식 파일] 그룹–[응용 프로그램 요소]를 클릭한다.

> ✅ **개념 체크**
>
> 1 데이터의 형식은 [테이블 필드] 탭–[서식] 그룹–[데이터 형식]에서 변경할 수 있다. (○, ×)
>
> 2 각 필드에 가장 적합한 데이터 형식을 수동으로 지정해야 한다. (○, ×)
>
> 3 Microsoft Excel 테이블의 데이터를 새 데이터시트에 붙여 넣을 수 없다. (○, ×)
>
> 1 ○ 2 × 3 ×

데이터시트에 열 요약 정보 표시
- [홈] 탭–[레코드] 그룹–[Σ 요약]
  에서 실행함
- 데이터 열의 합계를 계산하거나
  다른 집계 함수를 빠르게 사용
  해야 하는 경우
- 데이터시트가 포함된 폼인 분할
  표시 폼, 테이블, 쿼리에서 사용
  됨(단, 보고서에서는 사용할 수
  없음)
- '짧은 텍스트' 데이터 형식은
  Count 함수, 즉 '개수' 집계만
  사용할 수 있음
- '숫자' 데이터 형식은 합계, 평균,
  개수, 최대, 최소, 표준 편차, 분
  산 등을 사용할 수 있음
- 'Yes/No' 데이터 형식에서 '개
  수'를 지정하면 체크된 레코드의
  총 개수가 집계됨

② 목록이 표시되면 [빠른 시작]의 [연락처]를 클릭하여 선택한다.

③ 새로 작성된 테이블 [연락처]를 더블클릭하거나 오른쪽 마우스 버튼을 누른 후 바로 가기
메뉴의 [열기]를 클릭하여 [연락처] 테이블을 연다.

④ [연락처] 테이블이 [데이터 시트 보기]로 표시되면 필요 없는 필드가 있는 경우 마우스 오
른쪽 단추를 클릭하여 바로 가기 메뉴에서 [필드 삭제]를 클릭하거나 [테이블 필드]
탭–[추가 및 삭제] 그룹에서 [삭제](🔤)를 클릭하여 제거한다.

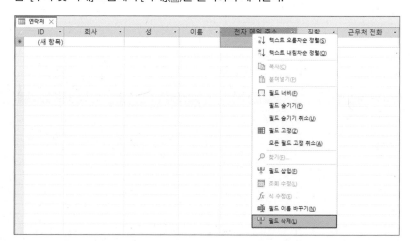

⑤ 다른 서식의 필드가 추가가 필요할 경우 [테이블 필드] 탭–[추가 및 삭제] 그룹–[추가 필드]를 클릭하여 원하는 형식을 선택한 다음 필드명을 입력한다.

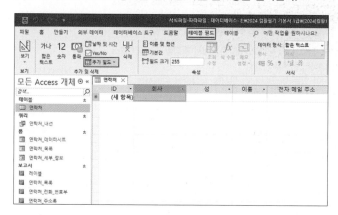

⑥ [빠른 실행 도구 모음]의 [저장](🖫)을 클릭하여 테이블을 저장한다.

02 데이터 형식의 종류 24년 상시, 23년 상시, 22년 상시, 21년 상시, 19년 3월/8월, 18년 3월, 17년 9월, 15년 3월/6월, …

• 테이블의 필드 이름 성격에 따라 데이터의 형식을 지정해 주어야 한다.
• '성명'은 [짧은 텍스트] 형식이며, 연산이 필요한 필드의 경우 [숫자] 형식이어야 한다.
• 짧은 텍스트 데이터 형식과 긴 텍스트 데이터 형식은 모두 필드에 입력된 문자만 저장하며, 필드의 빈 자리를 채우는 공백 문자는 저장하지 않는다.
• 짧은 텍스트 필드나 긴 텍스트 필드에서 정렬하거나 그룹화할 수 있지만 긴 텍스트 필드에서 정렬하거나 그룹화할 때는 첫 255문자만 사용된다.

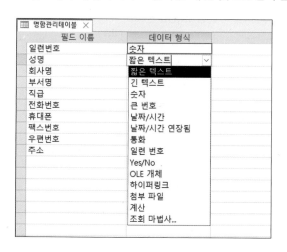

필드 이름 지정
• 필드 이름은 공백을 포함하여 64자까지 지정할 수 있음
• 필드 이름 첫 글자는 숫자로 시작할 수 있음
• 마침표(.), 느낌표(!), 대괄호([ ])를 제외한 특수 기호나 숫자, 문자, 공백을 조합해서 사용할 수 있음
• 필드 이름과 테이블 이름은 동일하게 지정 가능함
• 공백으로 시작하는 필드 이름은 줄 수 없음
• 테이블 내에서 필드 이름이 중복될 수는 없음

형식	설명	크기
짧은 텍스트	• 계산이 필요 없는 성명, 주소, 전화번호, 부품번호, 우편번호 등의 데이터를 저장할 때에는 짧은 텍스트 형식을 사용함 • 숫자를 입력해도 문자로 취급하여 연산이 되지 않음	최대 255자까지 입력
긴 텍스트	• 설명, 참고 사항 등 255자를 초과해서 저장할 때는 긴 텍스트 데이터 형식을 사용함 • 서식이 있는 텍스트나 긴 문서를 저장하기 위해서는 긴 텍스트 대신 OLE 개체를 이용함	63,999자까지 입력
숫자	• 산술 계산에 이용되는 숫자 데이터를 저장할 때 사용함 • 화폐 계산은 반올림의 문제를 고려하여 숫자 대신 통화 필드를 사용함 • 기본적으로 정수가 지정됨	• 바이트 : 1바이트 • 정수(Integer) : 2바이트 • 정수(Long) : 4바이트 • 실수(Single) : 4바이트 • 실수(Double) : 8바이트 • 복제ID : GUID★에 사용함
큰 번호	• 비금전적 숫자 값을 저장함 • 숫자 데이터 형식(4바이트)보다 계산할 때 더 넓은 범위($-2^{63} \sim 2^{63}-1$)를 제공함	8바이트
날짜/시간	• 날짜나 시간 데이터를 저장할 때 사용함 • 날짜 간의 기간이나 시간을 계산할 수 있음	8바이트
날짜/시간 연장됨	• 1년에서 9999년까지의 날짜 및 시간 값 • 소수 나노초를 입력할 수 있음 • 더 넓은 날짜 범위, 더 큰 소수 정밀도, SQL Server datetime2 날짜 형식과 호환됨	42바이트의 인코딩된 문자열
통화	• 화폐값을 저장할 때 사용하며 반올림을 방지해 줌 • 소수점 왼쪽으로 15자리, 소수점 오른쪽으로 4자리까지 표시 가능함	8바이트
일련 번호	• 레코드 추가 시 자동으로 고유 번호를 부여할 때 사용함 • 번호가 부여되면 변경하거나 삭제할 수 없음 • 기본키를 설정하는 필드에서 주로 사용함	• 4바이트 • 복제 ID : 16바이트
Yes/No	• True/False, Yes/No, On/Off처럼 두 값 중 하나만을 선택하는 경우에 사용함 • Null 값을 허용하지 않음	1비트
OLE 개체	• 다른 프로그램에서 만들어진 OLE 개체를 사용하는 것 • Microsoft 사의 Word 문서나 Excel 파일, 그림, 소리, 기타 이진 데이터 등에서 사용함 • 폼 또는 보고서 개체에서 컨트롤(바운드 개체 틀)을 이용하여 표시함 • 가장 메모리 사이즈가 큰 데이터 형식	1GB
하이퍼링크	• 하이퍼링크에서 사용하는 개체로 UNC★ 경로와 URL★ 주소를 저장할 수 있음 • E-Mail 주소를 저장할 때도 이용함	최대 2,048자
조회 마법사	• 필드에 값을 직접 입력하지 않고 다른 테이블에서 값을 선택할 때 사용함 • 콤보 상자를 사용하여 목록에서 값을 선택하는 필드를 만들 때 사용함	4바이트

★ GUID
글로벌 고유 식별자로 16바이트를 사용함

사진과 같은 이미지 파일은 첨부 파일 형식을 이용함

★ UNC
(Universal Naming Convention)
서버의 공유 파일이 저장되어 있는 장치를 기술하지 않고서도 확인할 수 있는 방법

★ URL
(Uniform Resource Locator)
웹상의 자료의 위치를 지정하는 주소 체계

01 다음 중 [Access 옵션]에서 파일을 열 때마다 나타나는 기본 시작 폼의 설정을 위한 '폼 표시' 옵션이 있는 범주는?

① 일반
② 현재 데이터베이스
③ 데이터 시트
④ 클라이언트 설정

'폼 표시' 옵션은 '현재 데이터베이스'에서 설정함

02 다음 중 액세스에서 사용되는 데이터 형식에 대한 설명으로 옳지 <u>않은</u> 것은?

① 숫자 형식 중 실수(Single)의 경우 할당되는 크기는 4바이트이다.
② 통화 형식은 소수점 아래 7자리까지의 숫자를 저장할 수 있으며, 할당되는 크기는 8바이트이다.
③ 일련번호 형식의 필드는 업데이트되지 않으며, 일단 필드에 데이터를 입력한 후에는 데이터 형식을 일련번호로 변경할 수 없다.
④ 긴 텍스트 형식은 텍스트와 숫자를 임의로 조합하여 63,999자까지 입력할 수 있다.

통화 형식은 소수점 위 15자리, 소수점 아래 4자리까지 표시할 수 있음

03 다음 중 각 데이터 형식에 대한 설명으로 옳지 <u>않은</u> 것은?

① 조회 마법사는 필드에 값을 직접 입력하지 않고 다른 테이블에서 값을 선택할 때 사용한다.
② Yes/No 형식은 Yes/No, True/False, On/Off 등 두 값 중 하나만 입력하는 경우에 사용하는 것으로 기본 필드 크기는 1비트이다.
③ 설명, 참고 사항 등 255자를 초과해서 저장할 때는 긴 텍스트 데이터 형식을 사용한다.
④ 일련번호는 번호가 부여된 후 변경하거나 삭제할 수 있으며 크기는 2바이트이다.

일련번호는 번호가 부여되면 변경하거나 삭제할 수 없으며 크기는 4바이트임

04 다음 중 Access 파일에 암호를 설정하는 방법으로 옳은 것은?

① [데이터베이스 압축 및 복구] 도구에서 파일 암호를 설정할 수 있다.
② 데이터베이스를 단독 사용 모드(단독으로 열기)로 열어야 파일 암호를 설정할 수 있다.
③ 데이터베이스를 MDE 형식으로 저장한 후 파일을 열어야 파일 암호를 설정할 수 있다.
④ [Access 옵션] 창의 보안 센터에서 파일 암호를 설정할 수 있다.

• 데이터베이스 암호를 설정하거나 제거하려면 데이터베이스를 단독 사용 모드로 열어야 함
• 데이터베이스를 단독 사용 모드로 열려면 데이터베이스를 닫은 다음 [파일] 탭-[열기] 명령을 사용하여 다시 연 다음 [열기] 대화 상자에서 [열기] 단추 옆에 있는 화살표를 클릭한 후 [단독으로 열기]를 선택함

05 다음 중 데이터시트 보기에서 레코드의 요약 정보를 표시하는 'Σ 요약' 기능에 관한 설명으로 옳지 <u>않은</u> 것은?

① 'Σ 요약' 기능을 실행했을 때 생기는 요약 행을 통해 집계 함수를 좀 더 쉽고 빠르게 사용할 수 있다.
② 'Σ 요약' 기능은 데이터시트 형식으로 표시되는 테이블, 폼, 쿼리, 보고서 등에서 사용할 수 있다.
③ 'Σ 요약' 기능이 설정된 상태에서 '텍스트' 데이터 형식의 필드에는 '개수' 집계 함수만 지정할 수 있다.
④ 'Σ 요약' 기능이 설정된 상태에서 'Yes/No' 데이터 형식의 필드에 '개수' 집계 함수를 지정하면 체크된 레코드의 총개수가 표시된다.

'Σ 요약' 기능은 데이터시트 형식으로 표시되는 테이블, 폼, 쿼리에서는 사용할 수 있으나 보고서에서는 사용할 수 없음

정답 01 ② 02 ② 03 ④ 04 ② 05 ②

테이블 수정

출제빈도 상 중 (하)
반복학습 1 2 3

빈출 태그 테이블 이름 변경 • 테이블 구조 변경

테이블 이름 지정
• 테이블 이름과 필드 이름은 동일하게 설정할 수 있음
• 테이블 이름과 쿼리 이름은 동일하게 설정할 수 없음
• 테이블 이름의 첫 문자로 공백을 사용할 수 없지만, 테이블 이름에 공백은 포함시킬 수 있음
• 마침표(.), 느낌표(!), 대괄호([ ])를 제외한 특수 기호나 숫자, 문자, 공백을 조합하여 사용할 수 있음
• 테이블의 이름은 공백을 포함하여 64자까지 지정할 수 있음

01 테이블의 이름 변경 24년 상시, 04년 10월

탐색 창에서 이름을 변경하고자 하는 테이블을 마우스 오른쪽 단추로 클릭하여 바로 가기 메뉴가 표시되면 [이름 바꾸기]를 선택하여 테이블의 새로운 이름을 입력한다.

바로 가기 메뉴	[이름 바꾸기]를 선택함
바로 가기 키	F2를 누름

02 테이블의 구조 변경

• 필드의 삽입, 삭제, 이동 등의 작업을 의미하며, [데이터시트 보기]와 [디자인 보기]에서 실행한다.
• 탐색 창에서 필드를 추가할 '명함관리테이블' 테이블에서 마우스 오른쪽 단추를 클릭하여 바로 가기 메뉴가 표시되면 [디자인 보기]를 선택한다.

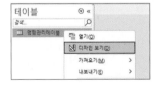

1) 필드 삽입

① 디자인 보기에서 삽입

• 테이블의 [디자인 보기]가 나타나면 삽입할 행의 아래쪽 행을 클릭하여 선택한 다음 바로 가기 메뉴의 [행 삽입]을 선택한다.

🅕 기적의 TIP

새 레코드 행을 삽입하면 선택한 레코드 위에 삽입됩니다.

• 삽입할 빈 행은 지정한 행의 위쪽에 삽입된다.

리본 메뉴	[테이블 디자인] 탭─[도구] 그룹─[행 삽입](⌸ 행 삽입)을 클릭함
바로 가기 메뉴	[행 삽입]을 선택함
바로 가기 키	Insert 를 누름

• 여러 개의 행 선택기를 선택한 다음 [행 삽입]을 하는 경우 선택한 만큼의 행이 삽
  입된다.
• → 상태에서 해당 행을 선택할 수 있다.
• 선택된 행은 테두리가 표시된다.

▶ 디자인 보기에서 행 선택기★ 사용 방법

★ 행 선택기
레코드 선택기라고도 함

한 행만을 선택하는 경우	마우스로 행 선택기를 클릭함
연속적으로 여러 행을 선택하는 경우	첫 행 선택기를 클릭한 후 Shift +마지막 행 선택기를 클릭함
비연속적으로 여러 행을 선택하는 경우	Ctrl +해당 행 선택기를 클릭함
모든 행을 선택하는 경우	Ctrl + A , ⬜ (행, 열 교차점)을 클릭함

② 데이터시트 보기에서 삽입

리본 메뉴	[테이블 필드] 탭─[추가 및 삭제] 그룹─[추가 필드]를 클릭함
바로 가기 메뉴	[필드 삽입]을 클릭함

2) 필드 삭제 08년 8월

① 디자인 보기에서 삭제

• 테이블의 [디자인 보기]가 나타나면 삭제할 행을 선택한 다음 바로 가기 메뉴의 [행
  삭제]를 선택한다.

리본 메뉴	[테이블 디자인] 탭-[도구] 그룹-[행 삭제](행 삭제)를 클릭함
바로 가기 메뉴	[행 삭제]를 선택함
바로 가기 키	Delete 를 누름

- 여러 개의 행 선택기를 선택한 다음 [행 삭제]를 하는 경우 선택한 행만큼의 행이 삭제된다.

② 데이터시트 보기에서 삭제

- 필드를 삭제하면 필드에 입력된 모든 데이터도 함께 지워짐
- 데이터시트 보기에서 필드를 삭제한 후 즉시 Ctrl + Z 를 실행하여도 필드를 되살릴 수 없음

- 데이터시트 보기에서는 Delete 로 열을 삭제할 수 있다.
- 필드가 아닌 레코드가 선택된 상태에서 Delete 를 누르면 해당 레코드가 삭제된다.

리본 메뉴	[테이블 필드] 탭-[추가 및 삭제] 그룹-[삭제]를 클릭함
바로 가기 메뉴	[필드 삭제]를 클릭하고 [삭제 경고] 대화 상자가 나타나면 [예]를 클릭함

3) 필드의 이동

① 디자인 보기에서 이동

연속된 여러 필드의 이동은 가능하나 비연속적인 여러 필드의 이동은 수행되지 않는다.

리본 메뉴	[홈] 탭-[클립보드] 그룹-잘라내기를 클릭한 다음 [홈] 탭-[클립보드] 그룹-[붙여넣기]( )를 클릭함
바로 가기 메뉴	[잘라내기]를 선택한 다음 [붙여넣기]를 선택함
바로 가기 키	Ctrl + X 를 누른 다음 Ctrl + V 를 누름

② 데이터시트 보기에서 이동 24년 상시, 23년 상시, 17년 3월, 13년 3월, 06년 2월

- 이동하고자 하는 필드를 클릭한 다음 이동할 위치로 드래그 앤 드롭한다.
- 여러 개의 필드를 선택하여 이동할 수 있다.
- 데이터시트 보기에서의 필드 이동 시 [홈] 탭-[클립보드] 그룹-잘라내기 와 [홈] 탭-[클립보드] 그룹-[붙여넣기]( )는 사용할 수 없다.

필드의 이동 작업 취소
[빠른 실행 도구 모음]의 [실행 취소]( )를 클릭하거나 Ctrl + Z 를 눌러 작업의 실행을 취소하면 됨

4) 필드의 이름 변경

① 디자인 보기에서 이름 변경

이미 작성된 필드 이름을 지운 후 새로운 이름을 입력한다.

② 데이터시트 보기에서 이름 변경

- 변경하고자 하는 필드의 이름을 더블클릭한 다음 새로운 이름을 입력한다.
- [테이블 필드] 탭-[속성] 그룹-[이름 및 캡션]을 클릭한 다음 [필드 속성 입력] 대화 상자의 [이름]에서 필드 이름을 변경한다.
- 바로 가기 메뉴의 [필드 이름 바꾸기]를 선택한다.

✅ 개념 체크

1 디자인 보기에서 필드를 삽입하려면 바로 가기 메뉴의 [행 삽입]을 선택한다. (○, ×)

2 디자인 보기에서 행을 선택할 때 Shift 를 사용하면 비연속적으로 여러 행을 선택할 수 있다. (○, ×)

3 디자인 보기에서 모든 행을 선택하려면 Ctrl + Shift 를 사용한다. (○, ×)

1 ○ 2 × 3 ×

01 다음 중 테이블의 이름을 지정하는 방법에 대한 설명으로 옳지 <u>않은</u> 것은?

① 테이블 이름과 쿼리 이름은 동일하게 설정할 수 없다.
② . ! ' [ ] 과 같은 특수 문자는 사용할 수 없다.
③ 테이블 이름에 공백은 포함시킬 수 없다.
④ 테이블 이름과 필드 이름은 동일하게 설정할 수 있다.

테이블 이름의 첫 문자로 공백을 사용할 수 없지만, 테이블 이름에 공백은 포함시킬 수 있음

02 다음 중 아래와 같은 <학생> 테이블에서 필드의 순서를 변경하기 위한 방법으로 옳지 <u>않은</u> 것은?

학번	성명	주소	취미	전화
1111	홍길동	서울시	변장술	111–2222
2222	이도령	남원시	태권도	222–3333

① 디자인 보기에서 <주소> 필드를 선택한 후 이동할 위치로 끌어다 놓는다.
② 디자인 보기에서 <주소> 필드를 선택한 후 Shift를 누른 상태에서 <전화> 필드를 선택하여 이동할 위치로 끌어다 놓으면 <주소, 취미, 전화> 필드가 이동된다.
③ 데이터시트 보기에서 <전화> 필드를 선택한 후 이동할 위치로 끌어다 놓는다.
④ 데이터시트 보기에서 <주소> 필드명을 선택한 후 Ctrl을 누른 상태에서 <전화> 필드를 선택하여 이동할 위치로 끌어다 놓으면 <주소, 전화> 필드만 이동된다.

데이터시트 보기에서는 Shift를 이용한 연속된 필드의 선택과 이동만 가능함

03 다음 중 테이블에서의 필드 이름 지정 규칙에 대한 설명으로 옳은 것은?

① 필드 이름의 첫 글자는 숫자로 시작할 수 없다.
② 테이블 이름과 동일한 이름을 필드 이름으로 지정할 수 없다.
③ 한 테이블 내에 동일한 이름의 필드를 2개 이상 지정할 수 없다.
④ 필드 이름에 문자, 숫자, 공백, 특수문자를 조합한 모든 기호를 포함할 수 있다.

테이블 내에서 필드 이름이 중복될 수는 없음

오답 피하기

- 필드 이름 첫 글자는 숫자로 시작할 수 있음
- 필드 이름과 테이블 이름은 동일하게 지정 가능함
- 마침표(.), 느낌표(!), 대괄호([ ])를 제외한 특수 기호나 숫자, 문자, 공백을 조합해서 사용할 수 있음
- 필드 이름은 공백을 포함하여 64자까지 지정할 수 있음
- 공백으로 시작하는 필드 이름은 줄 수 없음

04 다음 중 테이블의 필드와 레코드 삭제에 대한 설명으로 옳은 것은?

① 필드를 삭제한 후 즉시 'Ctrl+Z'를 실행하면 되살릴 수 있다.
② 데이터시트 보기 상태에서는 필드를 삭제할 수 없다.
③ 데이터시트 보기 상태에서는 레코드를 삭제할 수 없다.
④ 필드를 삭제하면 필드에 입력된 모든 데이터도 함께 지워진다.

오답 피하기

- ① : 필드를 삭제한 후 즉시 Ctrl+Z를 실행하여도 필드를 되살릴 수 없음
- ② : 데이터시트 보기 상태에서는 필드를 삭제할 수 있음
- ③ : 데이터시트 보기 상태에서는 레코드를 삭제할 수 있음

정답 01 ③ 02 ④ 03 ③ 04 ④

필드 속성 1-속성과 형식

▶ 합격 강의

빈출 태그 필드 속성

01 필드 속성 17년 3월, 16년 6월, 14년 3월, 04년 2월

- 필드에 데이터를 입력할 때 미리 사용자가 원하는 크기나 조건 등으로 입력되는 데이터의 내용을 제한하는 것이다.
- 필드 속성은 [테이블] 개체의 [디자인 보기]에서 필드를 선택하고, 하단의 필드 속성의 [일반] 탭과 [조회] 탭에서 설정한다.
- 창 전환 바로 가기 키 : F6
- 필드 속성은 데이터의 형식에 따라 다르게 사용된다.

▲ 데이터 형식이 '숫자'일 때

▲ 데이터 형식이 '짧은 텍스트'일 때

▶ **필드 속성의 [일반] 탭 속성** 21년 상시, 17년 9월, 14년 10월, 06년 7월

필드 크기	• 필드에 저장할 수 있는 데이터의 최대 크기를 설정함(짧은 텍스트 형식인 경우 최대 255자까지 지정할 수 있음) • 일련 번호, 짧은 텍스트, 숫자 형식에서 지원됨 • 데이터 형식에 따라 필드 크기가 달라짐
형식	필드의 표시 방법으로 미리 정의된 형식을 선택하거나 사용자 지정 형식을 입력함
입력 마스크	필드에 입력할 모든 데이터의 유형
캡션	폼이나 데이터시트에서 사용할 필드 레이블
기본값	새 레코드를 만들 때 필드에 자동으로 입력되는 값
유효성 검사 규칙	필드에 입력할 수 있는 값을 제한하는 식
유효성 검사 텍스트	유효성 검사 규칙에 어긋나는 값을 입력할 때 나타나는 오류 메시지
필수	필드에 데이터를 항상 입력할지 여부를 결정함
빈 문자열 허용	필드에 빈 문자를 허용할지 여부를 결정함
인덱스	찾기 및 정렬 속도는 빨라지지만 업데이트 속도는 느려짐

02 형식

- 데이터를 표시하고 인쇄하는 방법을 설정하는 것으로, 데이터의 형식에 따라 설정 방법이 달라진다.
- 짧은 텍스트, 긴 텍스트, 숫자, 날짜/시간, 통화, 일련 번호, Yes/No, 하이퍼링크 데이터 형식에서 사용할 수 있다.
- 미리 정의된 형식이나 사용자 정의 기호를 이용한다.
- 사용자 지정 형식에서 데이터 형식에 대해 다음 기호를 사용할 수 있다.

기호	설명
(공백)	공백을 그대로 표시함
" "	큰따옴표 안의 내용을 그대로 표시함
!	왼쪽을 기준으로 맞추어 채움
*	사용할 수 있는 공백을 별표(*) 다음 문자로 채움
₩	₩ 다음 문자를 그대로 표시함
[색]	형식이 지정한 데이터를 대괄호 사이에 지정한 색(검정, 파랑, 녹색, 녹청, 빨강, 자홍, 노랑, 흰색 등)으로 표시함

1) 숫자, 통화 형식

① 미리 정의된 형식

- 미리 정의된 형식은 Windows 제어판의 [국가 또는 지역] 대화 상자의 설정값에 따른다.
- 일반 숫자의 경우 입력한 데이터의 소수 자릿수가 표시된다.
- 통화 설정은 음수인 경우 (₩3,456.79)처럼 표시 형식으로 표시되려면 Windows의 [제어판]-[국가 또는 지역]에서 [추가 설정]을 클릭하고 [형식 사용자 지정] 대화 상자의 [통화] 탭에서 [음수 통화 형식]을 (₩1.1)로 변경해야 한다.

설정	설명
일반 숫자	기본값으로, 숫자를 입력한 그대로 표시함
통화	천 단위 구분 기호(,)와 화폐 기호(₩)를 표시하고 음수는 괄호로 표시함
유로	천 단위 구분 기호(,)와 유로 기호(€)를 표시함
고정	적어도 한 자리 이상의 숫자를 표시하며, 소수 셋째 자리에서 반올림함
표준	천 단위 구분 기호를 표시하며, 소수 셋째 자리에서 반올림함
백분율	값에 100을 곱하고 백분율 기호(%)를 붙여 표시함
공학용	표준 공학용 표기법을 사용함

설정	데이터	표시
일반 숫자	3456.789	3456.789
	−3456.789	−3456.789
	213.21	213.21

통화	3456.789	₩3,456.79
	−3456.789	(₩3,456.79)
고정	3456.789	3456.79
	−3456.789	−3456.79
	3.56645	3.57
표준	3456.789	3,456.79
백분율	3	300.00%
	0.45	45.00%
공학용	3456.789	3.46E+03
	−3456.789	−3.46E+03

② 사용자 지정 형식 11년 10월

- 세미콜론(;)을 사용하여 네 개의 구역으로 나눈다.
- 각 구역에는 다른 유형의 숫자에 대한 서식 설정이 들어 있다.
- 여러 개의 구역을 사용할 때 각 구역의 서식을 지정하지 않았을 경우, 아무 것도 표시하지 않거나 첫 번째 구역의 서식을 기본값으로 사용한다.

구역	설명	입력	형식	결과
❶ 첫 번째	양수에 대한 서식	+9000	$#,##0.0	$9,000.0
❷ 두 번째	음수에 대한 서식	−9000	($#,##0.0)	($9,000.0)
❸ 세 번째	0 값에 대한 서식	0	"Zero"	Zero
❹ 네 번째	Null 값에 대한 서식	Null	"Null"	Null

예 $#,##0.0;($#,##0.0);"Zero";"Null"

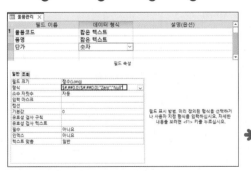

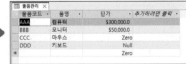

▲ 『$#,##0.0;($#,##0.0);"Zero";"Null"』을 입력함   ▲ 결과

기적의 TIP

사용자 지정 형식은 세미콜론을 사용하여 구역을 구분합니다. 형식의 각 구역이 어떤 결과를 도출하는지 눈여겨 보세요.

▶ 사용자 지정 숫자 서식

기호	설명
.(마침표)	소수 구분 기호를 표시함
,(쉼표)	천 단위 구분 기호를 표시함
0	자릿수 표시자로 숫자 또는 0을 표시함
#	자릿수 표시자로 숫자 또는 아무 것도 표시하지 않음
$	$를 표시함
%	백분율로, 값에 100을 곱하고 % 기호를 표시함
E– 또는 e–	• 음의 지수 뒤에 (–)를 표시함 • 양의 지수 뒤에는 아무 것도 표시하지 않음
E+ 또는 e+	• 음의 지수 뒤에 (–)를 표시함 • 양의 지수 뒤에는 (+)를 표시함

예

설정	설명
0;(0);;"Null"	• 양수는 그대로 표시하고 음수는 괄호 안에 표시함 • 값이 Null이면 단어 "Null"을 표시함
+0.0;–0.0;0.0	• 양수 또는 음수에 더하기(+) 기호나 빼기(–) 기호를 표시함 • 값이 0이면 0.0을 표시함

2) 날짜/시간 형식 16년 3월, 15년 10월, 11년 7월, 06년 9월, 05년 2월

① 미리 정의된 형식

• Windows 제어판의 [국가 또는 지역]에서 설정한 간단한 날짜(시간), 자세한 날짜(시간)의 설정에 따라 다르게 표시될 수 있다.
• 기본 날짜는 간단한 날짜와 자세한 시간 설정을 조합한 것이다.

설정	형식	설명(제어판의 [국가 또는 지역]에서 설정)
기본 날짜	2015–11–12 오후 5:34:23	간단한 날짜(yyyy–MM–dd)와 자세한 시간(오전/오후) h:mm:ss)이 조합되어 표시됨
자세한 날짜	2015년 11월 12일 화요일	'yyyy년 M월 d일 dddd' 형식으로 표시됨
보통 날짜	15년 11월 12일	'yy년 MM월 dd일' 형식으로 표시됨
간단한 날짜	2015–11–12	'yyyy–MM–dd' 형식으로 표시됨
자세한 시간	오후 5:34:23	'tt h:mm:ss' 형식으로 표시됨(tt: 오전/오후, h : 12시간)
보통 시간	오후 5:34	'tt h:mm' 형식으로 표시됨(tt: 오전/오후, h : 12시간)
간단한 시간	17:34	'H:mm' 형식으로 표시됨(H : 24시간)

🅑 기적의 TIP

날짜/시간 형식은 결과를 도출할 수 있어야 합니다. 예제를 통해서 충분히 연습해두세요.

② 사용자 지정 형식

날짜, 요일, 시간을 구분하기 위해 공백을 사용한다.

날짜 형식   요일 형식   시간 형식
❶   ❷   ❸

예 yyyy/mm/dd ddd a/p hh:nn:ss
   ❶   ❷   ❸

▶ **사용자 지정 서식** 13년 10월

기호	설명
:(콜론)	시간 구분 기호
/	날짜 구분 기호
c	미리 정의된 형식인 기본 날짜
d	필요에 따라 한 자리 또는 두 자리 숫자로, 1~31까지의 일을 표시함
dd	두 자리 숫자로, 01~31까지의 일을 표시함
ddd	Sun~Sat까지 요일의 처음 세 자를 표시함
dddd	Sunday~Saturday까지 완전한 요일 이름을 표시함
ddddd	미리 정의된 간단한 날짜 형식을 표시함
dddddd	미리 정의된 자세한 날짜 형식을 표시함
w	일주일을 1~7로 나누어 몇 번째 일인지를 표시함
ww	1년을 1~53으로 나누어 몇 번째 주인지를 표시함
m	필요에 따라 한 자리 또는 두 자리 숫자로 1~12까지의 월을 표시함
mm	01~12까지 두 자리 숫자로 월을 표시함
mmm	Jan~Dec까지 월의 처음 세 자를 표시함
mmmm	January~December까지 완전한 월 이름을 표시함
q	날짜를 1~4까지의 분기로 표시함
y	1년 중의 일을 표시함(1~365)
yy	연도의 마지막 두 자리 숫자를 표시함(01~99)
yyyy	연도를 네 자리 숫자로 표시함(0100~9999)
h	한 자리 또는 두 자리 숫자로 0~23까지 시간을 표시함
hh	두 자리 숫자로 00~23까지 시간을 표시함
n	한 자리 또는 두 자리 숫자로 0~59까지 분을 표시함
nn	두 자리 숫자로 00~59까지 분을 표시함
s	한 자리 또는 두 자리 숫자로 0~59까지 초를 표시함
ss	두 자리 숫자로 00~59까지 초를 표시함
ttttt	미리 정의된 자세한 시간 형식을 표시함
AM/PM	대문자 AM이나 PM을 포함한 12시간제로 표시함
am/pm	소문자 am이나 pm을 포함한 12시간제로 표시함
A/P	대문자 A나 P를 포함한 12시간제로 표시함
a/p	소문자 a나 p를 포함한 12시간제로 표시함

예	설정	표시
	ddd", "mmm d", "yyyy	Mon, Jun 2, 2010
	mmmm dd", "yyyy	June 02, 2010
	"오늘은"ww"번째 주입니다."	오늘은 22 번째 주입니다.
	"오늘은" dddd"입니다."	오늘은 Tuesday입니다.

기적의 TIP

사용자 지정 형식에 따른 결과를 정확하게 구할 수 있도록 공부하세요.

3) 짧은 텍스트, 긴 텍스트 형식

짧은 텍스트와 긴 텍스트 데이터 형식은 미리 정의된 형식이 없다.

① 사용자 지정 형식

• 짧은 텍스트와 긴 텍스트 필드의 사용자 지정 서식은 두 개까지의 구역을 가지며, 세미콜론(;)으로 구분한다.

Null 값과 빈 문자열
• Null : 값이 없는 것
• 빈 문자열 : 문자열이 비어 있는 것

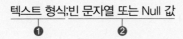

텍스트 형식;빈 문자열 또는 Null 값
❶   ❷

구역	설명
❶ 첫 번째	텍스트가 들어 있는 필드에 대한 서식을 지정함
❷ 두 번째	빈 문자열이나 Null 값을 가진 필드에 대한 서식을 설정함

예 @@@-@@@;"알 수 없음"
    ❶   ❷

• 다음 기호를 사용하여 사용자 지정 짧은 텍스트와 긴 텍스트 서식을 만들 수 있다.

구역	설명
@	텍스트 한 자리를 나타내며, 텍스트를 표시할 자릿수를 나타냄
&	빈 자릿수를 나타냄
〈	모든 문자를 소문자로 바꿈
〉	모든 문자를 대문자로 바꿈

설정	데이터	표시
@@@-@@-@@@@	465043799	465-04-3799
@@@@@@@@@	465-04-3799	465-04-3799
	465043799	465043799
〉	access	ACCESS
	ACCESS	ACCESS
	Access	ACCESS
〈	access	access
	ACCESS	access
	Access	access
@@@-@@@;"알 수 없음"	Null 값	알 수 없음

4) Yes/No 형식 ^{16년 6월}

① 미리 정의된 서식

- Yes/No, True/False, On/Off가 제공된다.
- Yes/No로 설정된 텍스트 상자 컨트롤에 True 또는 On을 입력하면, 그 값은 자동으로 Yes로 바뀐다.
- Yes/No 데이터 형식의 기본 컨트롤로서 확인란 컨트롤이 사용된다.

② 사용자 지정 형식

Yes/No 데이터 형식은 구역을 세 개까지 포함하는 사용자 지정 서식을 사용할 수 있다.

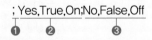

; Yes,True,On;No,False,Off

구역	설명
❶ 첫 번째	Yes/No 데이터 형식에는 적용되지 않지만 자리 표시자로 세미콜론(;)이 필요함
❷ 두 번째	Yes, True, On 값 자리에 표시할 텍스트를 나타냄
❸ 세 번째	No, False, Off 값 자리에 표시할 텍스트를 나타냄

예

; 남성;여성

형식	입력	표시
;군필;미필	Yes	군필
;합격;불합격	No	불합격

01 아래와 같이 보고서 머리글의 텍스트 박스 컨트롤에 컨트롤 원본을 지정하였다. 다음 중 보고서 미리 보기를 하는 경우 표시되는 결과로 옳은 것은? (단, 오늘 날짜가 2024년 1월 17일 수요일이라고 가정한다.)

```
=Format(Date(),"mmm")
```

① Jan
② 1월
③ 1
④ Wed

mmm : Jan~Dec까지 월의 처음 세 자를 표시함

02 다음과 같은 속성이 설정된 필드에 대한 설명으로 옳지 **않은** 것은?

▶ 합격 강의

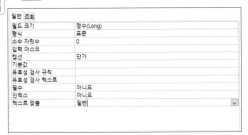

① '데이터시트 보기' 상태에서 필드 값으로 63.7을 입력하면 64로 기록된다.
② '데이터시트 보기' 상태에서 필드 값으로 12345를 입력하면 12,345로 기록된다.
③ 필드 값은 반드시 입력해야 한다.
④ '데이터시트 보기' 상태에서 필드의 이름은 '단가'로 표시된다.

필수가 '아니요'이므로 필드 값은 입력하지 않아도 됨

오답 피하기
• ① : 필드 크기가 '정수'이므로 반올림되어 64로 기록됨
• ② : 형식이 '표준'이므로 12,345로 기록됨
• ④ : 캡션이 '단가'로 되어 있으므로 필드의 이름이 '단가'로 표시됨

03 다음 중 테이블에 입력된 날짜 필드의 값을 '2024-10-08'과 같은 형식으로 표시하고자 할 때 테이블의 디자인 보기에서 지정해야 할 '형식' 속성값으로 옳은 것은?

▶ 합격 강의

① 기본 날짜
② 자세한 날짜
③ 보통 날짜
④ 간단한 날짜

간단한 날짜 : 'yyyy-MM-dd' 형식으로 표시됨

오답 피하기

① 기본 날짜	2024-10-08 오후 5:34:23	간단한 날짜(yyyy-MM-dd)와 자세한 시간 (오전/오후) h:mm:ss)이 조합되어 표시됨
② 자세한 날짜	2024년 10월 08일 화요일	'yyyy년 M월 d일 dddd' 형식으로 표시됨
③ 보통 날짜	24년 10월 08일	'yy년 MM월 dd일' 형식으로 표시됨

04 다음 중 필드 속성에 대한 설명으로 옳지 **않은** 것은?

① 입력 마스크는 짧은 텍스트, 숫자, 날짜/시간, 통화 형식에서 사용할 수 있다.
② 필드 값이 반드시 있어야 하는 경우, 필수 속성을 '예'로 설정하면 된다.
③ 'Yes/No'의 세부 형식은 'Yes/No'와 'True/False' 두 가지만을 제공한다.
④ 짧은 텍스트, 숫자, 일련 번호 형식에서만 필드 크기를 지정할 수 있다.

'Yes/No'의 세부 형식은 'Yes/No', 'True/False', 'On/Off'가 있음

필드 속성 2-입력 마스크/조회 속성

▶ 합격 강의

01 입력 마스크 24년 상시, 22년 상시, 21년 상시, 15년 6월, 13년 10월, 12년 9월, 08년 10월, 03년 2월/5월

- 입력 마스크(Input Mask)는 특정 형식의 숫자나 문자를 입력할 때 유용하도록 입력 형식을 지정해 주는 것이다.
- 데이터의 입력에 제한을 주는 것으로 입력 오류의 가능성이 줄어든다.
- 짧은 텍스트, 숫자, 날짜/시간, 통화 형식에서 사용할 수 있다.
- 입력 마스크 마법사를 사용하여 속성을 쉽게 설정할 수 있다.
- 짧은 텍스트나 날짜/시간 필드에서만 입력 마스크 마법사를 사용할 수 있다.
- 짧은 텍스트 필드의 운전면허번호, 주민등록번호, 전화번호, 우편번호, 암호, 날짜 형식, 시간 형식 등에서 이용된다.
- 숫자 필드와 통화 필드는 입력 마스크의 정의를 직접 입력해야 한다.

1) 텍스트 형식의 입력 마스크 설정

- 입력 마스크(Input Mask) 속성을 "암호"로 설정하면 암호 입력 컨트롤이 만들어진다.
- 컨트롤에 입력되는 문자는 모두 문자로 저장되지만 화면에는 별표(*)로 표시된다.
- 입력된 문자가 화면에 표시되지 않게 하려면 "암호" 입력 마스크를 사용하면 된다.

🏠 따라하기 TIP

따라하기 파일 • Part03_Chapter02_입력마스크–따라파일.accdb

① 주민등록번호 필드 속성의 [일반] 탭에서 [입력 마스크]를 클릭한 다음 표현식 작성 단추 (⋯)를 클릭한다.

필드 이름	데이터 형식	설명(옵션)
성명	짧은 텍스트	
주민등록번호	짧은 텍스트 ∨	
전화번호	짧은 텍스트	

필드 속성

일반 조회		
필드 크기	255	
형식		
입력 마스크		⋯
캡션		
기본값		
유효성 검사 규칙		
유효성 검사 텍스트		이 필드에 입력할 모든 데이터 유형
필수	아니요	
빈 문자열 허용	예	
인덱스	아니요	
유니코드 압축	예	
IME 모드	한글	
문장 입력 시스템 모드	없음	
텍스트 맞춤	일반	

② [입력 마스크 마법사] 1단계 대화 상자에서 입력 마스크의 종류를 선택할 수 있다. 여기서는 [주민등록번호]를 선택한 후 [다음]을 클릭한다.

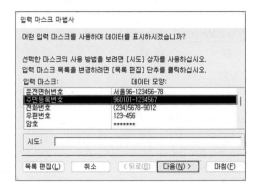

③ 2단계에서는 필드의 유형에 따라 입력 마스크를 변경할 수 있다. 여기서는 기본값을 그대로 사용하고 [다음]을 클릭한다.

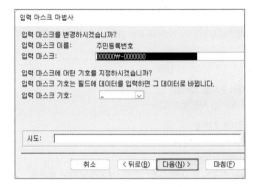

④ 3단계에서는 데이터의 저장 옵션을 선택하고 [다음]을 클릭한다.
⑤ 마지막 단계에서 [마침]을 클릭하고 [입력 마스크 마법사]를 종료한다.

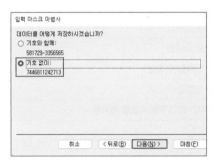 

2) 사용자 지정 형식

입력 마스크 속성은 구역을 세미콜론(;)으로 구분하여 세 개까지 포함할 수 있다.

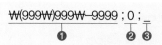

구역	설명
❶ 첫 번째	입력 마스크 자체를 지정함(예 ₩(999₩)999₩-9999)
❷ 두 번째	• 데이터를 입력할 때 리터럴 표시 문자가 테이블에 저장되는지 지정함 • 0 : 전화 번호 입력 마스크에서 괄호 같은 리터럴 표시 문자는 모두 값과 함께 저장함 • 1 또는 공백 : 컨트롤에 입력한 문자만 저장함
❸ 세 번째	• 입력 마스크에서 반드시 문자를 입력해야 하는 자리를 표시하는 문자를 지정함 • 이 구역에는 모든 문자의 사용이 가능함 • 빈 문자열을 표시하려면 큰따옴표(" ")로 묶은 공백을 사용함

3) 리터럴(Literal) 표시 문자 24년 상시, 23년 상시, 22년 상시, 21년 상시, 20년 2월/7월, 18년 9월, 17년 3월, 16년 10월, …

문자	설명
0	• 필수 요소로, 0~9까지의 숫자를 입력함 • 덧셈 기호(+)와 뺄셈 기호(-)는 사용할 수 없음
9	• 선택 요소로, 숫자나 공백을 입력함 • 덧셈 기호와 뺄셈 기호를 사용할 수 없음
#	• 선택 요소로, 숫자나 공백을 입력함 • 공백은 편집 모드일 때는 빈 칸으로 표시되지만, 데이터가 저장될 때는 제거됨 • 덧셈 기호와 뺄셈 기호를 사용할 수 있음
L	필수 요소로, A부터 Z까지의 영문자나 한글을 입력함
?	선택 요소로, A부터 Z까지의 영문자나 한글을 입력함
A	필수 요소로, 영문자나 한글, 숫자를 입력함
a	선택 요소로, 영문자나 한글, 숫자를 입력함
&	필수 요소로, 모든 문자나 공백을 입력할 수 있음
C	선택 요소로, 모든 문자나 공백을 입력할 수 있음
. , : ; - /	소수 자릿수와 1000 단위, 날짜, 시간 등의 구분 기호를 입력함
〈	모든 문자를 소문자로 변환함
〉	모든 문자를 대문자로 변환함
!	입력 마스크가 왼쪽에서 오른쪽으로 입력됨
\	뒤에 나오는 문자를 그대로 표시함(예 \A는 A만 표시함)

🄑 기적의 TIP

리터럴 표시 문자의 필수 요소와 선택 요소를 정확히 구분해서 익혀두세요.

입력 마스크	예제 값	입력 마스크	예제 값
(000) 000–0000	(206) 555–0248	>L0L 0L0	T2F 8M4
(999) 999–9999!	(206) 555–0248 (　) 555–0248	00000–9999	98115– 98115–3007
(000) AAA–AAAA	(206) 555–TELE	>L‹?????????????	Maria Brendan
#999	–20 2000	SSN 000–00–0000	SSN 555–55–5555
>L????L?000L0	GREENGR339M3 MAY　R 452B7	>LL00000–0000	DB51392–0493

02 조회 속성 18년 9월, 09년 2월, 07년 2월/5월, 06년 5월, 03년 5월

- 조회를 통하여 미리 입력해 놓은 데이터 목록을 선택하여 입력하는 것이다.
- 입력 데이터가 제한적인 경우 사용한다.
- 짧은 텍스트, 숫자, Yes/No 형식에서 사용할 수 있다.
- 콤보 상자, 목록 상자와 같은 컨트롤을 이용한다.
- [디자인 보기]에서 데이터 형식의 [조회 마법사]를 이용하여 설정된 내용은 [조회] 탭에 나타난다.
- [조회] 탭에서 [컨트롤 표시]를 [콤보 상자]나 [목록 상자]로 선택한 다음 각 속성에서 직접 설정할 수 있다.

▲ 컨트롤 표시를 [콤보 상자]로 지정한 경우

▲ 컨트롤 표시를 [목록 상자]로 지정한 경우

> **🅱 기적의 TIP**
>
> 조회 속성의 특징을 이해하고, 그중 행 원본 유형은 정확히 알아두세요.

> **✔ 개념 체크**
>
> 1 입력 마스크 속성은 구역을 (　)로 구분하여 세 개까지 포함할 수 있다.
>
> 2 입력 마스크에서 반드시 문자를 입력해야 하는 자리를 표시하는 문자를 지정하는 구역은 (　) 구역이다.
>
> 3 입력 마스크에서 모든 문자를 소문자로 변환하는 문자는 (　) 이다.
>
> 4 입력 마스크에서 필수 요소로, A부터 Z까지의 영문자나 한글을 입력하는 문자는 L이다. (○, ×)
>
> 5 입력 마스크에서 선택 요소로, 영문자나 한글, 숫자를 입력하는 문자는 a이다. (○, ×)
>
> 1 세미콜론(;) 2 세 번째 3 <
> 　　　　　4 ○ 5 ○

속성	설명
컨트롤 표시	데이터 입력 시 사용할 컨트롤(콤보 상자, 목록 상자)을 설정함
행 원본 유형	사용할 행 원본의 유형(테이블/쿼리, 값 목록, 필드 목록)을 설정함
행 원본	행 원본 유형에서 설정한 유형에 따라 달라짐 • 행 원본 유형을 테이블/쿼리로 설정 : 테이블이나 쿼리 또는 SQL문의 이름을 지정함 • 행 원본 유형을 값 목록으로 설정 : 목록에 세미콜론으로 분리된 항목을 지정함 • 행 원본 유형을 필드 목록으로 설정 : 테이블이나 쿼리의 이름을 지정함
바운드 열	열 목록 상자나 콤보 상자에서 컨트롤 원본 속성에 지정된 원본으로 사용하는 필드에 연결될 열을 지정함
열 개수	목록 상자나 콤보 상자에 들어갈 열 개수를 지정함
열 이름	• 콤보 상자나 목록 상자에서 열 머리글을 사용할지 여부를 지정함 • 콤보 상자의 머리글은 드롭다운 목록에만 나타남
열 너비	세미콜론(;)으로 분리된 각 열의 너비를 지정하고 열을 숨기려면 0을 입력함
행 수	콤보 상자에 있는 목록 상자 부분에 표시할 최대 행 개수를 지정함
목록 너비	콤보 상자에 있는 목록 상자 부분의 너비를 지정함
목록 값만 허용	콤보 상자에 입력된 모든 텍스트를 적용할지, 목록값과 일치하는 텍스트만 적용할지 여부를 결정함

콤보 상자에만 적용되는 속성
행 수, 목록 너비, 목록 값만 허용

이론을 확인하는 **기출문제**

 합격 강의

01 다음 중 특정 필드에 입력 마스크를 '09#L'로 설정하였을 때의 입력 데이터로 옳은 것은?

① 123A
② A124
③ 12A4
④ 12AB

문자	설명	09#L로 설정한 경우
0	필수요소, 0~9까지의 숫자	② A124 → 첫 글자가 A라 틀림
9	선택요소, 숫자나 공백	
#	선택요소, 숫자나 공백	③ 12A4, ④ 12AB → 세 번째 글자가 A라 틀림
L	필수요소, A~Z, 한글	

02 다음 중 특정 필드의 입력 마스크를 'LA09#'으로 설정하였을 때 입력 가능한 데이터로 옳은 것은?

① 12345
② A상345
③ A123A
④ A1BCD

• L : 필수 요소, A부터 Z까지의 영문자나 한글을 입력함 → A
• A : 필수 요소, 영문자나 한글, 숫자를 입력함 → 상
• 0 : 필수 요소, 0~9까지의 숫자를 입력함 → 3
• 9 : 선택 요소, 숫자나 공백을 입력함(덧셈, 뺄셈 기호 사용할 수 없음) → 4
• # : 선택 요소, 숫자나 공백을 입력함(덧셈, 뺄셈 기호 사용할 수 있음) → 5

오답 피하기
• ① : 12345 → 첫 번째 데이터 1이 영문자나 한글이 아님[L]
• ③ : A123A → 다섯 번째 데이터 A가 숫자나 공백이 아님[#]
• ④ : A1BCD → 세 번째 데이터 B가 숫자가 아님[0], 네 번째 데이터 C가 숫자나 공백이 아님[9], 다섯 번째 데이터 D가 숫자나 공백이 아님[#]

정답 01 ① 02 ②

필드 속성 3-유효성 검사/기타 필드 속성/기본키/인덱스

▶ 합격 강의

01 유효성 검사 규칙과 유효성 검사 텍스트 24년 상시, 22년 상시, 21년 상시, 18년 3월, 16년 10월, …

1) 유효성 검사 규칙

- 유효성 검사 규칙은 레코드, 필드, 컨트롤 등에 입력할 수 있는 데이터 요구 사항을 지정할 수 있는 속성이다.
- 유효성 검사 규칙과 유효성 검사 텍스트 속성은 옵션 그룹에 있는 확인란, 옵션 단추 또는 토글 단추 컨트롤에는 적용되지 않고 옵션 그룹 자체에만 적용된다.
- 일련 번호나 OLE 개체에서는 유효성 검사 규칙이 지원되지 않는다.
- 유효성 규칙 속성 설정에는 식을 입력한다.
- 유효성 규칙 속성 설정의 최대 길이는 2,048문자이다.
- 산술 연산자, 비교 연산자, 논리 연산자, 특수 연산자, 함수 등을 이용하여 유효성 검사 규칙을 지정한다.

산술 연산자	+, −, *, /, ^, mod
비교 연산자	• <, <=, =, <>, >, >= • Like : 만능 문자(*, ?)와 함께 사용하여 데이터를 비교함
논리 연산자	And, Not, Or
특수 연산자	• In : 지정한 값 중 하나 • Between : 지정한 값 사이의 값

예

속성	설명
⟨ ⟩ 0	0이 아닌 값을 입력함
⟩ 1000 Or Is Null	1000보다 큰 값을 입력하거나 비워 둠
⟩=10000 And ⟨ 100000	10000 이상이고 100000 미만인 숫자만 입력함
Len([사원번호])=7	사원번호는 반드시 7글자로 입력함
⟩= #1/1/96# And ⟨#1/1/97#	1996년의 날짜를 입력함
In("금","은","동")	"금", "은", "동" 중에서 입력함
Between 100 And 999	100부터 999까지만 입력함
Like "A????"	"A"로 시작하는 다섯 문자를 입력함

B 기적의 TIP

유효성 검사 규칙과 유효성 검사 텍스트는 자주 출제되므로 반드시 숙지하세요. 그 중 일련번호나 OLE 개체는 유효성 검사 규칙이 지원되지 않는 점을 기억해두세요!!

✓ 개념 체크

1 유효성 규칙 속성 설정의 최대 길이는 (　　)문자이다.

2 일련 번호나 OLE 개체에서는 유효성 검사 규칙이 지원되지 않는다. (○, ×)

3 유효성 검사 규칙에서 Like 연산자는 만능 문자(*, ?)와 함께 사용하여 데이터를 비교한다. (○, ×)

1 2,048 2 ○ 3 ○

2) 유효성 검사 규칙 입력

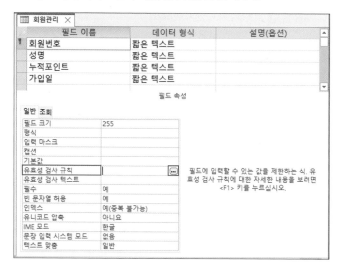

따라하기 TIP

따라하기 파일 • Part03_Chapter02_회원번호유효성검사–따라파일.accdb

① 유효성 검사 규칙의 표현식 작성 단추(⋯)를 클릭한다.

② 식 작성기가 나타나면 연산자 단추나 함수, 상수, 연산자 등을 이용하여 식 입력란에 표현
식을 작성할 수 있다. 회원번호를 7자리로 입력하기 위해서 『Len([회원번호])=7』을 입력하
고 [확인]을 클릭한다.

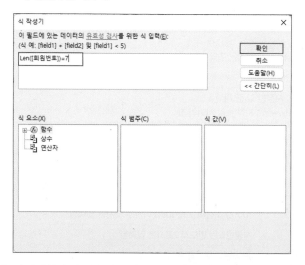

③ 식 작성기를 닫으면 식 입력란에 입력한 유효성 검사 규칙 표현식이 나타난다.
④ 데이터시트 보기에서 유효성 검사 규칙과 맞지 않게 입력된 경우 오류 메시지가 나타난다.

3) 유효성 검사 텍스트

- 유효성 검사 텍스트는 유효성 검사 규칙에 위반하는 데이터를 입력할 때 표시할 오류 메시지를 지정할 수 있는 속성이다.
- 일련 번호나 OLE 개체에서는 유효성 검사 텍스트는 지원되지 않는다.
- 유효성 규칙 텍스트 속성 설정에는 텍스트를 입력한다.
- 유효성 검사 텍스트 속성 설정의 최대 길이는 255문자이다.
- 유효성 검사 텍스트를 지정하지 않으면 표준 오류 메시지가 나타난다.

🏠 따라하기 TIP

따라하기 파일 • Part03_Chapter02_회원번호유효성검사-따라파일.accdb

① 유효성 검사 텍스트 상자에 『회원번호는 7자리입니다. 고객 센터에 문의』라고 입력한다.

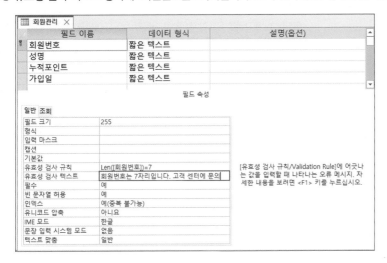

② 회원번호가 유효성 검사 규칙에 맞지 않는 경우 유효성 검사 텍스트에서 지정한 오류 메시지가 나타난다.

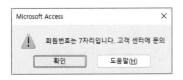

✅ 개념 체크

1 유효성 검사 텍스트는 유효성 검사 규칙에 위반하는 데이터를 입력할 때 표시할 오류 메시지를 지정할 수 있는 속성이다. (○, ×)

2 일련 번호나 OLE 개체에서 유효성 검사 텍스트가 지원된다. (○, ×)

3 유효성 검사 텍스트 속성 설정에는 숫자를 입력한다. (○, ×)

4 유효성 검사 텍스트 속성 설정의 최대 길이는 255문자이다. (○, ×)

1 ○ 2 × 3 × 4 ○

02 기타 필드 속성 24년 상시, 19년 3월, 18년 9월, 15년 3월

새 값	• 일련 번호 형식에서 지원됨 • 값의 설정을 증분과 임의 중 선택할 수 있음
기본값	• 새 레코드가 작성될 때 기본값으로 자동 입력될 값을 지정함 • 일련 번호와 OLE 개체 형식에서는 사용할 수 없음 • 이미 입력되어 있는 데이터와는 상관없이 새로운 레코드에만 적용됨 • 현재의 날짜와 시간은 Now( ) 함수, 현재 날짜는 Date( ) 함수를 이용함 • 숫자 형식의 필드는 0으로 기본값이 주어짐
필수	• 필드에 해당 값이 반드시 입력되어야 하는지의 여부를 지정함 • 일련 번호 형식에서는 사용할 수 없음 • 필수 속성이 "예"인 경우 반드시 데이터를 입력해야 하며, 그렇지 않은 경우 오류 메시지가 표시됨
빈 문자열 허용	• 필드에 빈 문자열을 유효한 데이터로 사용할 것인지 여부를 설정함 • 짧은 텍스트, 긴 텍스트, 하이퍼링크 형식에서만 사용할 수 있음 • 빈 문자열은 공백없이 큰따옴표(" ")로 입력함
유니코드 압축	입력되는 각 문자를 모두 2바이트로 나타내는 속성
IME 모드	• 필드로 포커스가 이동되었을 때 설정될 한글, 영숫자 등의 입력 상태를 지정함 • 짧은 텍스트, 긴 텍스트, 하이퍼링크 형식에서만 사용할 수 있음

03 기본키(PK, Primary Key) 22년 상시, 21년 상시, 19년 3월, 18년 3월, 16년 10월, 10년 10월, 09년 2월, …

기적의 TIP

기본키는 자주 출제되는 내용입니다. 기본키의 종류와 지정 방법을 반드시 숙지하세요.

• 주 키라고도 하며, 한 테이블에서 모든 레코드를 구분할 수 있는 유일한 필드를 의미한다.
• 한 테이블에서 유일성과 최소성을 만족하는 후보키 중 선정되어 사용되는 키이다.
• 기본키는 널(Null)이 될 수 없으며 중복될 수 없다.
• 기본키를 설정하지 않아도 되며 기본키의 설정 없이 다른 테이블과의 관계를 설정할 수 있다.
• OLE 개체, 첨부 파일 형식에는 기본키를 설정할 수 없다.
• 기본키를 지정한 필드는 인덱스 속성이 "예(중복 불가능)"로 자동 설정된다.
• 중복된 데이터에는 기본키를 설정할 수 없으나 중복 상태가 아닌 이미 입력된 데이터는 가능하다.
• 여러 필드를 복합(연결)한 슈퍼키(Super Key)를 기본키로 설정할 수 있다.

1) 기본키의 종류

일련 번호 기본키	필드의 데이터 형식이 일련 번호로 된 필드를 기본키로 사용함
단일 필드 기본키	테이블에서 한 필드만 기본키를 설정함(⑩ 사번, 학번, 주민번호)
다중 필드 기본키	테이블에서 두 개 이상의 필드를 복합(연결)한 슈퍼키를 기본키로 설정함

개념 체크

1 기본키는 한 테이블에서 모든 레코드를 구분할 수 있는 유일한 필드를 의미하며, (   )과 (   )을 만족하는 후보키 중 선정되어 사용되는 키이다.

2 현재의 날짜와 시간은 (   ) 함수, 현재 날짜는 (   ) 함수를 이용한다.

3 기본키는 널(Null)이 될 수 없다. (ㅇ, ×)

4 기본키로 설정된 필드는 자동으로 인덱스 속성이 설정된다. (ㅇ, ×)

1 유일성, 최소성
2 Now( ), Date( ) 3 ㅇ 4 ㅇ

2) 기본키 지정하기

리본 메뉴	[테이블 디자인] 탭-[도구] 그룹-[기본키]를 클릭함
바로 가기 메뉴	[기본키]를 선택함

① 단일 필드 기본키 지정

• 기본키로 설정하고자 하는 필드의 행 선택기에서 바로 가기 메뉴의 [기본 키]를 선택한다. 기본키가 설정된 필드에 표시가 나타나며, 인덱스는 '예(중복 불가능)'가 된다.

기본키를 바꾸거나 제거하려면 먼저 [관계] 창에서 관계를 삭제해야 됨

▲ 바로 가기 메뉴를 이용하여 단일 기본키를 지정함   ▲ 단일 기본키 지정 결과

• 기본키가 설정된 상태에서 다시 [기본 키] 명령을 실행하면 설정된 기본키가 해제된다.

② 다중 필드 기본키 지정

• 다중 필드 기본키로 설정하고자 하는 필드를 행 선택기에서 Shift 나 Ctrl 을 이용하여 모두 선택한 다음 Shift 나 Ctrl 을 누른 상태에서 바로 가기 메뉴의 [기본키]를 선택한다. 선택한 필드에 표시가 나타나며, 인덱스는 '아니요'가 된다.

 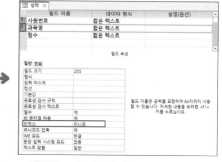

▲ 바로 가기 메뉴를 이용하여 다중 필드 기본키를 지정함   ▲ 다중 필드 기본키 지정 결과

• 기본키가 설정된 다중 필드 중 하나의 필드에 설정된 기본키를 해제하면 다른 기본키도 자동 해제된다.

✔ 개념 체크

1 다중 필드 기본키를 설정하면, 선택한 필드에 표시가 나타나며 인덱스는 '( )'가 된다

2 기본키를 설정하면 인덱스 속성이 '예(중복 가능)'로 설정된다. (○, ×)

3 다중 필드 기본키를 설정할 때에는 Shift 만 사용해야 한다. (○, ×)

4 기본키가 설정된 상태에서 다시 [기본 키] 명령을 실행하면 설정된 기본키가 해제된다. (○, ×)

1 아니요 2 × 3 × 4 ○

04 인덱스(Index, 색인) 24년 상시, 23년 상시, 22년 상시, 21년 상시, 20년 7월, 16년 6월, 15년 3월/6월, 14년 10월, …

└─ 레코드를 빠르게 찾고 정렬할 수 있으며 단일 필드나 다중 필드로 인덱스를 만들 수 있음

> **기적의 TIP**
>
> 인덱스는 개념 파악이 중요
> 합니다. 특히, 갱신 시 속도가
> 느려지는 점에 유의해서 전반
> 적으로 꼼꼼히 공부하세요.

> **기적의 TIP**
>
> 인덱스는 찾아보기라고도 하
> 며, 테이블의 내용을 검색할 때
> 검색 속도를 높일 수 있어요.

인덱스의 삭제
인덱스 삭제 시 인덱스만 삭제되
고 필드 자체는 삭제되지 않음

- 키 값을 기초로 하여 테이블에서 검색 및 정렬 속도를 향상시키는 기능이다.
- 테이블에 있는 행의 고유성을 강화시키는 기능으로, 한 테이블에 32개까지 인덱스를 지정할 수 있다.
- 테이블의 기본키는 자동으로 인덱싱(Indexing)된다.
- 인덱스를 사용하면 정렬, 그룹화를 빨리 수행할 뿐만 아니라 인덱스 필드의 쿼리 속도도 빨라진다.
- 테이블의 내용을 검색할 때 그 속도를 높이기 위해서 이용한다.
- 중복되는 값이 없는 필드를 인덱스로 설정해야 검색 속도가 향상된다.
- OLE 개체 데이터 형식의 필드에만 인덱스를 사용할 수 없다.
- 레코드의 변경 및 추가가 있을 때마다 업데이트가 자동으로 이루어진다.
- 데이터들이 갱신될 때마다 인덱스 역시 업데이트되므로 갱신(추가, 수정, 삭제) 속도가 느려진다.
- 테이블이 추가, 삭제, 업데이트될 때 인덱스도 같이 업데이트되므로 검색을 자주 하는 필드에만 인덱스를 설정하면 효율적이다.
- 인덱스의 종류는 단일 필드 인덱스와 다중 필드 인덱스가 있다.

1) 단일 필드 인덱스 05년 2월

- 단일 필드에 인덱스를 지정하는 것으로 [필드 속성] 중 [인덱스] 속성을 이용한다.
- 단일 필드 기본키를 지정한 경우 인덱스 속성이 자동으로 '예(중복 불가능)'로 설정되며, 그렇지 않은 경우는 테이블 저장 시 기본키가 자동으로 해제된다.

일반	조회	
필드 크기	255	
형식		
입력 마스크		
캡션		
기본값		
유효성 검사 규칙		
유효성 검사 텍스트		
필수	예	
빈 문자열 허용	예	
인덱스	예(중복 불가능)	⌄
유니코드 압축	아니요	
IME 모드	예(중복 가능)	
문장 입력 시스템 모드	예(중복 불가능)	
텍스트 맞춤	일반	

인덱스 속성	설명
아니요	기본값으로, 인덱스가 없음
예(중복 가능)	인덱스 중복을 허용함
예(중복 불가능)	인덱스 중복을 허용하지 않음

2) 다중 필드 인덱스

- 다중 필드에 인덱스를 지정하는 것으로 리본 메뉴의 [테이블 디자인] 탭-[표시/숨기기 그룹]-[인덱스](🔳)를 이용하여 인덱스를 설정하거나 확인할 수 있다.
- 다중 필드로 기본키를 지정한 경우 해당 다중 필드에는 인덱스가 설정된다.
- 여러 개의 필드로 검색 조건을 제공해야 하는 경우 효과적이다.

❶ 인덱스 이름	• 인덱스를 구분하는 이름으로, 각 인덱스는 10개까지 필드 사용이 가능함 • 기본키로 지정된 경우 'PrimaryKey'로 표시됨
❷ 필드 이름	인덱싱할 필드 이름
❸ 정렬 순서	레코드 정렬 방식을 지정함(기본 : 오름차순)
❹ 인덱스 속성	• 기본 : [예]를 선택하면 인덱스가 기본키가 됨 • 고유 : [예]를 선택하면 인덱스의 모든 값은 다른 값과 중복될 수 없음 • Null 무시 : [예]를 선택하면 Null 값을 갖는 레코드는 인덱스에서 제외됨

✅ 개념 체크

1 키 값을 기초로 하여 테이블에서 검색 및 정렬 속도를 향상시키는 기능은 (   )이다.

2 테이블에 있는 행의 고유성을 강화시키는 기능으로, 한 테이블에 (   )개까지 인덱스를 지정할 수 있다.

3 인덱스의 종류는 (   ) 필드 인덱스와 (   ) 필드 인덱스가 있다.

4 인덱스를 사용하면 정렬, 그룹화를 빨리 수행할 뿐만 아니라 인덱스 필드의 쿼리 속도도 빨라진다. (○, ×)

5 테이블의 기본키는 자동으로 인덱싱되지 않는다. (○, ×)

1 인덱스 2 32 3 단일, 다중
4 ○ 5 ×

01 다음 중 테이블의 필드 속성에서 인덱스를 지정할 수 없는 데이터 형식은?

① 짧은 텍스트
② OLE 개체
③ Yes/No
④ 숫자

OLE 개체 데이터 형식의 필드에는 인덱스를 사용할 수 없음

02 다음은 색인(Index)에 대한 설명이다. 가장 옳지 않은 것은?

① 하나의 필드나 필드 조합에 인덱스를 만들어 레코드 찾기와 정렬을 효율적으로 수행할 수 있게 한다.
② 색인을 많이 설정하면 테이블의 변경 속도가 저하될 수 있다.
③ 인덱스를 삭제하면 필드나 필드 데이터도 함께 삭제된다.
④ 레코드를 변경하거나 추가할 때마다 자동으로 업데이트된다.

인덱스 삭제 시 인덱스만 제거되고 필드 자체는 제거되지 않음

03 다음 중 기본키(Primary Key)에 대한 설명으로 옳은 것은?

① 모든 테이블에는 기본키를 반드시 설정해야 한다.
② 액세스에서는 단일 필드 기본키와 일련번호 기본키만 정의 가능하다.
③ 데이터가 이미 입력된 필드도 기본키로 지정할 수 있다.
④ OLE 개체나 첨부 파일 형식의 필드에도 기본키를 지정할 수 있다.

필드에 이미 데이터가 입력되어 있어도 기본키로 지정할 수 있음

오답 피하기
• ① : 모든 테이블에 기본키를 반드시 설정하지 않아도 됨
• ② : 일련번호 기본키, 단일 필드 기본키, 다중 필드 기본키가 있음
• ④ : OLE 개체, 첨부 파일 형식에는 기본키를 지정할 수 없음

04 다음 중 인덱스(Index)에 대한 설명으로 옳지 않은 것은?

① 일반적으로 검색을 자주하는 필드에 대해 인덱스를 설정하는 것이 바람직하다.
② 인덱스를 설정하면 레코드의 조회는 물론 레코드의 갱신 속도가 빨라진다.
③ 한 테이블에서 여러 개의 인덱스를 생성할 수 있다.
④ 중복 불가능한 인덱스를 생성하면 동일한 값이 중복적으로 입력될 수 없다.

인덱스를 설정하면 검색과 쿼리 속도를 향상시킬 수 있지만 데이터를 추가하거나 업데이트할 때는 속도가 느려짐

05 다음 중 테이블에 데이터가 입력되는 방식을 제어하기 위한 방법으로 적절하지 않은 것은?

① 유효성 검사 규칙을 설정하여 필드에 입력되는 데이터 값의 범위를 설정한다.
② 입력 마스크를 이용하여 필드의 각 자리에 입력되는 값의 종류를 제한한다.
③ 색인(Index)을 이용하여 해당 필드에 중복된 값이 입력되지 않도록 설정한다.
④ 기본키(Primary Key) 속성을 이용하여 레코드 추가 시 기본으로 입력되는 값을 설정한다.

필드 속성의 기본값을 이용하여 새 레코드를 만들 때 필드에 자동으로 입력하는 값을 설정함

정답 01 ② 02 ③ 03 ③ 04 ② 05 ④

필드 속성 4-관계 설정/참조 무결성

▶ 합격 강의

빈출 태그 관계 설정 • 참조 무결성

01 관계 설정

1) 관계(Relationship)의 개념 16년 10월, 05년 10월

- 관계형 데이터베이스에서 업무 주제별 테이블을 만들어 사용하기 때문에 연관된 데이터가 여러 테이블에 분산되어 저장되는 경우 여러 테이블에서 원하는 정보를 얻게 된다.
- 여러 테이블을 연결하여 정보를 가져올 수 있도록 각 테이블 간의 관계를 설정해야 한다.
- 관계는 두 개 이상의 테이블에 분산되어 있는 데이터를 하나로 모으기 위한 쿼리, 폼, 보고서를 작성할 때 반드시 설정해 주어야 한다.
- 기본 테이블의 기본키(PK, Primary Key)와 관련 테이블의 외래키(FK, Foreign Key)를 서로 대응시켜 관계를 설정하며, 두 키는 반드시 데이터 형식과 정보의 종류가 같아야 한다.

> 🅱 기적의 TIP
>
> 관계 설정은 개념과 종류, 설정 방법을 전반적으로 파악해두세요.

2) 관계의 종류

- 개체와 개체 간의 관계 또는 속성과 속성 간의 관계를 의미한다.
- 관계의 종류에는 1:1(일대일), 1:n(일대다), n:m(다대다)이 있다.

1:1(일대일)	기본 테이블의 개체와 상대 테이블의 개체가 일대일로 대응하는 관계
1:n(일대다)	기본 테이블의 한 개체가 상대 테이블의 여러 개체와 대응하는 관계
n:m(다대다)	• 기본 테이블의 임의 개체가 상대 테이블의 여러 개체와 대응하는 관계 • 상대 테이블의 임의 개체 역시 기본 테이블의 여러 개체와 대응하는 관계

3) 관계 설정하기

① 관계 창 표시

리본 메뉴	[데이터베이스 도구] 탭–[관계] 그룹–[관계](🔲)를 클릭함

② 테이블 표시

테이블 추가 대화 상자에서 [선택한 표 추가]를 클릭한다. 해당 테이블을 더블클릭해도 추가된다.

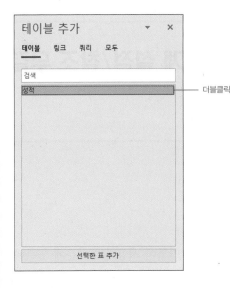
더블클릭

③ 테이블 숨기기

• [관계 디자인] 탭-[관계] 그룹-[테이블 숨기기]를 클릭한다.

• 테이블 숨기기는 설정된 관계를 해제하는 것이 아닌 [관계] 창에서 단순히 테이블을 숨기는 기능이다.

4) 일대일 관계 설정하기 24년 상시, 23년 상시, 22년 상시, 15년 3월, 06년 2월

두 테이블 모두 기본키로 지정된 필드가 사용되는 경우 일대일 관계는 자동으로 설정된다.

일대일 관계 성립 조건
양쪽 테이블의 연결 필드가 모두 중복 불가능의 기본키나 인덱스가 지정되어 있어야 함

🔥 **따라하기 TIP**

따라하기 파일 • Part03_Chapter02_학적(일대일)-따라파일.accdb

① [성명 학과명 테이블]의 [학번] 필드를 [휴대폰 주소 테이블]의 [학번] 필드로 드래그하여 끌어 놓는다.

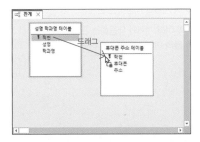

② [관계 편집] 대화 상자가 나타나면 '항상 참조 무결성 유지' 옵션에 체크하고 [조인 유형]을 클릭한다. 필요에 의해 관련 테이블을 변경할 수 있도록 하려면 이 확인란의 선택을 취소한다.

③ [조인 속성] 대화 상자가 나타나면 '일대일' 관계를 설정하기 위해 1번 옵션을 선택하고 [확인]을 클릭한다.

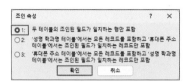

④ [관계 편집] 대화 상자로 돌아오면 [만들기]를 클릭하여 관계를 설정한다.

⑤ 일대일 관계(1:1)를 확인한 다음 [관계] 창을 닫는다.

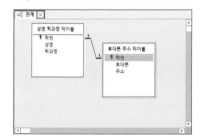

⑥ [성명 학과명 테이블]을 [데이터시트] 창에서 열어 각 레코드 앞의 ⊞ 표시를 클릭하면 ⊟로 변하면서 [휴대폰 주소 테이블]의 레코드가 하위 테이블로 나타난다.

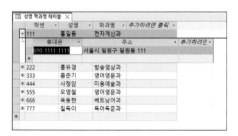

5) 일대다 관계 설정하기 06년 5월
가장 일반적인 관계

🔶 **따라하기 TIP**

따라하기 파일 • Part03_Chapter02_팀원(일대다)-따라파일.accdb

① [팀코드 팀명 테이블]의 [팀코드] 필드를 [사번 성명 팀코드 테이블]의 [팀코드] 필드로 드래그하여 끌어 놓는다.

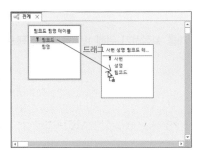

② [관계 편집] 대화 상자가 나타나면 '항상 참조 무결성 유지'와 '관련 필드 모두 업데이트' 옵션에 체크하고 [조인 유형]을 클릭한다.

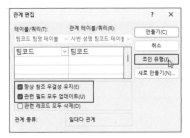

③ [조인 속성] 대화 상자가 나타나면 '일대다' 관계를 설정하기 위해 3번 옵션을 선택하고 [확인]을 클릭한다.

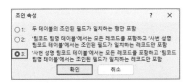

④ [관계 편집] 대화 상자로 돌아오면 [만들기]를 클릭하여 관계를 설정한다.

⑤ 일대다 관계(1:∞)를 확인한 다음 [관계] 창을 닫는다.

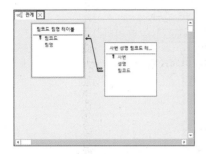

⑥ [팀코드 팀명 테이블]을 [데이터시트] 창에서 열어 각 레코드 앞의 ⊞를 클릭하면 ⊟로 변하면서 [사번 성명 팀코드 테이블]의 레코드가 하위 테이블로 나타난다.

⑦ [사번 성명 팀코드 테이블]은 일대다(1:∞)관계이므로 [데이터시트] 창에서 열어도 ⊞가 표시되지 않는다. 대(∞)에 해당하는 테이블은 일(1)에 해당하는 하위 테이블을 가질 수 없다.

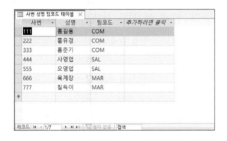

6) 다대다 관계 설정하기 20년 7월, 16년 6월, 14년 6월, 06년 5월

관계형 데이터베이스에서는 다대다(N:M) 관계를 직접 표현할 수 없기 때문에 3개의 테이블을 가지고 일대다(1:∞) 관계 2개를 이용하여 설정한다.

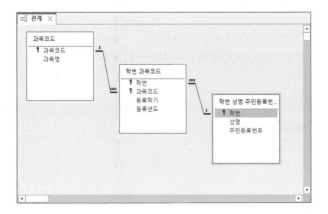

7) 조인 속성 16년 6월

- 테이블의 관계 설정 시 조인 속성을 결정할 수 있다.
- [관계 편집] 대화 상자에서 [조인 유형]([조인 유형(J)...])을 클릭한다.

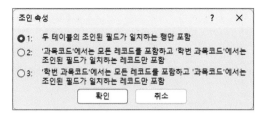

1: 내부 조인 (Inner Join)	가장 일반적인 조인 형태로 관계를 설정한 두 테이블의 조인된 필드가 일치하는 레코드(행)만을 추출함
2: 왼쪽 외부 조인 (Left Join)	• 관계가 설정된 두 테이블 중 왼쪽(첫 번째) 테이블의 모든 레코드(행)를 포함시킴 • 오른쪽(두 번째) 테이블에서는 왼쪽(첫 번째) 테이블과 일치하는 레코드(행)만을 포함시킴
3: 오른쪽 외부 조인 (Right Join)	• 관계가 설정된 두 테이블 중 오른쪽(두 번째) 테이블의 모든 레코드(행)를 포함시킴 • 왼쪽(첫 번째) 테이블에서는 오른쪽(두 번째) 테이블과 일치하는 레코드(행)만을 포함시킴

8) 관계 편집 22년 상시, 16년 6월

- 관계를 편집하기 위한 관계선을 클릭하면 관계선이 진하게 선택된다.
- 관계선을 더블클릭하거나 바로 가기 메뉴의 [관계 편집]을 선택한다.
- [관계 편집] 대화 상자가 나타나면 옵션과 [조인 유형], [새로 만들기] 등으로 편집할 수 있다.

9) 관계 삭제

관계선을 선택한 상태에서 삭제가 이루어지며 한 번 삭제한 관계는 다시 되살릴 수 없기 때문에 주의해야 한다.

바로 가기 키	Delete 를 누름
바로 가기 메뉴	[삭제]를 선택함

02 참조 무결성 24년 상시, 23년 상시, 22년 상시, 21년 상시, 20년 2월/7월, 19년 3월, 18년 3월/9월, 17년 3월, 16년 6월, …

참조 무결성은 관련 테이블의 레코드 간 관계가 유효하고 사용자가 관련 데이터를 실수로 삭제 또는 변경하지 않았는지 확인하기 위해 사용되는 규칙이다.

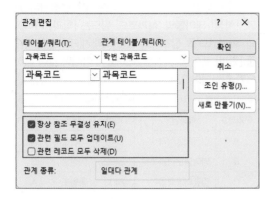

🅑 기적의 TIP

참조 무결성은 시험에 자주 출제되는 내용입니다. 기능을 정확히 익혀두세요.

무결성 제약 조건
관계형 데이터베이스에서 데이터의 중복을 최소화하여 데이터에 대한 효율적인 검증과 데이터의 정확성을 유지하기 위한 제약 조건

참조 무결성
- 참조 무결성은 참조하고 참조되는 테이블 간의 참조 관계에 아무런 문제가 없는 상태를 의미함
- 다른 테이블을 참조하는 테이블 즉, 외래키 값이 있는 테이블의 레코드를 삭제해도 참조 무결성은 위배되지 않음
- 다른 테이블을 참조하는 테이블의 레코드 추가 시 외래키 값이 널(Null)인 경우에는 참조 무결성이 유지됨
- 다른 테이블에 의해 참조되는 테이블에서 레코드를 추가하는 경우에는 참조 무결성이 유지됨

항상 참조 무결성 유지	• 기본 테이블의 일치 필드가 기본키이거나 고유 인덱스를 가진 경우, 관련 필드가 같은 데이터 형식을 가진 경우, 두 테이블이 같은 Access 데이터베이스에 저장된 경우가 모두 적용될 때 이 확인란에 체크하면 항상 참조 무결성을 유지함 • [항상 참조 무결성 유지]의 체크를 해제하면 참조 무결성 규칙에 어긋나는 관련 테이블을 변경할 수 있음
관련 필드 모두 업데이트	• [항상 참조 무결성 유지]를 체크하고 [관련 필드 모두 업데이트]를 체크하면 기본 테이블에서 기본키 값이 바뀔 때마다 관련 테이블의 해당 값이 자동으로 업데이트 됨 • [항상 참조 무결성 유지]를 체크하고 [관련 필드 모두 업데이트]의 체크를 해제하면 관련 테이블에 관련된 레코드가 있을 때마다 기본 테이블의 기본키 값을 변경하지 못함
관련 레코드 모두 삭제	• [항상 참조 무결성 유지]를 체크하고 [관련 레코드 모두 삭제]도 체크하면 기본 테이블에서 레코드를 삭제할 때마다 관련 테이블의 관련 레코드가 자동으로 삭제함 • [항상 참조 무결성 유지]를 체크하고 [관련 레코드 모두 삭제]의 체크를 해제하면 관련 테이블에 관련된 레코드가 있을 때마다 기본 테이블의 레코드를 삭제하지 못함

01 [성적] 테이블의 '과목코드' 필드와 [과목] 테이블의 '과목코드' 필드를 이용하여 두 테이블 간 관계가 설정되어 있다. 이 때 [성적] 테이블의 '과목코드' 필드를 무엇이라 부르며, 두 테이블 간에 준수되어야 할 제약을 무엇이라 하는가?(단, [과목] 테이블의 '과목코드' 필드는 기본키로 설정되어 있음)

① 외래키 – 참조 무결성 제약 조건
② 외래키 – 개체 무결성 제약 조건
③ 기본키 – 참조 무결성 제약 조건
④ 기본키 – 개체 무결성 제약 조건

두 테이블 간 관계 설정 시 기본키와 대응되는 키를 외래키라 할 수 있음. [과목] 테이블의 '과목코드' 필드가 기본키이므로 [성적] 테이블의 '과목코드' 필드는 외래키가 되며, 외래키에 대해서는 '참조 무결성'이, 기본키에 대해서는 '개체 무결성'이 제약 조건으로 주어짐
• 참조 무결성 : 두 테이블의 연관된 레코드들 사이의 일괄성을 유지하는데 사용함. 주어진 속성들의 집합에 대한 테이블의 한 값이 반드시 다른 테이블에 대한 속성 값으로 나타나도록 보장해야 함
• 개체 무결성 : 테이블에서 기본키를 구성하는 속성(열) 값은 널 값이나 중복 값을 가질 수 없음

02 다음 중 아래처럼 테이블 간의 관계 설정에서 일 대 일 관계가 성립하는 것은?

① 양쪽 테이블의 연결 필드가 모두 중복 불가능의 인덱스나 기본키로 설정되어 있는 경우
② 어느 한쪽의 테이블의 연결 필드가 중복 불가능의 인덱스나 기본키로 설정되어 있는 경우
③ 오른쪽 관련 테이블의 연결 필드가 중복 가능한 인덱스나 후보키로 설정되어 있는 경우
④ 양쪽 테이블의 연결 필드가 모두 중복 가능한 인덱스나 후보키로 설정되어 있는 경우

일대일 관계 성립 조건 : 양쪽 테이블의 연결 필드가 모두 중복 불가능의 기본키나 인덱스가 지정되어 있어야 함

03 [학과] 테이블의 '학과코드'는 기본키로 설정되어 있고, [학생] 테이블의 '학과코드' 필드는 [학과] 테이블의 '학과코드'를 참조하고 있는 외래키(FK)이다. 다음 중 [학과] 테이블과 [학생] 테이블에 아래와 같이 데이터가 입력되어 있을 때의 설명으로 옳지 <u>않은</u> 것은?

[학과] 테이블

학과코드	학과명
A	인공지능학과
E	영어영문학과
C	컴퓨터공학과

[학생] 테이블

학번	성명	학과코드
2401	이선훈	A
2402	이상영	C
2403	홍범도	A
2404	지유환	null

① 현재 각 테이블에 입력된 데이터 상태는 참조 무결성이 유지되고 있다.
② [학과] 테이블에서 학과코드 'E'를 삭제하면 참조 무결성이 유지되지 않는다.
③ [학생] 테이블에서 학번이 2402인 이상영 학생을 삭제해도 참조 무결성이 유지된다.
④ [학생] 테이블에서 학번이 2404인 지유환 학생의 '학과코드'를 'B'로 입력하면 참조 무결성이 유지되지 않는다.

• 참조 무결성 : 외래키 값은 널(Null)이거나 참조 테이블에 있는 기본키 값과 동일해야 함
• [학과] 테이블에서 학과코드 'E'를 삭제하더라도 [학과] 테이블의 학과코드 'E'는 [학생] 테이블의 '학과코드' 필드에서 사용하고 있지 않으므로 참조 무결성이 유지됨

04 다음 중 외래키 값을 관련된 테이블의 기본키 값과 동일하게 유지해 주는 제약 조건은?

① 동시 제어성 ② 관련성
③ 참조 무결성 ④ 동일성

참조 무결성
• 참조 무결성은 참조하고 참조되는 테이블 간의 참조 관계에 아무런 문제가 없는 상태를 의미함
• 다른 테이블을 참조하는 테이블 즉, 외래키 값이 있는 테이블의 레코드를 삭제해도 참조 무결성은 위배되지 않음
• 다른 테이블을 참조하는 테이블의 레코드 추가 시 외래키 값이 널(Null)인 경우에는 참조 무결성이 유지됨
• 다른 테이블에 의해 참조되는 테이블에서 레코드를 추가하는 경우에는 참조 무결성이 유지됨

정답 01 ① 02 ① 03 ② 04 ③

▶ 합격 강의

출제빈도 상 中 하
반복학습 1 2 3

빈출 태그 레코드 추가/삭제 · 데이터 찾기/바꾸기 · 외부 데이터 가져오기 · 테이블 연결

01 레코드 추가/삭제 및 데이터 변경 16년 3월

1) 데이터시트 보기의 화면 구성

- 테이블에 레코드를 추가하거나 삭제하는 등 데이터를 입력, 삭제, 변경하는 작업은 데이터시트 보기 상태에서 이루어진다.
- 특정한 하나의 레코드 높이만 변경할 수 없다.

기적의 TIP

데이터시트 보기의 화면 구성에서 레코드 선택기와 탐색 단추의 기능을 잘 알아두세요.

❶ 필드 선택기	• 필드의 복사나 이동 시 사용함 • 열의 너비를 조절할 수 있음
❷ 레코드 선택기	레코드의 현재 상태 및 레코드 선택 시 사용함
❸ 탐색 단추	레코드 이동 시 사용함

레코드 선택기
- ▷ : 현재 선택된 레코드
- * : 내용을 입력할 수 있는 새 레코드
- 🖉 : 레코드를 편집 중인 경우

➕ 더 알기 TIP

탐색 단추 구성 24년 상시, 18년 3월

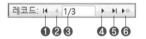

❶❷❸   ❹❺❻

❶ 첫 레코드로 이동 　　　　❷ 이전 레코드로 이동
❸ 현재 레코드/전체 레코드 수　❹ 다음 레코드로 이동
❺ 마지막 레코드로 이동　　　　❻ 새(빈) 레코드 추가

2) 레코드 추가

- 새로운 레코드는 항상 마지막에 추가되며 레코드 중간에 삽입할 수 없다.
- 레코드 선택기나 임의 필드를 선택한 후 다음과 같이 실행하면 마지막 빈 레코드로 이동한다.

리본 메뉴	[홈] 탭–[레코드] 그룹–[새로 만들기]를 실행함
바로 가기 키	Ctrl + + 를 누름
바로 가기 메뉴	[새 레코드]를 선택함
탐색 단추	▷* 단추를 클릭함

3) 레코드 삭제 ^{08년 10월}

- 레코드 선택기를 클릭한 후 레코드를 다음 방법으로 삭제할 수 있으며, 삭제된 레코드는 복원할 수 없다.

리본 메뉴	[홈] 탭-[레코드] 그룹-[삭제]를 실행함
바로 가기 키	Ctrl + ─ 나 Delete 를 누름
바로 가기 메뉴	[레코드 삭제]를 선택함

- Shift 를 이용하면 연속된 레코드를 선택하여 한꺼번에 삭제할 수 있다.

4) 데이터 수정

- 수정할 필드의 데이터를 삭제한 다음 새로운 데이터를 입력한다.
- 필드의 일부분만 수정하기 위해서는 필드를 클릭하거나 F2 를 눌러 편집 상태가 되었을 때 수정한다.

02 데이터 찾기/바꾸기 ^{24년 상시, 17년 9월, 10년 6월}

1) 데이터 찾기

- 테이블에 입력된 내용 중 검색을 원하는 내용을 찾아주는(검색) 기능이다.
- 데이터 찾기는 데이터시트 보기에서 수행된다.
- 검색 도중 [찾기 및 바꾸기] 대화 상자를 종료해도 Shift + F4 를 눌러 [다음 찾기]를 할 수 있다.

리본 메뉴	[홈] 탭-[찾기] 그룹-[찾기]( )를 클릭함
바로 가기 키	Ctrl + F 를 누름
바로 가기 메뉴	필드 선택기를 클릭한 후 바로 가기 메뉴의 [찾기]를 선택함

❶ 찾을 내용	찾을 내용을 입력하며, 만능 문자를 사용할 수 있음
❷ 찾는 위치	특정 필드에서 찾을지, 테이블 내의 모든 필드에서 찾을지 여부를 설정함
❸ 찾을 조건	'필드의 일부★, 전체 필드 일치★, 필드의 시작★'이 있음
❹ 찾을 방향	찾을 방향(위쪽, 아래쪽, 모두)을 지정함
❺ 대/소문자 구분	대/소문자를 구분하여 찾음
❻ 표시 형식 일치	표시 형식이 일치하는 내용을 찾음
❼ 다음 찾기	주어진 조건과 일치하는 다음 내용을 검색함

- 만능 문자(*, ?)를 이용한 검색과 Null이나 빈 문자열의 검색도 가능하다.

문자	설명	예
*	• 글자 수에 관계없이 찾음 • 문자열의 처음이나 마지막 문자로 사용됨	『운동*』입력하면 운동장, 운동화, 운동선수 등을 찾음
?	한 자리의 문자만 찾음	『소?자』를 입력하면 소비자, 소유자, 소개자 등을 찾음
[ ]	대괄호 안의 문자 중 어느 하나의 값과 일치하는 것을 찾음	『소[비유]자』를 입력하면 소비자와 소유자를 찾고 소개자는 무시함
!	대괄호 안에 있지 않은 문자를 찾음	『소[!비유]자』를 입력하면 소개자는 찾지만 소비자와 소유자는 무시함
–	• 영문자의 경우, 문자 범위 내에서 하나의 문자를 찾음 • 오름차순(A–Z)으로 지정해야 함	『b[a–c]d』를 입력하면 bad, bbd, 및 bcd를 찾음
#	숫자 한 자리를 찾음	『1#3』를 입력하면 103, 113, 123을 찾음

2) 바꾸기

- 테이블에 입력되어 있는 데이터를 다른 데이터로 바꿔주는(치환) 기능이다.
- 데이터 바꾸기는 데이터시트 보기에서 수행된다.
- 만능 문자(*, ?)를 이용하여 치환할 수 있다.
- [홈] 탭-[찾기] 그룹-[바꾸기]나 Ctrl + H 를 이용하여 바꾸기를 실행할 수 있다.

❶ 찾을 내용	찾고자 하는 내용을 입력하며, 만능 문자를 사용함
❷ 바꿀 내용	바꾸고자 하는 내용을 입력함
❸ 다음 찾기	현재 찾은 내용을 바꾸지 않고 다음 내용을 찾음
❹ 바꾸기	현재 찾은 내용을 바꾸고 다음 내용을 찾음
❺ 모두 바꾸기	찾을 내용과 일치하는 모든 내용을 한꺼번에 모두 바꿈

🕐 암기 TIP

바꾸기
Ctrl + H (cHange)

03 외부 데이터 가져오기(Import) 24년 상시, 20년 2월, 18년 3월, 16년 3월, 15년 3월/10월, 13년 3월, …

- 다른 액세스 파일에 들어 있는 테이블이나 엑셀 파일, 텍스트 파일, dBASE 형식의 데이터 파일 등을 현재 데이터베이스 파일 내로 불러올 수 있는 기능이다.
- 외부의 데이터를 가져오더라도 원본 데이터는 변경이 없으며, 가져오기한 데이터를 변경해도 원본 데이터에는 아무런 변화가 없다.
- 액세스에서 가져올 수 있는 데이터 형식은 Microsoft Office Access, Microsoft Excel, HTML 문서, Sharepoint 목록, 텍스트 파일, XML, ODBC 데이터베이스 등이 있다.

1) 액세스 파일 가져오기

따라하기 TIP

따라하기 파일 • Part03_Chapter02_액세스파일가져오기–따라파일.accdb, 고객관리–완성파일.accdb

① [외부 데이터] 탭–[가져오기 및 연결] 그룹–[새 데이터 원본]–[데이터베이스에서]–[Access]를 클릭한다.
② [외부 데이터 가져오기–Access 데이터베이스] 대화 상자에서 [찾아보기]를 클릭하여 해당 액세스 데이터베이스 파일을 지정한다. 저장할 방법과 위치는 [테이블, 쿼리, 폼, 보고서, 매크로 및 모듈을 현재 데이터베이스로 가져오기]를 선택하고 [확인]을 클릭한다.

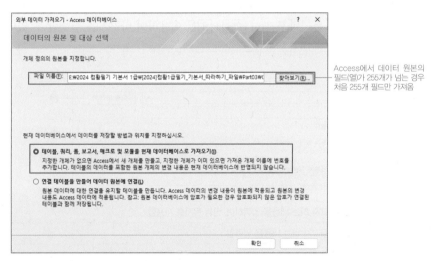

Access에서 데이터 원본의 필드(열)가 255개가 넘는 경우 처음 255개 필드만 가져옴

테이블, 쿼리, 폼, 보고서, 매크로 및 모듈을 현재 데이터베이스로 가져오기	데이터 원본에서 현재 데이터 베이스로 데이터를 가져옴
연결 테이블을 만들어 데이터 원본에 연결	현재 데이터베이스를 실행할 때 원본 데이터를 연결함

③ [개체 가져오기] 대화 상자의 [테이블] 탭에서 가져오기할 테이블을 선택한 다음 [확인]을 클릭한다. [가져오기 단계 저장]에서 [닫기]를 클릭한다.

테이블이 있는 경우 [외부 데이터] 탭-[가져오기 및 연결] 그룹-[새 데이터 원본]-[파일에서]-[Excel] 를 클릭하면 [다음 테이블에 레코드 복사본 추가]가 나타나며 지정한 테이블이 있으면 레코드가 테이블에 추가되고, 테이블이 없으면 Access에서 새로운 테이블을 만듦(원본 데이터의 변경 내용은 데이터베이스에 적용되지 않음)

Excel 파일을 가져오는 경우 한 번에 하나의 워크시트만 가져올 수 있으므로 여러 워크시트에서 데이터를 가져오려면 각 워크시트에 대해 가져오기 명령을 반복해야 함

2) 엑셀 파일 가져오기 18년 3월

🚀 따라하기 TIP

따라하기 파일 • Part03_Chapter02_엑셀파일가져오기-따라파일.accdb, 엑셀파일가져오기.xlsx

① [외부 데이터] 탭-[가져오기 및 연결] 그룹-[새 데이터 원본]-[파일에서]-[Excel]을 클릭한다.
② [외부 데이터 가져오기-Excel 스프레드시트] 대화 상자에서 [찾아보기]를 클릭하여 해당 엑셀 파일을 지정한다. 저장할 방법과 위치는 [현재 데이터베이스의 새 테이블로 원본 데이터 가져오기]를 선택하고 [확인]을 클릭한다.

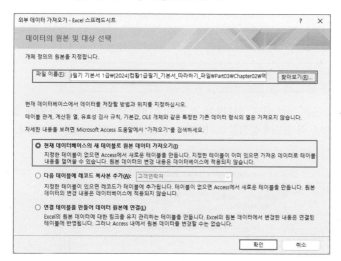

현재 데이터베이스의 새 테이블로 원본 데이터 가져오기	데이터 원본에서 현재 데이터베이스에 새로운 테이블로 데이터를 가져옴
연결 테이블을 만들어 데이터 원본에 연결	데이터 원본을 현재 데이터베이스에 새로운 테이블로 연결함

③ [1단계] 가져오기할 원본 설정 : [스프레드시트 가져오기 마법사]에서 가져오기할 워크시트나 범위를 선택한 후 [다음]을 클릭한다.

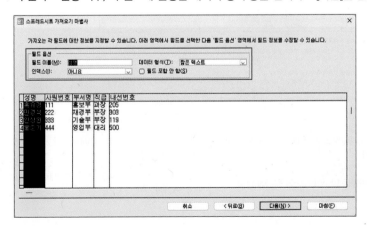

④ [2단계] 열 머리글의 사용 여부 설정 : 열 머리글을 테이블의 필드 이름으로 사용하는 경우는 [첫 행에 열 머리글이 있음]에 체크하고, 그렇지 않은 경우는 체크하지 않고 [다음]을 클릭한다.

⑤ [3단계] 각 필드의 옵션 정보 설정 : 가져오는 각 필드에 대한 정보를 지정할 수 있다. 필드의 인덱스 설정 여부, 각 필드에 설정할 데이터 형식 등을 선택하고 [다음]을 클릭한다.

⑥ [4단계] 기본키 설정 : 기본키 관련 옵션을 선택하고 [다음]을 클릭한다.

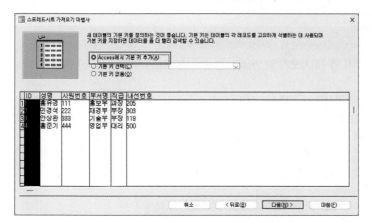

⑦ [5단계] 테이블 이름 설정 : 가져올 테이블의 이름을 입력하고 [마침]을 클릭한다.

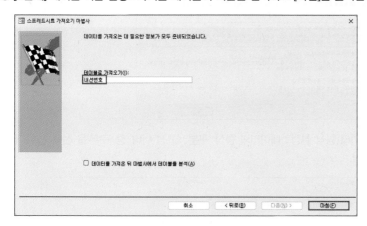

⑧ [외부 데이터 가져오기 – Excel 스프레드시트] 대화 상자의 [닫기]를 클릭하여 종료한다.

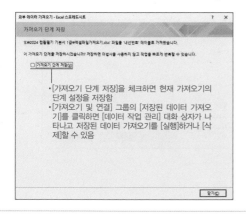

3) 텍스트 파일 가져오기

따라하기 TIP

따라하기 파일 • Part03_Chapter02_텍스트파일가져오기-따라파일.accdb, 텍스트파일가져오기.txt

[텍스트 가져오기 마법사]를 이용
하여 기존 테이블에 내용을 추가
하려는 경우 데이터의 수정 기능
은 지원되지 않음

테이블이 있는 경우 [외부 데이터]
탭-[가져오기 및 연결] 그룹-[새 데
이터 원본]-[파일에서]-[텍스트 파
일]을 클릭하면 [다음 테이블에 레
코드 복사본 추가]가 나타나며 지
정한 테이블이 있으면 레코드가 테
이블에 추가되고, 테이블이 없으면
Access에서 새로운 테이블을 만
듦(원본 데이터의 변경 내용은 데
이터베이스에 적용되지 않음)

① [외부 데이터] 탭-[가져오기 및 연결] 그룹-[새 데이터 원본]-[파일에서]-[텍스트 파일]을
클릭한다.

② [외부 데이터 가져오기 - 텍스트 파일] 대화 상자에서 [찾아보기]를 클릭하여 해당 텍스트
파일을 지정한다. 저장할 방법과 위치는 '현재 데이터베이스의 새 테이블로 원본 데이터
가져오기'를 선택하고 [확인]을 클릭한다.

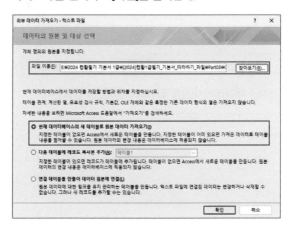

③ [1단계] 데이터 형식 설정 : 데이터의 형식 '구분', '고정 너비' 중 '구분'을 선택하고 [다음]
을 클릭한다.

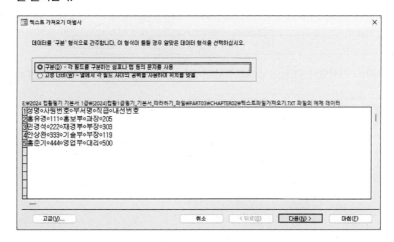

④ [2단계] 구분 기호와 필드 이름 포함 여부 설정 : 1단계에서 '구분'을 선택한 경우 필드를 나눌 구분 기호를 '탭'으로 선택하고 '첫 행에 필드 이름 포함'에 체크한 후 [다음]을 클릭한다.

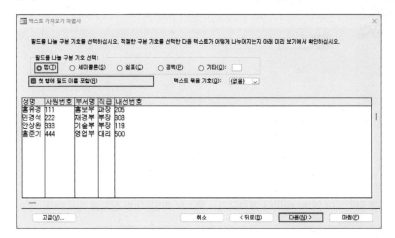

⑤ [3단계] 각 필드의 옵션 정보 설정 : 가져오는 각 필드에 대한 정보를 지정하고 [다음]을 클릭한다.

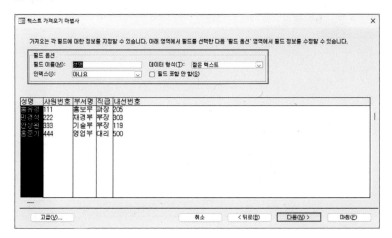

⑥ [4단계] 기본키 설정 : 테이블에서 사용할 기본키를 정의하고 [다음]을 클릭한다.

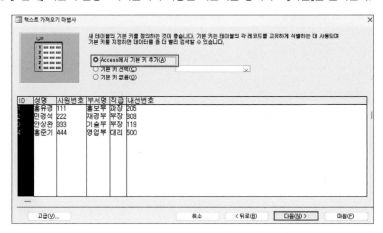

⑦ [5단계] 테이블 이름 설정 : 생성될 테이블 이름을 지정하고 [마침]을 클릭한다.

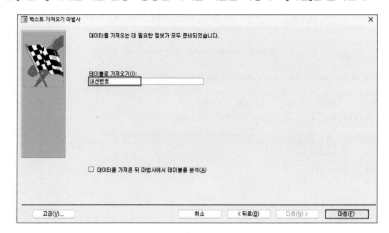

⑧ [닫기]를 클릭하여 [외부 데이터 가져오기 – 텍스트 파일] 대화 상자를 종료한다.

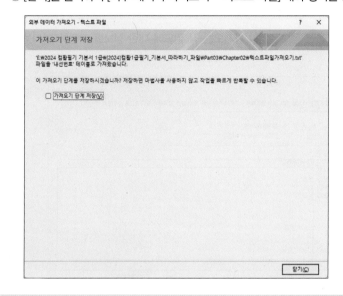

04 **테이블 연결** 22년 상시, 13년 6월, 12년 3월, 09년 10월, 08년 2월/8월, 07년 2월/10월

1) 테이블 연결의 개념

- 테이블 연결은 연결된 테이블의 내용을 변경하면 그 원본 내용도 함께 변경된다.
- 연결된 테이블을 삭제해도 Microsoft Office Access 테이블을 여는 데 사용하는 정보만 삭제되므로 원본 테이블은 삭제되지 않는다.
- 액세스에서 연결할 수 있는 데이터 형식은 Microsoft Office Access, Microsoft Excel, HTML 문서, Outlook, 텍스트 파일, ODBC 데이터베이스 등이 있다.
- 연결된 테이블은 [화살표–해당 프로그램 아이콘–파일 이름] 순으로 나타난다.

예 ◆▦ 고객연락처 , ◆☒ Sheet1

2) 테이블 연결하기

🏠 **따라하기 TIP**

따라하기 파일 • Part03_Chapter02_테이블연결하기–따라파일.accdb, 고객관리–완성파일.accdb

① [외부 데이터] 탭 –[가져오기 및 연결] 그룹–[새 데이터 원본]–[데이터베이스에서]–[Access]를 클릭한다.
② [외부 데이터 가져오기–Access 데이터베이스] 대화 상자에서 [찾아보기]를 클릭하여 해당 액세스 데이터베이스 파일을 선택한다. 저장할 방법과 위치는 [연결 테이블을 만들어 데이터 원본에 연결]을 선택하고 [확인]을 클릭한다.
③ 연결할 테이블을 선택한 다음 [확인]을 클릭한다.

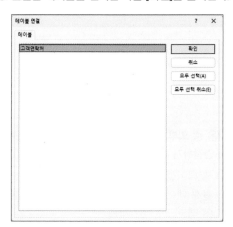

④ 테이블 연결하기–따라파일.accdb 데이터베이스 파일에 [고객연락처] 테이블이 연결된다.

⑤ [고객연락처] 테이블을 열어서 실행하여 데이터를 변경하면 연결된 원본 테이블 내용도 변경된다.

✅ **개념 체크**

1 테이블 연결은 연결된 테이블의 내용을 변경하면 원본 내용도 함께 변경된다. (○, ×)

2 연결된 테이블을 삭제하면 원본 테이블도 삭제된다. (○, ×)

3 액세스에서 연결할 수 있는 데이터 형식은 Microsoft Office Access와 Microsoft Excel만 가능하다. (○, ×)

1 ○ 2 × 3 ×

3) 테이블 연결 제거하기

기적의 TIP

테이블 연결의 개념은 간단히 읽어두고, 테이블을 연결하고 제거하는 방법은 숙지해두세요.

따라하기 TIP

따라하기 파일 • Part03_Chapter02_테이블연결하기-완성파일.accdb

① 연결을 제거하기 위해서는 [고객연락처]의 바로 가기 메뉴에서 [삭제]를 선택하거나 Delete 를 누른다.

• 연결을 삭제하면 테이블이 Access에서만 삭제되고 원본 테이블은 삭제되지 않음
• Microsoft Access에서 테이블을 여는 데 사용하는 정보만 삭제함

② 연결 제거 확인 메시지 상자가 나타나면 [예]를 클릭한다.

이론을 확인하는 기출문제

▶ 합격 강의

01 다음 중 데이터시트 보기 상태에서의 레코드 추가/삭제에 대한 설명으로 옳은 것은?

① 레코드를 여러 번 복사한 경우 첫 번째 복사한 레코드만 사용 가능하다.
② 새로운 레코드는 항상 테이블의 마지막 행에서만 추가되며 중간에 삽입될 수 없다.
③ 레코드를 추가하는 단축키는 Ctrl + Insert 이다.
④ 여러 레코드를 선택하여 한 번에 삭제할 수 있으며, 삭제된 레코드는 복원할 수 있다.

새로운 레코드는 항상 마지막에 추가되며 레코드 중간에 삽입할 수 없음

오답 피하기

• 레코드를 여러 번 복사한 경우 마지막에 복사한 레코드만 사용 가능함
• 레코드를 추가하는 단축키 : Ctrl + +
• 여러 레코드를 선택하여 한 번에 삭제할 수 있으며, 삭제된 레코드는 복원할 수 없음

02 다음 중 외부 데이터인 Excel 통합 문서를 가져오거나 연결하기 위한 방법으로 옳지 <u>않은</u> 것은?

① 새 테이블로 추가하여 원본 데이터 가져오기
② 현재 데이터베이스의 테이블 중 하나를 지정하여 레코드로 추가하기
③ 테이블, 쿼리, 매크로 등 원하는 개체를 지정하여 가져오기
④ Excel의 원본 데이터에 대한 링크를 유지 관리하는 테이블로 만들기

테이블, 쿼리, 폼, 매크로 등 원하는 개체를 지정하여 가져오기 : [외부 데이터] 탭-[가져오기 및 연결] 그룹-[새 데이터 원본]-[데이터베이스에서]-[Access]에서 실행함

정답 01 ② 02 ③

03 다음 중 외부 데이터 가져오기 기능에 대한 설명으로 옳지 <u>않은</u> 것은?

① 텍스트 파일을 가져와 기존 테이블의 레코드로 추가하려는 경우 기본키에 해당하는 필드의 값들이 고유한 값이 되도록 데이터를 수정하며 가져올 수 있다.

② Excel 워크시트에서 정의된 이름의 영역을 Access의 새 테이블이나 기존 테이블에 데이터 복사본으로 만들 수 있다.

③ Access에서는 한 테이블에 256개 이상의 필드를 지원하지 않으므로 원본 데이터는 열의 개수가 255개를 초과하지 않아야 한다.

④ Excel 파일을 가져오는 경우 한 번에 하나의 워크시트만 가져올 수 있으므로 여러 워크시트에서 데이터를 가져 오려면 각 워크시트에 대해 가져오기 명령을 반복해야 한다.

....

텍스트 파일을 가져와 기존 테이블의 레코드로 추가 하려는 경우 기본키에 해당하는 필드의 값들이 고유한 값이 되도록 데이터를 수정하며 가져올 수 없음

04 다음 중 테이블 연결을 통해 연결된 테이블과 가져오기 기능을 통해 생성된 테이블과의 차이점에 대한 설명으로 옳지 <u>않은</u> 것은?

① 연결된 테이블의 데이터를 삭제하면 연결되어 있는 원본 데이터베이스의 데이터도 삭제된다.

② 연결된 테이블을 삭제해도 원본 테이블은 삭제되지 않는다.

③ 가져오기 기능을 통해 생성된 테이블을 삭제해도 원본 테이블은 삭제되지 않는다.

④ 연결된 테이블을 이용하여 폼이나 보고서를 생성할 수 있다.

....

테이블 연결은 연결된 테이블의 내용을 변경하면 그 원본 내용도 함께 변경되며, 연결된 테이블을 삭제하면 Access 테이블을 여는 데 사용하는 정보만 삭제하므로 원본 테이블은 삭제되지 않음

05 다음 중 아래와 같이 표시된 폼의 탐색 단추에 대한 설명으로 옳지 <u>않은</u> 것은?

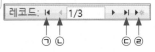

① ㉠ 첫 레코드로 이동한다.
② ㉡ 이전 레코드로 이동한다.
③ ㉢ 마지막 레코드로 이동한다.
④ ㉣ 이동할 레코드 번호를 입력하여 이동한다.

....

㉣ : 새(빈) 레코드를 추가함

06 다음 중 외부 데이터인 Excel 통합 문서를 가져오거나 연결하기 위한 방법으로 옳지 <u>않은</u> 것은?

① 새 테이블로 추가하여 원본 데이터 가져오기

② 현재 데이터베이스의 테이블 중 하나를 지정하여 레코드로 추가하기

③ 테이블, 쿼리, 매크로 등 원하는 개체를 지정하여 가져오기

④ Excel의 원본 데이터에 대한 링크를 유지 관리하는 테이블로 만들기

....

[외부 데이터] 탭–[가져오기 및 연결] 그룹–[새 데이터 원본]–[데이터베이스에서]–[Access]에서 테이블, 쿼리, 폼, 보고서, 매크로 및 모듈 등 원하는 개체를 지정하여 가져올 수 있음

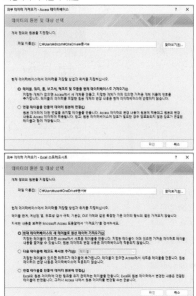

데이터 내보내기

▶ 합격 강의

빈출 태그 데이터 내보내기

01 데이터 내보내기(Export) 17년 9월, 14년 6월, 08년 2월/5월, 05년 7월, 03년 9월

- 데이터 내보내기는 데이터베이스 개체를 다른 데이터베이스나 기타 응용 프로그램 등에서 사용할 수 있도록 형식에 맞게 파일 형태로 출력하는 기능이다.
- 테이블은 데이터와 데이터 구조만 내보내고 제약 조건이나 관계, 인덱스와 같은 속성은 내보낼 수 없다.
- 한 번에 한 개체만 내보낼 수 있다.
- Microsoft Access 이전 버전으로 내보내는 경우 테이블만 내보낼 수 있다.
- Microsoft Access의 [내보내기]는 데이터베이스의 테이블을 엑셀 파일 형식 등으로 변환하여 저장하기 위한 기능이다.

1) 액세스 파일로 내보내기

🅐 따라하기 TIP

따라하기 파일 • Part03_Chapter02_데이터내보내기–따라파일.accdb

① 액세스로 내보내기할 개체를 선택하고 [외부 데이터] 탭–[내보내기] 그룹–[Access]를 클릭한다.

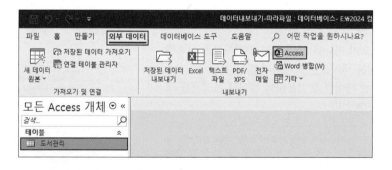

② [내보내기 – Access 데이터베이스] 대화 상자가 표시되면 [찾아보기]를 클릭하여 내보낼 개체가 저장될 데이터베이스 파일을 지정한 다음 [확인]을 클릭한다.

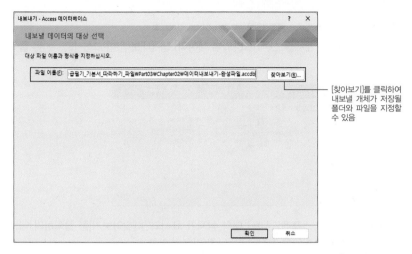

[찾아보기]를 클릭하여
내보낼 개체가 저장될
폴더와 파일을 지정할
수 있음

③ [내보내기] 대화 상자가 표시되면 테이블명과 내보내기할 항목을 선택한 후 [확인]을 클릭한다.

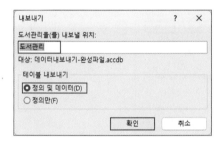

④ [내보내기 – Access 데이터베이스] 대화 상자가 표시되면 [닫기]를 클릭한다.

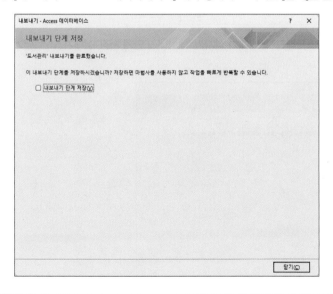

2) 엑셀 파일로 내보내기

따라하기 TIP

따라하기 파일 • Part03_Chapter02_엑셀파일로내보내기–따라파일.accdb

① 엑셀로 내보내기할 개체를 선택하고 [외부 데이터] 탭–[내보내기] 그룹–[Excel]을 클릭한다.

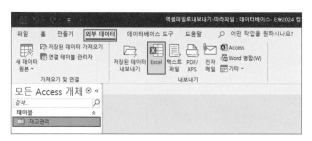

② [내보내기 – Excel 스프레드시트] 대화 상자가 표시되면 [찾아보기]를 클릭하여 내보낼 개체가 저장될 엑셀 파일을 지정한 다음 [확인]을 클릭한다.

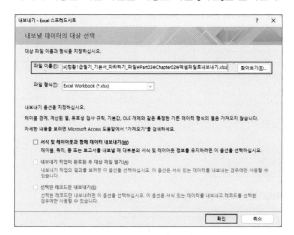

③ [내보내기 – Excel 스프레드시트] 대화 상자가 '내보내기 단계 저장' 상태가 되면 [닫기]를 클릭한다.

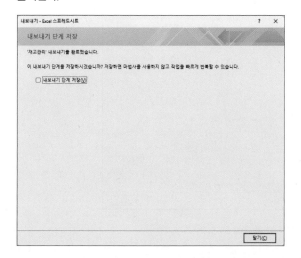

3) 텍스트 파일로 내보내기

🏃 따라하기 TIP

따라하기 파일 • Part03_Chapter02_텍스트파일로내보내기-따라파일.accdb

① 텍스트로 내보내기할 개체를 선택하고 [외부 데이터] 탭-[내보내기] 그룹-[텍스트 파일]을 클릭한다.

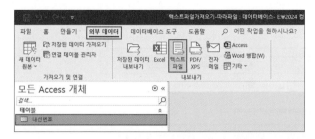

② [내보내기 - 텍스트 파일] 대화 상자가 표시되면 [찾아보기]를 클릭하여 내보낼 개체가 저장될 텍스트 파일을 지정한 다음 [확인]을 클릭한다.

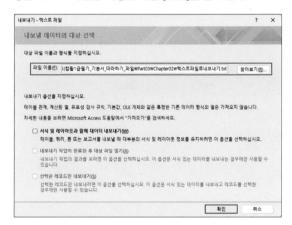

③ [텍스트 내보내기 마법사]의 단계별 지시에 따라 실행한다.

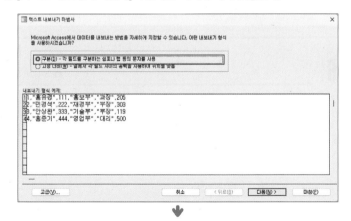

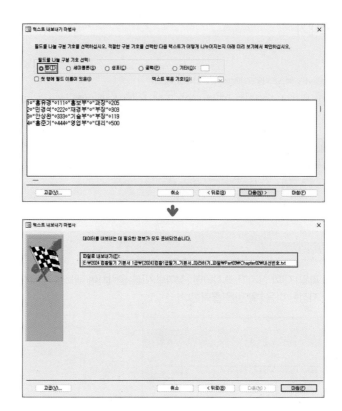

테이블을 만드는 6가지 방법
테이블, 테이블 디자인, 테이블 서식 파일, SharePoint 목록, 테이블 가져오기, 테이블 연결

이론을 확인하는 기출문제

▶ 합격 강의

01 다음 중 테이블에서 내보내기가 가능한 파일 형식에 해당하지 <u>않는</u> 것은?

① 엑셀(Excel) 파일
② ODBC 데이터베이스
③ HTML 문서
④ VBA 코드

[외부 데이터] 탭-[내보내기] 그룹에서 VBA 코드로 내보내는 기능은 지원되지 않음

02 폼에서 [내보내기]를 통해 다른 형식으로 바꾸어 저장하려고 할 때 저장할 수 <u>없는</u> 형식은 무엇인가?

① PDF/XPS
② Excel
③ Paradox
④ XML

폼을 Paradox 형식으로 내보낼 수 없음

정답 01 ④ 02 ③

CHAPTER 03

쿼리(Query) 작성

학습 방향

각 쿼리의 종류별 특징과 쓰임새를 묻는 형식으로 시험에 출제되고 SQL문은 까다로운 듯 보이나 명령의 의미가 기능인 경우가 대부분이며 명령 내용에 대한 옳고 그름, 결과를 묻는 형식으로 출제됩니다. 명령에 대한 전반적인 학습이 요구됩니다.

출제 빈도

SECTION 01	하	3%
SECTION 02	상	32%
SECTION 03	상	31%
SECTION 04	하	9%
SECTION 05	중	13%
SECTION 06	중	12%

쿼리(Query)

▶ 합격 강의

빈출 태그 선택 쿼리 • 매개 변수 쿼리 • 크로스탭 쿼리 • 실행 쿼리 • SQL 쿼리

'질문, 질의'라는 의미처럼, 테이블에서 쿼리를 이용하여 원하는 정보를 추출함

01 쿼리(Query)의 개념 23년 상시, 13년 3월

B 기적의 TIP

쿼리의 종류에 대한 전반적인 이해가 필요합니다. 특히 용도는 정확히 숙지해두세요.

• 쿼리는 관계가 설정되어 있는 2개 이상의 테이블에서 원하는 데이터를 추출 및 조합하여 하나의 테이블처럼 사용할 수 있다.
• 폼이나 보고서, 다른 쿼리 등에서 쿼리를 레코드 원본으로 사용할 수 있다.
• 쿼리의 유형은 선택 쿼리, 매개 변수 쿼리, 크로스탭 쿼리, 불일치 검색 쿼리, 실행 쿼리, SQL 쿼리 등이 있다.

02 쿼리의 종류 24년 상시, 17년 9월, 14년 10월, 08년 5월, 04년 5월

선택 쿼리	• 1개 또는 2개 이상의 테이블에서 지정한 조건에 따라 데이터를 추출함 • 레코드를 그룹화하여 데이터의 합계, 평균, 개수 등을 계산할 수 있는 쿼리를 작성함 • 원하는 정렬 순서로 표시할 수 있음
매개 변수 쿼리	• 실행할 때 검색 조건의 일정한 값(매개 변수)을 입력하여 원하는 정보를 추출함 • 두 가지 이상의 정보를 물어보는 쿼리를 작성할 수 있음
크로스탭 쿼리	• 테이블이나 쿼리의 필드별 합계, 개수, 평균 등의 요약을 계산함 • 계산한 값을 행과 열이 일치하는 곳에 표시함
불일치 검색 쿼리	2개의 테이블이나 쿼리를 비교하여 불일치하는 레코드를 추출함
실행 쿼리	• 여러 레코드의 변경과 이동을 일괄적으로 실행함 • 추가 쿼리 : 기존 테이블의 끝에 다른 테이블에서의 쿼리 결과를 이용하여 추가함 • 테이블 만들기 쿼리 : 기존 테이블에서 데이터를 가져와 새 테이블을 작성함 • 삭제 쿼리 : 조건에 해당하는 일련의 레코드를 일괄적으로 삭제함 • 업데이트 쿼리 : 기존 테이블의 데이터를 일괄적으로 업데이트(갱신)함
SQL 쿼리	• SQL 명령(SELECT, INSERT, UPDATE, DELETE 등)을 사용함 • 통합 쿼리 : 2개 이상의 필드를 결합하여 하나의 필드로 만듦 • 통과 쿼리 : 서버의 테이블을 사용할 때 SQL 서버로 직접 명령을 보냄 • 데이터 정의 쿼리 : 개체의 작성이나 변경(테이블의 생성, 변경, 삭제 등)을 실행함 • 하위 쿼리 : SQL의 SELECT문으로 구성되며 쿼리의 디자인 눈금에서 필드의 추출 조건으로 이용함

✓ 개념 체크

1 조건에 해당하는 일련의 레코드를 일괄적으로 삭제하는 실행 쿼리는 ( ) 쿼리이다.

2 2개 이상의 필드를 결합하여 하나의 필드로 만드는 SQL 쿼리의 한 유형은 ( ) 쿼리이다.

3 선택 쿼리는 1개 또는 2개 이상의 테이블에서 지정한 조건에 따라 데이터를 추출한다. (○, ×)

4 추가 쿼리는 기존 테이블의 끝에 다른 테이블에서의 쿼리 결과를 이용하여 추가한다. (○, ×)

5 데이터 정의 쿼리는 개체의 작성이나 변경(테이블의 생성, 변경, 삭제 등)을 실행하는 SQL 쿼리이다. (○, ×)

1 삭제 2 통합
3 ○ 4 ○ 5 ○

쿼리의 작성은 [쿼리 마법사]와 [쿼리 디자인]이 있음

03 쿼리의 작성

1) 쿼리 디자인에서 새 쿼리 만들기

🔰 따라하기 TIP

따라하기 파일 • Part03_Chapter03_명함관리(쿼리)–따라파일.accdb

① 테이블/쿼리와 필드 이름, 필터, 정렬/그룹 속성 등을 지정하여 쿼리를 만든다.

② [만들기] 탭–[쿼리] 그룹–[쿼리 디자인]을 클릭한다.

③ [테이블 추가] 대화 상자가 나타나면 쿼리에 사용할 테이블이나 쿼리를 선택한 다음 [선택한 표 추가]를 클릭하여 테이블을 추가한다.

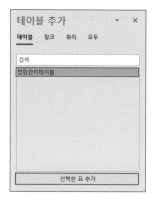

▶ 테이블 추가 명령

리본 메뉴	[쿼리 디자인] 탭–[쿼리 설정] 그룹–[테이블 추가](🖳)를 클릭함
바로 가기 메뉴	[테이블 표시]를 선택함

▶ 테이블 제거 명령

바로 가기 키	Delete 를 누름
바로 가기 메뉴	[테이블 제거]를 선택함

④ [쿼리 디자인] 창 상단의 테이블에서 필드를 더블클릭하거나 하단 필드 영역으로 드래그하여 추가한다.

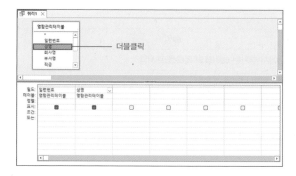

⑤ 일련번호, 성명, 회사명, 전화번호 필드까지 추가한 다음 [쿼리 디자인] 탭–[결과] 그룹–[실행]을 클릭한다.

여러 개의 필드 및 모든 필드 추가
• 연속된 여러 개의 필드 추가 :
  Shift +클릭
• 비연속적인 여러 개의 필드 추
  가 : Ctrl +클릭
• 모든 필드 추가 : 테이블 이름을
  더블클릭한 다음 디자인 눈금
  으로 드래그 앤 드롭하거나 테
  이블의 필드 목록에서 별표(*)를
  디자인 눈금으로 추가함(『테이
  블명.*』로 표시)

⑥ 데이터시트에 쿼리의 실행 결과가 나타난다.

⑦ [빠른 실행 도구 모음]의 [저장](圖)을 클릭하고 쿼리의 이름을 입력한 후 [확인]을 클릭한다.

➕ 더 알기 TIP

[쿼리 디자인] 창의 구성 23년 상시, 18년 9월

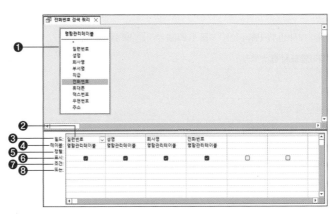

구성 요소	설명
❶ 필드 목록 상자	[테이블 표시]에서 추가된 테이블의 목록을 표시함
❷ 열 머리글	필드의 선택 및 열의 너비를 조정함
❸ 필드	필드 목록 상자에서 추가한 필드를 표시, 목록 단추(∨)를 클릭하여 다른 필드를 선택함
❹ 테이블	원본으로 사용할 테이블의 이름을 표시, 목록 단추(∨)를 클릭하여 다른 테이블 선택함
❺ 정렬	필드의 내용을 오름차순 또는 내림차순으로 정렬, 목록 단추(∨)를 클릭하여 선택함
❻ 표시	확인란의 선택 여부에 따라 해당 필드의 표시를 결정하며 기본적으로 선택 상태임
❼ 조건	쿼리의 조건식을 입력, 직접 입력 및 식 작성기를 이용함
❽ 또는	다른 조건을 추가함

┌─ 마법사가 지정한 내용에 따라 쿼리를 쉽게 만들 수 있다.

2) 쿼리 마법사를 사용하여 쿼리 만들기

🏠 **따라하기 TIP**

따라하기 파일 • Part03_Chapter03_명함관리(쿼리)–따라파일.accdb

① [만들기] 탭–[쿼리] 그룹–[쿼리 마법사]를 클릭한다.

② [새 쿼리] 대화 상자가 표시되면 [단순 쿼리 마법사]를 선택하고 [확인]을 클릭한다.

③ [단순 쿼리 마법사]가 나타나면 다음 단계에 따라 쿼리를 만든다.

▲ 1단계 : 사용할 테이블/쿼리, 필드를 설정함　　▲ 2단계 : 상세 쿼리 및 요약 쿼리를 선택함　　▲ 3단계 : 제목 지정, 쿼리 정보 보기 및 쿼리 디자인을 수정함

④ 마법사를 이용한 단순 선택 쿼리의 결과가 나타난다.

이론을 확인하는 / 기출문제

▶ 합격 강의

01 다음 중 쿼리에 대한 설명으로 옳지 않은 것은?

▶ 합격 강의

① 쿼리는 테이블의 데이터를 이용하여 사용자가 원하는 형식으로 가공하여 보여줄 수 있다.

② 테이블이나 다른 쿼리를 이용하여 새로운 쿼리를 생성할 수 있다.

③ 쿼리는 단순한 조회 이외에도 데이터의 추가, 삭제, 수정 등을 수행할 수 있다.

④ 쿼리를 이용하여 추출한 결과는 폼과 보고서에서만 사용할 수 있다.

폼이나 보고서, 다른 쿼리 등에서 쿼리를 레코드 원본으로 사용할 수 있음

02 다음 중 쿼리에 대한 설명으로 옳지 않은 것은?

① 선택 쿼리나 크로스탭 쿼리를 열면 쿼리가 실행되고 그 결과를 데이터시트 보기 형태로 표시한다.

② 실행 쿼리를 실행하면 데이터가 변경되며, 변경된 사항은 [실행 취소]를 통해 원래대로 되돌릴 수 있다.

③ 쿼리 속성에서 원본으로 사용하는 테이블 레코드 전체 또는 편집 중인 레코드만 잠금을 설정할 수 있다.

④ 선택 쿼리를 저장해 놓으면 그 쿼리의 결과를 테이블처럼 사용할 수 있다.

보통 테이블의 값을 동시에 갱신할 경우에 사용하며 실행 쿼리를 실행하면 데이터가 변경되고, 한 번 변경된 사항은 되돌릴 수 없음

정답 01 ④ 02 ②

단순 조회 쿼리(SQL문)

▶ 합격 강의

01 SQL의 개념

1) SQL의 정의

- 데이터베이스를 조작하기 위한 언어이며, Structured Query Language의 약어로 "구조화된 쿼리 언어"이다.
- SQL(Structured Query Language)은 관계형 데이터베이스(Relational Database)를 조작하는 프로그래밍 언어이다.
- 비절차적 언어로 프로그램에 처리 방법을 기술하지 않아도 되며, 대상이 되는 데이터가 무엇인지만을 지정할 뿐 데이터를 가져오는 방법까지는 기술하지 않는다.

2) SQL 명령어의 종류 24년 상시, 16년 10월, 15년 6월, 09년 10월

데이터 정의 언어(DDL : Data Definition Language)	CREATE(테이블 생성), ALTER(테이블 변경), DROP(테이블 삭제)
데이터 조작 언어(DML : Data Manipulation Language)	SELECT(검색), INSERT(삽입), UPDATE(갱신), DELETE(삭제)
데이터 제어 언어(DCL : Data Control Language)	GRANT(권한 부여), REVOKE(권한 해제), COMMIT(갱신 확정), ROLLBACK(갱신 취소)

DROP에서 옵션
- RESTRICT : 제거 또는 삭제 대상으로 지정된 테이블, 뷰, 행 등에 대해 이를 참조하는 데이터 객체가 존재하면 제거를 하지 않음
- CASCADE : 제거 대상의 제거와 함께 이를 참조하는 다른 데이터 객체에 대해서도 제거 작업을 실시함

🕐 **암기 TIP**

S비S
SQL은 비절차적 언어

3) 액세스에서 SQL문 보기

⏺ **따라하기 TIP**

따라하기 파일 • Part03_Chapter03_명함관리(쿼리)–완성파일.accdb

① [쿼리 디자인] 탭–[결과] 그룹–[보기](보기)를 클릭한 다음 [SQL 보기]를 선택한다. [SQL 보기]는 쿼리를 실행시킨 경우나 쿼리 창이 열려 있는 상태에서만 사용 가능하다.

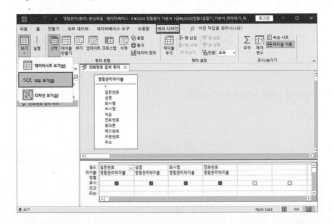

리본 메뉴	[쿼리 디자인] 탭-[결과] 그룹-[보기]를 클릭한 다음 [SQL 보기]를 선택함
바로 가기 메뉴	[SQL 보기]를 선택함

② SQL 입력창이 나타난다.

```
전화번호 검색 쿼리  ×

SELECT 명함관리테이블.일련번호, 명함관리테이블.성명, 명함관리테이블.회사명, 명함관리테이블.전화번호
FROM 명함관리테이블;
```

02 데이터 정의 언어(DDL)

1) CREATE TABLE 22년 상시, 20년 2월

• 테이블(Table)을 생성하기 위해 사용하는 명령이다.

CREATE TABLE 고객 (고객ID CHAR(20) NOT NULL, 고객명 CHAR(20) NOT NULL, 연락번호 CHAR(12), PRIMARY KEY (고객ID)); CREATE TABLE 계좌 (계좌번호 CHAR(10) NOT NULL, 고객ID CHAR(20) NOT NULL, 잔액 INTEGER DEFAULT 0, PRIMARY KEY (계좌번호), FOREIGN KEY (고객ID) REFERENCES 고객); (단, 고객과 계좌 간의 관계는 1:M이다.)	• CREATE TABLE : 테이블 생성 • CHAR(자릿수) : 문자형 변수 선언 및 크기(자릿수) 지정 • NULL : 아무것도 없음, 값 자체가 존재하지 않음 • NOT NULL : 값이 반드시 있어야 됨 • PRIMARY KEY : 기본키 지정 • INTEGER : 정수형(소수점이 없는) 변수 선언 • DEFAULT : 기본값 지정 • FOREIGN KEY : 외래키 지정 • REFERENCES : 참조 테이블 지정

• <고객> 테이블에서 '고객ID' 필드는 동일한 값을 입력할 수 없다.

• <계좌> 테이블에서 '계좌번호' 필드는 반드시 입력해야 한다.

• <고객> 테이블에서 '연락번호' 필드는 원하는 값으로 수정하거나 생략할 수 있다.

• <계좌> 테이블에서 '고객ID' 필드는 기본키가 아닌 외래키이므로 동일한 값을 입력할 수 있다.

• <고객> 테이블에서 '고객ID' 필드와 <계좌> 테이블에서 '계좌번호' 필드는 기본키(PRIMARY KEY)이므로 반드시 입력(NOT NULL)해야 하며 동일한 값을 입력할 수 없음
• <고객> 테이블에서 '연락번호' 필드는 기본키에 해당되지 않고 NOT NULL이 아니므로 원하는 값으로 수정 하거나 생략할 수 있음
• 한 고객이 여러 개의 계좌를 개설할 수 있으므로 <계좌> 테이블에서 '고객ID' 필드는 중복 가능함

기본키(PK : Primary Key)
• 후보키 중에서 선정되어 사용되는 키(예 주민등록번호, 사원번호, 학번, 군번 등)
• 기본키는 널(NULL)이 될 수 없으며 중복될 수 없음

외래키(FK : Foreign Key)
• 외래키가 다른 참조 테이블의 기본키일 때 그 속성키를 외래키라고 함
• 하나의 테이블에는 여러 개의 외래키가 존재할 수 있음

2) ALTER TABLE

• 테이블(Table)의 정의를 변경할 때 사용하는 명령이다.

ALTER TABLE 테이블명 {ADD | ALTER(MODIFY) | DROP} 변경하고자 하는 필드;

• ADD : 필드 추가
• ALTER(MODIFY) : 데이터 타입 및 크기 변경
• DROP : 필드 제거

예 ALTER TABLE 고객 ADD 직장명 CHAR(20);
〈고객〉 테이블에 직장명 필드를 추가함(추가열에서는 NOT NULL 옵션은 사용 못함)
예 ALTER TABLE 고객 ALTER(MODIFY) 연락번호 CHAR(20) NOT NULL;
〈고객〉 테이블에서 연락번호 필드의 크기를 늘리고 NOT NULL로 변경함
예 ALTER TABLE 고객 DROP 연락번호;
〈고객〉 테이블에서 연락번호 필드를 제거함

3) DROP TABLE

• 테이블(Table)을 제거할 때 사용하는 명령이다.

DROP TABLE 테이블명 [CASCADE | RESTRICT];

• CASCADE : 참조하는 모든 데이터 객체까지 모두 삭제
• RESTRICT : 참조하는 데이터 객체가 존재하면 제거하지 않음

예 DROP TABLE 고객 CASCADE;
〈고객〉 테이블을 제거함(참조하는 모든 데이터 객체까지 모두 삭제)

03 SQL문—SELECT(검색문) 24년 상시, 23년 상시, 22년 상시, 21년 상시, 20년 2월/7월, 19년 3월, 18년 3월/9월, …

• 검색문으로 테이블에서 데이터를 검색하며, SELECT-FROM-WHERE의 유형을 가진다.
• SQL 명령어는 대·소문자를 구별하지 않는다.
• SQL 문장 마지막에 세미콜론(;) 기호를 입력해야 한다.
• 여러 개 필드를 나열할 때는 콤마(,)로 구분한다.
• 여러 줄에 나누어서 입력할 수도 있다.

SELECT [ALL | DISTINCT] 열 리스트
FROM 테이블 리스트
[WHERE 조건]
[GROUP BY 열 리스트 [HAVING 조건]]
[ORDER BY 열 리스트 [ASC | DESC]];

SELECT	검색하고자 하는 열 리스트를 선택함
ALL	검색 결과값의 모든 레코드를 검색함
DISTINCT	검색 결과값 중 중복된 결과값(레코드)을 제거, 중복되는 결과값은 한 번만 표시함
FROM	대상 테이블명
WHERE	검색 조건을 기술할 때 사용함
GROUP BY	그룹에 대한 쿼리 시 사용함
HAVING	그룹에 대한 조건을 기술함(반드시 GROUP BY와 함께 사용)
ORDER BY	검색 결과에 대한 정렬을 수행함
ASC	오름차순을 의미하며 생략하면 기본적으로 오름차순임
DESC	내림차순을 의미함

FROM 절에는 단일 테이블 이름 외에 저장된 쿼리 이름 또는 IN-NER JOIN, LEFT JOIN, RIGHT JOIN에 의해 생성되는 복합체로 지정할 수 있음

🕐 암기 TIP

- DISTINCT는 "뚜렷이 다른", "독특한"의 뜻이 있습니다. 그래서 중복된 값은 제거한답니다.
- ORDER BY...오토(?)바이가 순서(정렬)대로 세워져 있네요.
- ASC 에이 참, 올라(오름차순)가야 되네.

1) 기본 검색

➕ 더 알기 TIP

| 참조 파일 | Part03_Chapter03_명함관리(쿼리)–기본, 중복 검색.accdb

[명함관리테이블]에서 성명과 회사명, 휴대폰을 검색해 보자.

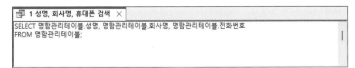

▲ [명함관리테이블]에서 성명, 회사명, 휴대폰을 검색함

성명	회사명	전화번호
구승원	동부	02-999-9999
이상영	하나	02-555-5555
지유환	기아	02-777-7777
이선훈	차일드	02-011-1111
김기준	씨제이	02-444-5678
최권일	굿컴퍼니	02-897-4560
권병선	서울스쿨	02-333-3333
김지훈	머니컴	02-111-2222
용갈이	용갈컴	031-555-7877

▲ [실행](🔲)을 클릭한 결과

[명함관리테이블]에서 모든 열을 검색해 보자(모든 열 불러내기).

▲ 모든 열 이름을 SELECT구에 기술하는 번거로움을 덜기 위해 *(애스터리스크)를 사용함

✔️ 개념 체크

1 SQL 명령어는 대·소문자를 구별하지 않는다. (○, ×)

2 SQL 문장 마지막에 ( ) 기호를 입력해야 한다.

3 검색 결과값 중 중복된 결과값(레코드)을 제거하고, 중복되는 결과값은 한 번만 표시하려면 ( ) 키워드를 사용한다.

4 SELECT 문에서 여러 개의 필드를 나열할 때는 콜론(:)으로 구분한다. (○, ×)

5 ORDER BY 절에서 기본적으로 생략하면 오름차순 정렬이 수행된다. (○, ×)

1 ○ 2 세미콜론(;)
3 DISTINCT 4 × 5 ○

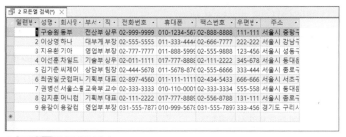

▲ [실행]([!])을 클릭한 결과

[명함관리테이블]의 행(튜플)의 개수를 계산해 보자.

```
SELECT Count(*)
FROM 명함관리테이블;
```

▲ 테이블의 행의 개수를 구할 때는 집계 함수 COUNT(*)를 사용함

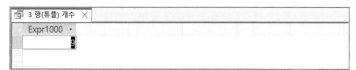

▲ [실행]([!])을 클릭한 결과

───── '뚜렷한', '뚜렷이 다른', '별개의' 의미처럼 중복되는 값은 제거한다.

2) 중복되는 데이터 값을 제거(DISTINCT)하여 검색 24년 상시, 23년 상시, 22년 상시, 20년 2월/7월, …

🅱 **기적의 TIP**

DISTINCT 명령을 묻는 문제가 자주 출제되고 있습니다. 쓰임새에 대한 정확한 이해가 필요합니다.

➕ **더 알기 TIP**

[명함관리테이블중복]에서 성명의 중복된 값이 없게 검색해 보자(명함관리테이블에 미리 중복된 성명을 임의로 입력).

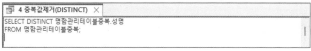

```
SELECT DISTINCT 명함관리테이블중복.성명
FROM 명함관리테이블중복;
```

▲ 검색 결과값 중 중복된 결과값(레코드)을 제거하여 검색함

DISTINCT문이 없는 경우

▲ DISTINCT문이 없는 SQL문

▲ 실행([!]) 결과 – 이상영, 지유환, 이선훈이 중복되어 나타남

▲ [실행]([!])을 클릭한 결과

3) 조건(WHERE)에 의한 검색 ^{20년 2월, 15년 3월}

➕ 더 알기 TIP

| 참조 파일 | Part03_Chapter03_인사관리(쿼리).accdb

[인사] 테이블로부터 부서명이 '홍보부'인 모든 데이터를 검색해 보자.

▲ WHERE구는 검색 조건을 기술할 때 사용함

▲ [실행](!)을 클릭한 결과

[인사] 테이블에서 나이가 30 이상인 데이터의 성명, 부서, 나이를 검색해 보자.

▲ WHERE구는 검색 조건을 기술할 때 사용하며 >=는 이상을 의미함

성명 ·	부서명 ·	나이 ·
황정란	전산부	45
박종윤	전산부	50
이수영	교육부	35
서대중	기획부	44
*		0

▲ [실행](!)을 클릭한 결과

---

4) 순서(ORDER BY)를 명시하는 검색 ^{24년 상시, 22년 상시, 20년 2월, 19년 8월, 18년 9월, 17년 3월, 16년 10월, …}

➕ 더 알기 TIP

[인사] 테이블에서 나이 열을 내림차순으로 정렬하여 모든 데이터를 검색해 보자.

▲ ORDER BY는 순서를 명시할 때 이용하며 DESC는 내림차순이며, 생략할 수 없음

사원번 ·	성명 ·	부서명 ·	직급 ·	급여 ·	입사일 ·	나이 ·
333	박종윤	전산부	부장	₩5,520,000	2000-02-02	50
111	황정란	전산부	과장	₩3,200,000	2011-05-05	45
555	서대중	기획부	부장	₩5,000,000	2011-05-05	44
444	이수영	교육부	과장	₩2,900,000	2014-04-04	35
888	추돌이	광고부	사원	₩2,000,000	2018-12-25	29
222	김연아	홍보부	대리	₩2,700,000	2018-08-08	26
777	홍준기	전산부	사원	₩2,400,000	2018-08-08	25
666	홍유경	홍보부	대리	₩2,600,000	2018-08-08	23
*				₩0		0

▲ [실행](!)을 클릭한 결과

🅑 기적의 TIP

ORDER BY는 오름차순과 내림차순의 예로 출제됩니다. 반드시 숙지하세요.

ORDER BY절 사용 시 정렬방식을 별도로 지정하지 않으면 기본값은 오름차순인 'ASC'로 적용됨

[인사] 테이블에서 급여가 3,000,000원 이상인 직원에 대해 입사일의 오름차순으로, 같은 입사일에 대해서는 나이의 내림차순으로 직원의 성명, 급여, 입사일, 나이를 검색해 보자.

▲ WHERE구에 의해 조건을 주어 ORDER BY를 사용할 수 있음

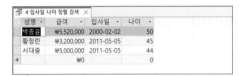

▲ [실행](🛇)을 클릭한 결과

SELECT 학년, 반, 이름
FROM 평균성적
WHERE 평균 >= 90
ORDER BY 학년 DESC 반 ASC;

[평균성적] 테이블에서 '평균' 필드 값이 90 이상인 학생들을 검색하여 '학년' 필드를 기준으로 내림차순, '반' 필드를 기준으로 오름차순 정렬하여 표시함

5) 식을 이용한 쿼리 24년 상시, 23년 상시

➕ 더 알기 TIP

[인사] 테이블에서 급여의 10%를 보너스로 계산하여 모든 데이터를 검색한다.

▲ AS문은 필드나 테이블의 이름을 별명(Alias)으로 지정할 때 사용함

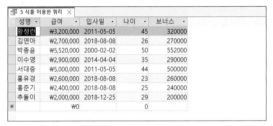

▲ [실행](🛇)을 클릭한 결과

01 다음 중 데이터베이스에 저장된 데이터를 실제 처리하는데 사용되는 데이터 조작어에 해당하는 SQL문은?

① COMMIT
② SELECT
③ DROP
④ CREATE

....

데이터 조작어 : SELECT(검색), INSERT(삽입), UPDATE(갱신), DELETE(삭제)

02 아래의 설명 중 SQL문의 특징을 모두 고르시오.

> ㄱ) 여러 줄에 나누어 입력 가능하다.
> ㄴ) 문장 끝에는 콜론(:)을 붙인다.
> ㄷ) Keyword는 대문자로 입력해야 한다.
> ㄹ) Select 질의 시 정렬 순서의 기본값은 오름차순이다.

① ㄱ, ㄴ   ② ㄴ, ㄷ, ㄹ
③ ㄱ, ㄹ   ④ ㄱ, ㄷ

....

SQL문의 특징
• 여러 줄에 나누어 입력 가능함
• 문자 끝에는 세미콜론(;) 기호를 입력함
• 여러 개의 필드를 나열할 때는 ,(콤마)로 구분함
• 대소문자를 구별하지 않음
• 정렬 시 기본값은 오름차순임

03 부서별 제품별 영업 실적을 관리하는 테이블에서 부서 별로 영업 실적이 1억 원 이상인 제품의 합계를 구하고자 한다. 다음 중 이를 위한 SQL문에서 반드시 사용해야 할 구문에 해당하지 <u>않는</u> 것은?

① SELECT 문
② GROUP BY 절
③ HAVING 절
④ ORDER BY 절

....

ORDER BY 절 : 검색 결과에 대한 정렬(오름차순, 내림차순)을 수행하는 명령으로 정렬에 대한 제시가 없으므로 해당되지 않음

오답 피하기

• ① SELECT 문 : 검색하고자 하는 열 리스트 → "제품의 합계"
• ② GROUP BY 절 : 그룹에 대한 쿼리 시 사용함 → "부서별로"
• ③ HAVING 절 : 그룹에 대한 조건을 기술함 → "영업 실적이 1억 원 이상"

04 다음 중 주어진 [Customer] 테이블을 참조하여 아래의 SQL문을 실행한 결과로 옳은 것은?

> SELECT Count(*)
> FROM (SELECT Distinct City From Customer);

City	Age	Hobby
부산	30	축구
서울	26	영화감상
부산	45	낚시
서울	25	야구
대전	21	축구
서울	19	음악감상
광주	19	여행
서울	38	야구
인천	53	배구
	0	

① 3   ② 5   ③ 7   ④ 9

....

• Select : 검색하고자 하는 열 리스트를 선택
• From : 대상 테이블 명
• Count(*) : 행(튜플)의 개수를 구함
• Distinct : 검색 결과값 중 중복된 결과값을 제거, 중복되는 결과값은 한 번만 표시함
• 따라서, City 필드에서 중복되는 지역은 제거 "부산, 서울, 대전, 광주, 인천"이 남게 되므로 5가 결과로 구해짐

05 다음 중 직원(사원번호, 부서명, 이름, 나이, 근무년수, 급여) 테이블에서 '근무년수'가 3 이상인 직원들을 나이가 많은 순서대로 조회하되, 같은 나이일 경우 급여의 오름차순으로 모든 필드를 표시하는 SQL문은?

① select * from 직원 where 근무년수 >= 3 order by 나이, 급여
② select * from 직원 order by 나이, 급여 where 근무년수 >= 3
③ select * from 직원 order by 나이 desc, 급여 asc where 근무년수 >= 3
④ select * from 직원 where 근무년수 >= 3 order by 나이 desc, 급여 asc

....

• 형식 : select 필드명 from 테이블명 where 조건 order by 필드 asc(오름차순, 생략가능)/desc(내림차순)
• 직원(사원번호, 부서명, 이름, 나이, 근무년수, 급여) 테이블에서 → from 직원
• '근무년수'가 3 이상인 직원들을 → where 근무년수 >= 3
• 나이가 많은 순서대로(내림차순) 조회하되 → order by 나이 desc
• 같은 나이일 경우 급여의 오름차순으로 → 급여 asc
• 모든 필드를 표시 → select *

정답 01 ② 02 ③ 03 ④ 04 ② 05 ④

식의 사용

▶ 합격 강의

빈출 태그 연산자 • 주요 함수

01 연산자 24년 상시, 16년 3월, 10년 10월

연산자는 식(결과값을 얻기 위한 변수와 연산자의 결합) 안에서 사용되고, WHERE 절과 같이 사용함으로써 복잡한 검색 조건을 간단하게 설정할 수 있다.

1) 산술 연산자

숫자가 들어 있는 열의 값을 이용하여 계산하고자 할 때 사용하는 연산자이다.

종류	의미	사용 예

+	더하기(가산 연산자)	• SELECT 품명, 단가 +100 FROM 매출;
		  ❷ 매출 테이블의 단가에 100을 더하여 결과를 검색함
		  (단가가 일괄적으로 100원 오른 경우)
		• SELECT 품명, 단가 +100 AS 신단가 FROM 매출;
		  ❷ 신단가라는 별명(AS)을 이용하여 구할 수도 있음

−	빼기(감산 연산자)	SELECT 품명, 단가−70 FROM 매출; ❷ 매출 테이블의 단가에서 70을 빼고 결과를 검색함
*	곱하기(승산 연산자)	SELECT 품명, 단가 * 1.5 FROM 매출; ❷ 매출 테이블의 단가에 1.5를 곱하여 결과를 검색함
/	나누기(제산 연산자)	SELECT 품명, 단가/2 FROM 매출; ❷ 매출 테이블의 단가를 2로 나누어 결과를 검색함
\	나누기의 몫(제산 연산자)	SELECT 품명, 단가\2 FROM 매출; ❷ 매출 테이블의 단가를 2로 나눈 몫 결과를 검색함
Mod	나머지(잉여 연산자)	SELECT 품명, 단가 Mod 2 FROM 매출; ❷ 매출 테이블의 단가를 2로 나눈 나머지 결과를 검색함

2) 연결 연산자 24년 상시, 18년 3월

문자열을 하나로 연결하기 위하여 사용하는 연산자이다.

종류	의미	사용 예
&	문자 연결 연산자	SELECT 품명, 단가, 모델명& '규격' FROM 매출; ❷ 매출 테이블의 모델명과 규격 문자열을 연결한 결과를 검색함

3) 비교 연산자 19년 8월

열의 값을 어떤 값이나 다른 열의 값과 비교할 때 사용한다.

종류	의미	사용 예
=	같다	SELECT * FROM 매출 WHERE 단가=100; ❷ 단가가 100인 조건을 만족하는 결과를 검색함

〉	크다	SELECT * FROM 매출 WHERE 단가〉150; ❯ 단가가 150보다 큰 조건을 만족하는 결과를 검색함
〈	작다	SELECT * FROM 매출 WHERE 단가〈150; ❯ 단가가 150보다 작은 조건을 만족하는 결과를 검색함
〉=	크거나 같다(이상)	SELECT * FROM 매출 WHERE 단가〉=150; ❯ 단가가 150보다 크거나 같은 조건을 만족하는 결과를 검색함
〈=	작거나 같다(이하)	SELECT * FROM 매출 WHERE 단가〈=150; ❯ 단가가 150보다 작거나 같은 조건을 만족하는 결과를 검색함
〈〉	같지 않다	SELECT * FROM 매출 WHERE 단가〈〉150; ❯ 단가가 150이 아닌 조건을 만족하는 결과를 검색함

데이터 형식에 맞는 쿼리의 조건식
• 숫자 데이터 형식 : 〉= 2000 AND 〈=4000
• 문자 데이터 형식 : 〈 〉 "중랑구", In ("서울", "부산")
• 날짜 데이터 형식 : 〈 #1989-06-03#
※ 날짜 데이터 형식인 경우는 앞, 뒤에 #를 붙여서 사용함

4) 논리 연산자 19년 3월/8월, 07년 7월, 05년 5월

2개 이상의 조건을 연결할 때 사용하는 연산자이다.

종류	의미	사용 예
AND	'그리고'의 조건	SELECT * FROM 매출 WHERE 단가〉1000 AND 모델명= 'HTS'; ❯ 단가가 1000보다 크고 모델명이 'HTS'인 조건을 만족하는 결과를 검색함
OR	'또는'의 조건	SELECT * FROM 매출 WHERE 모델명= 'PJY' OR 모델명= 'HTS'; ❯ 모델명이 'PJY'이거나 모델명이 'HTS'인 조건을 만족하는 결과를 검색함
NOT	'부정'의 조건	SELECT * FROM 매출 WHERE NOT 모델명= 'PJY'; ❯ 모델명이 'PJY'가 아닌 조건을 만족하는 결과를 검색함 (SELECT * FROM 매출 WHERE 모델명〈 〉 'PJY';)와 같음

5) 문자 연산자 24년 상시, 23년 상시, 21년 상시, 20년 2월/7월, 19년 3월/8월, 18년 9월, 17년 3월/9월, 16년 3월/10월, 15년 3월, …

영어 표현으로 조건을 지정할 수 있는 연산자이다.

종류	의미	사용 예
BETWEEN ～ AND ～★	～와 ～사이	SELECT * FROM 게임 WHERE 기록 BETWEEN 100 AND 300; ❯ 게임 테이블에서 기록이 100점 이상 300점 이하인 레코드를 검색함
IN★	안에	SELECT * FROM 게임 WHERE 기록 IN(100, 300); ❯ 게임 테이블에서 기록이 100점, 300점인 목록 안에 들어 있는 기록의 사람을 검색함 SELECT * FROM 게임 WHERE 기록=100 OR 기록=300; 와 결과 같음
LIKE★	같은	SELECT * FROM 서적 WHERE 분류 LIKE '정보*'; ❯ 서적 테이블에서 분류가 '정보'로 시작하는 결과를 검색함

★ BETWEEN 〈값1〉 AND 〈값2〉
〈값1〉 이상, 〈값2〉 이하의 조건을 검색함

★ IN(〈값1〉,〈값2〉,…)
IN 연산자 뒤에 이어지는 값들의 목록 안에 들어 있는 결과를 검색함

★ LIKE 〈값1〉*
• 〈값1〉로 시작하는 결과를 검색함
• 선택 쿼리에서 사용자가 지정한 패턴과 일치하는 데이터를 찾고자 할 때 사용되는 연산자

6) 집합 연산자

2개의 테이블 내용을 합쳐서 데이터를 검색하는 연산자이다.

종류	의미	사용 예
UNION	합집합	SELECT * FROM 품명A UNION SELECT * FROM 품명B; ❯ 품명A와 품명B 테이블로부터 모든 데이터 중복을 제거한 합집합을 검색함

- 함수란 주어진 데이터를 처리하고, 그 결과를 반환하는 기능을 가진 것을 의미한다.
- SQL에서는 괄호( )에 열이름이나 값을 지정하여 함수로 내보낸다.
- 괄호 안에 지정해서 함수로 보내는 데이터를 인수라 한다.

기적의 TIP

집계 함수와 문자열 함수는 자주 출제되는 매우 중요한 내용입니다. 엑셀의 함수와 유사한 의미이므로 어렵지 않게 이해할 수 있으므로 반드시 알고 넘어가세요.

1) 집계 함수(집단 함수=그룹 함수) 및 GROUP BY, HAVING절 24년 상시, 23년 상시, 22년 상시, …

① 집계 함수
대상이 되는 행을 모은 '그룹' 개념으로 사용되는 함수이다.

종류	의미	사용 예
SUM( )	합계값을 구함	SELECT SUM(컴퓨터) FROM 성적; ➊ 성적 테이블에서 컴퓨터 점수의 합을 구함
AVG( )	평균값을 구함	SELECT AVG(컴퓨터) FROM 성적; ➊ 성적 테이블에서 컴퓨터 점수의 평균을 구함
COUNT(*)	행을 카운트함	SELECT COUNT(*) FROM 성적; ➊ 성적 테이블에서 학생 수를 검색함
MAX( )	최대값을 구함	SELECT MAX(컴퓨터) FROM 성적; ➊ 성적 테이블에서 컴퓨터 점수 중 최대값을 구함
MIN( )	최소값을 구함	SELECT MIN(컴퓨터) FROM 성적; ➊ 성적 테이블에서 컴퓨터 점수 중 최소값을 구함

집계 함수
- TOTAL( )이라는 함수는 존재하지 않음
- COUNT( ) : 열(속성)의 개수를 구함
- COUNT(*) : 행(튜플)의 개수를 구함

② GROUP BY
그룹으로 나누어 집계하는 쿼리에 사용된다.

③ HAVING
그룹화된 데이터에 대한 조건을 설정할 때 사용된다(반드시 GROUP BY와 함께 사용).

WHERE절과 HAVING절의 차이
WHERE절과 HAVING절의 차이는 그룹 여부임

➕ 더 알기 TIP

[인사] 테이블에서 부서별 인원 수가 3명 이상인 부서명을 검색해 보자.

```
📑 6 부서명 검색  ×
SELECT 부서명
FROM 인사
GROUP BY 부서명
HAVING COUNT(*)>=3;
```

기타 집계 함수(그룹 함수)
- SUBTOTAL( ) : 부분합을 구하는 그룹 함수
- LARGE( ) : k번째 큰 값을 구하는 그룹 함수
- SMALL( ) : k번째 작은 값을 구하는 그룹 함수
- SUMPRODUCT( ) : 배열에서 해당 요소의 곱의 합을 구하는 그룹 함수
- 단, SIGN( ) 함수는 그룹 함수가 아님

2) 문자열 함수 24년 상시, 23년 상시, 22년 상시, 21년 상시, 18년 3월, 16년 3월/6월, 14년 6월, 13년 3월/6월, 12년 3월/9월, …

함수명	내용	함수명	내용
ASCII	문자 코드를 돌려줌	RIGHT	문자열의 오른쪽에서 지정된 수의 문자를 표시함
CHAR	문자를 돌려줌	MID	문자열의 지정된 위치에서 지정한 수만큼의 문자를 표시함
CONCAT	문자열을 연결함	STR	수치 형식에서 문자열 형식으로 변환함

INSTR★	문자열을 검색하여 위치한 자릿수를 구함	STRRE-VERSE	지정한 문자열의 문자를 역순으로 정렬한 문자열을 반환함
LEFT	문자열의 왼쪽에서 지정된 수의 문자를 표시함	UCASE	대문자로 변환함
LEN	문자열의 길이를 돌려줌	LCASE	소문자로 변환함

3) 산술 함수 24년 상시, 18년 3월, 16년 3월, 13년 3월, 09년 7월, 08년 2월, 06년 2월, 05년 10월

함수명	내용	함수명	내용
ABS	절대값을 구함	CEIL	올림하여 정수를 구함
COS	코사인을 구함	FLOOR	내림하여 정수를 구함
LOG	대수를 구함	MOD	나머지를 구함
PI	원주율을 구함	POWER	거듭제곱을 구함
SIN	사인을 구함	TAN	탄젠트를 구함
SIGN	부호를 구함	RAND	난수를 생성함
SQRT	제곱근을 구함	TRUNC	버림
ROUND	반올림한 값을 구함	LN	자연 대수를 구함

4) 날짜/시간 함수 24년 상시, 17년 3월, 16년 3월, 15년 10월, 12년 6월, 09년 10월, 07년 7월, 06년 7월, 05년 5월

함수명	내용	함수명	내용
NOW( )	현재의 날짜와 시간을 구함	DATE( )	현재의 날짜를 구함
TIME( )	현재의 시간을 구함	WEEKDAY(날짜)	날짜의 요일을 숫자로 구함
DATEVALUE	텍스트 날짜를 일련 번호로 구함	CDATE	숫자나 숫자 형태의 텍스트를 날짜 데이터로 구함
ADD_MONTHS	월(月)을 더함	DATEADD	날짜에 지정한 기간을 더함
DATEDIFF	날짜의 차를 구함	DATENAME	날짜 요소를 문자열로 구함
DATEPART	날짜 요소를 문자열로 구함	DAY	일(日)을 구함
GETDATE	현재 날짜를 구함	MONTH	월(月)을 구함
SYSDATE	현재의 날짜와 시각을 구함	YEAR	년(年)수를 구함
SECOND	초(0~59) 사이의 정수를 반환함	TIMESERIAL	특정 시, 분, 초를 나타내는 시간이 포함된 Variant(Date) 형식을 반환함
MINUTE	분(0~59) 사이의 정수를 반환함	TIMEVALUE	시간을 포함하는 Variant(Date) 형식을 반환함

5) 선택 함수 24년 상시, 18년 3월

함수명	내용
IIF(조건식, 값1, 값2)	조건식이 참이면 값1, 거짓이면 값2를 반환함
CHOOSE(기준, 값1, 값2,…)	기준이 1이면 값1, 2면 값2,…순으로 값을 반환함
SWITCH(조건식1, 값1, 조건식2, 값2,…)	조건식1이 참이면 값1, 조건식2가 참이면 값2…순으로 반환함

★ InStr 함수

=InStr(3,"I Have A Dream", "A",1)

- InStr(시작위치, 원본 문자열식, 검색할 문자열, 유형)
- 시작위치 : 3
- 원본 문자열식 : "I Have A Dream"
- 검색할 문자열 : "A"
- 유형 : 1 → 텍스트 비교
- 공백 포함, 대소문자 구분 안함
- "I Have a Dream"에서 "A"가 위치한 자릿수를 구하므로 결과는 4가 됨

=InStr(5,"I Have A Dream", "A",1)

- 시작위치가 5이므로 앞의 "a"는 건너뛰고 뒤의 "A"의 위치를 반환하므로 결과는 8이 됨
- I와 H는 시작위치에서 벗어나므로 0이 됨

📘 기적의 TIP

산술 함수는 ABS, SIGN, ROUND 함수를, 날짜/시간 함수는 NOW( ), CDATE, YEAR 함수를 중심으로 내용을 익혀두세요.

VAL( )
숫자 형태의 문자열을 숫자 값으로 반환함

Format( )
폼이나 보고서의 특정 컨트롤에서 '=[단가]*[수량]*(1−[할인율])'과 같은 계산식을 사용하고, 계산 결과를 소수점 이하 첫째 자리까지 표시하고자 할 때 사용하는 함수로 계산 결과의 서식 유형을 설정함

01 다음 중 쿼리에서 사용하는 문자열 조건에 대한 설명으로 옳지 <u>않은</u> 것은?

① "수학" or "영어" : "수학"이나 "영어"인 레코드를 찾는다.

② LIKE "서울*" : "서울"이라는 문자열로 시작하는 필드를 찾는다.

③ LIKE "*신림*" : 문자열의 두 번째가 "신"이고 세 번째가 "림"인 문자열을 찾는다.

④ NOT "전산과" : 문자열의 값이 "전산과"가 아닌 문자열을 찾는다.

. . . .

LIKE "*신림*" : "신림"이라는 단어를 포함하는 문자열을 찾음

오답 피하기

LIKE "?신림" : 문자열의 두 번째가 "신"이고 세 번째가 "림"인 문자열을 찾음

02 다음과 같은 SQL문에 대한 설명으로 옳지 <u>않은</u> 것은?

 합격 강의

SELECT 부서, AVG(기본급) AS [부서별기본급평균] FROM 직원 GROUP BY 부서;

① GROUP BY절을 생략할 수 있으며, 생략하여도 질의 결과는 같다.

② 다음 질의어와 항상 동일한 결과를 나타낸다. SELECT 부서, sum(기본급)/count(기본급) AS [부서별기본급평균] FROM 직원 GROUP BY 부서;

③ 표시되는 레코드의 수와 관계없이 질의의 결과 필드수는 항상 2개이다.

④ 질의의 결과는 반드시 '부서'의 개수(부서 필드의 값의 종류수) 만큼의 레코드를 표시한다.

. . . .

GROUP BY절은 그룹에 대한 쿼리 시 사용되므로 생략 시 부서 그룹별로 결과가 나타나지 않음

03 다음의 수식을 보고서를 이용하여 인쇄할 경우 표시되는 결과로 옳은 것은?

=Left("부산 사하구 사하동", InStr("서울특별시 시흥구", "시"))

① 부산 사하

② 사하구 사하동

③ 서울특별시

④ 부산 사하구

. . . .

• InStr("서울특별시 시흥구","시") : '서울특별시 시흥구' 문자에서 왼쪽에서부터 '시' 문자가 있는 문자 번호를 출력함 → 5

• =Left("부산 사하구 사하동", 5) : '부산 사하구 사하동' 문자에서 왼쪽에서 5번째까지의 문자를 출력함 → 부산 사하

04 다음 중 각 연산식에 대한 결과 값이 옳지 <u>않은</u> 것은?

① IIF(1,2,3) → 결과값 : 2

② MID("123456",3,2) → 결과값 : 34

③ "A" & "B" → 결과값 : "AB"

④ 4 MOD 2 → 결과값 : 2

. . . .

4 MOD 2 → 결과값 : 0(4를 2로 나눈 나머지를 구하므로 결과는 0이 됨)

오답 피하기

• ① : IIF(1,2,3) → 결과값 : 2 (IIF(조건,참,거짓)에서 조건이 1이상의 숫자일 경우 참으로 처리되므로 2가 결과가 됨)

• ② : MID("123456",3,2) → 결과값 : 34 (3번째에서 2개의 문자를 추출하므로 34가 결과가 됨)

• ③ : "A" & "B" → 결과값 : "AB" (문자를 연결하므로 "AB"가 결과가 됨)

. . . .

정답 01 ③ 02 ① 03 ① 04 ④

05 다음 중 SQL 문장의 WHERE절에 대한 설명으로 옳지 않은 것은?

① WHERE 부서 = '영업부' : 부서 필드의 값이 '영업부'인 레코드들이 검색됨

② WHERE 나이 Between 28 in 40 : 나이 필드의 값이 29에서 39 사이인 레코드들이 검색됨

③ WHERE 생일 = #1996-5-10# : 생일 필드의 값이 1996-5-10인 레코드들이 검색됨

④ WHERE 입사년도 = 1994 : 입사년도 필드의 값이 1994인 레코드들이 검색됨

- BETWEEN 〈값1〉 AND 〈값2〉 : 〈값1〉 이상, 〈값2〉 이하의 조건을 검색함
- WHERE 나이 Between 28 AND 40 : 나이 필드의 값이 28에서 40 사이인 레코드들이 검색됨

06 사원(사번, 성명, 거주지, 기본급, 부서명) 테이블에서 거주지가 '서울'이나 '인천'이 아닌 사원 중에 기본급의 최대값을 구하는 SQL 명령으로 맞는 것은?

① SELECT MAX(기본급) AS [최대값] FROM 사원 WHERE 거주지 NOT IN ('서울', '인천');

② SELECT [최대값] AS MAX(기본급) FROM 사원 WHERE(거주지 〈 〉 '서울') OR (거주지 〈 〉 '인천');

③ SELECT MAX(기본급) AS [최대값] FROM WHERE(거주지 〈 〉 '서울') OR (거주지 〈 〉 '인천');

④ SELECT [최대값] AS MAX(기본급) FROM 사원 WHERE 거주지 NOT IN('서울', '인천');

SELECT MAX(기본급) AS [최대값] FROM 사원 WHERE 거주지 NOT IN ('서울', '인천');

- SELECT MAX(기본급) AS [최대값] FROM 사원 : [사원] 테이블에서 기본급의 최대값을 검색하되, 최대값이라는 이름으로 필드명을 대체함
- WHERE 거주지 NOT IN ('서울', '인천') : 거주지가 서울이 아니거나 인천이 아닌 사원을 검색함

07 다음 중 쿼리 작성 시 사용하는 특수 연산자와 함수에 대한 설명으로 옳지 않은 것은?

① YEAR(DATE()) → 시스템의 현재 날짜 정보에서 연도 값만을 반환한다.

② INSTR("KOREA","R") → 'KOREA'라는 문자열에서 'R'의 위치 '3'을 반환한다.

③ RIGHT([주민번호],2)="01" → [주민번호] 필드에서 맨 앞의 두 자리가 '01'인 레코드를 추출한다.

④ LIKE "[ㄱ-ㄷ]*" → 'ㄱ'에서 'ㄷ' 사이에 있는 문자로 시작하는 필드 값을 검색한다.

RIGHT([주민번호],2)="01" → [주민번호] 필드에서 맨 뒤의 두 자리가 '01'인 레코드를 추출함

08 다음 중 입사일이 '1990-03-02'인 사원의 현재까지 근무한 년 수를 출력하기 위한 SQL 문으로 옳은 것은?

① select datediff("yyyy", '1990-03-02', date( ));

② select dateadd("yyyy", date( ), '1990-03-02');

③ select datevalue("yy", '1990-03-02', date( ));

④ select datediff("yy", '1990-03-02', date( ));

- datediff : 날짜의 차를 구함
- date( ) : 현재 날짜를 구함
- datediff("yyyy", '1990-03-02', date( )) ; → '1990-03-02'일부터 현재까지 근무한 년 수("yyyy")를 출력

오답 피하기
- dateadd : 날짜에 지정한 기간을 더함
- datevalue : 날짜(텍스트 형식)를 일련번호로 표시함

09 다음 중 SQL문에서 HAVING문을 사용하여 조건을 설정할 수 있는 것은?

① GROUP BY 절
② LIKE 절
③ WHERE 절
④ ORDER BY 절

- GROUP BY : 그룹에 대한 질의 시 사용
- GROUP BY 열리스트 [HAVING 조건]

다중 테이블을 이용한 쿼리

▶ 합격 강의

빈출 태그 조인 · 교차 조인 · 자연 조인

01 조인(Join)의 개념 20년 2월/7월, 08년 10월, 15년 10월, 04년 2월/8월, 03년 2월

🅑 기적의 TIP

조인, 교차 조인, 내부 조인에 대한 개념 파악과 이해가 중요합니다. 조건에 맞는 명령문의 구현이 가능할 수 있도록 공부해두세요.

- 두 개 이상의 테이블을 연결하여 처리하는 것을 조인(Join) 또는 결합이라 한다.
- 두 테이블 모두 존재하는 필드명을 참조할 때의 형식은 "테이블명.필드명"으로 한다.
- 조인의 종류는 교차 조인(Cross Join), 자연 조인(내부 조인, 외부 조인) 등이 있다.
- 조인선은 두 테이블 사이의 연결을 의미한다.
- 조인선은 두 테이블 간에 관계가 설정되어 있는 경우 [쿼리] 창에 추가하면 자동으로 표시된다.
- 관계가 설정되지 않은 경우라도 데이터 형식이 같은 필드이면서 하나가 기본키로 설정된 경우 조인선은 자동으로 만들어진다.

02 교차 조인(Cross Join) 06년 5월, 05년 5월/7월/10월, 04년 10월, 03년 7월

(참조 파일 : Part03_Chapter03_교차조인.accdb)

- 두 개의 테이블을 직교에 의해 조인하는 것으로 가장 단순한 조인으로 카테젼 곱(Cartesian Product) 이라고 한다.
- 쉼표로 테이블 이름을 나열하는 것으로 조인이 가능하다.
- 교차 조인은 2개 이상의 여러 테이블을 조인하는 경우에 조인 조건을 생략 또는 잘못 설정한 경우에 발생한다.
- 가능한 모든 행들의 조합이 표시된다.
- 첫 번째 테이블의 모든 행들은 두 번째 테이블의 모든 행들과 조인된다.
- 첫 번째 테이블의 행 수를 두 번째 테이블의 행 수로 곱한 것만큼의 행을 반환한다.
- 조인 조건이 없는 조인이라고 할 수 있다.
- 교차 조인 후 레코드(튜플)의 수 = 두 테이블의 레코드 수를 곱한 것
- 교차 조인 후 필드의 수 = 두 테이블의 필드 수를 더한 것

✔ 개념 체크

1 두 개 이상의 테이블을 연결하여 처리하는 것을 ( ) 또는 결합이라 한다.

2 두 테이블 모두 존재하는 필드명을 참조할 때의 형식은 "( ).필드명"으로 한다.

3 조인의 종류 중 가장 단순한 조인으로 카테시안 곱이라고 하는 것은 ( ) 조인이다.

4 조인은 두 개 이상의 테이블을 연결하여 처리할 수 없다. (○, ×)

5 교차 조인은 조인 조건을 생략 또는 잘못 설정한 경우에 발생한다. (○, ×)

1 조인 2 테이블 3 교차
4 × 5 ○

SELECT 〈열이름1〉 [, 〈열이름2〉···] FROM 〈테이블명1〉, 〈테이블명2〉;

📋 보기A			
보기A번호 ·	이름1 ·	이름2 ·	추가하려면 클릭 ·
1 일	하나		
2 이	둘		
3 삼	셋		
*			

▲ 필드 3개, 레코드 3개

📋 보기B		
보기B번호 ·	이름1 ·	추가하려면 클릭 ·
1 One		
2 Two		
3 Three		
*		

▲ 필드 2개, 레코드 3개

[보기A] 테이블과 [보기B] 테이블을 교차 조인해 보자.

```
📋 교차조인 ×
SELECT *
FROM 보기A, 보기B;
```

| 교차조인 × | | | | |
보기A번호 ·	보기A.이름1 ·	이름2	· 보기B번호 ·	보기B.이름1 ·
1	일	하나	1	One
2	이	둘	1	One
3	삼	셋	1	One
1	일	하나	2	Two
2	이	둘	2	Two
3	삼	셋	2	Two
1	일	하나	3	Three
2	이	둘	3	Three
3	삼	셋	3	Three

▶ [실행](❗)을 클릭한 결과 –
  필드 5개, 레코드 9개

---

03 자연 조인(Natural Join) 22년 상시

자연 조인은 한쪽 테이블에 있는 열의 값과 또 다른 한쪽의 테이블에 있는 열의 값이 똑같은 행을 연결하는 결합이며, 등결합이라고도 한다.

1) 내부 조인(INNER JOIN) 20년 2월, 19년 8월, 17년 9월, 14년 3월, 13년 6월, 11년 7월, 10년 6월, 09년 2월, 07년 7월, …

(참조 파일 : Part03_Chapter03_내부조인.accdb)

내부 조인은 한쪽 테이블의 열의 값과 다른 한쪽의 테이블의 열의 값이 똑같은 행만을 결합하는 것으로, 가장 자주 사용하는 결합이다.

SELECT …… FROM 〈테이블명1〉 INNER JOIN 〈테이블명2〉
ON 〈테이블명1〉.〈열이름〉 = 〈테이블명2〉.〈열이름〉;

[성명학과명] 테이블의 학번 열과 [휴대폰주소] 테이블의 학번 열을 내부 조인해 보자.

```
📋 내부조인 ×
SELECT 성명학과명.*, 휴대폰주소.*
FROM 성명학과명 INNER JOIN 휴대폰주소 ON 성명학과명.학번 = 휴대폰주소.학번;
```

| 성명학과명 × | | | |
학번	성명	학과명	추가하려면 클릭
111	홍길동	전자계산과	
222	홍유경	방송영상과	
333	왕재인	정보보안과	
444	홍준기	영어영문과	
555	오영일	도시기획과	
666	옥가장	미용예술과	
777	칠득이	토목공학과	

▲ [성명학과명] 테이블

| 휴대폰주소 × | | | |
학번	휴대폰	주소	추가하려면 클릭
111	010-1111-1111	서울시 동대문구 왕산로 222	
222	010-2222-2222	서울시 종로구 가로수길 111	
333	010-3333-3333	경기도 의정부 의정로 999	
444	010-4444-4444	부산시 해운대구 바닷길 888	

▲ [휴대폰주소] 테이블

| 내부조인 × | | | | | |
성명학과명	성명	학과명	휴대폰주소	휴대폰	주소
111	홍길동	전자계산과	111	010-1111-1111	서울시 동대문구 왕산로 222
222	홍유경	방송영상과	222	010-2222-2222	서울시 종로구 가로수길 111
333	왕재인	정보보안과	333	010-3333-3333	경기도 의정부 의정로 999
444	홍준기	영어영문과	444	010-4444-4444	부산시 해운대구 바닷길 888

▲ [실행](❗)을 클릭한 결과 – 두 테이블 간 학번 필드가 같은 레코드만 조인되며 [성명학과명] 테이블의 555, 666, 777은 검색 대상에서 제외됨

• 조인에 사용되는 기준 필드의 데이터 형식은 동일하거나 호환되어야 함
• 쿼리에 여러 테이블을 포함할 때는 조인을 사용하여 원하는 결과를 얻을 수 있음
• 내부 조인은 조인되는 두 테이블에서 조인하는 필드가 일치하는 행만을 반환하려는 경우에 사용함
• 외부 조인은 조인되는 두 테이블에서 공통 값이 없는 데이터를 포함할지 여부를 지정할 수 있음

2) 외부 조인(Outer Join) 23년 상시, 20년 2월

- 조인의 목적에 따라 어느 한 테이블만 남겨야 되는 경우 사용하는 것이 외부 조인이다(내부 조인의 경우 어느 한쪽 테이블 밖에 존재하지 않은 값을 가진 행은 결합되지 않는다).
- 결합의 방향에 따라 왼쪽 외부 조인과 오른쪽 외부 조인으로 나눈다.

① 좌외부 조인(Left Join)

왼쪽의 테이블을 우선해서 왼쪽의 테이블에 관해 모든 행을 결과로 남기는 조인이다.

```
SELECT ······ FROM 〈테이블명1〉 LEFT JOIN 〈테이블명2〉
ON 〈테이블명1〉.〈열이름〉 = 〈테이블명2〉.〈열이름〉;
```

🔔 따라하기 TIP

따라하기 파일 · Part03_Chapter03_좌우외부조인–따라파일.accdb

[동아리코드] 테이블의 [동아리코드] 열과 [학번성명동아리코드] 테이블의 [동아리코드] 열을 왼쪽 외부 조인해 보자.

▲ [동아리코드] 테이블　　　　　　　　　▲ [학번성명동아리코드] 테이블

① [만들기] 탭–[쿼리] 그룹의 [쿼리 디자인]을 클릭한 다음 [테이블 추가] 창이 나타나면 두 테이블을 모두 [선택한 표 추가] 단추를 클릭하여 추가한다.

② 관계선의 바로 가기 메뉴에서 [조인 속성]을 클릭한다.

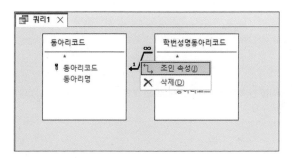

③ [조인 속성] 대화 상자에서 왼쪽 외부 조인을 위해 옵션 "2:"를 선택하고 [확인]을 클릭한다.

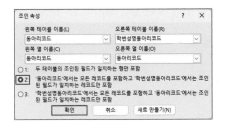

④ 각 테이블의 '*'을 더블클릭한다.

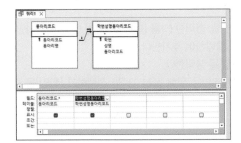

⑤ [쿼리 디자인] 탭-[결과] 그룹의 [실행]을 클릭하면 왼쪽의 [동아리코드] 테이블은 모두 나타나고 오른쪽의 [학번성명동아리코드] 테이블은 [동아리코드]가 같은 레코드만 나타나게 된다.

⑥ 쿼리 탭의 바로 가기 메뉴에서 [저장]을 클릭한 다음 "1 좌외부조인"으로 저장한다.

⑦ 쿼리탭의 바로 가기 메뉴에서 [SQL 보기]를 클릭하면 좌외부조인(LEFT JOIN) SQL을 볼 수 있다.

② 우외부 조인(Right Join) 23년 상시, 15년 6월

오른쪽 테이블을 우선해서 오른쪽의 테이블에 관해 모든 행을 결과로 남기는 조인이다.

```
SELECT …… FROM 〈테이블명1〉 RIGHT JOIN 〈테이블명2〉
ON 〈테이블명1〉.〈열이름〉 = 〈테이블명2〉.〈열이름〉;
```

🛖 따라하기 TIP

따라하기 파일 • Part03_Chapter03_좌우외부조인–따라파일.accdb

[동아리코드] 테이블의 [동아리코드] 열과 [학번성명동아리코드] 테이블의 [동아리코드] 열을 오른쪽 외부 조인해 보자.

① [만들기] 탭–[쿼리] 그룹의 [쿼리 디자인]을 클릭한 다음 [테이블 추가] 창이 나타나면 두 테이블을 모두 [선택한 표 추가] 단추를 클릭하여 추가한다.

② 관계선의 바로 가기 메뉴에서 [조인 속성]을 클릭한다.

③ [조인 속성] 대화 상자에서 오른쪽 외부 조인을 위해 옵션 "3:"을 선택하고 [확인]을 클릭한다.

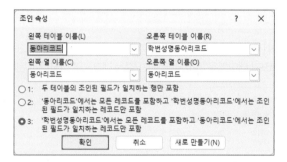

④ 각 테이블의 "*"을 더블클릭한다.

⑤ [쿼리 디자인] 탭–[결과] 그룹의 [실행]을 클릭하면 오른쪽의 [학번성명동아리코드] 테이블은 모두 나타나고 왼쪽의 [동아리코드] 테이블에서는 [동아리코드]가 일치하는 레코드만 나타나게 된다.

⑥ 쿼리탭의 바로 가기 메뉴에서 [저장]을 클릭한 다음 "2 우외부조인"으로 저장한다.

▲ 동아리코드 KKK, YYY, ZZZ은 검색되지 않음

⑦ 쿼리탭의 바로 가기 메뉴에서 [SQL 보기]를 클릭하면 우외부조인(RIGHT JOIN) SQL을 볼 수 있다.

```
📑 2 우외부조인 ×
SELECT 동아리코드.*, 학번성명동아리코드.*
FROM 동아리코드 RIGHT JOIN 학번성명동아리코드 ON 동아리코드.동아리코드 = 학번성명동아리코드.동아리코드;
```

01 다음 중 동호회 테이블과 사원 테이블을 조인하여 질의한 결과가 아래의 그림과 같이 나타나게 하기 위한 질의로 옳은 것은?

① SELECT 동호회.*, 사원.* FROM 동호회 INNER JOIN 사원 ON 동호회.사번 = 사원.사번;

② SELECT 동호회.*, 사원.* FROM 동호회 LEFT JOIN 사원 ON 동호회.사번 = 사원.사번;

③ SELECT 동호회.*, 사원.* FROM 동호회 RIGHT JOIN 사원 ON 동호회.사번 = 사원.사번;

④ SELECT 동호회.*, 사원.* FROM 동호회 OUTER JOIN 사원 ON 동호회.사번 = 사원.사번;

• 내부 조인(INNER JOIN) : 한쪽 테이블의 열의 값과 다른 한쪽의 테이블의 열의 값이 똑같은 행만을 결합하는 것
• SELECT... FROM 테이블명1 INNER JOIN 테이블명2 ON 테이블명1.열이름=테이블명2.열이름;

02 다음 중 두 테이블에서 조인(Join)된 필드가 일치하는 레코드만 결합하는 조인일 때, 괄호 안에 알맞은 것은?

> SELECT 필드목록 FROM 테이블1 (　　) JOIN 테이블2 ON 테이블1.필드=테이블2.필드;

① INNER 　　② OUTER
③ LEFT 　　④ RIGHT

SELECT …… FROM 〈테이블명1〉 INNER JOIN 〈테이블명2〉 ON 〈테이블명1〉.〈열이름〉 = 〈테이블명2〉.〈열이름〉; 자연 조인은 한쪽 테이블에 있는 열의 값과 또 다른 한쪽의 테이블에 있는 열의 값이 똑같은 행을 연결하는 결합이며 등결합이라고도 함

03 사원관리 데이터베이스에는 [부서정보] 테이블과 실적 정보를 포함한 [사원정보] 테이블이 관계로 연결되어 있다. 다음 중 아래의 SQL문의 실행 결과에 대한 설명으로 옳은 것은? (단, 부서에는 여러 사원이 있으며, 한 사원은 하나의 부서에 소속되는 1 대 다 관계임)

> SELECT 부서정보.부서번호, 부서명, 번호, 이름, 실적
> FROM 부서정보
> RIGHT JOIN 사원정보 ON 부서정보.부서번호 = 사원정보.부서번호;

① 두 테이블에서 부서번호가 일치되는 레코드의 부서번호, 부서명, 번호, 이름, 실적 필드를 표시한다.

② [부서정보] 테이블의 레코드는 모두 포함하고, [사원정보] 테이블에서는 실적이 있는 레코드만 포함하여 결과를 표시한다.

③ [부서정보] 테이블의 레코드는 [사원정보] 테이블의 부서번호와 일치되는 것만 포함하고, [사원정보] 테이블에서는 실적이 있는 레코드만 포함하여 결과를 표시한다.

④ [부서정보] 테이블의 레코드는 [사원정보] 테이블의 부서번호와 일치되는 것만 포함하고, [사원정보] 테이블에서는 모든 레코드가 포함하여 결과를 표시한다.

우외부 조인(Right Join) : 오른쪽 테이블을 우선해서 오른쪽의 테이블에 관해 모든 행을 결과로 남기는 조인이므로 [사원정보] 테이블에서는 모든 레코드가 포함하여 결과를 표시되며, [부서정보] 테이블의 레코드는 [사원정보] 테이블의 부서번호와 일치되는 것만 포함됨

실행 쿼리(Action Query)

▶ 합격 강의

빈출 태그 실행 쿼리 • 삽입문(INSERT) • 갱신문(UPDATE) • 삭제문(DELETE)

---

01 실행 쿼리 16년 6월, 15년 10월, 13년 10월, 08년 5월, 06년 2월, 04년 8월

(참조 파일 : Part03_Chapter03_인사관리(쿼리).accdb)
- 실행 쿼리는 2개 이상의 여러 레코드를 일괄적으로 변경하거나 이동할 수 있는 쿼리이다.
- 실행 쿼리를 통해 원본 테이블이 변경되므로 실행 쿼리 실행 전에 백업(Backup) 작업이 필요하다.
- 실행 쿼리에는 추가 쿼리, 업데이트 쿼리, 삭제 쿼리, 테이블 만들기 쿼리가 있다.
- 실행 쿼리는 [쿼리 디자인] 탭-[결과] 그룹-[실행](!)을 클릭하여 실행시킨다.

1) INSERT(삽입문, +!) 22년 상시, 21년 상시, 19년 3월, 16년 3월/10월, 14년 6월/10월, 13년 6월, 11년 3월/10월, 09년 7월, …

삽입문으로 테이블에 새로운 데이터(행)를 삽입하며, INSERT-INTO-VALUES의 유형을 가진다.

INSERT INTO 테이블명(필드이름1, 필드이름2, …)
VALUES (값1, 값2,…)

삽입(INSERT)문
- 여러 개의 테이블이 아닌 하나의 테이블에만 추가할 수 있음
- 다른 테이블의 레코드를 추출하여 추가하거나 필드 값을 직접 지정하여 추가할 수 있음
- 레코드 전체 필드를 추가하는 경우 필드 이름을 생략함
- 하나의 INSERT문으로 여러 개의 레코드와 필드의 삽입이 가능함

➕ 더 알기 TIP

[인사] 테이블에 사원번호 '888', 성명 '추돌이', 부서명 '광고부', 직급 '사원', 급여 2,000,000, 입사일 '2018-12-25', 나이 '29'를 삽입해 보자.

```
7 INSERT INTO VALUES  ×
INSERT INTO 인사 ( 사원번호, 성명, 부서명, 직급, 급여, 입사일, 나이 )
VALUES ('888', '추돌이', '광고부', '사원', 2000000, '2018-12-25', 29);
```

▲ 열이름과 값을 기술하는 순서는, 똑같이 대응하는 열과 값의 데이터 형식과 일치해야 함(만약 열의 이름을 기술하지 않으면 이 테이블의 정의문에 명시된 모든 열이 기술된 것으로 취급됨)

INSERT INTO 테이블명(필드이름1, 필드이름2, …)
SELECT 필드이름
FROM 테이블명
WHERE 검색 조건;

➕ 더 알기 TIP

[인사] 테이블에서 부서명이 '홍보부'인 사원의 사원번호, 성명, 부서명, 직급, 급여, 입사일, 나이를 검색해 '홍보부직원 '테이블에 삽입해 보자.

```
8 INSERT INTO SELECT FROM WHERE  ×
INSERT INTO 홍보부직원 ( 사원번호, 성명, 부서명, 직급, 급여, 입사일, 나이 )
SELECT 사원번호, 성명, 부서명, 직급, 급여, 입사일, 나이
FROM 인사
WHERE 부서명='홍보부';
```

▲ 부속 쿼리문인 SELECT 문을 실행하여 그 결과를 지정된 테이블에 삽입한 경우

2) UPDATE(갱신문, 24년 상시, 23년 상시, 22년 상시, 19년 8월, 18년 3월, 17년 3월, 16년 10월, 14년 3월/6월, 12년 3월, ...)

갱신문으로 테이블에 저장되어 있는 데이터를 갱신하며, UPDATE-SET-WHERE의 유형을 가진다.

```
UPDATE 테이블명
SET 필드이름1= 값1, 필드이름2=값2, ...
WHERE 조건
```

> UPDATE 학생 SET 주소='서울'
> WHERE 학번=100;
>
> [학생] 테이블에서 학번이 100인 레코드의 주소를 '서울'로 갱신함

➕ 더 알기 TIP

[인사] 테이블의 사원번호가 222인 사원의 급여를 3,000,000원으로 변경해 보자.

```
9 UPDATE SET WHERE(급여변경)  ×
UPDATE 인사 SET 급여 = 3000000
WHERE 사원번호='222';
```

[인사] 테이블의 전산부 급여를 10% 인상해 보자.

```
10 UPDATE SET WHERE(급여인상)  ×
UPDATE 인사 SET 급여 = 급여*1.1
WHERE 부서명='전산부';
```

> **급여 10% 인상**
> 급여를 10% 더 주는 것이기 때문에 급여 = 급여 + (급여 * 0.1)
> = (급여 * 1) + (급여 * 0.1)
> = 급여 * (1 + 0.1)
> = 급여 * 1.1

3) DELETE(삭제문, 23년 상시, 09년 7월, 07년 7월, 05년 2월, 04년 10월)

삭제문으로 테이블에 저장되어 있는 행을 삭제하며, DELETE-FROM-WHERE의 유형을 가진다.

```
DELETE * FROM 테이블명
[WHERE 조건];
```

➕ 더 알기 TIP

[인사] 테이블을 모두 삭제해 보자(모든 행을 삭제).

```
11 DELETE FROM(모든행삭제)  ×
DELETE *
FROM 인사;
```

[인사] 테이블에서 사원번호가 '888'인 사원을 삭제해 보자.

```
12 DELETE FROM WHERE(조건삭제)  ×
DELETE *
FROM 인사
WHERE 사원번호='888';
```

01 다음 중 회원 중에서 가입일이 2023년 6월 3일 이전인 준회원을 정회원으로 변경하고자 할 때 SQL문으로 옳은 것은? (단, 회원 테이블에는 회원번호, 성명, 가입일, 연락처, 등급 등의 필드가 있으며, 회원의 등급은 '등급' 필드에 저장되어 있다.)

① update 회원 set 등급 = '정회원' where 가입일 < = #2023-6-3# and 등급 = '준회원'

② update 회원 set 등급 = '정회원' where 가입일 < = "2023-6-3" and 등급 = '준회원'

③ update 회원 set 등급 = '정회원' where 가입일 < = #2023-6-3#

④ update 회원 set 등급 = '정회원' where 가입일 < = "2023-6-3"

- update 테이블명 set 열이름1=값1, 열이름2=값2, … where 조건 : 갱신문으로 테이블에 저장된 데이터를 갱신함
- update 회원 set 등급 = '정회원' where 가입일 < = #2023-6-3# and 등급 = '준회원'
- < = #2023-6-3# : 2023년 6월 3일 이전을 의미, 날짜는 앞뒤에 #를 붙임

02 다음 중 [주소록]이라는 연결 테이블의 내용을 [거래처] 테이블에 추가하는 SQL문으로 옳은 것은? (단, 두 테이블은 모두 '거래처번호', '거래처명', '연락처'라는 동일한 데이터 형식과 필드 순서를 갖고 있다. 또한 '거래처번호' 필드를 기준으로 [거래처] 테이블에 존재하지 않는 데이터만을 추가하고자 한다.)

① insert into 거래처(거래처번호, 거래처명, 연락처) set 주소록(거래처번호, 거래처명, 연락처) where 거래처번호 is not null

② insert into 거래처 select * from 주소록 where 거래처번호 not in (select 거래처번호 from 거래처)

③ insert into 거래처 values 주소록(거래처번호, 거래처명, 연락처)

④ insert into 거래처(거래처번호, 거래처명, 연락처) select 거래처번호, 거래처명, 연락처 from 주소록 where 거래처번호 not in (select 거래처번호 from 주소록)

- insert into 거래처 select * from 주소록 : [주소록] 테이블의 내용을 [거래처] 테이블에 추가
- where 거래처번호 not in (select 거래처번호 from 거래처) : '거래처번호' 필드를 기준으로 [거래처] 테이블에 존재하지 않는(not) 데이터만을 추가

03 다음 쿼리문에 대한 설명으로 가장 옳지 **않은** 것은?

> DELETE * FROM 회원 WHERE 회원번호=300

① [회원] 테이블에서 회원번호가 300인 레코드를 삭제한다.

② WHERE절 이하 부분이 없으면 아무 레코드도 삭제하지 않는다.

③ 레코드를 삭제한 다음에는 삭제한 내용은 되돌릴 수 없다.

④ 질의문을 실행하는 경우 레코드 수에는 변화가 있을 수 있지만 필드 수에는 변화가 없다.

WHERE절 이하 부분이 없으면 [회원] 테이블에서 모든 레코드가 삭제됨

04 다음 중 실행 쿼리의 삽입(INSERT)문에 대한 설명으로 옳지 **않은** 것은?

① 한 개의 INSERT문으로 여러 개의 레코드를 여러 개의 테이블에 동일하게 추가할 수 있다.

② 필드 값을 직접 지정하거나 다른 테이블의 레코드를 추출하여 추가할 수 있다.

③ 레코드의 전체 필드를 추가할 경우 필드 이름을 생략할 수 있다.

④ 하나의 INSERT문을 이용해 여러 개의 레코드와 필드를 삽입할 수 있다.

여러 개의 테이블이 아닌 하나의 테이블에만 추가할 수 있음

05 다음 중 실행 쿼리가 **아닌** 것은?

① DELETE문

② UPDATE문

③ SELECT문

④ INSERT문

SELECT문은 특정 레코드를 선택하는 선택 쿼리임

오답 피하기

DELETE문은 삭제 쿼리, UPDATE문은 갱신 쿼리, INSERT문은 삽입 쿼리로 실행 쿼리임

정답 01 ① 02 ② 03 ② 04 ① 05 ③

기타 데이터베이스 쿼리

▶ 합격 강의

---

01 매개 변수 쿼리 24년 상시, 23년 상시, 20년 7월, 17년 9월, 16년 3월/10월, 15년 6월, 14년 6월, 12년 6월, 10년 3월, …

실행할 때 레코드 검색 조건이나 필드에 삽입할 값과 같은 정보를 물어보는 쿼리이며, 두 조건 이상의 쿼리 작성이 가능하다.

> 🅱 **기적의 TIP**
>
> 매개 변수 쿼리와 크로스탭
> 쿼리의 개념과 용도를 잘 알
> 아두세요.

🏃 따라하기 TIP

따라하기 파일 • Part03_Chapter03_인사관리(쿼리)-따라파일.accdb

① [만들기] 탭-[쿼리] 그룹의 [쿼리 디자인]을 클릭한 다음 [테이블 추가] 창이 나타나면 '인사' 테이블을 [선택한 표 추가] 단추를 클릭하여 추가하고 모든 필드를 더블클릭한다.

② 바로 가기 메뉴의 [매개 변수]를 선택한다.

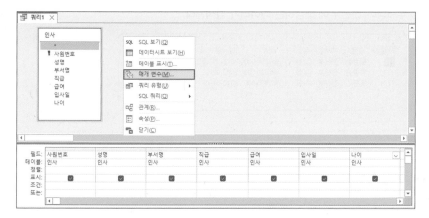

③ [쿼리 매개 변수] 대화 상자에서 매개 변수를 『[부서입력]★』으로 입력하고 데이터 형식을 '짧은 텍스트'로 설정한 후 [확인]을 클릭한다.

> ★ 매개 변수 입력 시
> [ ]를 사용함
>
> 데이터 형식은 조건을 검색할 필드의
> 형식과 같아야 함. 아울러 기존 필드
> 이름과 겹쳐서도 안됨

④ [디자인 보기] 창에서 [부서명] 필드의 [조건]란에 『[부서입력]』을 입력하고 [쿼리 디자인] 탭–[결과] 그룹–[보기]–[데이터시트 보기]를 실행한다.

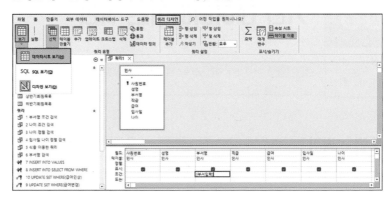

⑤ [데이터시트] 창이 나타나기 전에 조건으로 지정한 값을 물어보는 [매개 변수 값 입력] 대화 상자가 나타난다. 『전산부』를 입력하고 [확인]을 클릭한다.

⑥ 부서명이 '전산부'에 해당하는 데이터가 검색된다.

주어진 데이터를 계산 및 요약 정리하여 보다 효율적으로 데이터를 분석할 수 있음

02 크로스탭 쿼리 21년 상시, 19년 3월/8월, 18년 3월, 15년 10월, 12년 9월, 09년 10월, 08년 2월/5월, 06년 2월, …

• 테이블에서 특정한 필드의 합계, 평균, 개수와 같은 요약값을 표시하고, 그 값들을 묶어 데이터시트의 행(왼쪽)과 열(위쪽)에 나열해 주는 쿼리로, 엑셀의 피벗 테이블과 유사하다.
• 출고일자, 제품명, 지점, 수량 필드로 구성된 [크로스 주식회사] 테이블을 가지고 크로스탭 쿼리를 작성한다.
• 열 머리글에는 한 개의 필드를 지정할 수 있고, 행 머리글은 최대 3개까지 필드를 지정할 수 있다.

따라하기 파일 • Part03_Chapter03_인사관리(쿼리)–따라파일.accdb

① [만들기] 탭–[쿼리] 그룹–[쿼리 마법사]를 클릭한 다음 [새 쿼리] 대화 상자에서 [크로스탭 쿼리 마법사]를 선택한 후 [확인]을 클릭한다.

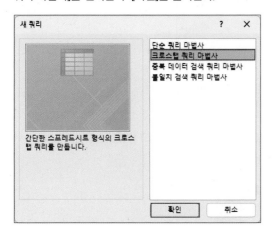

② 1단계 : 사용할 테이블을 설정하고 [다음]을 클릭한다.

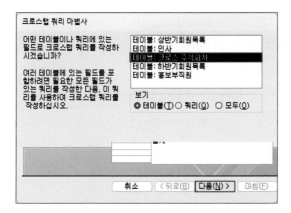

③ 2단계 : 행 머리글로 사용할 필드(출고일자, 제품명)를 선택하고 [다음]을 클릭한다.

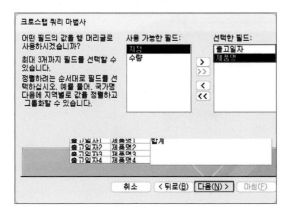

④ 3단계 : 열 머리글로 사용할 필드(지점)를 선택하고 [다음]을 클릭한다.

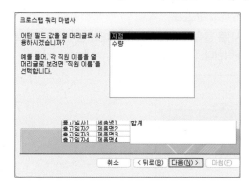

기적의 TIP

크로스탭 쿼리 마법사에서
사용할 수 있는 함수에 유의
하세요.

⑤ 4단계 : 계산에 사용될 필드(수량)와 함수(총계)를 설정하고 [다음]을 클릭한다.

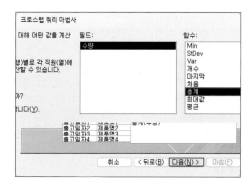

⑥ 5단계 : 쿼리의 이름을 입력하고 [마침]을 클릭한다.

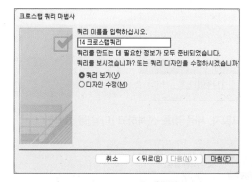

⑦ 크로스탭 쿼리의 결과 시트가 나타난다.

03 UNION(통합) 쿼리 23년 상시, 22년 상시, 16년 6월, 15년 3월, 14년 3월, 11년 10월, 09년 4월/10월, 08년 2월, …

- 2개 이상의 테이블이나 쿼리에서 대응되는 필드들을 결합하여 하나의 필드로 만들어 주는 쿼리이다.

```
SELECT 필드 이름
FROM 테이블 이름
UNION SELECT 필드 이름
FROM 테이블 이름
```

- 중복된 레코드는 한 번만 나타난다.
- 2개 테이블의 필드의 개수가 같아야 한다.
- 쿼리의 결과에 나타나는 필드 이름은 첫 번째로 지정한 테이블의 필드명이 표시된다.

🏠 따라하기 TIP

따라하기 파일 • Part03_Chapter03_인사관리(쿼리)-따라파일.accdb

다음 [상반기회원목록] 테이블과 [하반기회원목록] 테이블을 통합해 보자.

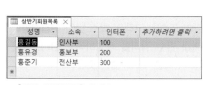

▲ [상반기회원목록] 테이블   ▲ [하반기회원목록] 테이블

① [만들기] 탭-[쿼리] 그룹-[쿼리 디자인]을 클릭한 후 [테이블 추가] 대화 상자에서 테이블의 선택 없이 [닫기]를 클릭한다.

② [쿼리 디자인] 탭-[쿼리 유형] 그룹-[통합]을 클릭한다.

③ [쿼리 입력] 창이 나타나면 통합 SQL 구문을 입력하고 [실행](!)을 클릭한다.

④ 두 테이블의 통합 쿼리가 실행되어 중복된 레코드는 한 번만 표시되어 나타난다.

✅ 개념 체크

1 UNION 쿼리는 2개 이상의 테이블이나 쿼리에서 대응되는 필드들을 결합하여 하나의 (   )로 만들어 주는 쿼리이다.

2 UNION 쿼리를 사용할 때 2개 테이블의 필드의 (   )가 같아야 한다.

3 UNION 쿼리의 결과에 나타나는 필드 이름은 첫 번째로 지정한 테이블의 필드명이 표시된다. (○, ×)

4 UNION 쿼리를 사용하면 중복된 레코드가 결과에 모두 표시된다. (○, ×)

1 필드 2 개수 3 ○ 4 ×

01 다음 중 '학번', '이름', '전화번호' 필드로 동일하게 구성되어 있는 [재학생] 테이블과 [졸업생] 테이블을 통합하여 나타내는 쿼리문으로 옳은 것은?

① Select 학번, 이름, 전화번호 From 재학생, 졸업생 Where 재학생.학번 = 졸업생.학번;

② Select 학번, 이름, 전화번호 From 재학생 JOIN Select 학번, 이름, 전화번호 From 졸업생;

③ Select 학번, 이름, 전화번호 From 재학생 OR Select 학번, 이름, 전화번호 From 졸업생;

④ Select 학번, 이름, 전화번호 From 재학생 UNION Select 학번, 이름, 전화번호 From 졸업생;

• UNION(통합) 쿼리 : 2개 이상의 테이블이나 쿼리에서 대응되는 필드들을 결합하여 하나의 필드로 만들어 주는 쿼리
• SELECT 필드 이름 FROM 테이블 이름 UNION SELECT 필드 이름 FROM 테이블 이름

02 다음 중 크로스탭 쿼리에 대한 설명으로 옳지 <u>않은</u> 것은?

① 쿼리 결과를 Excel 워크시트와 비슷한 표 형태로 표시하는 특수한 형식의 쿼리이다.

② 맨 왼쪽에 세로로 표시되는 행 머리글과 맨 위에 가로 방향으로 표시되는 열 머리글로 구분하여 데이터를 그룹화한다.

③ 그룹화한 데이터에 대해 레코드 개수, 합계, 평균 등을 계산할 수 있다.

④ 열 머리글로 사용될 필드는 여러 개를 지정할 수 있지만, 행 머리글로 사용할 필드는 하나만 지정할 수 있다.

열 머리글에는 한 개의 필드를 지정할 수 있고, 행 머리글은 최대 3개까지 필드를 설정할 수 있음

03 '갑' 테이블의 필드 A가 1, 2, 3, 4, 5의 값을 가지고 있고, '을' 테이블의 필드 A가 0, 2, 3, 4, 6의 값을 가지고 있다고 가정할 때 다음 SQL 구문의 실행 결과는?

| SELECT A FROM 갑 UNION SELECT A FROM 을; |

① 2, 3, 4   ② 0, 1, 2, 3, 4, 5, 6

③ 1, 5, 6   ④ 0, 1, 5, 6

UNION(통합) 쿼리
• 2개 이상의 테이블이나 쿼리에서 대응되는 필드들을 결합하여 하나의 필드로 만들어 주는 쿼리
• 중복된 레코드는 한 번만 나타남
• 2개 테이블의 필드의 개수가 같아야 함

04 아래와 같이 조회할 고객의 최소 나이를 입력받아 검색하는 매개 변수 쿼리를 작성하려고 한다. 다음 중 'Age' 필드의 조건식으로 옳은 것은?

① >={조회할 최소 나이 입력}
② >="조회할 최소 나이 입력"
③ >=[조회할 최소 나이 입력]
④ >=(조회할 최소 나이 입력)

매개 변수 쿼리 : 실행할 때 레코드 검색 조건이나 필드에 삽입할 값과 같은 정보를 물어보는 쿼리이며, 두 조건 이상의 쿼리 작성이 가능함, 매개 변수 입력 시 대괄호 [ ]를 사용함

정답 01 ④ 02 ④ 03 ② 04 ③

폼(Form) 작성

폼 작성 기본과 그에 따른 주요 속성을 익혀두시고 탭 순서 개요 및 설정 방법, 폼의
개념 및 용도, 특징에 대해 혼돈하지 않도록 반복해서 익히는 것이 좋습니다. 컨트롤
관련 부분도 자주 출제되었던 문제 위주로 공부하세요.

출제 빈도

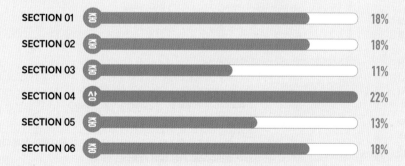

SECTION 01	중	18%
SECTION 02	중	18%
SECTION 03	중	11%
SECTION 04	상	22%
SECTION 05	중	13%
SECTION 06	중	18%

폼 작성 기본

▶ 합격 강의

빈출 태그 ▶ 폼의 개념 • 폼의 구성 요소 • 폼 작성하기

┌─── 데이터베이스에서는 폼을 이용하여 데이터를 입력하고 표시함

01 폼의 개념 19년 8월, 18년 3월, 15년 6월, 12년 9월, 11년 3월/10월, 10년 10월, 08년 5월/8월, 07년 2월/7월/10월, 05년 10월, …

- 폼은 테이블이나 쿼리를 레코드 원본으로 사용하는 개체이다.
- 폼은 테이블이나 쿼리 데이터의 입력, 수정 및 편집 작업을 편리하고 쉽게 할 수 있도록 도와주는 개체이다.
- 폼에서 데이터를 입력 및 수정할 경우 연결된 테이블이나 쿼리에 그 변경된 내용이 반영된다.
- 폼은 보고서, 매크로, 모듈 등과 연결시켜 해당 작업을 자동화할 수 있다.
- 폼은 데이터베이스의 보안성을 높여준다.
- 폼은 테이블이나 쿼리와는 달리 이벤트를 설정할 수 있다.
- 폼은 테이블이나 쿼리의 데이터와 연결되어 있는 바운드 폼(Bound Form)과 그렇지 않은 언바운드 폼(Unbound Form)으로 나누어진다.

02 폼의 표시 형식 23년 상시, 17년 3월, 15년 10월, 14년 10월

열 형식	• 한 레코드를 한 화면에 표시하며, 각 필드가 필드명과 함께 다른 줄에 표시됨 • 일반적으로 가장 많이 사용되는 형식
테이블 형식	각 레코드의 필드는 한 줄(행)에, 레이블은 폼의 맨 위(열)에 한 번 표시됨
데이터시트	폼이 데이터시트 보기에서 나타나는 형식
맞춤	맞춤 형식으로 폼 마법사에서만 지원되는 형식으로 자동 폼에는 없음

ⓞ3 폼의 구성 요소 20년 2월, 18년 3월, 17년 9월, 14년 3월, 12년 9월, 10년 3월, 09년 7월, 07년 2월/5월, 04년 5월

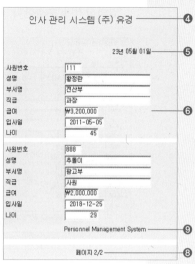

❶ 폼 선택기	폼의 디자인 보기 전체를 선택하거나 폼의 속성을 표시함(더블클릭)
❷ 구역 선택기	각 구역을 선택하거나 해당 구역의 속성을 표시함(더블클릭)
❸ 눈금자	[정렬] 탭-[크기 및 순서 조정] 그룹-[크기/공간]-[눈금자]에서 표시하거나 바로 가기 메뉴의 [눈금자]에서 표시할 수 있음
❹ 폼 머리글	• 폼의 제목이나 각 레코드에 공통으로 적용되는 정보를 표시함 • 폼 보기(단일 폼)에서는 상단에 매 레코드마다 표시되나 [인쇄 미리 보기] 상태에서는 첫 번째 페이지의 위쪽에 한 번만 표시함
❺ 페이지 머리글	• 각 페이지의 위쪽에 인쇄하는 정보(제목, 날짜, 페이지 번호, 삽입 그림 등)를 표시함 • [인쇄 미리 보기] 상태에서만 확인할 수 있음
❻ 본문(세부 구역)	• 데이터 원본으로 사용할 테이블이나 쿼리의 실제 레코드를 표시함 • 형식에 따라 화면이나 페이지에 단일 폼 또는 연속 폼으로 레코드를 표시함
❼ 눈금	[정렬] 탭-[크기 및 순서 조정] 그룹-[크기/공간]-[눈금]에서 표시하거나 바로 가기 메뉴의 [눈금]에서 표시할 수 있으며 정확하게 컨트롤을 배치할 때 사용함
❽ 페이지 바닥글	• 각 페이지의 아래쪽에 인쇄하는 정보(날짜, 페이지 번호, 삽입 그림 등)를 표시함 • [인쇄 미리 보기] 상태에서만 확인할 수 있음
❾ 폼 바닥글	• 각 레코드에 폼의 사용법이나 지시 사항, 명령 단추 등 각 레코드에 공통으로 적용되는 정보를 표시함 • 폼 보기(단일 폼)에서는 하단에 매 레코드마다 표시되나 [인쇄 미리 보기] 상태에서는 마지막 페이지의 본문 다음(페이지 바닥글 전)에 한 번만 표시함

> **기적의 TIP**
>
> 폼의 구성 요소와 폼보기와 인쇄 미리보기에 대해 중점적으로 학습하세요.
>
> 폼의 디자인 작업 시 눈금과 눈금자는 필요에 따라 표시하거나 숨길 수 있음

F5 : 폼 디자인 보기에서 폼 보기
로 전환

04 폼 작성하기 23년 상시, 12년 3월, 11년 7월, 10년 6월, 09년 7월, 08년 2월, 04년 8월

• 폼을 작성하기 위해 테이블이나 쿼리를 원본 데이터로 사용한다.
• 디자인 보기에서 테이블이나 쿼리의 데이터를 디자인하고, 폼 보기에서 데이터를 입력하거나 수정한다.

▲ 디자인 보기

▲ 폼 보기

1) 폼 디자인을 이용하여 폼 작성하기 23년 상시, 17년 3월, 16년 3월

• 폼에 필드를 사용자가 직접 추가할 수 있으며, 여러 컨트롤을 이용하여 폼을 설계한다.
• 바운드 폼(Bound Form)★과 언바운드 폼(Unbound Form)★의 작성이 가능하다.

따라하기 TIP

따라하기 파일 • Part03_Chapter04_인사관리(폼)-따라파일.accdb

① [만들기] 탭-[폼] 그룹에서 [폼 디자인]을 선택한다.
② 폼 디자인 창으로 전환되면 [양식 디자인] 탭-[도구] 그룹에서 [기존 필드 추가]를 클릭한다. [필드 목록] 창이 나타나면 '모든 테이블 표시'를 클릭하고 목록에서 인사 테이블에 있는 필드를 하나씩 폼 디자인 창으로 드래그하거나 더블클릭한다.

[폼 보기](단일 폼)
[양식 디자인] 탭-[보기] 그룹-[폼
보기]를 클릭하여 실행함

폼 머리글	폼 머리글	폼 머리글
본문	본문	본문
(각 레코드)	(각 레코드)	(각 레코드)
폼 바닥글	폼 바닥글	폼 바닥글

인쇄 미리 보기
[파일] 탭-[인쇄]-[인쇄 미리 보기]
를 클릭하여 실행함

폼 머리글	페이지	페이지
페이지	머리글	머리글
머리글	본문	본문
본문	(레코드들)	(레코드들)
(레코드들)	페이지	폼 바닥글
페이지	바닥글	페이지
바닥글		바닥글

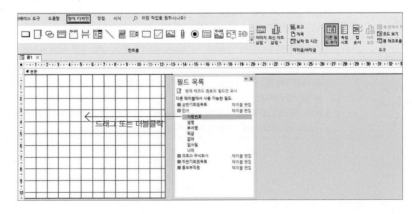

③ 폼 구역에 모든 필드가 추가되며 필드는 각각 '텍스트 상자'라는 컨트롤로 구성된다.

④ [양식 디자인] 탭–[보기] 그룹–[폼 보기]를 클릭한다.

⑤ 각각의 레코드는 하나의 폼에 나타나며, [레코드 추가](▶)를 클릭하여 새로운 데이터를 추가로 입력할 수도 있다.

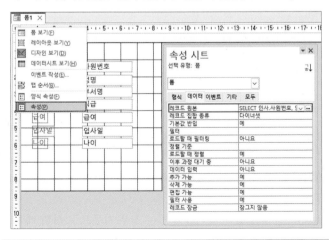

- 폼 디자인 도구를 이용하여 여러 컨트롤의 크기와 간격을 일정하게 설정할 수 있음
- 폼에서 연결된 테이블의 레코드를 삭제한 경우 영구적인 작업이므로 되돌릴 수 없음

➕ 더 알기 TIP

[폼 디자인]에서 레코드 원본 선택

바로 가기 메뉴의 [속성]을 이용하여 폼에서 사용할 테이블을 [레코드 원본]에서 직접 설정할 수도 있다.

2) 마법사를 이용하여 폼 작성하기

테이블이나 쿼리 등 원본 데이터를 직접 선택하여 지정하며, 바운드 폼(Bound Form)만 작성된다.

🔶 따라하기 TIP

따라하기 파일 • Part03_Chapter04_인사관리(폼)-따라파일.accdb

① [만들기] 탭-[폼] 그룹에서 [폼 마법사]를 클릭한다.
② [폼 마법사]가 표시되면 [테이블/쿼리]의 목록 단추(☑)를 클릭하여 [테이블: 인사]로 선택하고 [사용 가능한 필드]의 [전체 필드 선택]([>>]) 단추를 클릭하여 전체 필드를 [선택한 필드]로 추가하고 [다음]을 클릭한다.

③ 폼의 모양을 지정하고 [다음]을 클릭한다.

④ 폼의 제목을 입력하고 [마침]을 클릭하여 마법사를 종료한다.

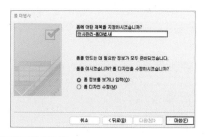

✔ 개념 체크

1 자동 폼 만들기 기능을 사용하면 일대다 관계가 있는 테이블의 하위 데이터시트가 자동으로 만들어진다. (○, ×)

2 자동 폼 만들기 기능은 테이블만 데이터 원본으로 사용할 수 있다. (○, ×)

1 ○ 2 ×

3) 자동 폼 만들기 15년 10월, 10년 3월, 04년 10월

• 개체의 데이터 원본으로 사용할 테이블이나 쿼리를 선택하면 폼을 자동으로 작성해 준다.
• 폼이 만들어지면서 레이아웃 보기 상태로 표시되며 텍스트 상자의 크기를 조정하고 폼의 디자인을 변경할 수 있다.
• 테이블 또는 쿼리와 일대다 관계가 있는 테이블이 있는 경우 자동으로 하위 데이터시트가 만들어진다. 단, 일대다 관계가 있는 테이블이 여러 개인 경우는 데이터시트가 추가되지 않는다.

- 레이아웃 보기에서 데이터시트를 선택한 다음 Delete 로 삭제하면 하위 데이터시트가 폼에 표시되지 않는다.

🏠 따라하기 TIP

따라하기 파일 • Part03_Chapter04_인사관리(폼)–따라파일.accdb

① 탐색 창에서 폼에 사용할 테이블을 선택하고 [만들기] 탭–[폼] 그룹에서 [폼]을 클릭한다.
② 선택된 테이블을 원본 데이터로 한 폼이 자동으로 생성된다.

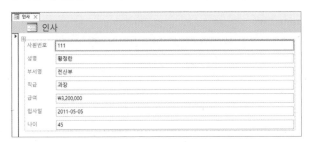

폼 스타일 변경
폼은 작성한 후에 [양식 레이아웃 디자인] 탭–[테마] 그룹–[테마]를 이용하여 적용된 스타일을 변경할 수 있음

4) 분할 폼 만들기 23년 상시, 22년 상시, 21년 상시, 20년 2월/7월, 18년 3월/9월, 17년 9월, 16년 3월/10월, 15년 10월, 13년 10월,…

분할 표시 폼은 폼 보기와 데이터 시트 보기를 동시에 표시하도록 작성되는 폼이다.

🏠 따라하기 TIP

따라하기 파일 • Part03_Chapter04_인사관리(폼)–따라파일.accdb

① 탐색 창에서 폼에 사용할 테이블을 선택하고 [만들기] 탭–[폼] 그룹–[기타 폼]–[폼 분할]을 클릭한다.

② 선택된 데이터를 원본으로 하여 폼 보기와 데이터 시트 보기 형태가 위 아래에 자동으로 작성된다.

분할 표시 폼
- [만들기] 탭의 [폼] 그룹에서 [기타 폼]–[폼 분할]을 클릭하여 실행함
- 분할 표시 폼은 폼 보기와 데이터시트 보기를 동시에 표시하며 상호 동기화됨
- 분할 표시 폼을 만든 후에는 디자인 보기 또는 레이아웃 보기에서 폼 조정이 가능함
- 폼 속성 창의 '분할 표시 폼 방향'을 이용하여 폼의 위쪽, 아래쪽, 왼쪽, 오른쪽 등 데이터시트가 표시되는 위치를 정할 수 있음(디자인 보기만)
- 분할 표시 폼을 만든 후에 컨트롤의 크기 조정과 기존 필드 및 새로운 필드의 추가가 가능함
- 분할 표시 폼의 폼 부분을 사용하여 필드를 삭제하며 필드를 선택하고 Delete 를 누름(필드가 폼과 데이터시트에서 모두 제거됨)

5) 여러 항목 폼 만들기

여러 항목 폼은 여러 개의 레코드가 표시되는 폼이 작성된다.

🏠 **따라하기 TIP**

따라하기 파일 • Part03_Chapter04_인사관리(폼)–따라파일.accdb

① 탐색 창에서 폼에 사용할 테이블을 선택하고 [만들기] 탭–[폼] 그룹–[기타 폼]–[여러 항목]을 클릭한다.

② 선택된 데이터를 원본으로 하여 한 페이지에 여러 개의 레코드가 표시되는 폼이 완성된다.

---

05 폼 다루기 ^{16년 10월}

1) 폼의 보기 형식

• 폼의 보기 형식에는 폼 보기, 레이아웃 보기, 디자인 보기가 있다.
• [양식 디자인] 탭–[보기] 그룹에 있는 보기 목록 단추를 이용한다.

① 디자인 보기

• 컨트롤을 사용하여 폼을 설계하고 수정할 수 있는 보기 형식이다.

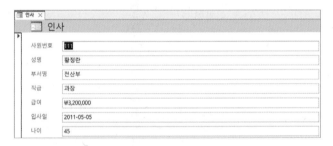

• 원본 데이터가 표시되지 않기 때문에 데이터의 추가 및 수정은 불가능하다.
• [양식 디자인] 탭-[컨트롤] 그룹에 사용할 컨트롤 목록이 표시된다.

② 폼 보기

• 원본으로 지정한 테이블이나 쿼리의 레코드 원본이 표시된다.
• 데이터를 입력하거나 편집 및 수정이 가능하다.

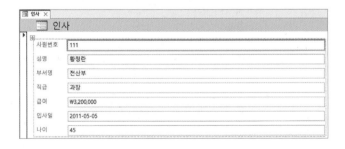

③ 레이아웃 보기

• 각 컨트롤에 실제 데이터가 표시된다.
• 레코드의 크기를 설정하거나 폼의 시각적 모양을 변경하는데 유용하다.

✅ 개념 체크

1 폼의 보기 형식에는 (   ),
  레이아웃 보기, 디자인 보기
  가 있다.
2 (   ) 보기를 사용하여 폼
  을 설계하고 수정할 수 있다.
3 디자인 보기에서는 원본 데
  이터의 추가 및 수정이 가능
  하다. (ㅇ, ×)

1 폼 보기 2 디자인 3 ×

01 다음 중 폼에 대한 설명으로 옳지 <u>않은</u> 것은?

① 입력 및 편집 작업을 위한 인터페이스이다.
② 폼을 작성하기 위한 원본으로는 테이블만 가능하다.
③ 폼을 이용하면 여러 개의 테이블에 데이터를 한 번에 입력할 수 있다.
④ 바운드(Bound) 폼과 언바운드(Unbound) 폼이 있다.

폼의 레코드 원본으로 쿼리도 사용할 수 있음

02 다음 중 폼의 구성 요소에 대한 설명으로 옳지 <u>않은</u> 것은?

① 폼 머리글은 인쇄할 때 모든 페이지의 상단에 매번 표시된다.
② 하위 폼은 폼 안에 있는 또 하나의 폼을 의미한다.
③ 폼 바닥글은 폼 요약 정보 등과 같이 각 레코드에 동일하게 표시될 정보가 입력되는 구역이다.
④ 본문은 사용할 실제 내용을 입력하는 구역으로 폼 보기 형식에 따라 하나의 레코드만 표시하거나 여러 개의 레코드를 표시한다.

폼 머리글은 첫 번째 페이지의 위쪽에 한 번만 표시됨

03 다음 중 폼의 레코드 원본으로 사용할 수 <u>없는</u> 것은?

① 테이블
② 쿼리
③ SQL문
④ 매크로

폼은 테이블이나 쿼리, SQL문 등을 레코드 원본으로 사용함

오답 피하기

매크로(Macro) : 여러 개의 명령문을 하나로 묶어서 일련의 절차를 미리 정의하는 기능으로, 반복적으로 수행되는 작업을 자동화할 때 사용함

04 [만들기] 탭–[폼] 그룹의 명령을 이용하여 폼 보기와 데이터 시트 보기를 동시에 표시하는 폼을 만들고자 한다. 다음 중 가장 적절한 폼 만들기 명령은?

① 여러 항목
② 폼 분할
③ 폼 마법사
④ 모달 대화 상자

• 분할 표시 폼은 폼 보기와 데이터시트 보기를 동시에 표시하며 상호 동기화 됨
• 분할 표시 폼을 만든 후에는 디자인 보기 또는 레이아웃 보기에서 폼 조정이 가능함
• 분할 표시 폼을 만든 후에 컨트롤의 크기 조정과 기존 필드의 추가가 가능함

05 다음 중 폼 만들기 도구로 빈 양식의 폼에서 사용자가 직접 텍스트 상자, 레이블, 단추 등의 필요한 컨트롤들을 삽입하여 작성해야 하는 것은?

① 폼
② 폼 분할
③ 여러 항목
④ 폼 디자인

폼 디자인 : 폼에 필드를 사용자가 직접 추가할 수 있으며, 여러 컨트롤을 이용하여 폼을 설계함

06 다음 중 [폼 마법사]를 이용한 폼 작성 시 선택 가능한 폼의 모양 중 각 필드가 왼쪽의 레이블과 함께 각 행에 표시되고 컨트롤 레이아웃이 자동으로 설정되는 것은?

① 열 형식
② 테이블 형식
③ 데이터시트
④ 맞춤

열 형식 : 한 레코드를 한 화면에 표시하며, 각 필드가 필드명과 함께 다른 줄에 표시되며, 일반적으로 가장 많이 사용됨

폼의 주요 속성

▶ 합격 강의

01 폼 속성의 개요 12년 6월, 07년 5월

- 폼 속성은 폼의 크기와 형식, 폼과 연결된 테이블이나 쿼리 등 폼과 관련된 전반적인 사항을 정의하는 것이다.
- 폼 전체에 대한 속성과 각 구역별 속성 설정이 가능하다.
- 디자인 보기 형식에서 설정할 수 있다.
- 폼의 속성은 [형식], [데이터], [이벤트], [기타], [모두] 탭으로 구성된다.
- [모두] 탭에는 모든 속성이 포함되어 있다.

> 🅑 **기적의 TIP**
>
> 폼 속성의 개념과 속성 창의 실행 방법에 대해 간단히 알 아두세요.

폼과 컨트롤의 속성은 [디자인 보기] 형식에서 [속성 시트]를 이용하여 설정함

02 속성 시트 창의 실행 06년 2월

리본 메뉴	[양식 디자인] 탭–[도구] 그룹–[속성 시트](☰)를 클릭함
마우스 이용	• 폼 속성 창 실행 : 폼 선택기나 폼의 여백을 더블클릭함 • 구역 속성 창 실행 : 구역 선택기를 더블클릭함
바로 가기 키	F4나 Alt + Enter 를 누름
바로 가기 메뉴	[속성]을 선택함

> 🕐 **암기 TIP**
>
> **속성 시트 창의 바로 가기 키**
> 속성을 Alt (알기 위해) + Enter (들어가자)

> ✔ **개념 체크**
>
> 1 속성 시트 창을 실행하려면, 바로 가기 키로 ( )나 Alt + Enter 를 누른다.
>
> 2 폼 속성은 폼의 크기와 형식, 폼과 연결된 테이블이나 쿼리 등 폼과 관련된 전반적인 사항을 정의하는 것이다. (○, ×)
>
> 3 구역 선택기를 더블클릭하면 구역 속성 창이 실행된다. (○, ×)
>
> 1 F4 2 ○ 3 ○

03 폼의 주요 속성 18년 9월, 15년 10월, 15년 6월, 13년 10월, 11년 10월, 06년 9월, 05년 7월

1) [형식] 탭 24년 상시, 22년 상시, 18년 9월, 16년 6월, 12년 6월, 10년 6월, 05년 2월/7월

폼 화면 자체와 관련된 속성의 설정이 가능하다.

그림 맞춤
왼쪽 위, 오른쪽 위, 가운데, 왼쪽 아래, 오른쪽 아래, 폼 가운데 중에서 선택함

테두리 스타일 종류

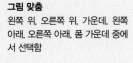
▲ 없음

▲ 가늘게

▲ 조정 가능

▲ 대화 상자

❶ 캡션	폼 보기의 제목 표시줄에 나타나는 텍스트를 설정함
❷ 기본 보기	폼 보기의 보기 형식을 지정하는 것으로, 단일 폼, 연속 폼, 데이터시트, 분할 표시폼이 있음 • 단일 폼 : 본문 영역에 한 개의 레코드만 표시함 • 연속 폼 : 본문 영역에 여러 개의 레코드를 표시하며, 매 레코드마다 폼 머리글과 폼 바닥글이 표시되지 않고 폼의 처음과 끝에 한 번만 표시함 • 데이터시트 : 폼의 기본 보기를 데이터시트 형식으로 표시함 • 분할 표시폼 : 폼 보기와 데이터시트 보기를 동시에 표시함
❸ 그림 유형	배경 그림을 데이터베이스 파일에 포함할지 여부를 설정함
❹ 그림	배경 그림 파일을 지정함
❺ 자동 가운데 맞춤	폼을 열 때 자동으로 중앙 정렬할지 여부를 설정함
❻ 자동 크기 조정	모든 레코드가 표시되도록 자동 크기 조절 여부를 설정함
❼ 테두리 스타일	작성할 폼의 테두리 스타일을 지정하는 것으로, [Access 옵션]-[현재 데이터베이스]의 [문서 창 옵션]을 '창 겹치기'로 설정해야 됨(액세스 재실행 시 적용됨) • 없음 : 폼 테두리와 제목 표시줄 및 컨트롤 상자가 없으며, 크기 조정이 불가능함 • 가늘게 : 폼 테두리와 제목 표시줄 및 컨트롤 상자가 있으며, 크기 조정이 불가능함 • 조정 가능 : 폼 테두리와 제목 표시줄 및 컨트롤 상자가 있으며, 크기 조정이 가능함 • 대화 상자 : 폼 테두리와 제목 표시줄 및 닫기 단추만 있으며, 크기 조정이 불가능함
❽ 레코드 선택기	레코드 선택기의 표시 여부를 설정함
❾ 탐색 단추	탐색 단추의 표시 여부를 설정함

⑩ 스크롤 막대	스크롤 막대의 표시 여부를 설정함
⑪ 컨트롤 상자	제목 표시줄에 조절 메뉴 상자와 제어 상자 표시 여부를 설정함
⑫ 닫기 단추	제목 표시줄에 닫기 단추 표시 여부를 설정함
⑬ 최소화 / 최대화 단추	제목 표시줄에 최소화, 최대화 단추 표시 여부를 설정함

2) [데이터] 탭 관련 속성 24년 상시, 23년 상시, 18년 9월, 12년 3월, 07년 7월, 05년 2월, 04년 8월, 03년 5월

폼에 연결된 테이블이나 쿼리에 대한 관련된 속성을 설정한다.

❶ 레코드 원본	폼에 연결할 데이터의 테이블 이름이나 쿼리를 입력하여 지정함
❷ 레코드 집합 종류	• 레코드 집합의 종류를 설정함 • 바운드 컨트롤의 제한 여부가 가능한 레코드의 집합 종류를 설정하는 것으로, 다이너셋, 다이너셋(업데이트 일관성 없음), 스냅숏 등이 있음 • 다이너셋(Dynaset) : 기본값으로 바운드 컨트롤의 입력, 수정, 삭제 등 편집이 가능함 • 스냅숏(Snapshot) : 바운드 컨트롤의 입력, 수정, 삭제 등 편집이 불가능함
❸ 필터	레코드의 일부분만이 표시되도록 필터를 설정함
❹ 정렬 기준	• 레코드 정렬 방법을 지정하며, 여러 개의 필드일 경우 필드명을 쉼표(,)로 구분함 • 내림차순 정렬은 필드명 뒤에 한 칸 띄고, DESC를 입력함
❺ 추가 가능	레코드 추가 가능 여부를 설정함
❻ 삭제 가능	레코드 삭제 가능 여부를 설정함
❼ 편집 가능	저장된 레코드의 편집 가능 여부를 설정함
❽ 필터 사용	필터의 사용 여부를 설정함
❾ 레코드 잠금	동시에 같은 레코드를 편집하려고 할 때 레코드 잠그는 방법을 설정함 • 잠그지 않음 : 동시에 같은 레코드를 편집함(공유 잠금) • 모든 레코드 : 모든 레코드를 읽기만 가능하며, 편집할 수 없도록 잠금 • 편집한 레코드 : 한 번에 한 사용자만이 레코드 편집이 가능하며, 편집 중인 레코드는 다른 사용자가 편집할 수 없도록 잠금(독점 잠금)

3) [기타] 탭

❶ 팝업	• 폼을 항상 다른 창 위에 나타나게(Pop Up) 할 것인지의 여부를 설정함 • 기본값은 "아니요"이며, "예"를 선택하는 경우 해당 폼은 항상 다른 창 위에 나타남
❷ 모달	• 폼을 모달(Modal) 폼으로 열 것인지의 여부를 설정함 • 기본값은 "아니요"이며, "예"를 선택하는 경우 현재 모달 폼을 닫기 전까지 다른 창을 사용할 수 없음

04 탭 순서(Tab Order) <small>24년 상시, 22년 상시, 21년 상시, 20년 2월, 19년 8월, 18년 9월, 17년 9월, 16년 10월, …</small>

• 탭 순서는 폼 보기에서 Tab 이나 Enter 를 눌렀을 때 각 컨트롤 사이에 이동되는 순서를 설정하는 것이다.
• 탭 순서는 폼에 컨트롤을 추가하여 작성한 순서대로 설정된다.
• 탭 정지 속성의 기본값은 "예"이며, "아니요"를 선택하면 Tab 을 눌러도 커서가 오지 않는다.
• 단, 레이블 컨트롤과 이미지 컨트롤은 탭 순서에서 제외되며, 탭 정지 속성이 지원되지 않는다.

1) 탭 순서 설정

• 폼의 디자인 보기에서 [양식 디자인] 탭-[도구] 그룹-[탭 순서]를 실행한다.
• [탭 순서] 대화 상자의 [구역]에서 변경할 구역을 선택한다.
• 사용자 지정 순서에서 행을 클릭하여 선택하거나 여러 행을 클릭하고 끌어서 선택한 다음 원하는 순서대로 배치한다.
• 자동 순서(A) : 탭 순서를 왼쪽에서 오른쪽, 위에서 아래로 설정하거나 처음 설정된 탭 순서로 설정할 때 사용한다.

2) 컨트롤의 '탭 인덱스' 사용하기

- 탭 인덱스는 [기타] 탭의 [탭 인덱스] 속성을 이용하여 컨트롤의 순서를 설정하는 것이다.
- 해당 컨트롤을 더블클릭하여 [속성] 창이 나타나게 한다.
- 작성기 단추(⋯)를 클릭하면 [탭 순서] 대화 상자가 나타난다.
- 탭 인덱스 값은 0부터 『현재 컨트롤 수-1』까지 그 순서 값을 설정할 수 있다.
- 폼을 열면 현재 '탭 인덱스' 값 0인 컨트롤로 포커스(Focus)가 이동하게 된다.

01 데이터시트 형식으로 작성된 폼을 실행시켰을 때 한 화면에 하나의 레코드만 표시되게 하려고 한다. 폼의 어떤 속성을 선택해야 하는가?

① 기본 보기
② 컨트롤 상자
③ 레코드 선택기
④ 탐색 단추

기본 보기에서 단일 폼, 연속 폼, 데이터시트, 분할 표시 폼 중 하나를 선택할 수 있음

02 폼의 속성에 대한 설명으로 옳지 <u>않은</u> 것은?

① 데이터 속성으로 레코드 원본은 폼의 레코드 원본이 될 테이블, 쿼리 및 보고서를 지정할 수 있다.
② 열 형식으로 폼을 작성하고 실행했을 때 기본 보기 속성의 기본값은 "단일 폼"이다.
③ 자동 크기 조절 속성의 기본값은 "예"이다.
④ 최소화, 최대화 단추 속성의 기본값은 제목 표시줄에 최소화, 최대화 단추를 표시할 것인지 여부를 선택하는 것으로 기본값은 "둘 다 표시"이다.

보고서는 폼의 레코드 원본으로 지정할 수 없음

03 다음 중 폼에서 데이터를 입력받는 컨트롤의 순서를 정할 때 사용하는 속성은?

① 정렬 순서
② 필터
③ 데이터 입력
④ 탭 순서

탭 순서(Tab Order) : 폼 보기에서 Tab 을 눌렀을 때 각 컨트롤 사이에 이동되는 순서를 설정하는 것으로 탭 순서는 폼에 컨트롤을 추가하여 작성한 순서대로 설정됨

04 다음 중 폼의 탭 순서(Tab Order)에 대한 설명으로 옳지 <u>않은</u> 것은?

① 기본으로 설정되는 탭 순서는 폼에 컨트롤을 추가하여 작성한 순서대로 설정된다.
② [탭 순서] 대화 상자의 [자동 순서]는 탭 순서를 위에서 아래로, 오른쪽에서 왼쪽으로 설정한다.
③ 폼 보기에서 Tab 을 눌렀을 때 각 컨트롤 사이에 이동되는 순서를 설정하는 것이다.
④ 탭 정지 속성의 기본 값은 '예'이다.

[탭 순서] 대화 상자의 [자동 순서]는 탭 순서를 위에서 아래로, 왼쪽에서 오른쪽으로 설정됨

05 다음 중 폼 작업 시 탭 순서에서 제외되는 컨트롤로 옳은 것은?

① 레이블
② 언바운드 개체 틀
③ 명령 단추
④ 토글 단추

레이블 컨트롤과 이미지 컨트롤은 탭 순서에서 제외됨

06 다음 중 폼 작성 시 속성 설정에 대한 설명으로 옳지 <u>않은</u> 것은?

① 폼은 데이터의 입력, 편집 작업 등을 위한 사용자와의 인터페이스로 테이블, 쿼리, SQL문 등을 '레코드 원본' 속성으로 지정할 수 있다.
② 폼의 제목 표시줄에 표시되는 텍스트는 '이름' 속성을 이용하여 변경할 수 있다.
③ 폼의 보기 형식은 '기본 보기' 속성에서 단일 폼, 연속 폼, 데이터시트, 피벗 테이블, 피벗 차트, 분할 표시 폼 중 선택할 수 있다.
④ 이벤트의 작성을 위한 작성기는 식 작성기, 매크로 작성기, 코드 작성기 중 선택할 수 있다.

디자인 보기를 제외한 폼 보기 모드에서 폼의 제목 표시줄에 표시되는 텍스트는 '캡션' 속성을 이용하여 변경할 수 있음

정답 01 ① 02 ① 03 ④ 04 ② 05 ① 06 ②

출제빈도 상 (중) 하
반복학습 1 2 3

빈출 태그 하위 폼

01 하위 폼의 개념 및 용도 24년 상시, 20년 7월, 19년 3월, 16년 10월, 14년 10월, 13년 3월, 11년 3월/7월/10월, …

1) 하위 폼의 개념

- 하위 폼은 폼 안에 들어 있는 또 하나의 폼이다.
- 폼/하위 폼의 조합을 계층형 폼 또는 마스터 폼/세부 폼, 상위/하위 폼이라고도 한다.

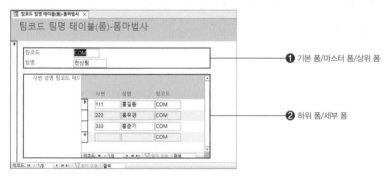

① 기본 폼/마스터 폼/상위 폼

② 하위 폼/세부 폼

❶ 기본 폼	하나 이상의 하위 폼을 포함하는 폼(=마스터 폼, 상위 폼)
❷ 하위 폼	기본 폼 안에 들어 있는 폼이 하위 폼(=세부 폼)

> **기적의 TIP**
>
> 하위 폼의 개념 및 용도와 특징을 잘 익혀두세요. 자주 시험에 출제되므로 꼭 이해하세요.

2) 하위 폼의 특징 21년 상시, 19년 8월, 16년 6월/10월, 14년 6월, 13년 6월/10월, 08년 8월, 06년 5월

- 하위 폼을 사용하면 일대다 관계에 있는 테이블이나 쿼리 데이터를 효과적으로 표시할 수 있다.
- 기본 폼은 관계의 "일"쪽에 있는 데이터를 표시하며, 하위 폼은 관계의 "다"쪽에 있는 데이터를 표시한다.
- 기본 폼은 단일 폼으로만 표시할 수 있지만, 하위 폼은 데이터시트로 표시하거나 단일 폼 또는 연속 폼으로 표시할 수 있다.
- 기본 폼이 포함할 수 있는 하위 폼의 수에는 제한이 없다. 또한 하위 폼을 7개 수준까지 중첩시킬 수도 있다.
- 기본 폼 안에 하위 폼을 만들 수 있고, 그 하위 폼 안에 또 하위 폼을 계속해서 만들수 있다.
- [데이터베이스] 창에서 테이블, 쿼리, 폼 등을 [폼] 창으로 드래그 앤 드롭하여 하위 폼으로 삽입할 수 있다.
- 기본 폼과 하위 폼은 서로 연결되어 있어서 하위 폼에는 기본 폼의 현재 레코드와 관련된 레코드만 표시된다.

- 기본 폼은 단일 폼으로만 표시, 연속 폼 형태로 표시할 수 없음
- 일대다 관계에 있는 테이블이나 쿼리는 폼 안에 하위 폼을 작성할 수 있음

02 하위 폼 만들기

새 레코드를 입력하면 기본 폼과 하위 폼에 자동으로 저장된다.

1) 폼 마법사를 사용하여 만들기

- 기본 폼과 하위 폼을 동시에 만들 수 있다.
- 마법사를 이용하여 하위 폼 생성시 기본 폼과 하위 폼 두 개가 [데이터베이스] 창에 생성된다.

따라하기 TIP

따라하기 파일 • Part03_Chapter04_팀원(일대다)(폼)–따라파일.accdb

① [만들기] 탭–[폼] 그룹에서 [폼 마법사]를 클릭한다.

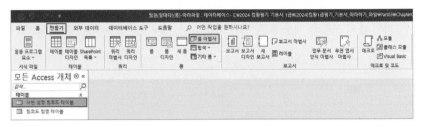

② 폼 마법사에서 [하위 폼]에 사용할 원본 데이터와 [기본 폼]에 사용할 원본 데이터를 선택한 필드로 보낸 후 [다음]을 클릭한다.

③ 기본 폼으로 사용할 원본 데이터를 목록에서 선택한다. 하단에 있는 [하위 폼이 있는 폼]을 선택한 후 [다음]을 클릭한다.

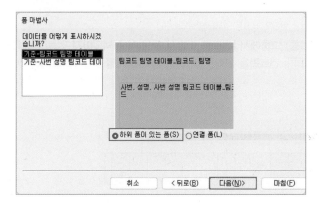

④ 하위 폼의 모양을 지정한 후 [다음]을 클릭한다.

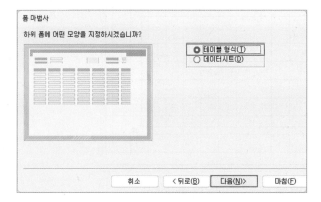

⑤ 폼과 하위 폼의 제목을 입력한 뒤 [마침]을 클릭하여 폼 마법사를 종료한다.

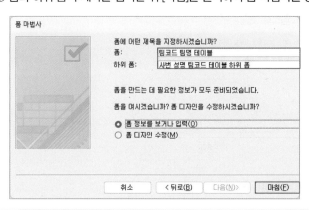

2) 기존 폼에 마법사를 이용하여 하위 폼 추가하기

🔼 **따라하기 TIP**

따라하기 파일 • Part03_Chapter04_팀원(일대다)(폼)−따라파일.accdb

① [양식 디자인] 탭−[컨트롤] 그룹에서 [컨트롤 마법사 사용]이 선택되어져 있는 상태에서 [하위 폼/하위 보고서](▦) 컨트롤을 클릭한 뒤 하위 폼이 배치될 곳을 드래그하여 지정한다.

> └ [컨트롤] 그룹의 [컨트롤 마법사](🔻)가 선택되어 있지 않으면 하위 폼 마법사가 나타나지 않으며 하위 폼에 관한 모든 속성을 직접 설정해야 함

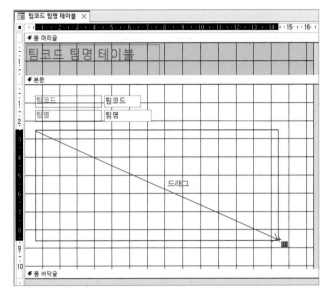

② [기존 테이블 및 쿼리 사용]을 선택하고 [다음]을 클릭한다.

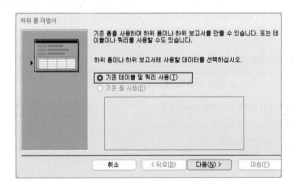

③ [기존 테이블 및 쿼리 사용]을 선택한 경우 사용할 원본 데이터를 선택한다. 선택한 필드
에 사용할 필드를 추가한 후 [다음]을 클릭한다.

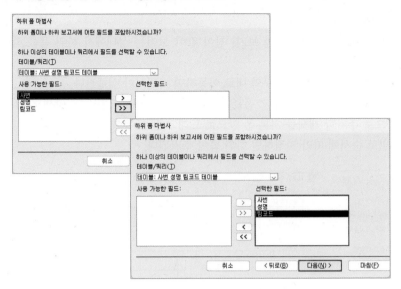

④ 기본 폼과 하위 폼을 연결하는 필드를 지정하는 방법을 설정한다. [목록에서 선택]할 경우
아래 목록에 표시된다. 목록에서 원하는 항목을 선택한 후 [다음] 을 클릭한다.

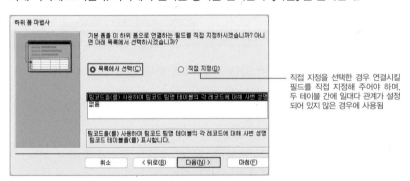

직접 지정을 선택한 경우 연결시킬
필드를 직접 지정해 주어야 하며,
두 테이블 간에 일대다 관계가 설정
되어 있지 않은 경우에 사용됨

⑤ 하위 폼의 이름을 입력한 다음 [마침]을 클릭하여 마법사를 종료한다.

3) 마우스 끌기를 이용한 하위 폼 만들기

- [데이터베이스] 창에서 테이블, 쿼리, 폼 등을 [폼] 창으로 드래그 앤 드롭하여 작성할 수 있다.
- [데이터베이스] 창과 [디자인 보기] 창이 같이 보이는 상태에서 하위 폼을 작성할 수 있다.
- 개체를 [디자인 보기] 창의 구역 내로 이동하면 마법사가 실행된다.
- 기본 폼(팀코드 팀명 테이블 : 폼)은 디자인 보기 상태로 열어두고 탐색 창에서 하위 폼으로 추가할 개체를 기본 폼 안으로 드래그 앤 드롭한다.
- 단계별로 순서에 따라 지정하면 하위 폼이 추가된다.

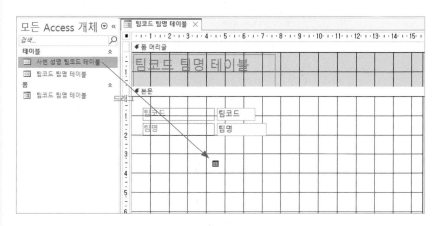

- 일대다 관계가 이미 설정되어 있는 경우 바로 하위 폼이 만들어지고 그렇지 않은 경우 [마법사] 대화 상자가 나타나게 된다.

4) 기본 폼과 하위 폼 연결하기 ^{19년 3월}

- 기본 폼과 하위 폼을 연결하는 필드의 데이터 종류는 동일해야 하며, 데이터의 형식이나 필드의 크기는 같거나 호환되어야 한다.
- 두 개 이상의 연결 필드를 지정할 때는 필드 이름을 세미콜론(;)으로 구분한다.
- 하위 폼을 마우스 오른쪽 버튼으로 선택한 다음 바로 가기 메뉴에서 [속성]을 선택한다.

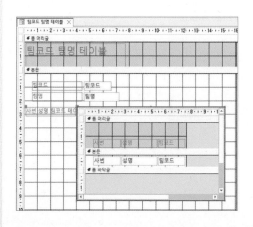

- 기본 폼과 하위 폼을 연결할 필드의 변경은 하위 폼 컨트롤의 속성 중 [데이터] 탭의 '하위 필드 연결'과 '기본 필드 연결'에서 할 수 있다.
- 작성기 단추(⋯)를 클릭하면 [하위 폼 필드 연결기] 대화 상자가 표시된다. 이를 이용하여 연결 필드를 설정한다.

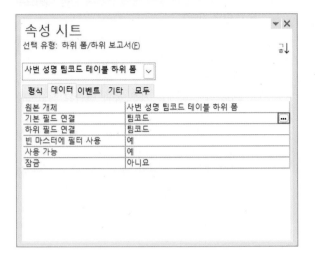

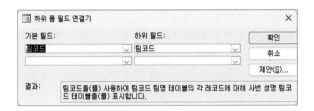

01 아래 내용 중 하위 폼에 대한 옳은 설명만을 나열한 것은?

합격 강의

> ⓐ 하위 폼에는 기본 폼의 현재 레코드와 관련된 레코드만 표시된다.
> ⓑ 하위 폼은 단일 폼으로 표시되며 연속 폼으로는 표시될 수 없다.
> ⓒ 기본 폼과 하위 폼을 연결할 필드의 데이터 형식은 같거나 호환되어야 한다.
> ⓓ 여러 개의 연결 필드를 지정하려면 콜론(:)으로 필드명을 구분하여 입력한다.

① ⓐ, ⓑ, ⓒ
② ⓐ, ⓒ
③ ⓑ, ⓒ, ⓓ
④ ⓑ, ⓓ

• 하위 폼은 데이터시트로 표시하거나 단일 폼 또는 연속 폼으로 표시할 수 있음
• 여러 개의 연결 필드를 지정하려면 세미콜론(;)으로 필드명을 구분하여 입력함

02 다음 중 기본 폼과 하위 폼을 연결하기 위한 기본 조건에 대한 설명으로 옳지 <u>않은</u> 것은?

① 기본 필드와 하위 필드의 데이터 형식과 필드의 크기는 같거나 호환되어야 한다.
② 중첩된 하위 폼은 최대 2개 수준까지 만들 수 있다.
③ 테이블 간에 관계가 설정되어 있지 않은 경우에도 하위 폼으로 연결할 수 있다.
④ 하위 폼의 '기본 필드 연결' 속성은 기본 폼을 하위 폼에 연결해 주는 기본 폼의 필드를 지정하는 속성이다.

기본 폼이 포함할 수 있는 하위 폼의 수는 제한이 없고, 하위 폼을 7개 수준까지 중첩시킬 수 있음

03 다음 중 기본 폼과 하위 폼의 연결에 관한 설명으로 옳지 <u>않은</u> 것은?

① 두 개 이상의 연결 필드를 지정할 때는 필드들을 콤마(,)로 구분하여 연결한다.
② 폼이 연결되면 기본 폼과 하위 폼은 동기화되므로 하위 폼에는 기본 폼과 연관된 레코드만 표시된다.
③ 기본 폼과 하위 폼을 연결할 필드의 데이터 형식은 같거나 호환되어야 한다.
④ '하위 폼 필드 연결기' 대화 상자에서 기본 폼과 하위 폼의 연결 필드를 지정할 수 있다.

두 개 이상의 연결 필드를 지정할 때는 필드들을 세미콜론(;)으로 구분하여 연결함

04 다음 중 하위 폼에 대한 설명으로 옳지 <u>않은</u> 것은?

① 하위 폼은 테이블, 쿼리나 다른 폼을 이용하여 작성할 수 있다.
② 연결된 기본 폼과 하위 폼 모두 연속 폼의 형태로 표시할 수 있다.
③ 사용할 수 있는 하위 폼의 개수에는 제한이 없으나, 하위 폼의 중첩은 7개 수준까지만 가능하다.
④ 기본 폼과 하위 폼을 연결할 필드의 데이터 형식은 같거나 호환되어야 한다.

기본 폼은 단일 폼으로만 표시할 수 있지만, 하위 폼은 데이터시트를 포함하거나 단일 폼 또는 연속 폼으로 표시할 수 있음

정답 01 ② 02 ② 03 ① 04 ②

05 다음 중 기본 폼과 하위 폼에 대한 설명으로 옳지 않은 것은?

① '일대다' 관계일 때 하위 폼에는 '일'에 해당하는 데이터가 표시되며, 기본 폼에는 '다'에 해당하는 데이터가 표시된다.

② 하위 폼은 연속 폼의 형태로 표시할 수 있지만 기본 폼은 연속 폼의 형태로 표시할 수 없다.

③ 기본 폼 내에 포함시킬 수 있는 하위 폼의 개수는 제한이 없으며, 최대 7수준까지 하위 폼을 중첩시킬 수 있다.

④ 테이블, 쿼리나 다른 폼을 이용하여 하위 폼을 작성할 수 있다.

....

'일대다' 관계일 때 하위 폼에는 '다'에 해당하는 데이터가 표시되며, 기본 폼에는 '일'에 해당하는 데이터가 표시됨

06 다음 중 다른 폼에 삽입된 하위 폼에 대한 설명으로 적절하지 않은 것은?

① 기본이 되는 폼을 기본 폼, 기본 폼 안에 들어 있는 폼을 하위 폼이라고 한다.

② 하위 폼을 사용하면 일대다 관계에 있는 테이블을 효과적으로 표시할 수 있다.

③ 하위 폼에는 기본 폼의 현재 레코드와 관련된 레코드만 표시된다.

④ 하위 폼은 일대다 관계의 '일' 쪽에 있는 데이터를 표시한다.

....

하위 폼은 기본 폼안에 포함되는 폼을 의미하며, '일' 쪽의 레코드 안의 '다' 쪽의 레코드를 하위 폼으로 표시함

07 다음 중 하위 폼에 대한 설명으로 옳지 않은 것은?

① 하위 폼을 만들기 위해서는 두 테이블 간에 일대다의 관계를 반드시 설정해 두어야 한다.

② 기본 폼과 하위 폼을 연결할 필드의 이름은 달라도 되지만, 데이터 형식은 같거나 호환이 되어야 한다.

③ 기본 폼에 하위 폼을 추가하려면 도구상자에서 [하위 폼/하위 보고서] 단추를 클릭하여 추가할 수 있다.

④ 하나의 기본 폼에 여러 개의 하위 폼을 포함할 수 있다.

....

하위 폼은 두 테이블 간 일대다의 관계가 설정되어 있을 때 효과적으로 표시할 수 있을 뿐 반드시 일대다 관계일 필요는 없음

08 다음 중 하위 폼에 관한 설명으로 옳지 않은 것은?

① 하위 폼은 기본 폼 내에서만 존재하며 별도의 독립된 폼으로 열 수 없다.

② 일대다 관계가 설정되어 있는 테이블이나 쿼리를 효과적으로 사용하기 위하여 사용한다.

③ 하위 폼은 보통 일대다 관계에서 '다'에 해당하는 테이블이나 쿼리를 원본으로 한다.

④ 연결 필드의 데이터 형식과 필드 크기는 같거나 호환되어야 한다.

....

기본 폼 안에 하위 폼을 만들 수 있고, 그 하위 폼 안에 또 하위 폼을 계속해서 만들 수 있음

컨트롤의 사용 1-컨트롤의 개념/ 컨트롤 만들기

▶ 합격 강의

빈출 태그 컨트롤의 개념 · 컨트롤 만들기

01 컨트롤(Control)의 개념 및 종류

1) 컨트롤의 개념 23년 상시, 14년 3월, 12년 6월, 11년 10월, 08년 2월/5월, 07년 5월

- 컨트롤은 데이터를 표시하고, 매크로 함수를 실행하며, 폼이나 보고서의 모양을 만드는 폼, 보고서의 개체를 말한다.
- 폼이나 보고서의 모든 정보는 컨트롤에 들어 있다.
- 컨트롤은 폼 디자인 보기나 보고서 디자인 보기에서 도구 상자를 이용하여 작성한다.
- 컨트롤은 바운드 및 언바운드하거나, 계산할 수 있다.

바운드 컨트롤	• 원본으로 사용된 테이블이나 쿼리의 필드에 연결됨 • 데이터베이스의 필드로부터 값을 표시하고, 입력하고, 업데이트할 수 있음
언바운드 컨트롤	데이터 원본이 없는 컨트롤로, 정보나 선, 사각형, 그림을 표시할 수 있음
계산 컨트롤	• 데이터 원본으로 식을 사용함 • 식은 폼이나 보고서의 원본으로 사용한 테이블 필드 또는 폼이나 보고서 쿼리의 데이터를 사용할 수 있고, 폼이나 보고서의 다른 컨트롤의 데이터를 사용할 수도 있음

2) 컨트롤의 종류 21년 상시, 16년 10월, 14년 10월, 08년 5월, 07년 7월/10월, 05년 10월, 04년 2월/10월, 03년 2월/7월, …

컨트롤 마법사가 지원되지 않는 컨트롤
레이블, 옵션 단추, 확인란, 선, 사각형 등의 컨트롤은 컨트롤 마법사가 지원되지 않음

❶ 선택(◯)	잉크, 도형, 텍스트 영역 등의 개체를 선택함(텍스트 뒤에 가려진 개체로 작업할 때 특히 유용함)
❷ 텍스트 상자(◯)	레코드 원본의 데이터를 표시, 입력 또는 편집하거나, 계산 결과를 표시하거나, 사용자의 입력 내용을 적용할 때 사용하는 컨트롤
❸ 레이블(가가)	제목, 캡션, 지시 등의 설명문을 표시하는 컨트롤
❹ 단추(◻)	매크로의 실행 등 특별한 명령을 수행하는 기능을 가진 컨트롤
❺ 탭 컨트롤(◻)	탭을 가진 유형의 대화 상자를 만들 때 사용하는 컨트롤
❻ 하이퍼링크(⌸)	웹 페이지와 파일에 빠르게 액세스할 수 있도록 문서에 링크를 만듦(하이퍼 링크를 사용하여 문서 내 원하는 부분으로 이동할 수도 있음)
❼ 탐색 컨트롤(◻)	탐색 컨트롤 설정 시 사용하는 컨트롤
❽ 옵션 그룹(◻)	폼이나 보고서에서 옵션 그룹은 틀과 옵션 단추, 확인란, 토글 단추 등으로 구성됨
❾ 페이지 나누기 삽입(◻)	페이지를 나누고자할 때 사용하는 컨트롤로 양식 인쇄 시 현재 위치에 있는 다음 페이지에서 시작함

제어	설명
⑩ 콤보 상자(⊞)	• 목록 상자와 텍스트 상자의 기능이 결합된 형태 • 바운드된 콤보 상자에서 값을 선택하거나 문자열을 입력하면, 해당 값이 콤보 상자가 바운드된 필드에 삽입됨
⑪ 선(◻)	폼이나 보고서 작성 시 선을 그릴 때 사용하는 컨트롤
⑫ 토글 단추(▤)	• 폼에서 토글(전환) 단추를 독립형 컨트롤로 사용하여 원본 레코드 원본의 Yes/No 값을 나타낼 때 사용함 • 토글 단추가 눌러져 있을 때 원본 데이터의 필드 값은 '예'가 됨
⑬ 목록 상자(▦)	값 목록을 표시하고 선택하는 컨트롤로 콤보 상자와 유사함
⑭ 사각형(◻)	폼이나 보고서 작성 시 사각형을 그릴 때 사용하는 컨트롤
⑮ 확인란(☑)	• 폼, 보고서에서 원본 테이블, 쿼리, SQL 문의 Yes/No 값을 표시하는 독립형 컨트롤 • 확인란에 확인 표시가 있으면 값은 'Yes'이고, 표시가 없으면 'No'임
⑯ 언바운드 개체 틀(▣)	동영상 파일이나 기타 여러 응용 프로그램을 삽입할 때 사용하는 컨트롤
⑰ 첨부 파일(▯)	폼이나 보고서에서 첨부 파일을 삽입할 때 사용하는 컨트롤
⑱ 옵션 단추(◉)	데이터베이스의 Yes/No 필드 값을 표시할 때 사용함
⑲ 하위 폼/하위 보고서(▤)	일대다 관계인 개체의 하위 폼/하위 보고서를 만들 때 사용하는 컨트롤
⑳ 바운드 개체 틀(▣)	OLE 개체 필드를 나타낼 때 사용하는 컨트롤
㉑ 이미지(▨)	폼이나 보고서에 그림을 표시하는 컨트롤
㉒ 웹 브라우저 컨트롤(▤)	웹 브라우저에 대한 링크를 만듦
㉓ 차트(▥)	테이블이나 쿼리를 사용하여 차트를 삽입함
㉔ 기본 컨트롤 설정(▦)	기본 컨트롤 설정 시 사용하는 컨트롤
㉕ 컨트롤 마법사 사용(▨)	콤보 상자, 목록 상자, 하위 폼/하위 보고서 등을 작성할 때 컨트롤 마법사를 선택해야만 마법사의 실행이 자동으로 이루어짐
㉖ ActiveX 컨트롤(▣)	ActiveX 컨트롤을 삽입할 때 사용하는 컨트롤

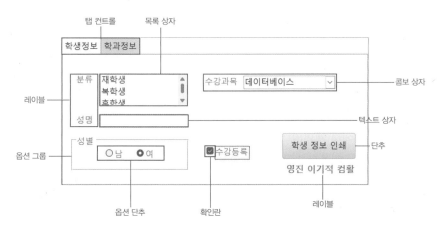

1) 컨트롤 만들기

- 디자인 보기로 폼이나 보고서를 연다.
- 마법사를 사용하여 만들려면, [양식 디자인] 탭-[컨트롤] 그룹-[컨트롤 마법사] (⚡)를 선택한다. 마법사를 사용하여 명령 단추, 목록 상자, 하위 폼, 콤보 상자, 옵션 그룹을 만들 수 있다.
- [양식 디자인] 탭-[컨트롤] 그룹에서 만들 컨트롤 도구를 클릭한다.
- 폼, 보고서에서 컨트롤의 위 왼쪽 모서리를 표시할 위치를 클릭하거나 마우스를 드래그하여 크기를 조정한다. 마우스 단추를 클릭했다가 놓으면 기본 크기의 컨트롤이 만들어진다.

2) 레이블 19년 8월, 15년 3월, 09년 2월/10월, 07년 10월, 06년 7월, 05년 10월, 04년 2월

- 레이블은 제목이나 캡션, 간단한 지시 등의 설명 텍스트를 표시하는 컨트롤로 필드나 식의 값을 표시할 수 없다.
- 레이블은 항상 언바운드 컨트롤로, 다른 레코드로 이동해도 변경되지 않는다.
- 텍스트 상자, 콤보 상자, 목록 상자, 옵션 그룹, 옵션 단추, 확인란 등에 첨부되어 작성되는 연결 레이블은 폼의 데이터시트 보기에서 열 머리글로 표시된다.
- [양식 디자인] 탭-[컨트롤] 그룹-[레이블](가까) 도구로 작성한 레이블은 다른 컨트롤에 연결되지 않은 독립형 레이블로, 데이터시트 보기에 표시되지 않는다.

- 레이블은 필드나 식의 값을 표시하지 않는다.
- 레이블은 탭 순서에서 제외된다.
- 레이블은 마법사를 이용하는 컨트롤 마법사가 지원되지 않는다.
- 레이블의 이름은 작성되는 순서대로 Label0, Label1, Label2,…형식으로 부여된다.
- 레이블 컨트롤에 '&' 문자를 표시하기 위해서는 레이블 캡션 속성에서 '&&'처럼 입력해야 한다.

3) 텍스트 상자 21년 상시, 19년 8월, 16년 6월/10월, 15년 3월, 13년 6월, 09년 4월, 08년 5월, 07년 10월, 03년 7월

- 텍스트 상자는 레코드 원본 데이터에 연결된 바운드 텍스트 상자, 바운드되지 않아 데이터는 저장되지 않는 언바운드 텍스트 상자, 계산 텍스트 상자로 작성할 수 있다.
- 바운드 텍스트 상자는 필드 목록을 이용하거나 언바운드 텍스트 상자를 작성한 후 컨트롤 원본 속성에 연결할 필드를 설정한다.

[레이블] 컨트롤을 추가한 후 내용을 입력하지 않으면 추가된 레이블 컨트롤이 자동으로 사라짐

레이블 작성과 텍스트 입력
- 폼의 디자인 보기에서 [양식 디자인] 탭-[컨트롤] 그룹-[레이블](가까) 도구를 선택한 다음 레이블을 놓을 위치에서 클릭하거나 드래그하여 삽입함
- 레이블에 사용할 텍스트를 입력한다. 레이블에 두 줄 이상의 텍스트를 삽입하기 위해서는 내용을 모두 입력한 다음 레이블 크기를 조정하거나 Ctrl+Enter나 Shift+Enter를 누름

텍스트 상자
- Access의 표준 컨트롤로 텍스트 상자는 폼 및 보고서에서 데이터를 보고 편집하는 데 사용됨
- 텍스트 상자는 바운드 컨트롤, 언바운드 컨트롤, 계산 컨트롤로 사용할 수 있음
- 바운드 텍스트 상자는 테이블 필드 또는 쿼리의 데이터를 표시함
- 언바운드 텍스트 상자는 테이블의 필드 또는 쿼리에 연결되지 않음
- 보고서 작업 시 필드 목록 창에서 선택한 필드를 본문 영역에 추가할 때 텍스트 상자 컨트롤이 자동으로 생성됨
- [텍스트 상자] 컨트롤을 지칭하는 이름은 중복 설정이 불가능함

- 계산 텍스트 상자는 언바운드 텍스트 상자를 작성한 후 컨트롤 원본 속성에 식을 입력한다.
- 텍스트 상자의 이름은 작성되는 순서대로 Text0, Text1, Text2,…형식으로 부여된다.

① 바운드 텍스트 상자

폼, 보고서에서 레코드 원본의 데이터를 나타낼 때 사용한다.

> **따라하기 TIP**
>
> **필드 목록으로 바운드 텍스트 상자 만들기**
>
> ① [양식 디자인] 탭-[도구] 그룹-[기존 필드 추가](▥)를 클릭해서 필드 목록이 표시되면 필드 목록에서 사용할 필드를 하나 이상 선택한다.
> ② 필드 목록의 필드를 폼으로 드래그한다.

기존 필드 추가
Alt + F8

② 언바운드 텍스트 상자

다른 컨트롤의 계산 결과를 나타내거나 사용자의 입력 내용을 받아들일 때 사용하며, 언바운드 텍스트 상자의 데이터는 저장되지 않는다.

> **따라하기 TIP**
>
> **텍스트 상자 마법사를 이용하여 언바운드 텍스트 상자 만들기**
>
> ① [양식 디자인] 탭-[컨트롤] 그룹-[컨트롤 마법사 사용](⚲)이 선택된 상태에서 [양식 디자인] 탭-[컨트롤] 그룹-[텍스트 상자](⬚)를 클릭한 후, 해당 위치에서 마우스를 클릭하거나 드래그한다.
> ② [텍스트 상자 마법사] 대화 상자가 나타나면 단계별 지시에 따라 수행한다.

컨트롤 마법사를 해제한 다음 언바운드 텍스트 상자 만들기
[양식 디자인] 탭-[컨트롤] 그룹의 [컨트롤 마법사](▨)가 해제된 상태에서 [양식 디자인] 탭-[컨트롤] 그룹의 [텍스트 상자](⬚)를 클릭한 후, 해당 위치에서 마우스를 클릭하거나 드래그하여 텍스트 상자를 만듦

▲ 1단계 : 텍스트의 속성을 설정함

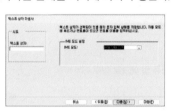

▲ 2단계 : 문자 입력 상태를 설정함

▲ 3단계 : 텍스트 상자의 이름을 설정함

4) 명령 단추 19년 8월, 09년 10월, 08년 5월, 04년 2월

- 명령 단추는 단순히 클릭하기만 하면 매크로 함수를 수행하는 방법을 제공한다.
- 명령 단추에 텍스트나 그림을 표시할 수 있다.

- 폼 내에서 단추를 눌렀을 때 매크로와 모듈이 특정 기능을 수행하도록 할 수 있음
- 컨트롤 마법사를 사용하여 폼을 닫는 매크로 함수를 실행하는 '명령 단추'를 삽입할 수 있음

- 명령 단추 마법사를 사용하면 자동으로 단추와 이벤트 프로시저가 작성되고 28개 종류의 명령 단추를 제공한다.
- 명령 단추의 이름은 작성되는 순서대로 Command0, Command1, Command2, … 형식으로 부여된다.

🔼 따라하기 TIP

명령 단추 마법사를 이용하여 명령 단추 만들기

① [양식 디자인] 탭-[컨트롤] 그룹-[컨트롤 마법사 사용](📷)이 선택된 상태에서 [양식 디자인] 탭-[컨트롤] 그룹-[단추](🔲)를 클릭한 후 해당 위치에서 마우스를 클릭하거나 드래 그한다.

② [명령 단추 마법사] 대화 상자가 나타나면 단계별 지시에 따라 수행한다.

▲ 1단계 : 명령 단추에 실행될 함수를 설정함 ▲ 2단계 : 명령 단추에 표시할 그림이나 문자열을 설정함

▲ 3단계 : 명령 단추의 이름을 설정함

▶ **명령 단추 마법사 종류 및 매크로 함수** 04년 10월

종류	매크로 함수
레코드 탐색	다음 레코드로 이동, 다음 찾기, 레코드 찾기, 마지막 레코드로 이동, 이전 레코드로 이동, 첫 레코드로 이동
레코드 작업	레코드 삭제, 레코드 인쇄, 레코드 저장, 레코드 취소, 새 레코드 추가, 중복 레코드
폼 작업	폼 닫기, 폼 데이터 새로 고침, 폼 열기, 폼 인쇄, 폼 필터 적용, 폼 필터 편집, 현재 폼 인쇄
보고서 작업	메일로 보고서 보내기, 보고서 미리 보기, 보고서 열기, 보고서 인쇄, 파일에 보고서 보내기
응용 프로그램	응용 프로그램 끝내기
기타	매크로 실행, 전화 걸기, 쿼리 실행, 테이블 인쇄

└─ 레코드 탐색에 "이전 찾기"라는 매크로 함수는 없음

🔼 따라하기 TIP

직접 만들기

① [양식 디자인] 탭-[컨트롤] 그룹-[컨트롤 마법사 사용](📷)이 해제된 상태에서 [양식 디자인] 탭-[컨트롤] 그룹-[단추](🔲)를 이용하여 폼에 삽입한다.

② 명령 단추의 [속성] 창을 열어서 단추를 클릭하면 실행될 매크로 또는 이벤트 프로시저를 설정할 수 있다.

5) 콤보 상자와 목록 상자 24년 상시, 23년 상시, 19년 8월, 17년 3월, 16년 6월, 12년 6월, 11년 7월, 08년 2월/8월, 06년 2월, …

① 콤보 상자

- 콤보 상자는 적은 공간에서 목록값을 선택하며 새로운 값을 입력할 경우 유용하다.
- 콤보 상자의 드롭다운 화살표(▽)를 클릭 전까지는 목록이 숨겨져 있으며, 클릭하면 목록이 표시된다.
- 콤보 상자는 텍스트 상자와 목록 상자의 기능이 결합된 컨트롤이다.
- 콤보 상자는 목록에 없는 값을 입력할 수 있다.

② 목록 상자

- 목록 상자는 값 또는 선택 항목 목록이 항상 표시된다.
- 목록 상자에 있는 항목만 선택할 수 있으며 값을 직접 입력할 수는 없다.

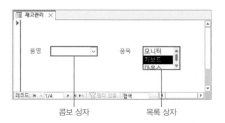

콤보 상자   목록 상자

콤보 상자
- 열 개수보다 많은 숫자로 지정 불가능하며, 바운드 열의 기본값은 1임
- 실제 행 수가 지정된 행 개수를 초과하면 세로 스크롤바가 표시됨
- 콤보 상자의 행 원본 유형 속성이 '값 목록'으로 설정되어 있으면 폼 보기에서 폼이 열려 있을 때 값 목록을 편집할 수 있음
- 콤보 상자와 목록 상자를 상호 변경하려면 컨트롤에서 마우스 오른쪽 단추를 클릭, 바로 가기 메뉴의 [변경]을 클릭한 다음 원하는 컨트롤 종류로 변경함

🦫 따라하기 TIP

따라하기 파일 • Part03_Chapter04_콤보상자-따라파일.accdb

마법사로 콤보 상자 컨트롤 만들기

① [양식 디자인] 탭-[컨트롤] 그룹-[컨트롤 마법사 사용](🖉)이 선택된 상태에서 [양식 디자인] 탭-[컨트롤] 그룹-[콤보 상자](▦)를 클릭한 후 해당 위치에서 마우스를 클릭하거나 드래그한다.

② 1단계 : 콤보 상자에 표시될 목록값의 형식 설정하고 [다음]을 클릭한다.

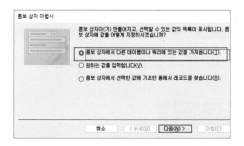

③ 2단계 : 콤보 상자에 연결할 테이블이나 쿼리를 설정하고 [다음]을 클릭한다.

✓ 개념 체크

1 콤보 상자는 (　　) 상자와 (　　) 상자의 기능이 결합된 컨트롤이다.

2 콤보 상자는 드롭다운 화살표를 클릭하기 전까지 목록이 숨겨져 있다. (○, ×)

3 목록 상자에서는 값을 직접 입력할 수 있다. (○, ×)

4 콤보 상자는 적은 공간에서 목록값을 선택하며 새로운 값을 입력할 경우 유용하다. (○, ×)

1 텍스트, 목록 2 ○
3 × 4 ○

④ 3단계 : 콤보 상자의 목록 값에 사용할 필드를 선택한 필드로 옮기고 [다음]을 클릭한다.

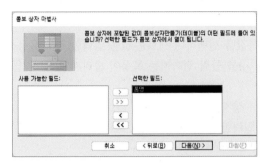

⑤ 4단계 : 콤보 상자의 목록에 적용할 정렬 순서를 선택하고 [다음]을 클릭한다.

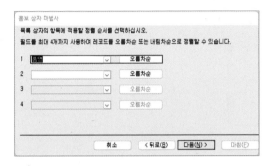

⑥ 5단계 : 콤보 상자의 열 너비를 설정하고 [다음]을 클릭한다.

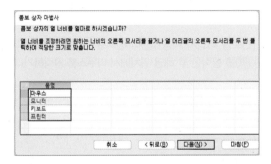

⑦ 6단계 : 콤보 상자에서 선택한 값을 저장할지 여부를 설정하고 [다음]을 클릭한다.

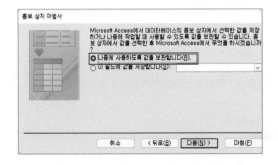

⑧ 7단계 : 콤보 상자의 레이블의 이름을 설정하고 [마침]을 클릭한다.

🐾 따라하기 TIP

직접 만들기

① [양식 디자인] 탭–[컨트롤] 그룹–[컨트롤 마법사 사용](⊠)이 해제된 상태에서 [디자인] 탭–[컨트롤] 그룹–[콤보 상자](▦)나 [목록 상자](▤)를 이용하여 폼에 삽입한다.

② 컨트롤의 [속성] 창에서 컨트롤 원본, 행 원본, 행 원본 유형 등의 속성을 설정한다.

6) 옵션 그룹 14년 3월

- 옵션 그룹은 틀, 옵션 단추, 확인란, 토글 단추 등으로 구성된다.
- 옵션 그룹이 필드에 바운드될 때는 틀 내부에 있는 확인란, 토글 단추, 옵션 단추가 아니라 그룹 틀 자체만 바운드되므로 옵션 그룹 내의 각 컨트롤은 "옵션 값" 속성을 설정하고, 옵션 그룹 틀은 "컨트롤 원본" 속성을 설정한다.
- 옵션 그룹은 필드 크기가 정수인 숫자 데이터 형식이나 'Yes/No'로 설정된 필드에 설정한다.
- 몇 개의 컨트롤을 그룹으로 하여 제한된 선택 조합을 표시할 때 사용한다.
- 옵션 그룹에서는 원하는 값을 클릭하여 쉽게 내용을 선택할 수 있다.
- 한 옵션 그룹에서는 한 번에 하나의 옵션만 선택할 수 있다.

✅ 개념 체크

1 옵션 그룹은 틀, 옵션 단추, 확인란, 토글 단추 등으로 구성된다. (ㅇ, ×)

2 옵션 그룹 내의 각 컨트롤은 "컨트롤 원본" 속성을 설정하고, 옵션 그룹 틀은 "옵션 값" 속성을 설정한다. (ㅇ, ×)

3 옵션 그룹은 필드 크기가 정수인 숫자 데이터 형식이나 'Yes/No'로 설정된 필드에 설정한다. (ㅇ, ×)

1 ㅇ 2 × 3 ㅇ

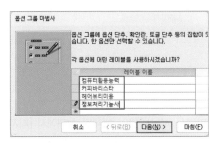

따라하기 TIP

따라하기 파일 • Part03_Chapter04_옵션그룹-따라파일.accdb

마법사로 만들기

① [양식 디자인] 탭-[컨트롤] 그룹-[컨트롤 마법사 사용](⬛)이 선택된 상태에서 [양식 디자인] 탭-[컨트롤] 그룹-[옵션 그룹](⬛)을 클릭한 후 해당 위치에서 마우스로 클릭하여 삽입한다.

② 1단계 : 옵션에 사용할 레이블의 이름을 입력하고 [다음]을 클릭한다.

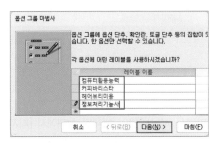

③ 2단계 : 옵션이 기본적으로 선택되도록 설정하고 [다음]을 클릭한다.

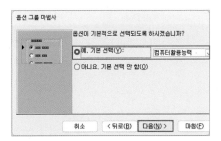

④ 3단계 : 옵션에 할당할 값을 설정하고 [다음]을 클릭한다.

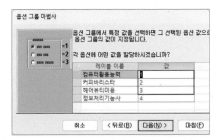

⑤ 4단계 : 옵션 그룹에 사용할 작업을 선택하고 [다음]을 클릭한다.

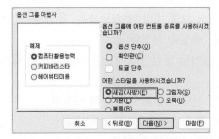

⑥ 5단계 : 옵션 그룹의 이름을 입력하고 [마침]을 클릭한다.

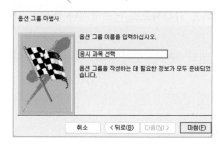

직접 만들기

① [양식 디자인] 탭–[컨트롤] 그룹의 [컨트롤 마법사 사용](🔧)이 해제된 상태에서 [디자인] 탭–[컨트롤] 그룹–[옵션 그룹](⬚)을 클릭한 후 해당 위치에서 마우스로 클릭하여 삽입한다.

② [양식 디자인] 탭–[컨트롤] 그룹–[확인란](☑)과 [옵션 단추](◉)를 클릭하여 선택한 후 마우스 포인터를 옵션 그룹 위에 놓으면 옵션 그룹이 강조 표시되어 컨트롤이 옵션 그룹에 추가되어 표시된다.

③ [속성] 창을 실행하여 컨트롤 원본, 캡션 등의 컨트롤 속성을 설정한다.

---

7) 차트

- 작성된 테이블이나 쿼리를 이용해 데이터를 시각적으로 비교하거나 추세를 판단할 수 있도록 차트를 작성하는 기능이다.
- 차트의 원본이 되는 테이블이나 쿼리의 필드 하나는 숫자(통화) 데이터 형식이어야 한다.

🐾 따라하기 TIP

따라하기 파일 • Part03_Chapter04_차트-따라파일.accdb

마법사로 만들기

① [양식 디자인] 탭-[컨트롤] 그룹-[컨트롤 마법사 사용](🔳)이 선택된 상태에서 [디자인] 탭-[컨트롤] 그룹-[차트](📊)를 클릭한 후 해당 위치에 드래그하여 삽입한다.

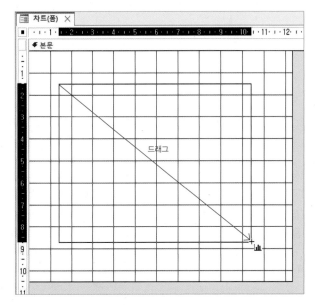

② [차트 마법사] 대화 상자가 나타나면 단계별 지시에 따라 수행한다.

③ 1단계 : 사용할 테이블이나 쿼리를 선택하고 [다음]을 클릭한다.

④ 2단계 : 차트를 만드는 데 사용할 필드를 지정하고 [다음]을 클릭한다.

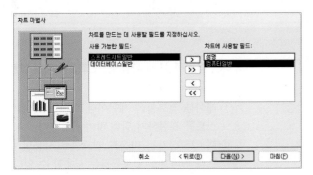

⑤ 3단계 : 차트의 유형을 선택하고 [다음]을 클릭한다.

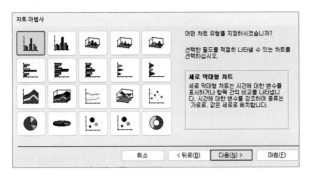

⑥ 4단계 : 차트에 데이터를 배치하는 단계이며, 필드 단추를 마우스로 드래그하여 끌어다 놓은 후 [다음]을 클릭한다.

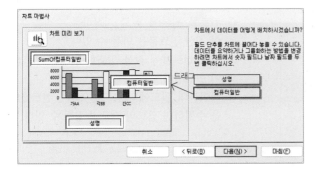

⑦ 5단계 : 차트의 제목, 범례 표시 여부를 설정한 후 [마침]을 클릭한다.

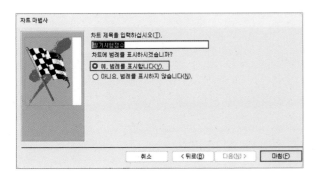

01 다음 중 제공된 항목에서만 값을 선택할 수 있으며 직접 입력할 수는 **없는** 컨트롤은?

① 텍스트 상자　　② 레이블
③ 콤보 상자　　④ 목록 상자

목록 상자 : 목록 상자는 목록을 항상 표시하고, 목록에 있는 값만 입력할 경우 유용함

02 다음 중 폼에서 데이터 원본으로 사용하는 테이블의 필드 값을 보여주고, 값을 수정할 수도 있는 컨트롤로 가장 적절한 것은?

① 바운드 컨트롤
② 언바운드 컨트롤
③ 계산 컨트롤
④ 탭 컨트롤

바운드 컨트롤 : 원본으로 사용된 테이블이나 쿼리의 필드에 연결되며 데이터베이스의 필드로부터 값을 표시하고, 입력, 업데이트할 수 있음

오답 피하기

• 언바운드 컨트롤 : 데이터 원본이 없는 컨트롤로 정보나 선, 사각형, 그림을 표시할 수 있음
• 계산 컨트롤 : 데이터 원본으로 식을 사용함

03 아래 그림의 반 필드와 같이 데이터 입력 시 목록 상자에서 원하는 값을 선택하려고 할 때 설정해야 하는 필드 속성은?

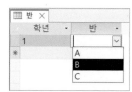

① 입력 마스크　　② 캡션
③ 유효성 검사 규칙　　④ 조회

조회 : 필드에 값을 직접 입력하지 않고 목록에서 값을 선택하는 필드를 만들 때 사용함

오답 피하기

• 입력 마스크 : 특정 형식의 숫자나 문자를 입력할 때 입력 형식을 지정해 주는 것
• 캡션 : 폼 보기의 제목 표시줄에 나타나는 텍스트를 설정함
• 유효성 검사 규칙 : 레코드, 필드, 컨트롤 등에 입력할 수 있는 데이터의 요구 사항을 지정함

04 다음 중 폼 작성 시 사용하는 컨트롤에 대한 설명으로 옳지 **않은** 것은?

① 레이블 컨트롤은 제목이나 캡션 등의 설명 텍스트를 표현하기 위해 많이 사용된다.
② 텍스트 상자는 바운드 컨트롤로 사용할 수 있으나 언바운드 컨트롤로는 사용할 수 없다.
③ 목록 상자 컨트롤은 여러 개의 데이터 행으로 구성되며 대개 몇 개의 행을 항상 표시할 수 있는 크기로 지정되어 있다.
④ 콤보 상자 컨트롤은 선택 항목 목록을 보다 간단한 방식으로 나타내기 위해 드롭다운 화살표를 클릭하기 전까지는 목록이 숨겨져 있다.

텍스트 상자는 바운드 컨트롤, 언바운드 컨트롤, 계산 컨트롤로 사용할 수 있음

05 다음 중 텍스트 상자(Text Box) 컨트롤에 대한 설명으로 가장 옳지 **않은** 것은?

① 어떤 값을 입력받거나 표시하는 경우에 주로 사용하는 컨트롤이다.
② 컨트롤 원본에 '='로 시작하는 수식을 지정하여 계산 컨트롤을 만들 수 있다.
③ 계산 컨트롤에 값을 입력하면 관련 필드의 값이 변경된다.
④ 테이블의 필드에 바운드된 경우, 컨트롤의 값을 수정하면 필드의 값도 수정될 수 있다.

계산 컨트롤에 값을 입력해도 관련 필드의 값이 변경되지 않음

정답 01 ④ 02 ① 03 ④ 04 ② 05 ③

SECTION

05 컨트롤의 사용 2-컨트롤 다루기/ 컨트롤의 주요 속성

▶ 합격 강의

출제빈도 상 (중) 하
반복학습 1 2 3

빈출 태그 컨트롤 다루기 • 주요 속성

---

01 컨트롤 다루기 21년 상시, 08년 10월

1) 컨트롤 선택 15년 10월

- 하나의 컨트롤을 선택할 경우 컨트롤의 아무 곳이나 마우스를 클릭하여 선택한다.
- 폼이나 보고서에서 인접 입력란이나 다른 컨트롤을 선택할 경우는 컨트롤 밖에서 시작하여 선택할 컨트롤이 모두 포함되도록 사각형을 마우스로 그린다.
- 폼이나 보고서에서 인접하지 않거나 겹친 컨트롤을 선택할 경우는 Shift 를 누른 상태에서 선택할 컨트롤을 클릭한다.
- 컨트롤 선택을 취소하려면 Shift 를 누른 상태에서 취소할 컨트롤을 클릭한다.
- 모든 컨트롤을 선택하려면 Ctrl + A 를 누른다.

🅑 **기적의 TIP**

컨트롤 선택과 이동/복사 방법을 중심으로 학습하세요. 모든 컨트롤을 선택하는 바로 가기 키가 Ctrl + A 라는 것도 잊지 마세요.

2) 컨트롤의 이동과 복사 15년 3월, 03년 2월

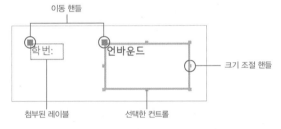

이동 핸들

학 번:

언바운드

크기 조절 핸들

첨부된 레이블   선택한 컨트롤

① 명령을 이용한 이동과 복사

- 이동 : 이동할 컨트롤이나 컨트롤 레이블을 선택한 다음, 잘라내어 해당 위치에서 붙여넣는다.
- 복사 : 복사할 컨트롤이나 컨트롤 레이블을 선택한 다음, 복사하여 해당 위치에서 붙여넣는다.
- 붙여넣을 위치 지정
  - 구역을 선택한 경우 : 해당 구역의 왼쪽 위에 컨트롤이 붙여진다.
  - 컨트롤을 선택한 경우 : 선택한 컨트롤 아래에 해당 컨트롤이 붙여진다.

✅ **개념 체크**

1 인접하지 않거나 겹친 컨트롤을 선택할 경우, ( )를 누른 상태에서 선택할 컨트롤을 클릭한다.

2 모든 컨트롤을 선택하려면 ( )를 누른다.

3 레이블이 있는 컨트롤을 복사하여 다른 구역에 붙여넣을 때, 레이블은 붙여넣기가 되지 않는다. (○, ×)

4 컨트롤을 선택 취소하려면 Ctrl 를 누른 상태에서 취소할 컨트롤을 클릭한다. (○, ×)

1 Shift 2 Ctrl + A 3 × 4 ×

▶ **명령 실행 방법**

명령	리본 메뉴	아이콘	바로 가기 키	바로 가기 메뉴
복사	[홈] 탭─[클립보드] 그룹─[복사]	⧉	Ctrl + C	[복사]
잘라내기	[홈] 탭─[클립보드] 그룹─[잘라내기]	✂	Ctrl + X	[잘라내기]
붙여넣기	[홈] 탭─[클립보드] 그룹─[붙여넣기]	📋	Ctrl + V	[붙여넣기]

- 레이블이 같이 있는 컨트롤의 경우 컨트롤을 복사하여 다른 구역에 붙여넣기를 하면 레이블도 같이 붙여넣기가 된다.

② 마우스를 이용한 이동 04년 8월

- 컨트롤과 컨트롤 레이블을 함께 이동 : 이동할 컨트롤이나 컨트롤 레이블을 클릭하여 선택한 다음, 컨트롤이나 컨트롤 레이블 테두리 위에서 마우스 포인터가 이동 모양()일 때 해당 위치로 드래그 앤 드롭한다.

- 컨트롤과 컨트롤 레이블을 따로 이동 : 이동할 컨트롤이나 컨트롤 레이블을 클릭하여 선택한 다음, 컨트롤이나 컨트롤 레이블 왼쪽 모서리에 있는 이동 핸들 위에서 포인터가 위를 가리키는 이동 모양()일 때 해당 위치로 드래그 앤 드롭한다.

- Shift 를 누른 상태에서 이동할 경우 다른 컨트롤과의 세로 및 가로 맞춤을 유지할 수 있다.
- Ctrl 을 누른 상태에서 방향키를 누를 경우 컨트롤은 미세하게 조금씩 이동한다.

3) 컨트롤의 삭제

- 삭제할 컨트롤을 클릭하여 선택한 다음 Delete 를 누르거나 바로 가기 메뉴에서 [삭제]를 실행한다.
- 컨트롤에 레이블이 있으면 컨트롤과 레이블이 같이 삭제된다.
- 레이블만 삭제하려면 레이블을 클릭한 다음 Delete 를 눌러 삭제한다.

4) 컨트롤의 크기 조정 06년 7월, 05년 2월/5월, 03년 7월

- 크기를 조정할 컨트롤을 클릭하여 선택한다. 크기 조정 핸들을 마우스로 드래그하여 컨트롤을 원하는 크기로 만든다.
- 여러 개의 컨트롤을 선택한 경우 한 컨트롤의 크기 조정 핸들을 끌면 선택한 모든 컨트롤의 크기가 조정된다.
- 컨트롤의 크기를 조금씩 조정할 경우에는 해당 컨트롤을 선택한 다음 Shift 를 누른 상태에서 키보드의 방향키를 눌러 조절한다.
- 내용에 맞게 컨트롤 크기 조정 : 크기를 조정할 컨트롤을 선택한 뒤 [정렬] 탭-[크기 및 순서 조정] 그룹-[크기/공간]-[자동]을 클릭하여 크기를 조정한다.
- 눈금을 사용하여 컨트롤 크기 조정 : 눈금이 나타나지 않으면 [정렬] 탭-[크기 및 순서 조정] 그룹-[크기/공간]-[눈금]을 클릭한다. 크기를 조정할 컨트롤을 선택한 뒤 [정렬] 탭-[크기 및 순서 조정] 그룹-[크기/공간]-[눈금에 맞춤]을 클릭하여 크기를 조정한다.

- 여러 개의 컨트롤 크기를 한꺼번에 일정하게 조정 : 크기를 조정할 컨트롤을 선택한다. [정렬] 탭-[크기 및 순서 조정] 그룹-[크기/공간]에서 다음 나타나는 명령 중하나를 클릭한다.

가장 긴 길이에	선택한 컨트롤 중 가장 긴 컨트롤 길이로 모든 컨트롤의 길이를 조정함
가장 짧은 길이에	선택한 컨트롤 중 가장 짧은 컨트롤 길이로 모든 컨트롤의 길이를 조정함
가장 넓은 너비에	선택한 컨트롤 중 가장 넓은 컨트롤 너비에 맞춰 모든 컨트롤을 조정함
가장 좁은 너비에	선택한 컨트롤 중 가장 좁은 컨트롤 너비에 맞춰 모든 컨트롤을 조정함

5) 컨트롤의 맞춤 조정

- 컨트롤을 눈금으로 맞춤 조정 : 눈금이 나타나지 않으면 [정렬] 탭-[크기 및 순서조정] 그룹-[크기/공간]-[눈금]을 선택한다.
- 맞춤 조정할 컨트롤을 선택하고 [정렬] 탭-[크기 및 순서 조정] 그룹-[맞춤]-[눈금에 맞춤]을 선택한다.
- 여러 개의 컨트롤 간의 맞춤 조정 : 맞춤 조정할 컨트롤을 선택한다. 같은 열이나행에 있는 컨트롤만 선택할 수 있다. [정렬] 탭-[크기 및 순서 조정] 그룹-[맞춤]에서 하나를 선택한다.

인접해 있지 않는 컨트롤 선택
Shift를 사용하면 떨어져 있는 컨트롤을 여러 개 선택할 수 있음

눈금에 맞춤	선택한 모든 컨트롤을 눈금에 맞춤
왼쪽	선택한 모든 컨트롤의 왼쪽 가장자리를 가장 왼쪽에 있는 컨트롤의 왼쪽 가장자리에 맞춤
오른쪽	선택한 모든 컨트롤의 오른쪽 가장자리를 가장 오른쪽에 있는 컨트롤의 오른쪽 가장자리에 맞춤
위쪽	모든 컨트롤의 위 가장자리를 가장 위쪽에 있는 컨트롤의 위 가장자리에 맞춤
아래쪽	모든 컨트롤의 아래 가장자리를 가장 아래쪽에 있는 컨트롤의 아래 가장자리에 맞춤

- 여러 개의 컨트롤 간격을 일정하게 설정 : 간격을 조정할 컨트롤(최소한 3개 이상)을 선택한다. 레이블이 있는 컨트롤의 경우 레이블이 아닌 컨트롤을 선택한다. [정렬] 탭-[크기 및 순서 조정] 그룹-[크기/공간]-[가로 간격 같음]이나 [세로 간격 같음]을 클릭하여 조정한다.
- 여러 개의 컨트롤 사이 공간 넓히기/좁히기 : 조정하려는 컨트롤을 선택하고 [정렬] 탭-[크기 및 순서 조정] 그룹-[크기/공간]에서 가로 및 세로 간격에 있어 [넓게]나 [좁게]를 클릭한다.

6) 컨트롤의 그룹 설정/해제

- 여러 개의 컨트롤을 그룹할 경우 그룹화가 된 컨트롤을 한꺼번에 이동/복사할 수있으며 그룹으로 묶인 컨트롤의 크기를 한 번에 조정할 수 있다.
- 그룹 설정 : 그룹화하고자 하는 컨트롤을 선택한 다음 [정렬] 탭-[크기 및 순서 조정] 그룹-[크기/공간]-[그룹]을 클릭한다.
- 그룹 해제 : 그룹화를 해제하고자 하는 컨트롤을 선택한 다음 [정렬] 탭-[크기 및순서 조정] 그룹-[크기/공간]-[그룹 해제]를 선택하여 지정한다.

- 컨트롤의 크기, 모양, 색상, 동작, 이름 등과 같은 컨트롤 속성의 전반적인 사항을 정의하는 기능이다.
- 컨트롤의 종류에 따라서 표시되는 속성은 다르다.
- 컨트롤의 속성은 각각의 컨트롤별로 지정할 수 있고, 여러 컨트롤을 선택하여 한꺼번에 지정할 수도 있다.
- 여러 컨트롤을 선택하는 경우 해당 그룹 전체에서 공유되는 속성만 표시된다.

1) 속성 시트 창의 실행

리본 메뉴	[양식 디자인] 탭–[도구] 그룹–[속성 시트](▤)를 클릭함
마우스 사용	컨트롤을 더블클릭함
바로 가기 키	F4 나 Alt + Enter 를 누름
바로 가기 메뉴	[속성]을 선택함

2) [형식] 탭 20년 7월, 07년 7월/10월, 06년 7월, 05년 2월, 03년 7월

형식	데이터를 표시하는 방법을 지정함
소수 자릿수	숫자를 표시할 때 사용되는 소수 자릿수를 지정함. 소수점 15자리까지 지정 가능함
표시	컨트롤을 화면에 표시하거나 숨길 수 있으며, '예' 선택 시 화면에 표시함
배경 스타일	• 컨트롤을 투명하게 할 것인지 여부를 지정함 • 값이 '보통'일 때 모든 컨트롤의 기본값으로, 컨트롤의 내부 색을 BackColor 속성으로 설정함 • '투명'일 때 컨트롤이 투명하게 되어, 컨트롤 뒤에 있는 폼이나 보고서의 색이 보임
배경색	컨트롤의 배경색을 지정함
특수 효과	• 컨트롤에 특별한 서식을 적용할 때 사용함 • 종류에는 기본, 볼록, 오목, 새김(사방), 그림자, 새김(밑줄)이 있음
테두리 스타일	• 컨트롤 테두리를 나타내는 방법을 지정함 • 종류에는 투명, 실선, 파선, 짧은 파선, 점선, 성긴 점선, 대시–점, 대시–점–점이 있음
테두리 색	컨트롤의 테두리 색상을 지정함
테두리 두께	• 컨트롤의 테두리 두께를 지정함 • 종류에는 가는선, 0, 1, …, 6pt가 있음
문자색	컨트롤의 텍스트 색상을 지정함
글꼴 이름	각 텍스트의 글자 모양을 지정함
글꼴 크기	각 텍스트의 글자 크기를 지정함
글꼴 두께	컨트롤에 표시되는 글자의 선 두께를 지정함
글꼴 기울임꼴	컨트롤에 표시되는 글자를 기울임꼴로 나타낼 것인지 지정함
글꼴 밑줄	컨트롤에 표시되는 글자에 밑줄을 표시할 것인지 지정함
텍스트 맞춤	컨트롤에서 텍스트 맞춤 형식을 지정함
캡션	컨트롤에 표시되는 텍스트를 지정함
열 개수	목록 상자나 콤보 상자의 목록 상자 부분에 표시되는 열 수를 지정함

열 너비	• 여러 개의 열로 이루어진 콤보 상자나 목록 상자에서 각 열의 너비를 지정함 • 열 항목은 세미콜론(;)을 사용하여 구분함
중복 내용 숨기기	컨트롤 값이 이전 레코드의 컨트롤 값과 같은 경우, 보고서에서 컨트롤을 숨길 수 있도록 지정함
확장 가능	• 인쇄하거나 미리 보는 폼과 보고서에서 구역이나 컨트롤의 모양을 조절할 수 있음 • 구역이나 컨트롤에 들어 있는 모든 데이터를 인쇄하거나 미리 볼 수 있게 구역이나 컨트롤이 세로로 확장하도록 지정함
축소 가능	• 인쇄하거나 미리 보는 폼과 보고서에서 구역이나 컨트롤의 모양을 조절할 수 있음 • 구역이나 컨트롤에 들어 있는 모든 데이터를 인쇄하거나 미리 볼 수 있게 구역이나 컨트롤이 세로로 축소되도록 지정함

3) [데이터] 탭 20년 7월, 16년 3월, 15년 6월/10월, 09년 7월, 06년 2월/5월, 05년 2월, 04년 5월, 03년 9월

컨트롤 원본	• 컨트롤에 나타낼 데이터를 지정함 • 테이블, 쿼리, SQL문 등의 필드에 바운드된 데이터를 표시하고 편집할 수 있음
행 원본 유형	• 목록 상자, 콤보 상자, 차트와 같은 언바운드 OLE 개체 등에 데이터를 제공하는 방법을 지정함 • 종류로는 테이블/쿼리, 값 목록, 필드 목록이 있음
행 원본	목록 상자 및 콤보 상자에 표시될 목록으로 데이터를 지정함
목록 값만 허용	목록에 있는 값만 사용하게 할 때 지정함
바운드 열	현재 레코드에 저장될 데이터가 있는 열 번호를 지정함
기본값	새 레코드가 만들어질 때 필드에 자동으로 입력되도록 할 값을 지정함
입력 마스크	• 데이터를 쉽게 입력할 수 있도록 틀을 지정함 • 입력 마스크를 통해 입력할 수 있는 값을 제한할 수 있음
유효성 검사 규칙	필드에 입력될 내용에 대한 제한이나 조건을 설정함
사용 가능	컨트롤에 포커스 이동 가능 여부를 설정함
잠금	컨트롤에 있는 데이터의 수정 여부를 지정함

4) [이벤트] 탭 08년 5월

On Current	컨트롤에 포커스가 들어왔을 때 실행될 매크로나 프로시저를 지정함
On Dbl Click	컨트롤을 더블클릭하였을 때 실행될 매크로나 프로시저를 지정함
On Click	컨트롤을 마우스로 클릭하였을 때 실행될 매크로나 프로시저를 지정함

5) [기타] 탭 20년 7월, 19년 3월, 13년 3월, 07년 7월, 05년 2월

이름	컨트롤의 이름을 지정함
IME 모드	포커스가 현재 컨트롤에 이동했을 때 입력 모드를 지정함
Enter 키 기능	입력란 컨트롤에서 Enter 를 누를 때 수행할 작업을 지정함
상태 표시줄 텍스트	컨트롤을 선택했을 때 상태 표시줄에 표시되는 텍스트를 지정함
컨트롤 팁 텍스트	마우스 포인터를 컨트롤 위에 올려놓았을 때 스크린 팁에 나타나는 텍스트를 지정함
탭 정지	Tab 을 사용해 포커스를 컨트롤로 옮길 수 있는지 여부를 지정함
탭 인덱스	컨트롤의 탭 순서를 지정함
여러 항목 선택	목록 상자에서 항목을 여러 개 선택할 수 있는지와 그 방법을 지정함

• '컨트롤 원본' 속성에서 함수나 수식 사용 시 문자는 큰따옴표("), 필드명이나 컨트롤 이름은 [ ]를 사용하여 구분함(예 [FirstName] & " " & [LastName])
• 앰퍼샌드(&)는 FirstName 필드 값, 공백 문자(따옴표로 묶인 공백) 및 LastName 필드 값을 결합함
• 날짜/시간 값을 사용하려면 해당 값을 파운드 기호(#)로 묶어서 나타냄(예 #2024-6-3#)
• Access에서 # 문자로 둘러싸인 유효한 날짜/시간 값을 발견하면 그 값이 날짜/시간 데이터 형식으로 자동 처리됨

✔ 개념 체크

1 행 원본 유형에서 종류로는 테이블/쿼리, 값 목록, 필드 목록이 있다. (○, ×)

2 입력 마스크를 통해 입력할 수 있는 값을 제한할 수 없다. (○, ×)

3 On Click 이벤트는 컨트롤을 마우스로 클릭하였을 때 실행될 매크로나 프로시저를 지정한다. (○, ×)

4 상태 표시줄 텍스트는 컨트롤을 선택하지 않았을 때 상태 표시줄에 표시되는 텍스트를 지정한다. (○, ×)

5 탭 정지 설정은 Tab 을 사용해 포커스를 컨트롤로 옮길 수 있는지 여부를 지정한다. (○, ×)

1 ○ 2 × 3 ○ 4 × 5 ○

01 다음 중 콤보 상자 컨트롤의 각 속성에 대한 설명으로 옳지 않은 것은?

① 행 원본(Row Source) : 콤보 상자 컨트롤에서 사용할 데이터 설정
② 컨트롤 원본(Control Source) : 연결할(바운드 할) 데이터 설정
③ 바운드 열(Bound Column) : 콤보 상자 컨트롤에 저장할 열 설정
④ 사용 가능(Enabled) : 컨트롤에 입력된 데이터의 편집 여부 설정

잠금 : 컨트롤에 입력된 데이터의 편집 여부 설정

02 다음 설명에 해당하는 폼의 속성으로 옳은 것은?

> 폼에 연결할 데이터의 테이블 이름이나 쿼리를 입력하여 설정

① 기본 보기   ② 캡션
③ 레코드 원본   ④ 레코드 잠금

오답 피하기
• 기본 보기 : 폼 보기의 기본 보기 형식을 설정함
• 캡션 : 폼 보기의 제목 표시줄에 나타나는 텍스트를 설정함
• 레코드 잠금 : 동시에 같은 레코드를 편집하려고 할 때 레코드 잠그는 방법을 설정함

03 다음 중 보고서에서 순번 항목과 같이 그룹 내의 데이터에 대한 일련 번호를 표시하기 위해 해당 텍스트 상자 컨트롤을 설정하는 방법으로 가장 적절한 것은?

① 텍스트 상자의 컨트롤 원본을 '=1'로 지정하고, 누적 합계를 '그룹'으로 지정한다.
② 텍스트 상자의 컨트롤 원본을 '+1'로 지정하고, 누적 합계를 '그룹'으로 지정한다.
③ 텍스트 상자의 컨트롤 원본을 '+1' 지정하고, 누적 합계를 '모두'로 지정한다.
④ 텍스트 상자의 컨트롤 원본을 '=1'로 지정하고, 누적 합계를 '모두'로 지정한다.

그룹 내의 데이터에 대한 일련 번호를 표시하기 위해서는 텍스트 상자의 컨트롤 원본을 '=1'로 지정하고, 누적합계를 '그룹'으로 지정함

04 다음 중 폼에 삽입된 텍스트 상자 컨트롤의 이름을 변경하는 방법으로 옳은 것은?

① 텍스트 상자 컨트롤의 바로 가기 메뉴에서 '변경'을 선택한 후 이름을 입력한다.
② 텍스트 상자 컨트롤에 연결된 레이블 컨트롤에 이름을 입력한다.
③ 텍스트 상자 컨트롤의 속성 창을 열고 이름 항목에 입력한다.
④ 텍스트 상자 컨트롤을 클릭한 다음 컨트롤 안에 이름을 입력한다.

텍스트 상자 컨트롤의 속성 창을 열고 이름 항목에 입력하는 경우 폼에 삽입된 텍스트 상자 컨트롤의 이름이 변경됨

05 다음 중 보고서에서 '텍스트 상자' 컨트롤의 속성 설정에 대한 설명으로 옳지 않은 것은?

① '상태 표시줄 텍스트' 속성은 컨트롤을 선택했을 때 상태 표시줄에 표시할 메시지를 설정한다.
② '컨트롤 원본' 속성에서 함수나 수식 사용 시 문자는 작은따옴표('), 필드명이나 컨트롤 이름은 큰따옴표(")를 사용하여 구분한다.
③ '사용 가능' 속성은 컨트롤에 포커스를 이동시킬 수 있는지의 여부를 설정한다.
④ '중복 내용 숨기기' 속성은 데이터가 이전 레코드와 같을 때 컨트롤의 숨김 여부를 설정한다.

'컨트롤 원본' 속성에서 함수나 수식 사용 시 문자는 큰따옴표("), 필드명이나 컨트롤 이름은 [ ]를 사용하여 구분함

SECTION

06

폼 작성 기타

출제빈도 상 (중) 하
반복학습 1 2 3

빈출 태그 계산 컨트롤

▶ 합격 강의

01 계산 컨트롤과 식 작성

1) 계산 컨트롤

- 계산 컨트롤은 데이터의 원본을 이용하여 식을 작성하는 것이다.
- 식은 폼이나 보고서에서 사용하는 테이블이나 다른 컨트롤의 데이터, 쿼리의 필드 데이터 등을 사용할 수 있다.
- 모든 계산 컨트롤은 등호(=) 연산자로 시작해야 한다.

2) 계산 컨트롤의 작성 24년 상시, 23년 상시, 22년 상시, 11년 3월, 07년 5월, 05년 2월/7월, 03년 9월

- 폼이나 보고서의 디자인 보기에서 계산 컨트롤로 사용할 컨트롤을 삽입한다.
- 삽입한 컨트롤의 [속성] 창을 표시한 다음, 컨트롤 원본 속성에 식을 입력한다.
- 식 작성기로 식을 만들기 위해서는 컨트롤 원본 속성의 작성 단추(⋯)를 클릭한다.

▲ 폼 디자인 보기   ▲ 폼 보기

- 텍스트 상자 컨트롤은 식을 직접 입력하여 작성할 수 있다.
- 테이블이나 쿼리, 폼, 보고서, 필드, 컨트롤의 이름은 대괄호([ ])로 묶어서 표현한다.

예 =[수량] * [단가]
   =[금액] * 0.1
   =IIf([금액] >=500000,"우수","보통")

- 개체명을 입력하면 특수 문자(공백이나 밑줄)를 포함한 개체명 외에는 자동으로 대괄호([ ])가 삽입된다.
- 실행 중인 폼이나 보고서 또는 컨트롤을 참조하기 위해서는 느낌표(!) 연산자를 사용한다.

기적의 TIP

계산 컨트롤의 작성과 폼, 보고서에 사용하는 식 예제에 대해 자주 출제되고 있습니다. 여러 예제를 통해 정확히 이해하세요.

- F4 , Alt + Enter : 속성 시트
- F5 : 폼 디자인 보기에서 폼 보기로 전환

개념 체크

1 모든 계산 컨트롤은 (   ) 연산자로 시작해야 한다.

2 실행 중인 폼이나 보고서 또는 컨트롤을 참조하기 위해서는 (   ) 연산자를 사용한다.

3 계산 컨트롤은 데이터의 원본을 이용하여 식을 작성하는 것이다. (○, ×)

4 텍스트 상자 컨트롤은 식을 직접 입력하여 작성할 수 없다. (○, ×)

5 개체명을 입력하면 특수 문자(공백이나 밑줄)를 포함한 개체명 외에는 자동으로 대괄호([ ])가 삽입된다. (○, ×)

1 등호(=) 2 느낌표(!)
3 ○ 4 × 5 ○

예 실행 중인 물품 폼 **○** Forms![물품] 실행 중인 물품 보고서 **○** Reports![물품]
　실행 중인 물품 폼의 관리번호 컨트롤 **○** Forms![물품]![관리번호]

- 폼, 보고서, 컨트롤의 속성을 참고할 때는 점(.) 연산자를 사용한다.

예 물품 보고서에서 대리점명 컨트롤의 화면 표시(Visible) 속성
　○ Reports![물품]![대리점명].Visible

- 리터럴 문자열이 있는 필드나 컨트롤, 속성의 값을 조합하기 위해서는 연결(&) 연산자를 사용한다.

예 리터럴 문자열 "[관리번호]="와 물품 폼의 관리번호 컨트롤 값의 조합
　○ "[관리번호]=" & Forms![물품]![물품번호]

3) 폼, 보고서에 사용하는 식 예제 23년 상시, 22년 상시, 12년 3월, 10년 3월/10월, 09년 7월, 08년 5월

① 계산 함수

CCur 함수
계산 결과 소수점이 나오는 경우
이를 화폐 단위로 변환하는 함수

식	결과
=Sum([금액])	[금액] 필드의 합계액을 산출하여 표시함
=Avg([데이터베이스])	[데이터베이스] 필드값의 평균을 산출하여 표시함
=Count([관리번호])	[관리번호] 필드의 레코드 개수를 표시함
=Avg([중간]+[기말])	[중간]과 [기말] 필드값의 합에 대한 평균을 산출하여 표시함

② 텍스트 값과 산술 연산

식	결과
="컴퓨터활용능력1급"	"컴퓨터활용능력1급"을 표시함
=[국가] & " " & [도시]	[국가]와 [도시] 필드값을 공백으로 구분하여 표시함
=[중간고사]+[기말고사]	[중간고사]와 [기말고사] 필드값의 합계를 표시함
=[수량] * [단가]	[수량] 필드와 [단가] 필드를 곱한 결과를 표시함
=[금액]-[할인액]	[금액] 필드에서 [할인액] 필드의 값을 빼서 그 결과를 표시함
=[금액] * 0.2	[금액] 필드의 값에 0.2를 곱한 결과를 표시함
=[합계]/3	[합계] 필드의 값을 3으로 나눈 결과를 표시함

③ 날짜 및 조건식

=NOW( )
오늘 날짜와 시간을 표시하는 함수

식	결과
=Date( )	현재 날짜를 표시함
=Time( )	현재 시간을 표시함
=DatePart("yyyy", [계약일])	[계약일] 필드값의 연도를 4자리로 표시함
=DateAdd("y", -100, [행사일])	[행사일] 필드값의 100일 전 날짜를 표시함
=DateDiff("d", [시작일], [종료일])	[시작일]과 [종료일] 필드값의 차이를 표시함
=IIf([점수]>=60, "합격", "불합격")	[점수] 필드의 값이 60점 이상이면 "합격", 그렇지 않으면 "불합격"을 표시함
=IIf(IsNull([사번]), "사번입력", " ")	[사번] 필드의 값이 공백이면 "사번입력", 그렇지 않으면 비워둠

02 머리글 및 바닥글에 요약 정보 표시

- 폼이나 페이지의 머리글 및 바닥글에 폼이나 페이지에 대한 요약 사항이나 부수적인 정보를 나타낼 때 사용할 수 있다.
- 일반적으로 날짜나 시간, 레코드의 합계, 개수, 평균 등을 구하고자 할 때 계산식을 이용하여 표현할 수 있다.
- 폼에서 바로 가기 메뉴 중 [페이지 머리글/바닥글]을 클릭하여 페이지 머리글과 바닥글을 표시한다.
- [양식 디자인] 탭-[머리글/바닥글] 그룹-[날짜 및 시간]을 클릭하여 날짜와 시간을 삽입할 수 있다.

- [양식 디자인] 탭-[머리글/바닥글] 그룹에서 날짜 및 시간을 삽입하면 다음과 같이 폼 머리글에 『=Date( ), =Time( )』이 나타난다.

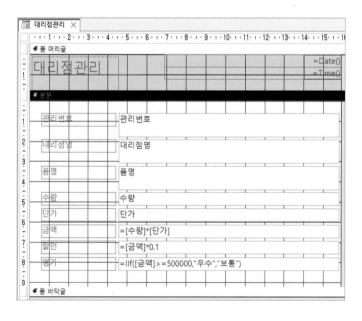

✓ 개념 체크

1 폼에서 바로 가기 메뉴 중 [페이지 머리글/바닥글]을 클릭하여 페이지 머리글과 ( )을 표시한다.

2 [양식 디자인] 탭-[머리글/바닥글] 그룹에서 날짜 및 시간을 삽입하면 다음과 같이 폼 머리글에 『( ), ( )』이 나타난다.

3 머리글 및 바닥글은 폼이나 페이지에 대한 요약 정보를 표시하는 데 사용할 수 있다. (○, ×)

1 바닥글 2 =Date( ), =Time( )
3 ○

1) 도메인 계산 함수 ^{03년 7월}

DHAP이라는 함수는 존재하지 않음

- 테이블이나 쿼리, SQL 식에 의해 정의된 레코드 집합을 이용하여 통계 계산을 구할 때 사용하는 함수이다.
- 도메인 계산 함수는 폼이나 보고서의 계산 컨트롤, 쿼리 조건식, 매크로, 모듈에서 사용할 수 있다.

=도메인 계산 함수(인수, 도메인, 조건식)

함수	DSum(합계), DAvg(평균), DCount(개수), DMin(최소값), DMax(최대값), DLookUp(특정 필드값) 등
인수	• 함수를 구할 필드나 폼 컨트롤, 상수, 함수 등 • 각각을 큰따옴표(" ")로 묶어줘야 하며, 문자열을 연결할 때는 &를 사용함
도메인	테이블명이나 쿼리명 등
조건식	계산 조건을 설정, 생략이 가능하며, 생략시 전체 도메인을 대상으로 계산함

2) 도메인 함수 사용 예 ^{24년 상시, 23년 상시, 22년 상시, 21년 상시, 20년 2월, 18년 9월, 15년 3월/6월, 14년 3월, 13년 3월/6월, …}

DSum	특정 레코드 집합(도메인)의 합계를 계산 예 =DSum("[데이터베이스]","[성적]","[컴퓨터일반]>=80") ➡ [성적] 테이블에서 컴퓨터일반이 80점 이상인 데이터베이스의 합계를 구함
DAvg	특정 레코드 집합(도메인)의 평균값을 계산함 예 =DAvg("[스프레드시트]","[성적]","[컴퓨터일반]>=80") ➡ [성적] 테이블에서 컴퓨터일반이 80점 이상인 스프레드시트의 평균을 구함
DCount	특정 레코드 집합(도메인)의 레코드 개수를 계산 예 =DCount("[성명]","[성적]","[데이터베이스]=80") ➡ [성적] 테이블에서 데이터베이스가 80점이고 성명 필드에 값이 들어 있는 레코드의 개수를 구함
DMin	특정 레코드 집합(도메인)의 최소값을 계산 예 =DMin("[컴퓨터일반]","[성적]","[데이터베이스]>=60") ➡ 성적 테이블에서 데이터베이스가 60점 이상인 학생의 컴퓨터일반 중 최소값을 구함
DMax	특정 레코드 집합(도메인)의 최대값을 계산 예 =DMax("[컴퓨터일반]","[성적]","[데이터베이스]>=60") ➡ 성적 테이블에서 데이터베이스가 60점 이상인 학생의 컴퓨터일반 중 최대값을 구함
DLookUp	레코드 집합(도메인)의 특정 필드값을 구함 예 =DLookUp("[스프레드시트]","[성적]","[성명]='안지현'") ➡ 성적 테이블에서 성명이 안지현인 학생의 스프레드시트 점수를 구함

🅕 기적의 TIP

도메인 사용 함수는 조건에 맞는 함수 사용 예를 고르는 문제 유형으로 출제됩니다. 예를 통해 충분히 익혀두세요.

✓ 개념 체크

1 도메인 계산 함수는 오직 테이블에서만 사용할 수 있다. (○, ×)

2 DAvg 함수는 특정 레코드 집합(도메인)의 평균값을 계산한다. (○, ×)

3 DMax 함수는 특정 레코드 집합(도메인)의 최소값을 계산한다. (○, ×)

1 × 2 ○ 3 ×

▲ 폼 디자인 보기　　　　　　　　　　　　　　▲ 폼 보기

03 다른 형식으로 바꾸어 내보내기 13년 10월, 11년 3월, 08년 2월/8월, 05년 5월

- 폼을 작성한 다음 Microsoft Office Access 파일이나 Microsoft Excel, HTML 문서, 텍스트 파일, PDF 또는 XPS, Word(서식 있는 텍스트(*.rtf)), XML(*.xml) 형식 등으로 바꾸어 내보낼 수 있다.
- [외부 데이터] 탭-[내보내기] 그룹에서 [Excel]을 선택하여 [내보낼 데이터의 대상 선택] 대화 상자가 표시되면 내보내기할 파일 이름과 파일 형식을 지정한 다음 [확인]을 클릭한다.

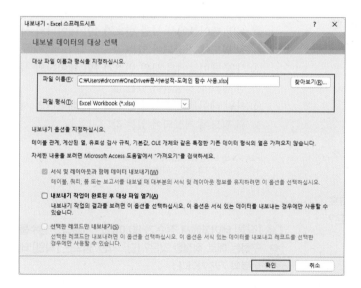

✅ 개념 체크

1 Microsoft Office Access 에서 작성한 폼을 다른 형식 으로 내보내기를 할 수 있 다. (○, ×)

2 내보낼 파일 형식을 지정하 기 위해 [내보내기] 그룹에 서 [Excel]을 선택하면 된 다. (○, ×)

3 내보내기를 할 때 파일 이름 을 지정할 수 없다. (○, ×)

1 ○ 2 ○ 3 ×

01 [매출 실적 관리] 폼의 'txt평가' 컨트롤에는 'txt매출수량' 컨트롤의 값이 1,000 이상이면 우수, 500 이상이면 보통, 그 미만이면 저조라고 표시하고자 한다. 다음 중 'txt평가'의 컨트롤 원본으로 옳지 않은 것은?

① =IIf([txt매출수량]<500, "저조", IIf(txt매출수량>=1000, "우수", "보통"))

② =IIf([txt매출수량]<500, "저조", IIf(txt매출수량>=500, "보통", "우수"))

③ =IIf([txt매출수량]=1000, "우수", IIf([txt매출수량]>=500, "보통", "저조"))

④ =IIf([txt매출수량]>=500, IIf([txt매출수량]<1000, "보통", "우수"), "저조")

=IIf([txt매출수량]<500, "저조", IIf(txt매출수량>=500, "보통", "우수")) : 500미만의 경우 "저조"로 표시가 되지만 500이상이면 "보통"이 되므로 1000이상의 경우 해당하는 조건이 존재하지 않음

02 다음 중 현재 폼에서 활성화되어 있는 ShipForm 폼의 DateDue 컨트롤의 Visible 속성을 참조하는 방법으로 옳은 것은?

① Forms![ShipForm]![DateDue].Visible

② Forms.[ShipForm]![DateDue].Visible

③ Forms![ShipForm].[DateDue]!Visible

④ Forms.[ShipForm].[DateDue].Visible

Forms![A]![B].Visible : A 이름의 폼에 사용된 B 이름의 컨트롤을 보이거나 감춤

03 다음 중 〈학생〉 테이블에서 '학년' 필드가 1인 레코드의 개수를 계산하고자 할 때의 수식으로 옳은 것은? (단, 〈학생〉 테이블의 기본키는 '학번' 필드이다.)

① =DLookup("*", "학생", "학년=1")

② =DLookup(*, 학생, 학년=1)

③ =DCount(학번, 학생, 학년=1)

④ =DCount("*", "학생", "학년=1")

• 레코드의 개수를 계산하고자 할 때의 수식은 DCount 함수를 사용함
• 형식 : =DCount("구할 필드", "테이블명", "조건") → =DCount("*", "학생", "학년=1")

04 다음 중 특정 폼을 [내보내기] 그룹을 통해 다른 형식으로 바꾸어 저장하려고 할 때 지정할 수 없는 형식은?

① 텍스트 파일

② Microsoft Excel

③ Paradox

④ XML

오답 피하기

[내보내기]로 저장할 수 있는 종류는 Access, Excel, HTML, txt, PDF 또는 XPS, RTF, XML임

05 폼의 머리글에 아래와 같은 도메인 함수 계산식을 사용하는 컨트롤을 삽입하였다. 다음 중 계산 결과 값에 대한 설명으로 옳은 것은?

= DLOOKUP("성명", "사원", "[사원번호] = 1")

① 성명 테이블에서 사원 번호가 1인 데이터의 성명 필드에 저장되어 있는 값

② 성명 테이블에서 사원 번호가 1인 데이터의 사원 필드에 저장되어 있는 값

③ 사원 테이블에서 사원 번호가 1인 데이터의 성명 필드에 저장되어 있는 값

④ 사원 테이블에서 사원 번호가 1인 데이터의 사원 필드에 저장되어 있는 값

• DLOOKUP : 특정 필드 값을 구할 때 사용하는 함수
• =DLOOKUP("구할 필드", "테이블명", "조건")이므로
→ =DLOOKUP("성명", "사원", "[사원번호] = 1")

06 [직원] 테이블에서 '점수'가 80 이상인 사원의 인원수를 구하는 예로 적절한 것은? (단, '사번' 필드는 [직원] 테이블의 기본키이다.)

① =Dcount("[직원]", "[사번]", "[점수]>80")

② =Dcount("[사번]", "[직원]", "[점수]>=80")

③ =Dlookup("[직원]", "[사번]", "[점수]>=80")

④ =Dlookup("*", "[사번]", "[점수]>=80")

=Dcount("필드명", "테이블명", "조건") : 테이블에서 조건에 맞는 레코드 중 필드명에 해당하는 레코드의 개수를 구함

정답 01 ② 02 ① 03 ④ 04 ③ 05 ③ 06 ②

CHAPTER

보고서(Report) 작성

학습 방향

보고서의 각 구역의 특징과 역할, 정렬과 그룹화, 특히 그룹화는 속성과 그룹 머리글 및 바닥글의 활용 영역 부분이 자주 출제되고 있습니다. 여러 보고서의 특징과 활용 용도에 대해 정확히 알아두세요.

출제 빈도

SECTION 01	중 ▬▬▬▬▬▬	25%
SECTION 02	상 ▬▬▬▬▬▬▬▬	45%
SECTION 03	하 ▬	9%
SECTION 04	중 ▬▬▬▬▬	21%

보고서 작성과 인쇄

▶ 합격 강의

빈출 태그 보고서 • 보고서 만드는 방법 및 종류 • 보고서 인쇄

📒 기적의 TIP

보고서의 개념과 종류를 정확히 알아두세요. 또한 마법사 관련 기능과 종류도 잘 체크해두세요.

01 보고서(Report) 24년 상시, 23년 상시, 22년 상시, 21년 상시, 19년 3월, 18년 3월, 15년 6월, 13년 3월, 12년 6월/9월,…

- 보고서는 데이터베이스에 저장된 테이블이나 쿼리의 내용을 화면이나 프린터로 출력하기 위한 개체이다.
- 보고서는 데이터 원본으로 테이블, 쿼리, SQL문을 사용하며 제목이나 날짜, 페이지 번호 같은 나머지 정보는 보고서 디자인에 저장된다.
- 보고서는 폼과는 달리 컨트롤에 데이터를 입력하거나 수정할 수 없다.
- 보고서는 그룹과 페이지에 데이터별 평균, 합계와 같은 요약 정보를 인쇄할 수 있다.

보고서에서도 폼에서와 같이 이벤트 프로시저를 작성할 수 있으며 폼과 동일하게 컨트롤을 이용하여 테이블의 데이터를 표시함

1) 액세스에서 보고서를 만드는 방법과 종류 18년 9월, 08년 8월, 07년 5월, 06년 7월, 05년 5월

보고서 보고서 새 ↘ 보고서 마법사   업무 문서 우편 엽서
디자인 보고서 ▦ 레이블   양식 마법사 마법사

보고서

보고서	• 하나의 테이블이나 쿼리를 원본으로 사용하며 모든 필드를 사용함 • 그룹 또는 합계와 같은 기능을 추가할 수 있음
보고서 디자인	• 마법사를 사용하지 않고 새 보고서를 만듦 • 사용자가 보고서 작성에 필요한 모든 작업을 직접 수행함
새 보고서	• 선택된 테이블이나 쿼리를 이용하여 보고서를 작성할 수 있음 • 생성된 보고서는 빈 페이지로 표시되며 필드 목록 창이 표시되어 필드를 보고서에 추가할 수 있음
보고서 마법사	• 선택한 필드를 사용하여 자동으로 보고서를 만듦 • 마법사는 사용자가 지정한 레코드 원본, 필드, 레이아웃, 서식을 토대로 보고서를 만듦
레이블	• 우편물 레이블 인쇄용 보고서를 만들어 줌 • 우편번호, 주소, 수신자 이름 등의 내용이 필요함
업무 문서 양식 마법사	업무용 양식(거래 명세서, 세금 계산서) 보고서를 만들어 줌
우편 엽서 마법사	우편 엽서용 보고서를 만들어 줌

✅ 개념 체크

1 보고서는 데이터베이스에 저장된 (   )이나 (   )의 내용을 화면이나 프린터로 출력하기 위한 (   )이다.

2 보고서는 폼과는 달리 컨트롤에 데이터를 (   )하거나 (   )할 수 없다.

3 보고서 디자인은 마법사를 사용하여 새 보고서를 만든다. (○, ×)

4 레이블 보고서는 우편물 레이블 인쇄용으로 만들어진다. (○, ×)

5 업무 문서 양식 마법사는 우편 엽서용 보고서를 만들어 준다. (○, ×)

1 테이블, 쿼리, 개체 2 입력, 수정
3 × 4 ○ 5 ×

02 보고서 작성

1) 디자인 보기를 이용하여 보고서 작성하기

🎓 따라하기 TIP

따라하기 파일 • Part03_Chapter05_성적처리-따라파일.accdb

① [만들기] 탭–[보고서] 그룹–[보고서 디자인]을 클릭한다.

② 보고서 창이 표시되면 [보고서 디자인] 탭–[도구] 그룹에서 [기존 필드 추가]를 클릭한다.

③ 필드 목록 상자에서 추가할 필드를 마우스로 드래그하거나 목록에서 더블클릭하여 본문에 추가한다.

기존 필드 추가
Alt + F8

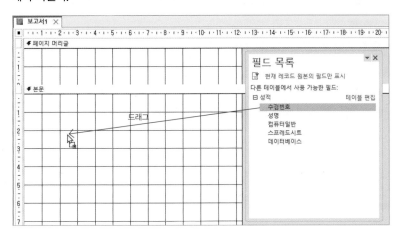

④ 필드 목록의 레코드가 본문 구역에 추가된다. [빠른 실행 도구 모음]의 [저장](🖫)을 클릭한 다음 보고서의 이름을 입력하고 [확인]을 클릭한다.

⑤ [보고서 디자인] 탭–[보기] 그룹의 [인쇄 미리 보기](📄)를 클릭한다.

⑥ 인쇄 미리 보기 창이 열리며 디자인한 보고서의 출력 결과 화면이 나타난다. 이때 보고서를 인쇄하려면 [인쇄 미리 보기] 탭–[인쇄] 그룹의 [인쇄](🖨)를 클릭하여 인쇄한다.

2) 마법사를 이용하여 보고서 작성하기 22년 상시, 20년 7월, 17년 9월, 14년 3월, 04년 8월

🎯 따라하기 TIP

따라하기 파일 • Part03_Chapter05_성적처리–따라파일.accdb

① [만들기] 탭–[보고서] 그룹–[보고서 마법사]를 클릭한다.

② 보고서 마법사 1단계에서는 원본으로 사용할 테이블이나 쿼리를 선택한 다음 [전체 선택 필드](>>)를 클릭하여 모든 필드를 선택하고 [다음]을 클릭한다.

③ 2단계에서는 그룹 수준을 지정하고 [다음]을 클릭한다. 그룹은 나타낼 데이터를 계층별로 분류하여 표시하는 기능이다. 이 예에서는 그룹을 지정하지 않으므로 모든 필드를 계층 없이 같은 수준으로 출력해 준다.

마법사를 통한 설정 사항
• 그룹 수준 지정
• 용지 방향 지정
• 서식 유형 지정
(단, 형식 속성 지정은 안됨)

마법사와 자동 보고서의 차이
마법사는 자동 보고서와는 달리 사용자가 원하는 필드만 사용할 수 있음

보고서의 레코드 원본
• [보고서 마법사]를 통해 필드들을 선택하여 레코드 원본으로 지정
• [속성 시트]의 '레코드 원본' 드롭다운 목록에서 테이블이나 쿼리를 선택하여 지정
• 쿼리 작성기를 통해 새 쿼리를 작성하여 레코드 원본으로 지정
• 여러 개의 테이블에서 필요한 필드를 선택하여 레코드 원본으로 지정할 수 있음

④ 3단계에서는 레코드의 정렬 순서를 지정하고 [다음]을 클릭한다. 필드를 최대 4개까지 사용하고, 레코드를 오름차순 또는 내림차순으로 정렬시킬 수 있다.

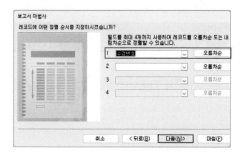

⑤ 4단계에서는 보고서의 모양을 지정하는 단계로서 모양과 용지 방향을 지정하고 [다음]을 클릭한다.

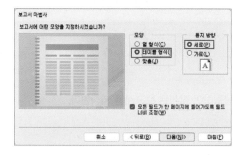

⑥ 5단계인 마지막 단계에서는 보고서의 제목을 지정하고, 미리 보기 여부를 선택한 후 [마침]을 클릭한다.

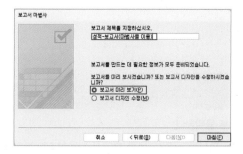

⑦ 보고서 마법사가 자동으로 서식과 레이아웃을 지정하여 보고서를 나타내 준다.

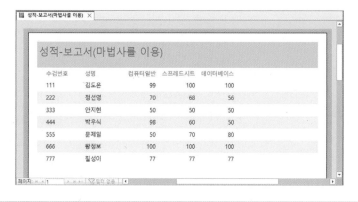

- 보고서에 포함할 필드가 모두 한 테이블에 있는 경우 해당 테이블을 레코드 원본으로 사용함
- 둘 이상의 테이블을 이용하여 보고서를 작성하는 경우 쿼리를 만들어 레코드 원본으로 사용함
- '보고서' 도구를 사용하면 정보를 입력하지 않아도 바로 보고서가 생성되므로 매우 쉽고 빠르게 보고서를 만들 수 있음
- '보고서 마법사'를 이용하는 경우 필드 선택은 여러 개의 테이블 또는 여러 개의 쿼리에서 가능함

3) 자동 보고서 만들기 : 보고서

따라하기 TIP

따라하기 파일 • Part03_Chapter05_성적처리–따라파일.accdb

① 보고서를 작성할 테이블이나 쿼리를 탐색 창에서 선택한 후 [만들기] 탭–[보고서] 그룹–[보고서]를 클릭한다.

② 선택한 테이블이나 쿼리를 원본으로 하는 보고서가 자동으로 생성되고 '레이아웃 보기' 형태로 화면에 표시된다.

③ [빠른 실행 도구 모음]의 [저장](🖫)을 클릭하여 작성된 보고서를 저장한다.

4) 새 보고서 만들기

따라하기 TIP

따라하기 파일 • Part03_Chapter05_성적처리–따라파일.accdb

① [만들기] 탭–[보고서] 그룹–[새 보고서]를 클릭한다.

② 비어있는 보고서와 필드 목록이 화면에 표시된다. 필드 목록 창에서 사용할 테이블의 필드를 더블클릭하거나 마우스로 드래그하여 본문에 위치시킨다.

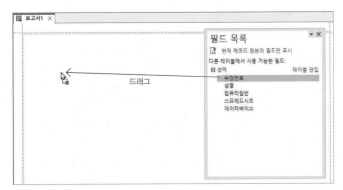

하위 보고서
- 일대다 관계가 적용된 테이블이나 쿼리의 데이터를 나타내려는 경우 유용
- 주 보고서와 하위 보고서에 모두 그룹화 및 정렬 설정이 가능함
- 주 보고서에는 최대 7개까지 중첩하여 하위 보고서를 작성할 수 있음
- 주 보고서에 하위 보고서를 연결하려면 레코드 원본 간에 관계를 만들어야 함
- 디자인 보기 화면에서 삽입된 하위 보고서의 크기를 조절할 수 있음

③ 보고서에 포함시킬 필드가 모두 추가되었으면 [빠른 실행 도구 모음]의 [저장](📙)을 클릭하여 작성된 보고서를 저장한다.

수검번호	성명	컴퓨터일반	스프레드시트	데이터베이스
111	김도온	99	100	100
222	정선영	70	68	56
333	안지현	50	50	50
444	박우식	98	60	50
555	문제일	50	70	80
666	왕정보	100	100	100
777	칠성이	77	77	77

03 보고서 보기 형식 20년 2월, 17년 9월, 16년 3월, 15년 10월, 14년 10월

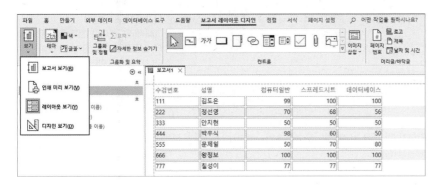

보고서 보기	작성된 보고서의 모양을 화면을 통해서 볼 수 있음
인쇄 미리 보기	폼이나 보고서, 데이터시트, 모듈을 미리 보기 위해 사용함
레이아웃 보기	매개 변수 쿼리를 원본으로 사용하는 보고서는 레이아웃 미리 보기를 하면 매개 변수가 무시되어 값을 입력할 필요가 없음
디자인 보기	• 테이블, 쿼리, 폼, 보고서, 매크로와 같은 데이터베이스 개체의 디자인을 표시하는 창 • 데이터베이스 개체를 새로 만들고, 기존 개체의 디자인을 수정할 수 있음

• **[보고서 보기]** : 인쇄 미리 보기와 비슷하지만 페이지의 구분 없이 한 화면에 보고서를 표시함
• **[인쇄 미리 보기]** : 종이에 출력되는 모양을 표시하며 인쇄를 위한 페이지 설정이 용이함
• **[레이아웃 보기]** : 출력될 보고서의 레이아웃을 보여주며 컨트롤의 크기 및 위치를 변경할 수도 있음
• **[디자인 보기]** : 보고서에 삽입된 컨트롤의 속성, 맞춤, 위치 등을 설정할 수 있음

04 보고서 인쇄하기 23년 상시, 15년 6월, 14년 6월, 13년 10월, 11년 3월, 10년 6월, 08년 5월, 07년 5월, 03년 7월,…

1) [페이지 설정] 대화 상자

• [인쇄 미리 보기] 탭-[페이지 레이아웃] 그룹-[페이지 설정]을 클릭하여 실행한다.
• 보고서를 처음 인쇄하기 전에 여백, 용지 방향 등의 페이지 설정 옵션을 확인할 수 있다.

인쇄 미리 보기에서 페이지 설정 대화 상자 열기 : S

① [인쇄 옵션] 탭 : 용지의 여백을 설정하고 데이터만 인쇄(레이블, 컨트롤의 테두리, 선, 사각형, 눈금선 등의 그래픽 개체들은 인쇄되지 않음)할지 여부를 지정할 수 있다.

❶ 여백	위쪽, 아래 쪽, 왼쪽, 오른쪽의 여백을 지정함
❷ 보기	여백 설정 보기
❸ 데이터만 인쇄	그래픽(레이블이나 컨트롤 테두리, 눈금선, 선이나 상자 등)이 나타나지 않게 데이터만 인쇄함
❹ 분할 표시 폼	폼만 인쇄할지 또는 데이터시트만 인쇄할지를 선택함

② [페이지] 탭 : 용지 방향, 용지 크기, 프린터를 설정한다.

❶ 용지 방향	세로, 가로 용지 방향을 설정함
❷ 용지	크기 및 원본(수동 급지, 용지함 1, 자동 선택)을 설정함
❸ 프린터	기본 프린터 및 프린터 선택을 설정함

③ [열] 탭 : 폼과 보고서의 열 개수, 열 크기, 열 레이아웃을 설정한다.

❶ 눈금 설정	여러 열로 구성된 보고서나 레이블을 인쇄할 때 눈금선 설정을 조절함 • 열 개수 : 인쇄 시 한 페이지에 사용할 열의 개수를 지정함 • 행 간격 : 레코드와 레코드 사이의 간격을 지정함 • 열 간격 : 열과 열 사이의 간격을 지정함	
❷ 열 크기	여러 열로 구성된 보고서나 레이블을 인쇄할 때 열의 크기를 조절함 • 너비 : 열의 너비를 지정함 • 높이 : 열의 높이를 지정함 • 본문과 같게 : 너비와 높이 상자의 값을 보고서 본문의 너비와 높이에 맞출 경우 선택함	
❸ 열 레이아웃	여러 열로 구성된 보고서나 레이블을 인쇄할 때 레코드를 인쇄하는 순서를 지정함 • 행 우선 : 가장 왼쪽에 있는 열부터 다음 열로 이동하면서 레코드를 인쇄함 • 열 우선 : 첫 번째 행부터 시작하여 다음 행으로 이동하면서 레코드를 인쇄함	

2) 보고서 인쇄

• [파일] 탭-[인쇄]-[인쇄]를 실행한 다음 [인쇄] 대화 상자에서 여러 설정을 선택하고 [확인]을 클릭한다.

• 인쇄 미리 보기의 확대/축소에서 1000%까지 확대가 지원된다.

❶ 프린터	프린터 이름, 상태, 종류, 위치 정보를 표시함
❷ 속성	설치된 프린터 등록 정보를 표시함
❸ 파일로 인쇄	• 문서를 프린터로 직접 라우팅하지 않고 파일로 인쇄함 • 확장자는 *.prn으로 글꼴 선택 및 색 지정과 같은 프린터 서식이 저장됨
❹ 인쇄 범위	모두, 인쇄할 페이지(시작과 끝), 선택한 레코드 중 선택하여 설정함
❺ 인쇄 매수	인쇄할 매수를 설정함(매수 값은 공백일수 없으며 양수(1~9999)임)
❻ 설정	[페이지 설정] 대화 상자를 표시함

인쇄 미리보기에서 인쇄 대화 상자 열기
P 또는 Ctrl + P

3) 인쇄 미리 보기로 인쇄하기

인쇄 미리 보기는 [파일] 탭-[인쇄]-[인쇄 미리 보기]를 선택하거나 디자인 보기 상태에서 [보고서 디자인] 탭-[보기] 그룹-[보기]-[인쇄 미리 보기]를 선택하여 실행한다.

✓ 개념 체크

1 인쇄할 매수를 설정할 수 있는 범위는 1~(   )이다.

2 인쇄 미리 보기의 확대/축소에서 최대 500%까지 확대가 지원된다. (○, ×)

3 파일로 인쇄 옵션을 선택하면 문서를 프린터로 직접 라우팅하지 않고 파일로 인쇄한다. (○, ×)

1 9999 2 × 3 ○

01 다음 중 액세스의 보고서에 대한 설명으로 옳은 것은?

① 보고서 머리글과 보고서 바닥글의 내용은 모든 페이지에 출력된다.
② 보고서에서도 폼에서와 같이 이벤트 프로시저를 작성할 수 있다.
③ 보고서의 레코드 원본으로 테이블, 쿼리, 엑셀과 같은 외부 데이터, 매크로 등을 지정할 수 있다.
④ 컨트롤을 이용하지 않고도 보고서에 테이블의 데이터를 표시할 수 있다.

보고서에서도 폼에서와 같이 이벤트 프로시저를 작성할 수 있으나 폼과는 달리 컨트롤에 데이터를 입력하거나 수정할 수는 없음

오답 피하기

• ① : 보고서 머리글은 보고서 첫 페이지 상단에 한 번만 표시되고 보고서 바닥글은 보고서의 맨 마지막 페이지에 한 번만 표시됨
• ③ : 보고서는 데이터 원본으로 테이블, 쿼리, SQL문을 사용함
• ④ : 보고서는 폼과 동일하게 컨트롤을 이용하여 테이블의 데이터를 표시함

02 다음 중 보고서에 대한 설명으로 옳지 <u>않은</u> 것은?

① 보고서에 포함할 필드가 모두 한 테이블에 있는 경우 해당 테이블을 레코드 원본으로 사용한다.
② 둘 이상의 테이블을 이용하여 보고서를 작성하는 경우 쿼리를 만들어 레코드 원본으로 사용한다.
③ '보고서' 도구를 사용하면 정보를 입력하지 않아도 바로 보고서가 생성되므로 매우 쉽고 빠르게 보고서를 만들 수 있다.
④ '보고서 마법사'를 이용하는 경우 필드 선택은 여러 개의 테이블 또는 하나의 쿼리에서만 가능하며, 데이터 그룹화 및 정렬 방법을 지정할 수도 있다.

'보고서 마법사'를 이용하는 경우 필드 선택은 여러 개의 테이블 또는 여러 개의 쿼리에서 가능함

03 다음 중 보고서 인쇄 미리 보기에서의 [페이지 설정] 대화 상자에 대한 설명으로 옳지 <u>않은</u> 것은?

① [열] 탭의 '열 크기'에서 '본문과 같게'는 열의 너비와 높이를 보고서 본문의 너비와 높이에 맞춰 인쇄하는 것이다.
② [열] 탭에서 지정한 '눈금 설정'과 '열 크기'에 비해 페이지의 가로 크기가 작은 경우 자동으로 축소하여 인쇄된다.
③ [인쇄 옵션] 탭에서 레이블 및 컨트롤의 테두리, 눈금선 등의 그래픽은 인쇄하지 않고 데이터만 인쇄되도록 설정할 수 있다.
④ [페이지] 탭에서는 인쇄할 용지의 크기, 용지 방향, 프린터를 지정할 수 있다.

[열] 탭에서 지정한 '눈금 설정'과 '열 크기'에 비해 페이지의 가로 크기가 작은 경우 자동으로 축소하여 인쇄되지 않음

04 다음 중 하위 보고서에 대한 설명으로 옳지 <u>않은</u> 것은?

① 관계 설정에 문제가 있을 경우, 하위 보고서가 제대로 표시되지 않을 수 있다.
② 디자인 보기 상태에서 하위 보고서의 크기 조절 및 이동이 가능하다.
③ 테이블, 쿼리, 폼 또는 다른 보고서를 이용하여 하위 보고서를 작성할 수 있다.
④ 하위 보고서에는 그룹화 및 정렬 기능을 설정할 수 없다.

하위 보고서에서 그룹화 및 정렬 기능을 설정할 수 있음

정답 01 ② 02 ④ 03 ② 04 ④

보고서 구역 및 그룹화

▶ 합격 강의

빈출 태그 보고서 구성·정렬 및 그룹화

01 보고서의 구역

1) 보고서의 구성 24년 상시, 23년 상시, 22년 상시, 21년 상시, 19년 8월, 18년 3월/9월, 17년 3월, 16년 6월/10월, 15년 3월, …

- 보고서는 보고서 머리글/바닥글, 페이지 머리글/바닥글, 그룹 머리글/바닥글, 본문 등의 여러 구역으로 구성된다.
- 보고서의 머리글/바닥글, 페이지의 머리글/바닥글 구역은 숨기거나 나타낼 수 있으며 그룹이 설정되어 있는 경우 그룹 머리글과 그룹 바닥글이 표시된다.
- 보고서의 머리글/바닥글과 페이지의 머리글/바닥글은 [디자인 보기] 상태에서 바로 가기 메뉴의 [페이지 머리글/바닥글]이나 [보고서 머리글/바닥글]을 통해 삽입하거나 삭제하여 표시 유무를 선택할 수 있다(삭제 시 구역 안에 있는 컨트롤도 모두 삭제되며 취소할 수 없음).

> ⓑ 기적의 TIP
>
> 보고서의 영역은 매 번 출제되는 매우 중요한 내용입니다. 각 구역별 기능을 정확히 이해하고, 사용되는 용도를 반드시 알아 두세요. 매우 중요합니다!!

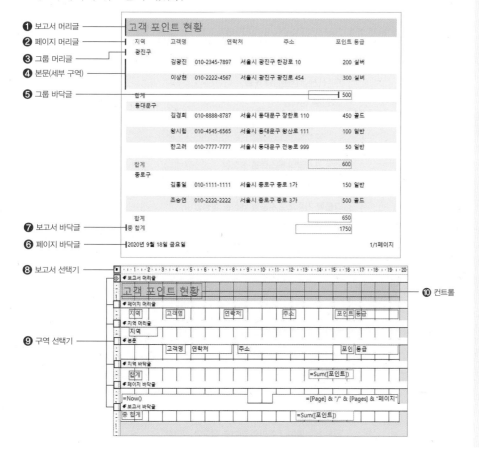

❶ 보고서 머리글
❷ 페이지 머리글
❸ 그룹 머리글
❹ 본문(세부 구역)
❺ 그룹 바닥글
❼ 보고서 바닥글
❻ 페이지 바닥글
❽ 보고서 선택기
❾ 구역 선택기
❿ 컨트롤

> ✓ 개념 체크
>
> 1 보고서는 머리글/바닥글, 페이지 머리글/바닥글, 그룹 머리글/바닥글, 본문 등의 여러 구역으로 구성된다. (○, ×)
>
> 2 그룹이 설정되어 있지 않은 경우에도 그룹 머리글과 그룹 바닥글이 표시된다. (○, ×)
>
> 1 ○ 2 ×

❶ 보고서 머리글	• 보고서의 첫 페이지 상단에 한 번만 표시됨(페이지 머리글 위에 인쇄됨) • 로고, 보고서 제목, 인쇄일 등의 항목을 삽입함
❷ 페이지 머리글	• 보고서의 매 페이지의 상단에 표시됨 • 열 제목 등의 항목을 삽입함
❸ 그룹 머리글	• 그룹 설정 시 반복하여 그룹 상단에 표시됨 • 그룹명이나 요약 정보 등을 삽입함
❹ 본문(세부 구역)	• 보고서의 본문 데이터를 표시함 • 보고서가 원본으로 사용하는 레코드 원본의 각 레코드를 반복해서 표시함 • 실제 인쇄하고자 하는 부분
❺ 그룹 바닥글	• 그룹 설정 시 반복하여 그룹 하단에 표시됨 • 그룹별 요약 정보를 표시함
❻ 페이지 바닥글	• 보고서의 매 페이지의 하단에 표시됨 • 페이지 번호나 날짜 등의 항목을 삽입함
❼ 보고서 바닥글	• 보고서의 맨 마지막 페이지에 한 번만 표시됨 • 보고서 총계나 안내 문구 등의 항목을 삽입함 • 보고서 디자인의 마지막 구역이지만 인쇄된 보고서의 마지막 페이지에서 페이지 바닥글 앞에 표시됨
❽ 보고서 선택기	보고서 선택 시 검정 네모가 표시되며, 디자인 보기 상태에서만 사용할 수 있음
❾ 구역 선택기	각 구역 선택 시 구역 부분이 반전되어 표시되며, 디자인 보기 상태에서만 사용할 수 있음
❿ 컨트롤	사용한 컨트롤을 표시함

2) 보고서의 주요 속성 12년 6월, 10년 10월

리본 메뉴	[보고서 디자인] 탭-[도구] 그룹 [속성 시트](🗐)를 클릭한
마우스 이용	보고서 여백이나 보고서 선택기, 구역 선택기를 더블클릭함
바로 가기 키	F4 나 Alt + Enter 를 누름
바로 가기 메뉴	[속성]을 선택함

① [형식] 탭

캡션	제목 표시줄의 텍스트를 설정함
페이지 머리글/바닥글	페이지의 머리글/바닥글 표시(인쇄) 유무를 설정함
그룹화 기준	그룹화 기준으로 사용할 대상을 설정함
너비	보고서의 너비를 설정함
그림	보고서에 넣을 그림을 설정함

② [데이터] 탭

레코드 원본	사용할 레코드의 원본(테이블, 쿼리, SQL 등)을 설정함
필터	필터의 조건을 설정함
필터 사용	필터 조건의 사용 유무를 설정함
정렬 기준	정렬 기준을 설정함

③ [기타] 탭

레코드 잠금	원본 테이블이나 쿼리의 레코드 잠금을 설정함
날짜 그룹화	날짜로 그룹화한 경우 날짜 형식을 설정함

정렬 및 그룹화 24년 상시, 22년 상시, 20년 2월, 17년 3월, 16년 6월/10월, 14년 6월, 13년 3월/6월, 12년 9월, 11년 10월, …

- 정렬 및 그룹화는 보고서에서 유용하게 사용되는 것으로 데이터를 일정한 기준에 따라 정렬하고, 특정 기준의 레코드끼리 따로 분류하는 것을 의미한다.
- 디자인 보기로 보고서를 연 후 [보고서 디자인] 탭-[그룹화 및 요약] 그룹에서 [그룹화 및 정렬]을 클릭하거나 보고서의 바로 가기 메뉴에서 [정렬 및 그룹화]를 클릭한다.
- 정렬 및 그룹화 설정을 해제할 때는 행 선택기를 클릭한 다음 Delete 를 누른다.

1) 정렬

- 보고서에서 필드나 식은 10개까지 정렬할 수 있다.
- 첫 번째 필드나 식은 제 1정렬 기준, 두 번째 필드나 식은 제 2정렬 기준이 된다.
- 해당 필드에 대해 정렬 방식(오름차순, 내림차순)을 지정한다.

2) 그룹화 23년 상시, 21년 상시, 19년 3월/8월, 17년 3월, 16년 10월, 13년 6월, 12년 3월/6월, 11년 11월, 09년 4월/10월, 08년 5월, …

- 그룹화란 특정 필드를 기준으로 동일한 값을 갖는 레코드를 묶어서 표시하는 기능이다.
- 보고서에서는 필드나 식을 최대 10단계까지 그룹화할 수 있다.
- 그룹화된 데이터는 그 필드를 기준으로 정렬되고, 표시된다.
- 그룹화된 레코드들을 내부적으로 다시 그룹화할 수 있다.
- 그룹별로 머리글이나 바닥글을 지정할 수 있다.

- 그룹 머리글 속성 [형식] 탭의 '반복 실행 구역' 속성을 "예"로 설정한 경우 해당 머리글이 매 페이지마다 표시된다.

① 그룹 속성 04년 2월/5월

- 설정할 그룹 속성이 있는 필드나 식을 클릭한다.
- 목록에서 그룹 속성을 설정한다. 그룹 수준을 만들어 다른 그룹화 속성을 설정하려면 머리글이나 바닥글 구역을 '표시'로 설정한다.

기적의 TIP

그룹화는 자주 출제되는 내용 입니다. 전반적으로 이해해두세요. 특히 그룹화는 정확히 알고 넘어가세요.

중복 내용 숨기기 속성
중복되는 필드를 맨 처음 한 번만 표시되도록 하는 속성임

그룹화 수준이 저장된 컨트롤 속성 중 [데이터]-[누적 합계]
- 페이지별 누적 합계를 구하는 것이 아니라 그룹 또는 모든 데이터로 지정함
- '아니요'(기본값)을 선택 : 레코드에서 원본으로 사용하는 필드 값을 표시함
- '그룹'을 선택 : 동일한 그룹내 누적 합계를 표시함
- '모두'를 선택 : 그룹과 관계없이 필드 전체값에 대한 누적 합계를 표시함

▲ '반복 실행 구역' 속성을 "예"로 설정함

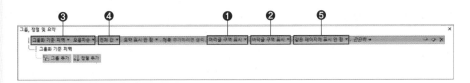

❶ 머리글 구역	그룹 머리글의 표시 유무를 설정함	
❷ 바닥글 구역	그룹 바닥글의 표시 유무를 설정함	
❸ 그룹화 기준	새 그룹을 시작하는 값 또는 값의 범위를 선택함	
❹ 전체값	그룹화할 문자 간격 또는 개수를 설정함	
❺ 같은 페이지에 표시	그룹 머리글, 세부 구역, 그룹 바닥글 등을 포함한 그룹의 각 부분을 모두 같은 페이지에 인쇄할지를 지정함	

② 데이터 형식별로 그룹화하는 방법 20년 2월, 12년 3월

데이터 형식	설정	레코드 그룹화 기준
텍스트	모든 값	필드나 식에서 같은 값으로 그룹화
	접두사	식이나 필드에서 처음 몇 개의 문자가 같은 값으로 그룹화
날짜/시간	모든 값	필드나 식에서 같은 값으로 그룹화
	연도	연도가 같은 날짜로 그룹화
	분기	분기가 같은 날짜로 그룹화
	월	월이 같은 날짜로 그룹화
	주	주가 같은 날짜로 그룹화
	일	일이 같은 날짜로 그룹화
날짜/시간	시간	시간이 같은 시간으로 그룹화
	분	분이 같은 시간으로 그룹화
일련 번호, 통화, 숫자	모든 값	필드나 식에서 같은 값으로 그룹화
	간격	지정한 간격에 포함되는 값으로 그룹화

③ 그룹 머리글 및 그룹 바닥글의 활용 20년 2월, 19년 8월, 09년 7월, 07년 10월, 06년 2월/5월/9월

- 그룹 머리글/바닥글에는 보고서의 필드나 식을 입력하여 출력할 수 있다.
- 그룹 머리글에는 그룹화된 필드값이 표시된다.
- 그룹 바닥글에는 요약 함수(SUM, AVG, MAX, MIN, COUNT, IIF 등) 등을 입력하여 그룹 집계를 출력한다.
- COUNT(∗) 함수는 그룹 머리글/바닥글에서 사용하면 Null 필드를 포함한 그룹별 레코드의 개수를 결과로 산출하고, 보고서 머리글/바닥글에서 사용하면 전체 레코드의 개수를 결과로 산출한다.

01 다음 중 보고서의 시작 부분에 한 번만 표시되며 일반적으로 회사의 로고나 제목 등을 표시하는 구역은?

① 보고서 머리글
② 페이지 머리글
③ 그룹 머리글
④ 그룹 바닥글

보고서 머리글 : 보고서의 첫 페이지 상단에 한 번만 표시(페이지 머리글 위에 인쇄)되며 로고, 보고서 제목, 인쇄일 등의 항목을 삽입함

오답 피하기
• ② : 보고서의 매 페이지 상단에 표시되며, 열 제목 등의 항목을 삽입함
• ③ : 그룹 설정 시 반복하여 그룹 상단에 표시되며 그룹명이나 요약 정보 등을 삽입함
• ④ : 그룹 설정 시 반복하여 그룹 하단에 표시되며 그룹별 요약 정보를 삽입함

02 다음 중 "보고서 바닥글" 구역에 "=COUNT(*)"를 입력할 때 출력되는 결과로 올바른 것은?

① 그룹별 레코드의 개수
② 전체 레코드의 개수
③ 그룹별 최고값
④ 같은 값을 갖는 레코드의 개수

COUNT(*) 함수 : 그룹 머리글/바닥글에서 사용하면 그룹별 레코드의 개수를 결과로 산출하고, 보고서 머리글/바닥글에서 사용하면 전체 레코드의 개수를 결과로 산출함

03 다음 중 정렬 및 그룹화 기능을 사용하여 업체별 판매금액의 합계를 보고서 형태로 작성하려는 작업에 관련된 설명으로 옳지 않은 것은?

① 업체명이나 업체번호 필드를 이용하여 데이터를 그룹화 한다.
② 그룹의 머리글이나 바닥글에 =Sum([판매금액])과 같은 함수를 이용하여 요약 정보를 생성한다.
③ 본문 영역에는 아무런 컨트롤도 추가하지 않고 간격을 0으로 좁힌다.
④ 전체 업체의 총 판매금액에 대한 사항은 페이지 바닥글에서 구성한다.

전체 업체의 총 판매금액에 대한 사항은 보고서 바닥글에서 구성함

04 보고서에서 합계를 구하기 위해서 Sum 함수를 이용하여 표시하려고 한다. 다음 중 합계를 표시하기에 적절하지 <u>않은</u> 영역은?

① 보고서 바닥글   ② 그룹 바닥글
③ 페이지 바닥글   ④ 보고서 머리글

페이지 바닥글 : 보고서의 모든 페이지 아래쪽에 표시되며 페이지 번호나 날짜 등의 항목을 표시하는데 사용함

05 다음은 보고서의 영역에 대한 설명으로 가장 옳지 <u>않</u>은 것은?

① 보고서의 제목과 같이 보고서의 첫 페이지만 나오는 내용을 주로 표시하는 구역이 보고서 머리글이다.
② 페이지 번호나 출력 날짜 등을 주로 표시하는 구역이 페이지 바닥글이다.
③ 수치를 가진 필드나 계산 필드의 총합계나 평균 등을 주로 표시하는 구역은 본문이다.
④ 주로 필드의 제목과 같이 매 페이지의 윗부분에 나타날 내용을 표시하는 구역은 페이지 머리글이다.

본문은 보고서의 레코드 원본에 해당하는 내용이 반복적으로 표시되는 부분이며, 수치를 가진 필드나 계산 필드의 총합계나 평균 등을 표시하는 구역은 주로 보고서 바닥글임

06 다음 중 그룹화된 보고서의 그룹 머리글과 그룹 바닥글에 대한 설명으로 옳지 <u>않은</u> 것은?

① 그룹 머리글은 각 그룹의 첫 번째 레코드 위에 표시된다.
② 그룹 바닥글은 각 그룹의 마지막 레코드 아래에 표시된다.
③ 그룹 머리글에 계산 컨트롤을 추가하여 전체 보고서에 대한 요약 값을 계산할 수 있다.
④ 그룹 바닥글은 그룹 요약과 같은 항목을 나타내는데 효과적이다.

전체 보고서에 대한 요약 값은 보고서 머리글이나 보고서 바닥글에 계산 컨트롤을 추가하여 계산할 수 있음

정답 01 ① 02 ② 03 ④ 04 ③ 05 ③ 06 ③

다양한 보고서 작성

▶ 합격 강의

출제빈도 상 중 (하)
반복학습 [1] [2] [3]

빈출 태그 우편물 레이블 보고서 · 크로스탭 보고서

차트 보고서
테이블이나 쿼리를 이용하여 데이터를 시각적으로 나타내어 비교하고 추세를 효율적으로 판단할 수 있도록 차트로 작성한 보고서

01 우편물 레이블 보고서 24년 상시, 22년 상시, 20년 7월, 17년 3월, 16년 6월/10월, 14년 10월, 13년 6월, 10년 3월,…

• 우편물 레이블 마법사를 사용하여 우편 발송을 위해 편지 봉투에 붙일 주소 레이블을 작성하는 보고서이다.
• 우편물 레이블 마법사를 이용하여 작성할 수 있다.
• 우편물 레이블 보고서에서 범례는 지정하지 않으며 보고서 디자인 보기를 이용하여 우편물 레이블 보고서를 만들 수도 있다.

따라하기 TIP

따라하기 파일 • Part03_Chapter05_우편레이블–따라파일.accdb

우편물 레이블 보고서 작성

① [만들기] 탭–[보고서] 그룹–[레이블]을 클릭한다.

② 레이블 크기를 선택하고 [다음]을 클릭한다.

기적의 TIP

우편물 레이블 보고서의 개념은 알아두고 넘어가세요.

레이블 보고서에서 그룹 머리글과 그룹 바닥글이 있는 경우 각 열마다 나타나지 않음

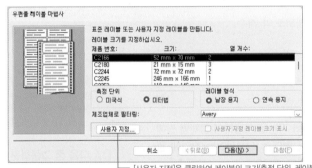

└─ [사용자 지정]을 클릭하여 레이블의 크기(측정 단위, 레이블 형식, 용지 방향 등)를 사용자가 설정할 수도 있음

③ 텍스트의 모양(글꼴 이름, 글꼴 크기, 글꼴 두께, 텍스트 색, 기울임 꼴, 밑줄 등)을 지정하고 [다음]을 클릭한다.

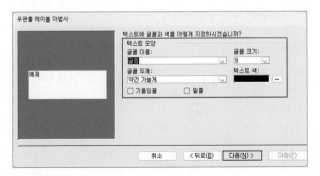

④ 레이블에 포함하여 인쇄할 필드를 선택한다. 레이블에 필요한 문자열의 입력도 가능하다.
  {성명} 필드 뒤에 『귀하』를 입력하고 [다음]을 클릭한다.

⑤ 정렬 기준 필드를 선택하고 [다음]을 클릭한다.

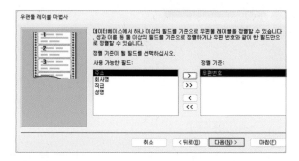

⑥ 레이블 보고서의 이름을 입력하고 [마침]을 클릭한다.

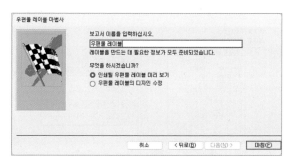

⑦ 우편물 레이블 보고서가 작성되어 나타난다.

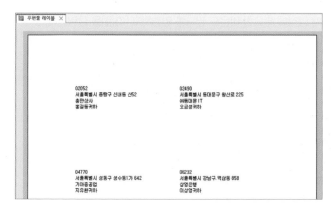

02 업무 문서 양식 보고서 17년 3월, 15년 10월, 07년 5월, 03년 9월

업무 문서 양식 마법사를 사용하여 거래 명세서, 세금 계산서를 작성하는 보고서이다.

🏠 따라하기 TIP

따라하기 파일 • Part03_Chapter05_거래명세-(주)유경-따라파일.accdb

업무 문서 작성

① [만들기] 탭–[보고서] 그룹–[업무 문서 양식 마법사]를 클릭한다.

② [업무 양식 마법사] 대화 상자가 표시되면 1단계에서는 업무 양식을 선택하고 [다음]을 클릭한다.

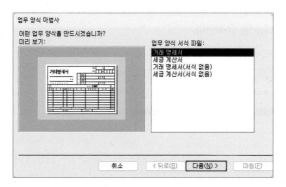

③ 2단계에서는 첫 번째 양식에 사용할 필드를 다음과 같이 직접 입력하고 [다음]을 클릭한다.

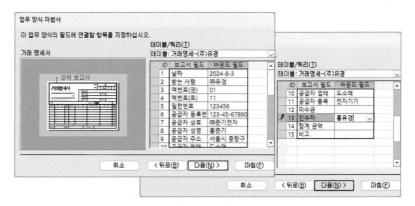

④ 3단계에서는 두 번째 양식에 필요한 바운드 필드를 연결하고 [다음]을 클릭한다.

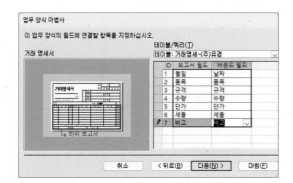

⑤ 4단계에서는 정렬 순서를 선택하고 [다음]을 클릭한다.

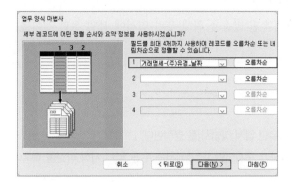

⑥ 5단계에서는 보고서 이름을 입력하고 [마침]을 클릭한다.

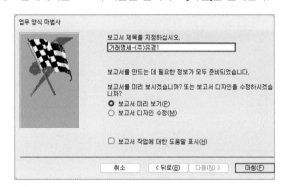

⑦ [업무 양식 마법사]의 [확인]을 클릭하면 업무 문서 양식 보고서가 작성되어 나타난다.

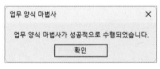

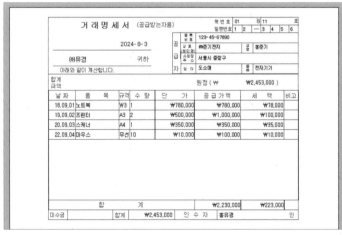

⑬ 우편 엽서 보고서

우편 엽서 마법사를 사용하여 우편 발송을 위해 우편 엽서에 붙일 우편 레이블을 작성하는 보고서이다.

🐧 **따라하기 TIP**

따라하기 파일 • Part03_Chapter05_우편엽서발송–따라파일.accdb

우편 엽서 보고서 작성

① [만들기] 탭–[보고서] 그룹–[우편 엽서 마법사]를 클릭한다.

② [우편 엽서 마법사] 대화 상자가 표시되면 1단계에서는 우편 엽서 서식 파일을 목록에서 선택하고 [다음]을 클릭한다.

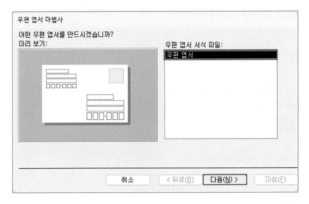

③ 2단계에서는 우편 엽서 필드에 (1)~(4)까지 직접 입력하고 (5)부터 나머지는 바운드 필드를 연결하고 [다음]을 클릭한다.

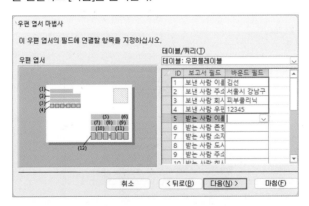

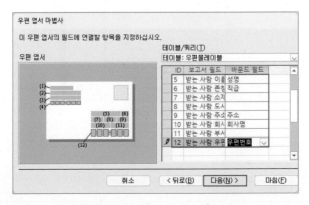

④ 3단계에서는 정렬 순서 및 요약 정보는 선택하지 않고 [다음]을 클릭한다.

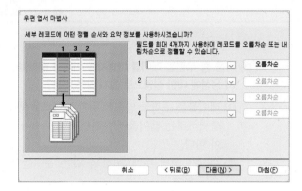

⑤ 4단계에서는 보고서 이름을 입력하고 [마침]을 클릭한다.

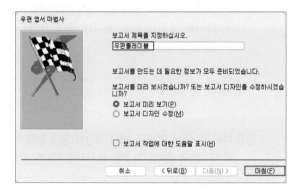

▲ 우편 엽서 보고서

01 다음 중 보고서 마법사를 통하여 보고서를 작성할 때 설정할 수 없는 사항은 무엇인가?

① 형식 속성 지정
② 그룹 수준 지정
③ 용지 방향 지정
④ 서식 유형 지정

─────────────────
형식 속성은 보고서 마법사가 아닌 보고서 작성 후에 보고서 속성에서 설정함

02 다음 중 작성할 수 있는 보고서의 종류로 옳지 않은 것은?

① 우편물 레이블
② 업무 문서 양식
③ 우편 엽서
④ 차트 보고서

─────────────────
차트는 기존의 보고서에 컨트롤 삽입과 같이 삽입하여 추가함

오답 피하기

보고서 종류 : 레이블, 업무 문서 양식, 우편 엽서가 있음

03 다음과 같은 형식의 보고서에 대한 설명으로 바르지 못한 것은?

▶ 합격 강의

> 100−785
> 서울특별시 중구 정동 34−5
>   김은규 귀하
> 121−757
> 서울특별시 마포구 공덕동 370−4
>   박태진 귀하

① 우편 발송을 위해 편지 봉투에 붙일 주소 레이블을 작성하는 보고서이다.
② 레이블 마법사를 이용하여 작성할 수 있다.
③ 엑셀에 입력된 데이터를 액세스에 가져오지 않고 연결 테이블로 연결하여 레이블을 만들 수 있다.
④ 보고서 속성에서 레이블을 출력할 프린터를 지정할 수 있다.

─────────────────
보고서 속성에서 레이블을 출력할 프린터를 지정할 수 없음

04 다음 중 우편물 레이블 마법사를 이용한 레이블 보고서 생성에 대한 설명으로 옳지 않은 것은?

① 레이블은 우편물 발송을 위한 것이므로 반드시 출력하려는 테이블에 우편번호와 주소가 있어야 한다.
② 수신자 성명 뒤에 '귀하'와 같은 문구를 넣을 수도 있다.
③ 레이블의 크기는 다양하게 준비되어 있으며, 필요에 따라 사용자가 직접 지정할 수도 있다.
④ 레이블 형식은 낱장 용지나 연속 용지를 선택할 수 있다.

─────────────────
레이블은 우편물 발송을 위한 것이지만 반드시 테이블에 우편번호와 주소가 있어야 되는 것은 아님

05 다음 중 거래 명세서, 세금 계산서 등과 같은 방식으로 데이터를 출력하기 위한 보고서로 적합한 것은?

① 차트 보고서
② 크로스탭 보고서
③ 우편물 레이블 보고서
④ 업무 문서 양식 보고서

─────────────────
업무 문서 양식 보고서 : 거래 명세서, 세금 계산서 같은 업무용 양식 보고서

오답 피하기

• 차트 보고서 : 작성된 테이블이나 쿼리를 이용해 데이터를 시각적으로 비교하거나 추세를 판단할 수 있도록 차트를 작성하는 기능
• 크로스탭 보고서 : 여러 개의 열로 이루어진 보고서로, 각각의 열마다 그룹의 머리글과 바닥글, 세부 구역 등을 각 열마다 표시
• 우편물 레이블 보고서 : 우편물 레이블 마법사를 사용하여 우편 발송을 위해 편지 봉투에 붙일 주소 레이블을 작성하는 보고서

06 다음 중 [업무 문서 양식 마법사]를 이용한 보고서 작성에 대한 설명으로 옳지 않은 것은?

▶ 합격 강의

① 테이블을 이용하여 세금계산서를 작성할 수 있다.
② 테이블을 이용하여 거래명세서를 작성할 수 있다.
③ 쿼리를 이용하여 우편물 레이블을 작성할 수 있다.
④ 쿼리를 이용하여 서식이 없는 세금계산서를 작성할 수 있다.

─────────────────
우편물 레이블은 [만들기] 탭−[보고서] 그룹−[레이블]을 실행, '우편물 레이블 마법사'를 이용하여 작성함

정답 01 ① 02 ④ 03 ④ 04 ① 05 ④ 06 ③

출제빈도 상 ⟨중⟩ 하
반복학습 ① ② ③

빈출 태그 날짜와 페이지 번호 표시 • 집계 정보의 표시 • 조건부 서식

01 날짜와 페이지 번호 표시 05년 10월, 03년 5월/7월

1) 날짜 및 시간 출력

- 보고서를 작성할 때 Now(현재 날짜와 시간), Date(오늘 날짜), Time(현재 시간)과 같은 함수를 이용하여 출력할 수 있다.
- 날짜 및 시간을 입력할 보고서의 디자인 보기에서 열고 페이지 머리글/바닥글이나 보고서 머리글/바닥글에 [보고서 디자인] 탭–[컨트롤] 그룹–[텍스트 상자]를 이용하여 텍스트 상자를 만든 다음 날짜 및 시간을 출력하는 함수를 입력한다.
- 함수를 입력한 후 [보고서 디자인] 탭–[보기] 그룹–[보기]에서 [인쇄 미리 보기]를 선택하면 보고서에 날짜와 시간이 출력된다.
- [보고서 디자인] 탭–[머리글/바닥글] 그룹–[날짜 및 시간]을 클릭하여 날짜와 시간을 삽입할 수 있다.

2) 페이지 번호 출력 24년 상시, 23년 상시, 22년 상시, 21년 상시, 20년 7월, 19년 3월, 18년 9월, 16년 6월, 15년 3월/6월, …

- 보고서에 페이지 번호가 자동으로 출력되도록 하는 기능이다.
- 보고서의 디자인 보기 창에서 [보고서 디자인] 탭–[머리글/바닥글] 그룹–[페이지 번호]를 선택한 후 페이지 번호의 형식과 위치 등을 설정한다.
- [보고서 디자인] 탭–[보기] 그룹에서 [인쇄 미리 보기]를 선택하면 설정된 내용에 따라 페이지 번호가 출력된다.

ⓑ 기적의 TIP

페이지 번호 출력은 결과를 묻는 유형으로 자주 출제되고 있습니다. 페이지 식의 결과를 정확히 구할 수 있도록 공부해두세요.

❶ 형식	• N 페이지 : 현재 페이지 번호만 표시함(⬚ 3페이지) • N / M 페이지 : 현재 페이지/전체 페이지 번호를 표시함(⬚ 2/10페이지)
❷ 위치	페이지 위쪽 [머리글]이나 페이지 아래쪽 [바닥글] 중에서 원하는 위치를 설정함
❸ 맞춤	• 페이지 번호를 표시할 위치(왼쪽, 가운데, 오른쪽, 안쪽, 바깥쪽)를 설정함 • 양면 인쇄 시 홀수 페이지 번호를 왼쪽에, 짝수 페이지 번호를 오른쪽에 인쇄하려면 "안쪽"을 선택함
❹ 첫 페이지에 페이지 번호 표시	첫 페이지에 페이지 번호를 표시할 것인지 여부를 설정함

▶ 페이지 번호 식

페이지 식	결과
=[Page]	1, 2
=[Page] & "페이지"	1페이지, 2페이지
=[Page] & "/"& [Pages] & "페이지"	1/10페이지, 2/10페이지
=[Pages] & "페이지 중" & [Page] & "페이지"	10페이지 중 1페이지, 10페이지 중 2페이지
=Format([Page], "000")	001, 002

- [Page] : 현재 페이지
- [Pages] : 전체 페이지
- & : 문자 연결 연산자

02 집계 정보의 표시 05년 10월, 04년 10월

- 보고서의 머리글이나 바닥글에 함수를 이용해 집계 정보를 표시할 수 있다.
- 집계 정보를 표시할 보고서를 열어 [보고서 디자인] 탭-[보기] 그룹에서 [디자인 보기]를 선택한 후 보고서 머리글/바닥글에 텍스트 상자 컨트롤을 만들어 집계 정보를 구하는 식을 입력한다.
- [보고서 디자인] 탭-[보기] 그룹에서 [인쇄 미리 보기]를 선택하면 보고서에 집계 정보가 출력된다.

03 조건부 서식 19년 3월, 18년 3월, 17년 3월/9월, 16년 6월, 15년 3월, 13년 10월, 11년 10월, 09년 4월, 08년 2월/5월, …

- 특정한 조건에 만족하는 컨트롤 값에만 사용자가 설정한 서식을 적용하는 기능이다.
- 여러 컨트롤에 같은 서식 규칙을 적용할 때는 [Shift]나 [Ctrl]을 누른 상태에서 각 컨트롤을 클릭한다.
- 단일 컨트롤에 서식을 지정하는 경우 서식 규칙 표시 필드에서 화살표(▾)를 클릭한다.
- 각 컨트롤 또는 컨트롤 그룹에 대해 최대 50개의 조건부 서식 규칙을 추가할 수 있다.
- 값과 일치하는 규칙이 발견되면 해당 서식이 적용되고 다른 규칙 검색이 중지된다.
- 조건 지정 시 만능 문자(*, ?)를 사용할 수 없다.
- [서식] 탭-[컨트롤 서식] 그룹-[조건부 서식]을 실행한다.

04 **다른 형식으로 바꾸어 내보내기** 13년 10월, 12년 9월, 09년 10월, 07년 2월, 06년 5월/9월, …

- 보고서를 작성한 다음 Microsoft Office Access 파일이나 Microsoft Excel, HTML 문서, 텍스트 파일, Word(*.rtf), PDF 또는 XPS, XML(*.xml) 형식 등으로 바꾸어 내보낼 수 있다.
- [외부 데이터] 탭-[내보내기] 그룹에서 내보내기할 형식의 아이콘을 클릭한 후 '내보내기' 창이 실행되면 내보내기할 파일 이름과 파일 형식을 지정한 다음 [확인]를 클릭한다.

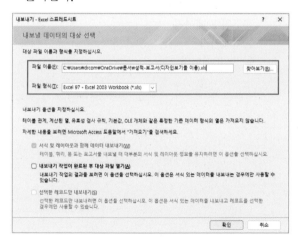

01 페이지 번호를 자동으로 출력하고자 한다. 다음 중 결과와 서식이 틀리게 짝지어진 번호는?

번호	결과 (단, 전체 페이지는 3페이지이다.)	서식
A	1, 2, 3	=[Page]
B	001, 002, 003	=Format([Page], "000")
C	1페이지, 2페이지, 3페이지	=[Page]&"페이지"
D	3의 1페이지, 3의 2페이지, 3의 3페이지	=[Pages]&"의" [Page]&"페이지"

① A   ② B   ③ C   ④ D

=[Pages]&"의 " [Page]&"페이지" → =[Pages]&"의 " & [Page]&"페이지"로 수정해야 함

02 다음의 보고서에 있는 "서울 거주 회원수는 3명" 부분과 같이 출력하기 위하여 텍스트 상자에 작성할 수식으로 옳은 것은?(단, "서울"은 [주소] 필드에 저장된 값이며, "3"은 해당 주소에 거주하는 회원수를 관련 함수를 사용하여 산출하여야 함)

회원 명단

주소	회원번호	이름	나이
서울	123	홍유경	20
	222	홍준기	18
	333	송현아	25

회원수 : 서울 거주 회원수는 3명

① ="[주소] 거주 회원수는" & Count([회원번호]) & "명"
② ="[주소] 거주 회원수는" & Sum([이름]) & "명"
③ =[주소] & "거주 회원수는" & Count([주소]) & "명"
④ =[주소] & "거주 회원수는" & Sum([나이]) & "명"

· 필드명은 [ ] 안에 넣어 표기하며 문자열은 큰따옴표(" ") 안에 입력함
· 개수는 COUNT 함수를 이용하여 산출하며 각 필드와 문자 및 함수는 & 기호로 묶음

03 다음과 같이 페이지 번호를 출력하고자 할 때의 수식으로 옳은 것은?

100 페이지 중 1

① =[Page]& 페이지 중& [Pages]
② =[Pages]& 페이지 중& [Page]
③ =[Page]& " 페이지 중 "& [Pages]
④ =[Pages]& " 페이지 중 "& [Page]

[Pages] : 전체 페이지, [Page] : 현재 페이지

04 다음과 같이 페이지 번호 속성을 설정하였다. 전체 페이지 수가 10페이지인 경우 3번째 페이지의 번호 표시 형식으로 옳은 것은?

① 10의3페이지
② 3의 10페이지
③ 3페이지
④ 3-10페이지

=[Page]는 해당 페이지를, =[Pages]는 전체 페이지를 의미함

CHAPTER

데이터베이스 프로그래밍

학습 방향

매크로 함수의 개념을 묻는 문제와 매크로 만드는 방법과 실행에 대한 문제가 출제되므로 이에 대한 중점적인 학습이 요구됩니다. 아울러 주요 매크로 함수의 종류 및 기능, 객체 지향 프로그래밍의 개념과 구성, 모듈 작성 방법이 시험에 등장하므로 철저하게 기출문제를 분석하여 시험에 대비하세요.

출제 빈도

SECTION 01	하	11%
SECTION 02	중	30%
SECTION 03	상	59%

매크로의 활용 1- 매크로 함수의 개념/매크로 만들기

▶ 합격 강의

빈출 태그 매크로 함수 • 매크로 만들기

— 엑셀은 기본 매크로 함수가 없지만, 액세스는 매크로 함수가 제공됨

01 매크로 함수의 개념 21년 상시, 20년 2월, 19년 8월, 18년 3월/9월, 17년 9월, 16년 3월, 10년 6월, 06년 7월, …

• 매크로(Macro)는 여러 개의 명령문을 하나로 묶어서 일련의 절차를 미리 정의하는 기능이다.
• 반복적으로 수행되는 작업을 자동화하기 위한 것이다.
• 매크로 함수를 이용하면 작업 순으로 묶어 하나의 명령어로 저장할 수 있으므로 반복 작업을 쉽게 처리할 수 있다.
• 폼 열기나 보고서 인쇄와 같이 특별한 기능을 수행하는 하나 이상의 매크로 함수 집합이다.
• 주로 컨트롤의 이벤트에 연결하여 사용한다.
• 데이터베이스 파일을 열 때 매크로가 자동으로 실행되게 하려면 매크로 이름을 "AutoExec"로 설정한다.
• 엑셀은 매크로 기록 기능이 지원되지만, 액세스는 매크로 기록 기능이 지원되지 않는다.

02 매크로 만들기

1) 매크로 함수로 구성된 매크로 만들기

🏠 따라하기 TIP

따라하기 파일 • Part03_Chapter06_명함관리–따라파일.accdb

① [만들기] 탭–[매크로 및 코드] 그룹–[매크로]를 클릭한다.

② [매크로] 창에서 목록 단추를 클릭하여 사용할 매크로 함수를 지정한다. 매크로 함수 Beep(경고음)와 MessageBox(메시지 상자)를 매크로 함수로 지정한다.

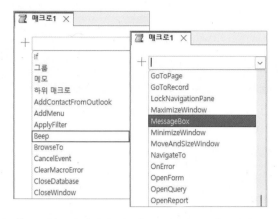

③ 매크로 함수의 메시지, 경고음, 종류, 제목 등을 입력한다.

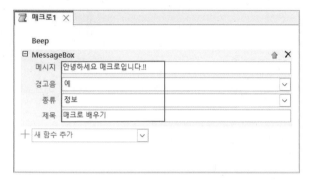

④ [파일] 탭–[저장]을 선택하거나 [빠른 실행 도구 모음]의 [저장](🖫)을 클릭한 후 매크로를 저장한다.

⑤ [매크로 이름]의 '매크로1'을 지우고 『경고음과 메시지 상자 나타내기』를 입력한 후 [확인]을 클릭한다.

⑥ 작업한 매크로 개체를 더블클릭하거나 바로 가기 메뉴의 [실행](❗)을 클릭한다. 작성된 매크로가 실행된다.

2) 매크로 그룹★ 만들기 09년 10월

따라하기 TIP

따라하기 파일 • Part03_Chapter06_명함관리–따라파일.accdb

① 매크로를 작성하기 위해서 [만들기] 탭–[매크로 및 코드] 그룹–[매크로]를 클릭한다.

② 매크로 창에서 [매크로 디자인] 탭–[표시/숨기기] 그룹–[함수 카탈로그]를 클릭하고 [그룹]을 더블클릭한다.

③ 각 매크로 함수를 지정하고 [빠른 실행 도구 모음]의 [저장](📃)을 선택한 후 매크로를 저장한다.

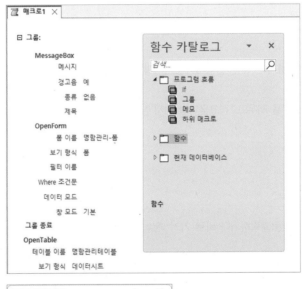

3) 조건이 입력된 매크로 만들기 ^{09년 10월}

매크로 창에서 [매크로 디자인] 탭–[표시/숨기기] 그룹–[함수 카탈로그]를 클릭한 다음 [프로그램 흐름]의 If를 더블클릭하여 조건이 참인 경우(Then), 참이 아닌 경우(Else) 실행할 작업을 설정하고 매크로를 [실행]한다.

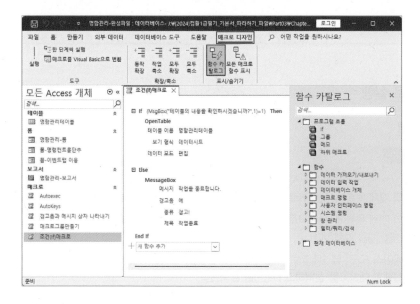

이론을 확인하는 기출문제

01 다음 중 액세스에서 매크로에 대한 설명으로 옳지 않은 것은?

① 하나의 매크로 그룹에 여러 개의 매크로를 만들 수 있다.

② 하나의 매크로에 여러 개의 매크로 함수를 지정할 수 있다.

③ AutoExec이라는 특수한 매크로 이름을 사용하면 테이블이 열릴 때마다 자동으로 실행된다.

④ 매크로 실행 시에 필요한 정보, 즉 인수를 지정할 수 있다.

· 테이블이 열릴 때마다 자동으로 실행되지 않음
· 매크로 이름을 "AutoExec"로 하면 데이터베이스 파일을 열 때 매크로를 자동으로 실행시킴

02 다음 중 액세스에서의 매크로 기능에 대한 설명으로 가장 옳지 않은 것은?

① 엑셀에서와 같이 사용자가 수행하는 작업에 대한 매크로를 자동적으로 기록해 준다.

② 액세스에서 제공하는 기본적인 매크로 함수를 이용하여 매크로를 작성한다.

③ 데이터 베이스 파일을 열 때 매크로를 자동으로 실행 시키려면 매크로 이름을 'AutoExec'로 작성한다.

④ 매크로 이름 열에 지정한 바로 가기 키를 이용하여 매크로를 실행할 수 있다.

엑셀은 매크로 기록 기능이 지원되지만, 액세스는 매크로 기록 기능이 지원되지 않음

정답 01 ③ 02 ①

매크로의 활용 2-
실행/수정/주요 매크로 함수

▶ 합격 강의

매크로 실행・매크로 수정・주요 매크로 함수

Ctrl + Break
매크로 실행 중 매크로를 한 단계
씩 실행

01 매크로 실행 06년 5월

1) 직접 실행

🔵 따라하기 TIP

따라하기 파일 • Part03_Chapter06_명함관리-따라파일.accdb

① 탐색 창의 개체 목록에서 [매크로]를 선택한 후 실행할 매크로를 더블클릭한다.

② 탐색 창의 개체 목록에서 [매크로]를 선택한 후 실행할 매크로를 지정하고 바로 가기 메뉴
에서 [실행](￼!)을 클릭한다.

③ [데이터베이스 도구] 탭-[매크로] 그룹-[매크로 실행]을 선택한 후 [매크로 실행] 대화 상
자에서 실행할 매크로를 선택하고 [확인]을 클릭한다.

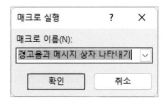

🅱 기적의 TIP

바로 가기 키를 이용하는 경
우 기존 기능은 무시합니다.
기억하세요!

2) 바로 가기 키 이용

• AutoKeys 매크로 그룹을 만들어 특정 키나 키 조합에 매크로 함수나 매크로 함수
집합을 할당할 수 있다.

• 키나 키 조합을 누르면 매크로 함수가 실행된다.

• 복사 기능인 Ctrl + C 처럼 Access에서 이미 사용되는 키 조합에 새로운 매크로
함수를 할당하면 기존 기능이 무시된다.

🔵 따라하기 TIP

따라하기 파일 • Part03_Chapter06_명함관리-따라파일.accdb

① [만들기] 탭-[매크로 및 코드] 그룹-[매크로]를 선택한다.

② 매크로 창에서 [매크로 디자인] 탭-[표시/숨기기] 그룹-[함수 카탈로그]를 클릭하고 [하위
매크로]를 더블클릭한다.

③ 하위 매크로 : 상자에 매크로를 실행할 때 사용할 바로 가기 키를 입력하고, 매크로 함수와 인수를 지정한다. ^은 Ctrl 을, +는 Shift 를 의미하며 기능키는 중괄호({ })에 입력한다.

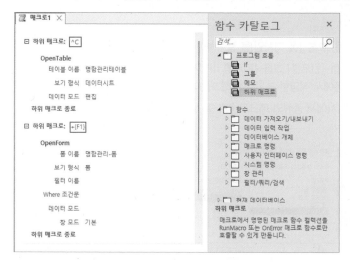

키 구문	키 조합
^A 또는 ^4	Ctrl + A 또는 Ctrl + 4
{F1}	F1
^{F1}	Ctrl + F1
+{F1}	Shift + F1
{Insert}	Insert
^{Insert}	Ctrl + Insert
+{Insert}	Shift + Insert
{Delete} 또는 {Del}	Delete
^{Delete} 또는 ^{Del}	Ctrl + Delete
+{Delete} 또는 +{Del}	Shift + Delete

④ [파일] 탭−[저장]이나 [빠른 실행 도구 모음]의 [저장](🖫) 클릭하여 'AutoKeys'라는 이름으로 매크로를 저장한다.

⑤ 지정한 바로 가기 키를 누르면 해당 매크로가 실행된다.

3) 자동 실행 매크로 ^{17년 9월, 06년 9월}

- 매크로 이름을 AutoExec★로 설정하면 데이터베이스를 처음 열 때 매크로가 자동으로 실행된다.
- AutoExec 매크로의 자동 실행을 원치 않는 경우 데이터베이스가 열리는 동안 Shift 를 누른다.

★ AutoExec
Automation(자동)과 Execution (실행)의 의미임

4) 명령 컨트롤 단추 이용

🔵 따라하기 TIP

따라하기 파일 • Part03_Chapter06_명함관리-따라파일.accdb

① [만들기] 탭-[폼] 그룹-[폼 디자인]을 클릭하여 새 폼을 화면에 표시한다.

② [양식 디자인] 탭-[컨트롤] 그룹-[컨트롤 마법사 사용](🔲)이 선택된 상태에서 [단추](⬛)
를 클릭한 후 폼에서 적당한 크기로 드래그한다.

③ 명령 단추 마법사에서 종류와 매크로 함수를 선택한 후 [다음]을 클릭한다.

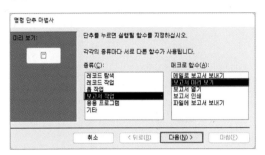

④ 미리 보기를 할 보고서를 선택한 후 [다음]을 클릭한다.

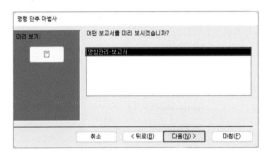

⑤ 단추에 넣을 텍스트나 그림을 선택한 후 [다음]을 클릭한다.

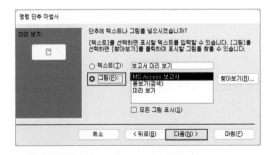

⑥ 단추의 이름을 입력하고 [마침]을 클릭한다.

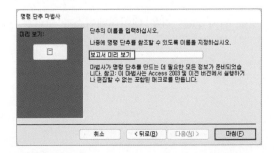

⑦ [양식 디자인] 탭-[보기] 그룹-[폼 보기]를 선택한 다음 [단추]를 클릭하면 보고서 미리 보기 매크로가 실행된다.

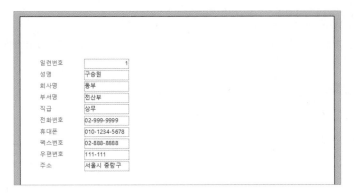

5) [이벤트] 탭 이용

따라하기 TIP

따라하기 파일 • Part03_Chapter06_명함관리-따라파일.accdb

① [만들기] 탭-[폼] 그룹-[폼 디자인]을 클릭하여 새 폼을 화면에 표시한다.

② [양식 디자인] 탭-[컨트롤] 그룹-[컨트롤 마법사 사용]( )이 선택되지 않은 상태에서 [단추]( )를 클릭한 후 폼에서 적당한 크기로 드래그하여 단추를 만든다.

③ 단추가 선택된 상태에서 마우스 오른쪽 단추를 클릭하여 [속성]을 실행한 후 [이벤트] 탭의 On Click 란에서 실행할 매크로를 지정한다.

④ [파일] 탭-[저장]이나 [빠른 실행 도구 모음]의 [저장]( )을 클릭하여 폼을 저장한다.

⑤ [탐색] 창의 개체 목록에서 [폼]을 선택하여 매크로를 실행하기 위해 저장한 폼을 더블클릭하면 작성된 매크로 실행 단추가 나타난다. 이 단추를 클릭하면 해당 매크로가 실행된다.

6) 빠른 실행 도구 모음의 [사용자 지정] 이용

 따라하기 TIP

따라하기 파일 • Part03_Chapter06_명함관리-따라파일.accdb

① 빠른 실행 도구 모음 오른쪽에 있는 [빠른 실행 도구 모음 사용자 지정]을 클릭한 후 메뉴가 표시되면 [기타 명령]을 클릭한다.

② [Access 옵션] 대화 상자가 표시되면 '명령 선택'을 '매크로'로 선택한 후 매크로 목록에서 빠른 실행 도구 모음에 등록할 '경고음과 메시지 상자 나타내기' 매크로를 선택하고 [추가]를 클릭한다.

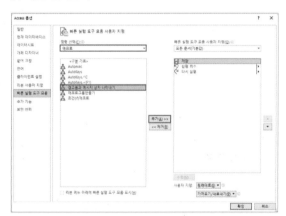

③ 오른쪽 목록에 선택된 매크로가 표시되면 [확인]을 클릭한다.

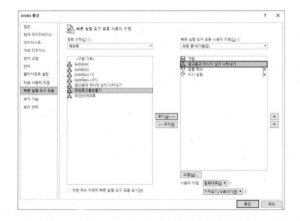

④ [빠른 실행 도구 모음]에 추가된 매크로가 표시된다. [빠른 실행 도구 모음]에 추가된 매크로 단추를 클릭하면 해당 매크로가 실행된다.

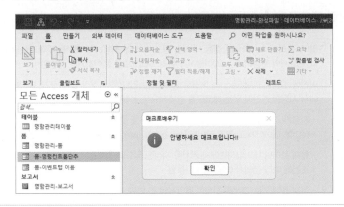

02 매크로 수정

따라하기 TIP

① 매크로를 수정하기 위해 탐색 창에서 수정할 매크로를 마우스 오른쪽 단추로 클릭한 후 바로 가기 메뉴에서 [디자인 보기]를 클릭한다.

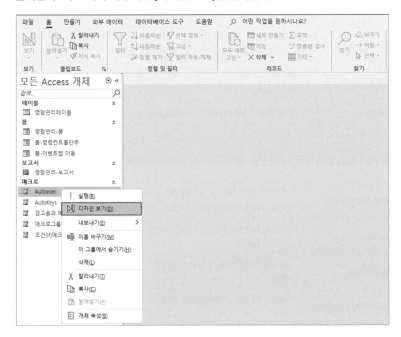

② [매크로] 창에서 수정한 후 매크로를 저장한다.

③ 매크로를 실행하면 수정한 내용에 맞는 매크로가 실행된다.

기적의 TIP

주요 매크로 함수의 종류와 기능은 출제된 함수를 중심으로 정리해두세요.

1) 폼과 보고서 관련 매크로 함수 20년 7월, 14년 10월, 13년 10월, 05년 4월

ApplyFilter	필터, 쿼리, SQL Where 절을 테이블, 폼, 보고서에 적용하여 테이블의 레코드, 폼이나 보고서의 원본이 되는 테이블이나 쿼리의 레코드를 제한하거나 정렬함
FindNextRecord	이전에 실행한 FindRecord 매크로 함수 또는 필드에서 [찾기 및 바꾸기] 대화 상자에서 지정한 조건에 맞는 레코드를 반복적으로 검색함
FindRecord	• 지정한 조건에 맞는 데이터의 첫 번째 레코드를 찾음 • 테이블 데이터시트, 쿼리 데이터시트, 폼 데이터시트, 폼에서 레코드를 찾음
GoToControl	• 현재 폼이나 데이터시트에서 커서를 지정한 필드나 컨트롤로 이동시킴 • 조건에 따라 폼에서 이동할 때 사용함
GoToPage	• 현재 폼에 있는 커서를 지정한 페이지의 첫 번째 컨트롤로 이동함 • 탭 컨트롤을 사용하여 한 폼에서 여러 페이지의 정보를 나타낼 수도 있음
GoToRecord	• 지정한 레코드를 열려 있는 테이블, 폼, 쿼리 결과 집합에서 현재 레코드로 이동함 • 맨 처음, 맨 마지막, 다음 레코드, 이전 레코드 등으로 이동할 수 있음

2) 실행 관련 매크로 함수 13년 6월, 09년 4월/7월, 07년 10월, 04년 10월

RunMenuCommand	액세스에서 제공하는 명령(메뉴 모음, 도구 모음, 바로 가기 메뉴)을 실행함
QuitAccess	액세스를 종료하기 전에 데이터베이스 개체를 저장하는 옵션을 지정하거나 액세스를 종료함
OpenQuery	• 선택 쿼리나 크로스탭 쿼리를 데이터시트 보기, 디자인 보기, 미리 보기로 엶 • 쿼리에 대하여 데이터 입력 모드를 선택할 수 있음
RunMacro	매크로를 실행함(매크로는 매크로 그룹에 포함될 수 있음)
RunSQL	SQL 문을 실행함
RunApplication	엑셀, 워드, 메모장 등의 응용 프로그램(Application)을 실행함

3) 가져오기/내보내기 관련 매크로 함수 16년 6월, 12년 6월, 08년 8월, 07년 2월, 04년 5월/10월

ExportWithFormatting	지정한 데이터베이스 개체를 엑셀(*.xlsx)이나 서식 있는 텍스트(*.rtf), 텍스트(*.txt), HTML(*.htm) 형식과 같이 다른 파일 형식으로 내보내기 함
EMailDatabaseObject	특정 Microsoft Access 데이터시트, 폼, 보고서, 모듈 등을 전자 메일 메시지에 포함시킴
ImportExportData	현재의 액세스 파일과 다른 데이터베이스 간에 데이터를 가져오거나 내보낼 수 있음
ImportExportSpreadsheet	액세스 파일과 스프레드시트 파일 사이에서 데이터를 가져오거나 내보낼 수 있음
ImportExportText	액세스 파일과 텍스트 파일 사이에서 텍스트를 가져오거나 내보낼 수 있음

개념 체크

1 액세스에서 제공하는 명령(메뉴 모음, 도구 모음, 바로 가기 메뉴)을 실행하는 매크로 함수는 (　　)이다.

2 액세스 파일과 텍스트 파일 사이에서 텍스트를 가져오거나 내보낼 수 있는 매크로 함수는 (　　)이다.

3 경고나 알림 메시지가 들어 있는 대화 상자를 표시하는 매크로 함수는 (　　)이다.

4 FindRecord 매크로 함수는 지정한 조건에 맞는 데이터의 첫 번째 레코드를 찾는다. (○, ×)

1 RunMenuCommand
2 ImportExportText
3 MessageBox 4 ○

4) 개체 조작 관련 매크로 함수 20년 2월/7월, 19년 3월, 15년 10월, 13년 10월, 12년 6월

DeleteObject	선택된 데이터베이스 개체를 삭제함
CloseWindow	지정된 액세스 [개체] 창 또는 아무 것도 지정하지 않았을 경우에는 현재 [데이터베이스] 창을 닫음
OpenForm	폼 보기, 폼 디자인 보기, 인쇄 미리 보기, 데이터시트 보기로 폼을 열 수 있음
OpenQuery	선택 쿼리나 크로스 탭 쿼리를 데이터시트 보기, 디자인 보기, 미리 보기로 엶
OpenReport	• 보고서를 보기 형식(데이터시트 보기, 디자인 보기, 인쇄 미리 보기 등)으로 열거나 인쇄함 • 보고서에서 인쇄할 레코드를 제한할 수 있음
OpenTable	• 테이블을 데이터시트 보기, 디자인 보기, 미리 보기로 열 수 있음 • 테이블의 데이터 입력 모드를 선택할 수도 있음
PrintOut	• 열려져 있는 데이터베이스에서 현재 개체를 인쇄함 • 데이터시트, 보고서, 폼, 데이터 액세스 페이지, 모듈을 인쇄할 수 있음
SetValue	• 폼, 폼 데이터시트, 보고서의 필드, 컨트롤, 속성값을 설정함 • 개체를 반환하는 속성값을 설정할 때는 사용할 수 없음

5) 기타 매크로 함수 14년 10월, 12년 9월

Beep	지정된 매크로가 실행될 때 비프음을 출력함
MessageBox	경고나 알림 메시지가 들어 있는 대화 상자를 표시함
Cancel Event	인수가 없는 함수이며 매크로 실행 이벤트를 취소함

01 다음 중 매크로 함수에 대한 설명으로 옳지 <u>않은</u> 것은?

① FindRecord 함수는 필드, 컨트롤, 속성 등의 값을 설정한다.

② ApplyFilter 함수는 테이블이나 쿼리로부터 레코드를 필터링한다.

③ OpenReport 함수는 작성된 보고서를 호출하여 실행한다.

④ MessageBox 함수는 메시지 상자를 통해 경고나 알림 등의 정보를 표시한다.

FindRecord 함수 : 지정한 조건에 맞는 데이터의 첫 번째 레코드를 찾음

02 매크로를 이용하여 외부의 응용 프로그램을 실행하려고 한다. 이 때 사용할 수 있는 가장 적절한 매크로 함수는 무엇인가?

① RunMenuCommand

② RunMacro

③ RunSQL

④ RunApp

RunApplication : 엑셀, 워드, 메모장 등의 응용 프로그램(Application)을 실행함

오답 피하기

• RunMenuCommand : 액세스에서 제공하는 명령(메뉴 모음, 도구 모음, 바로 가기 메뉴)을 실행함
• RunMacro : 매크로를 실행함(매크로는 매크로 그룹에 포함될 수 있음)
• RunSQL : SQL 문을 실행함

03 다음 중 폼을 디자인 보기나 데이터시트 보기로 열기 위해 사용하는 매크로 함수는?

① RunMenuCommand

② OpenForm

③ RunMacro

④ RunSQL

OpenForm : 폼 보기, 폼 디자인 보기, 인쇄 미리 보기, 데이터 시트 보기로 폼을 열 수 있음

오답 피하기

• RunMenuCommand : 기본 메뉴나 도구 모음을 실행
• RunMacro : 특정한 매크로를 실행
• RunSQL : SQL 매크로 함수를 실행

04 다음 중 액세스에서 매크로의 실행 방법에 대한 설명으로 옳지 <u>않은</u> 것은?

① 매크로를 직접 실행하는 경우 매크로 이름을 'AutoExec'로 저장하면 매크로를 선택한 후 [데이터베이스 도구] 탭-[매크로] 그룹-[매크로 실행]을 클릭할 수 있다.

② 바로 가기 키를 이용한 실행 : 기능키나 키의 조합에 매크로를 할당하는 것으로, 특정 키를 누르면 매크로가 실행된다.

③ 빠른 실행 도구 모음에 연결하기 : 작성된 매크로를 빠른 실행 도구 모음 줄에 등록하여 실행할 수 있다.

④ 컨트롤을 이용한 매크로 실행 : 폼이나 보고서에 연결된 컨트롤의 이벤트에 매크로를 연결하여 실행한다.

매크로 이름을 "AutoExec"로 하면 데이터베이스 파일을 열 때 매크로를 자동으로 실행시킴

정답 01 ① 02 ④ 03 ② 04 ①

05 다음 보기의 매크로 함수 중 데이터를 내보내거나 가져오는 작업과 관련이 <u>없는</u> 함수는?

> ㉮ ExportWithFormatting
> ㉯ EMailDatabaseObject
> ㉰ RunApplication
> ㉱ ImportExportData

① ㉮   ② ㉯   ③ ㉰   ④ ㉱

RunApplication : 응용 프로그램을 실행하는 실행 관련 매크로 함수

06 다음 중 매크로 함수 ExportWithFormatting에서 개체 유형이 테이블인 경우 출력 가능한 형식으로 옳지 <u>않은</u> 것은?

① MS-DOS 텍스트(*.txt)
② 서식 있는 텍스트(*.rtf)
③ HTML(*.htm; *.html)
④ Snapshot Viewer 형식(*.snp)

Snapshot Viewer 형식(*.snp) : 개체 유형이 "보고서"인 경우 출력 가능한 형식

07 다음 중 매크로 함수와 그에 대한 설명으로 옳지 <u>않은</u> 것은?

① ApplyFilter : 필터, 쿼리, SQL WHERE절을 테이블, 폼, 보고서에 적용하여 테이블의 레코드, 폼이나 보고서의 원본이 되는 테이블이나 쿼리의 레코드를 제한하거나 정렬할 수 있다.
② FindRecord : 지정한 조건에 맞는 데이터의 첫째 인스턴스를 찾을 수 있다.
③ RunSQL : Microsoft Access 안에서 Microsoft Excel, Microsoft Word, Microsoft PowerPoint와 같은 Windows 기반 또는 MS-DOS 기반 응용 프로그램을 실행할 수 있다.
④ Requery : 현재 개체의 지정한 컨트롤의 데이터를 업데이트할 수 있으며, 컨트롤을 지정하지 않으면 개체 원본 자체를 다시 쿼리한다.

RunSQL은 해당 SQL문을 사용해 액세스 실행 쿼리를 실행하는 데 사용함

08 다음 중 액세스의 매크로에 대한 설명으로 옳지 <u>않은</u> 것은?

① 반복적으로 수행되는 작업을 자동화하여 간단히 처리할 수 있도록 하는 기능이다.
② 매크로 함수 또는 매크로 함수 집합으로 구성되며, 각 매크로 함수의 수행 방식을 제어하는 인수를 추가할 수 있다.
③ 매크로를 이용하여 폼을 열고 닫거나 메시지 박스를 표시할 수도 있다.
④ 매크로는 주로 컨트롤의 이벤트에 연결하여 사용하며, 폼 개체 내에서만 사용할 수 있다.

매크로는 주로 컨트롤의 이벤트에 연결하여 사용하며, 작업을 자동화하고 폼, 보고서 및 컨트롤에 기능을 추가하는 데 사용되는 도구임

09 다음 중 액세스의 작업을 자동화하고 폼이나 보고서의 컨트롤에 기능들을 미리 정의하여 사용할 수 있도록 하는 기능은?

① 매크로
② 응용 프로그램 요소
③ 업무 문서 양식 마법사
④ 성능 분석 마법사

매크로(Macro) : 여러 개의 명령문을 하나로 묶어서 일련의 절차를 미리 정의하는 기능으로, 반복적으로 수행되는 작업을 자동화할 때 사용함

10 다음 중 매크로(MACRO)에 관한 설명으로 옳지 <u>않은</u> 것은?

① 매크로는 작업을 자동화하고 폼, 보고서 및 컨트롤에 기능을 추가하는 데 사용되는 도구이다.
② 매크로 개체는 탐색 창의 매크로에 표시되지만 포함된 매크로는 표시되지 않는다.
③ 매크로가 실행 중일 때 한 단계씩 실행을 시작하려면 [Ctrl]+[Break]를 누른다.
④ 자동실행 매크로가 실행되지 않게 하려면 [Ctrl]을 누른 채 데이터베이스 파일을 연다.

AutoExec 매크로의 자동 실행을 원치 않는 경우 데이터베이스가 열리는 동안 [Shift]를 누르면 됨

SECTION

03

VBA를 이용한 모듈 작성

출제빈도 상 중 하
반복학습 1 2 3

▶ 합격 강의

빈출 태그 객체 지향 프로그래밍 • 이벤트 프로시저 • 주요 액세스 개체

기적의 TIP

객체 지향 프로그래밍의 개념과 모듈 작성 내용은 정확히 알고 넘어가세요.

프로시저, 변수 이름 지성 방법

• 255자까지 가능함
• 문자, 숫자, 밑줄 문자(_)를 포함
• 문장 부호나 공백, 키워드는 사용 불가능함

```
Sum = 0
For i = 1 to 20
    Select Case (i Mod 4)
    Case 0
        Sum = Sum + i
    Case 1, 2, 3
    End Select
Next
```

1부터 20까지(For i = 1 to 20) 4로 나눈 나머지가(i Mod 4) 0인 경우(Case 0)의 합(Sum = Sum + i)을 구함(결과는 60)

• Sub 프로시저(Sub~End Sub)는 특정 동작을 수행하며 결과값을 반환하지 않음
• Function 프로시저(Function~End Function)는 결과값을 반환하며 사용자 정의 함수를 작성함
• 모듈은 여러 개의 프로시저로 구성됨
• Public : 전역 변수 선언
• Variant : 선언문에서 변수의 데이터 형식을 생략한 경우

---

01 객체 지향 프로그래밍 23년 상시, 10년 3월/6월/10월, 09년 2월, 07년 5월/7월, 06년 2월, 05년 2월, 04년 10월, …

• 프로그래밍에 개체의 개념을 도입해 기존의 절차적인 프로그래밍 방식에서 탈피하여 데이터를 가장 우선적으로 고려하는 프로그래밍 기법이다.
• 객체는 현실 세계의 어떠한 구성 단위를 대표하는 것으로, 객체 지향형 프로그래밍에서는 모든 것을 객체로 나타내고 원하는 일은 객체에 메시지를 보내는 것으로 표현한다.

1) 개체의 구성

속성(Property)	• 각각의 객체가 가지는 고유의 특성 • 객체의 특성은 '객체명.속성명'의 형태로 표시함
메서드(Method)	• 각 객체의 기능이나 동작을 지시하는 행동 • 메서드의 동작은 '객체명.메서드'의 형태로 표시함
이벤트(Event)	마우스 클릭이나 키 누름과 같이 객체에 의해 인식되는 동작으로서 이벤트에 대한 응답을 사용자 정의할 수 있음

2) 모듈(Module) 작성 24년 상시, 21년 상시, 17년 9월, 16년 3월/10월, 14년 3월, 07년 7월, 05년 10월, 04년 5월

① 모듈의 개념

• 한 단위로 저장된 프로시저, 구문, VBA 선언의 집합으로, 액세스에는 기본 모듈과 클래스 모듈, 폼 모듈, 보고서 모듈이 있다.
• 모듈은 Visual Basic 프로그래밍 언어를 사용하여 작성한다.
• 폼과 보고서 모듈은 폼이나 보고서의 지역 코드를 포함하는 클래스 모듈이다.

② 모듈 작성 방법

[만들기] 탭-[매크로 및 코드] 그룹-[모듈]을 선택한다.

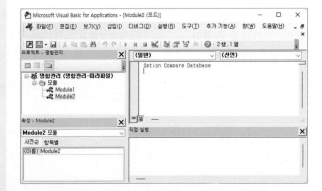

사용자나 프로그램 코드에 의해 초기화되거나 시스템에 의해 발생되는 이벤트에 대응하여 자동으로 실행되는 프로시저이다.

1) 데이터 이벤트 13년 10월, 10년 3월, 07년 2월

AfterUpdate	컨트롤이나 레코드의 데이터가 업데이트된 후에 발생함
BeforeUpdate	컨트롤이나 레코드의 변경된 데이터가 업데이트되기 전에 발생함
AfterInsert	새 레코드가 추가된 후 발생함
BeforeInsert	새 레코드에 첫 문자를 입력할 때(레코드가 실제로 만들어지기 전) 발생함
Current	포커스가 임의의 레코드로 이동되어 그 레코드가 현재 레코드가 되거나 폼이 새로 고쳐지거나 다시 쿼리될 때 발생함
Change	• 텍스트 상자의 내용이나 콤보 상자의 텍스트 부분이 바뀔 때 발생함 • 탭 컨트롤에서 다른 페이지로 이동할 때 발생함

2) 키보드 이벤트

KeyDown	폼이나 컨트롤에 포커스가 있는 동안 키를 누르면 발생함
KeyPress	폼이나 컨트롤에 포커스가 있을 때 ANSI 코드에 해당하는 키나 키 조합을 누르면 발생함

3) 마우스 이벤트 19년 3월, 14년 6월, 07년 2월

Click	개체를 마우스 단추로 클릭했다 놓을 때 발생함
DblClick	두 번 클릭 시간 한도 내에서 개체를 마우스 왼쪽 단추로 두 번 클릭할 때 발생함
MouseDown	마우스 단추를 클릭할 때 발생함

4) 인쇄 이벤트

Format	보고서 구역에 속할 데이터를 결정할 때, 미리 보기나 인쇄 서식을 설정하기 전에 발생함
NoData	• 데이터가 없는(빈 레코드 집합에 바운드된) 보고서를 인쇄하기 위해 서식을 설정한 후 보고서가 인쇄되기 전에 발생함 • 백지 보고서가 인쇄되는 것을 방지할 수 있음
Page	• 인쇄하기 위해 서식을 설정한 후 페이지가 인쇄되기 전에 발생함 • 페이지에 테두리를 그리거나 다른 그래픽 요소를 추가할 수 있음
Print	보고서 구역의 데이터 서식을 설정한 후, 인쇄되기 전에 발생함

5) 창 이벤트

Close	폼이나 보고서를 닫아 화면에서 없앨 때 발생함
Open	• 폼을 연 후, 첫 레코드를 화면에 표시하기 전에 발생함 • 보고서의 경우에는 보고서를 미리 보거나 인쇄하기 전에 발생함
Load	폼이 열리고 폼의 레코드가 표시될 때 발생함
UnLoad	• 폼을 닫은 후 폼이 화면에서 사라지기 전에 발생함 • 폼을 다시 로드하면 폼이 다시 표시되고 모든 컨트롤의 내용이 초기화됨

Private 변수와 Public 변수
- Private : 모듈 수준에서 private 변수를 선언하고 저장 공간을 할당할 때 사용(프로시저 내에서 사용할 때 프로시저의 시작 부분에 위치시킴)
- Private 변수 : 선언된 모듈에서만 유효하므로 같은 모듈에 있는 프로시저만 사용할 수 있음
- Option Private : 특정 모듈의 내용을 해당 프로젝트 밖에서 참조하지 못하게 할 때 사용(모듈 수준에서 모든 프로시저 앞에 선언해야 함. Option Private Module이 선언된 경우 그 변수는 해당 프로젝트에서만 사용할 수 있음)
- Public : Option Private Module의 영향을 받지 않는 이상 모든 프로그램의 모든 모듈에 있는 모든 프로시저에서 사용이 가능함(단, 클래스 모듈에서 고정 길이 문자열 변수를 선언하는 데 사용할 수 없음)
- Public 변수 : 프로젝트의 모든 프로시저에서 사용할 수 있음

```
Dim i As Integer
Dim Num As Integer
For i = 0 To 7 Step 2
Num = Num + i
Next i
MsgBox Str(Num)
```

- For문에 의해 i 값을 0부터 7까지 2씩 증가(0, 2, 4, 6)하면서 반복함
- Num(0) = Num(0) + i(0),
  Num(2) = Num(0) + i(2),
  Num(6) = Num(2) + i(4),
  Num(12) = Num(6) + i(6) → 마지막 Num에는 0 + 2 + 4 + 6의 결과 12가 저장됨
- Num 변수의 값을 문자열(Str) 형식으로 변환하여 표시(MsgBox)함

6) 포커스 이벤트 ^{09년 10월}

Activate	폼이나 보고서가 포커스를 받아 현재 창으로 활성화 될 때 발생함
DeActivate	폼이나 보고서가 포커스를 [테이블] 창, [쿼리] 창, [폼] 창, [보고서] 창, [매크로] 창, [모듈] 창이나 [데이터베이스] 창으로 넘겨줄 때 발생함
GotFocus	폼이나 컨트롤이 포커스를 받을 때 발생함
LostFocus	폼이나 컨트롤이 포커스를 잃을 때 발생함

7) 오류와 타이밍 이벤트

Error	폼이나 보고서 사용 중에 런타임 오류가 발생할 때 발생함
Timer	폼 TimerInterval 속성에서 지정한 시간 간격에 따라 발생함

03 주요 액세스 개체의 종류 및 기능

1) Application 개체 ^{19년 3월, 15년 3월, 09년 7월}

- 액세스 Application 개체와 이 개체와 관련된 속성을 엑세스한다.
- Application 개체에는 액세스 개체와 컬렉션이 모두 들어 있다.
- 액세스 개체마다 현재 Application 개체를 반환하는 Application 속성이 있는데 이 속성을 사용해 개체의 속성을 액세스할 수 있다.
- 메서드나 속성 설정을 액세스 응용 프로그램 전체에 적용할 수 있다.

기적의 TIP

주요 액세스 개체의 종류 및 기능을 정확히 숙지해두세요. 특히 DoCmd 개체를 중심으로 정리하세요.

	CurrentData	CurrentData 개체와 이와 관련된 컬렉션에 액세스할 수 있음
속성	CurrentProject	CurrentProject 개체와 관련된 컬렉션, 속성, 메서드에 액세스할 수 있음
	DoCmd	개체와 이와 관련된 메서드를 참조하거나 실행함
	Name	Application 개체의 이름을 지정함
	Visible	Microsoft Access 응용 프로그램이 최소화되는지 여부를 반환하거나 설정함
메서드	Quit	액세스를 종료함
	Run	액세스나 사용자 정의 Function 또는 Sub 프로시저를 수행함

2) Form 개체 ^{23년 상시, 12년 3월, 11년 7월, 08년 2월}

개념 체크

1 폼의 속성 중 데이터 원본을 지정하는 속성은 (   )이다.
2 폼, 보고서, 폼 또는 보고서 구역, 컨트롤 등의 표시 여부를 지정하는 속성은 (   )이다.

1 RecordSource 2 Visible

	RecordSource	• 폼 데이터 원본을 지정함 • 테이블, 쿼리, SQL 구문 등의 데이터 원본을 표시함
속성	RecordsetClone	폼의 RecordSource 속성이 지정하는 폼의 Recordset 개체를 참조함
	Bookmark	폼이 원본으로 사용하는 테이블, 쿼리, SQL 구문의 특정 레코드를 식별하는 책갈피를 설정함
	Visible	폼, 보고서, 폼 또는 보고서 구역, 컨트롤 등의 표시 여부를 지정함

	Requery	폼이나 컨트롤의 데이터 원본을 다시 쿼리하여 업데이트함
	Refresh	지정된 폼이나 데이터시트의 원본으로 사용하는 레코드를 즉시 업데이트함
메서드	Recalc	폼의 모든 계산 컨트롤을 업데이트함
	SetFocus	지정한 폼, 컨트롤, 필드 등으로 이동함
	Undo	값이 변경된 폼이나 컨트롤을 원래 상태로 되돌림

3) Report 개체

	Visible	개체가 표시되는지 여부를 반환하거나 설정함
속성	Page	보고서의 현재 페이지 번호를 지정함
	Pages	보고서의 전체 페이지 수를 지정함

4) Control 개체 08년 2월/10월

속성 (콤보 상자 및 목록 상자)	ItemData	콤보 상자나 목록 상자에 지정된 행에 대한 바운드 열의 데이터를 반환함
	ItemSelected	다중 선택 목록 상자 컨트롤에서 선택된 행의 데이터를 액세스함
메서드	Requery	컨트롤의 원본 데이터를 다시 쿼리하여 업데이트함
	SetFocus	지정한 컨트롤로 포커스를 이동함
	Undo	값이 변경된 컨트롤을 원래 상태로 되돌림
	SizeToFit	컨트롤의 크기를 컨트롤 내의 텍스트나 이미지에 맞추어 조정함

5) DoCmd 개체 24년 상시, 22년 상시, 21년 상시, 19년 8월, 17년 3월, 15년 6월, 09년 4월/10월, 06년 7월, 05년 5월/10월, …

DoCmd 개체는 액세스의 매크로 함수를 Visual Basic에서 실행하기 위한 개체로 메서드를 이용하여 매크로를 실행할 수 있다.

	OpenQuery	선택 쿼리를 여러 보기 형식으로 열기를 실행함
	OpenReport	OpenReport 매크로 함수(보고서의 여러 보기 형식 열기 및 인쇄)를 실행함
	OpenForm	OpenForm 매크로 함수(폼을 여러 보기 형식으로 열기)를 실행함
	RunSQL	RunSQL 매크로 함수를 실행함
	RunCommand	기본 메뉴나 도구 모음을 실행함
	RunMacro	RunMacro 매크로 함수(특정한 매크로의 실행이 가능)를 실행함
	CopyObject	CopyObject 매크로 함수(지정한 데이터베이스 개체를 복사)를 실행함
메서드	DeleteObject	DeleteObject 매크로 함수(지정한 데이터베이스 개체를 삭제)를 실행함
	OutputTo	OutputTo 매크로 함수(지정한 데이터베이스 개체를 다른 형식으로 내보냄)를 실행함
	GoToRecord	GoToRecord 매크로 함수(지정한 레코드로 이동)를 실행함
	GoToControl	GoToControl 매크로 함수(지정한 컨트롤로 포커스를 이동)를 실행함
	FindRecord	FindRecord 매크로 함수(지정한 조건에 맞는 레코드를 검색)를 실행함
	FindNext	FindNext 매크로 함수([찾기]에서 지정한 조건에 맞는 레코드를 검색)를 실행함

Private Sub Command1_
Click( )
DoCmd.OpenForm "사원
정보", acNormal
DoCmd.GoToRecord , ,
acNewRec
End Sub

▲ [사원정보] 폼이 열리고, 새 레
코드를 입력할 수 있도록 비워
진 폼이 표시됨

01 다음 중 VBA에서 프로시저, 형식, 데이터 선언과 정의 등의 선언 집단을 의미하는 것은?

① 매크로   ② 모듈

③ 이벤트   ④ 폼

모듈(Module) : 한 단위로 저장된 프로시저, 구문, VBA 선언의 집합으로 액세스에는 기본 모듈과 클래스 모듈, 폼 모듈, 보고서 모듈이 있음

오답 피하기
- 매크로 : 여러 개의 명령문을 하나로 묶어서 일련의 절차를 미리 정의하는 기능
- 이벤트 : 마우스 클릭이나 키 누름과 같이 객체에 의해 인식되는 동작
- 폼 : 테이블이나 쿼리 데이터의 입력, 수정 및 편집 작업을 편리하고 쉽게 할 수 있도록 도와주는 개체

02 다음 중 모듈에 대한 설명으로 옳지 않은 것은?

① 모듈은 클래스 모듈, 응용 모듈, 기타 모듈로 분류한다.

② 클래스 모듈은 사용자 정의 개체를 만들 때 사용한다.

③ 모듈은 선언부를 가진다.

④ 이벤트 프로시저는 특정 개체에 적용되는 SUB 프로시저이다.

액세스에는 기본 모듈과 클래스 모듈, 폼 모듈, 보고서 모듈이 있음

03 프로시저는 연산을 수행하거나 값을 계산하는 일련의 명령문과 메서드로 구성된다. 다음 예제 중 메서드에 해당하는 것은?

```
Private Sub OpenOrders_Click( )
DoCmd.OpenForm "Orders"
End Sub
```

① OpenOrders

② DoCmd

③ OpenForm

④ Orders

OpenForm : OpenForm 매크로 함수(폼을 여러 보기 형식으로 열기)를 실행하는 메서드

04 다음 중 아래의 프로그램을 수행한 후 변수 Sum의 값으로 옳은 것은?

```
Sum = 0
For i = 1 to 20
    Select Case (i Mod 4)
    Case 0
    Sum = Sum + i
    Case 1, 2, 3
    End Select
Next
```

① 45   ② 55   ③ 60   ④ 70

1부터 20까지(For i = 1 to 20) 4로 나눈 나머지(i Mod 4) 0인 경우(Case 0)의 합(Sum = Sum + i)을 구함.(결과는 60)

05 다음 중 현재 폼에서 'cmd숨기기' 단추를 클릭하는 경우, DateDue 컨트롤이 표시되지 않도록 하기 위한 이벤트 프로시저로 옳은 것은?

① Private Sub cmd숨기기_Click( )
   Me.[DateDue]!Visible = False
   End Sub

② Private Sub cmd숨기기_DblClick( )
   Me!DateDue.Visible = True
   End Sub

③ Private Sub cmd숨기기_Click( )
   Me![DateDue].Visible = False
   End Sub

④ Private Sub cmd숨기기_DblClick( )
   Me.DateDue!Visible = True
   End Sub

- 'cmd숨기기' 단추를 클릭하는 경우 → cmd숨기기_Click( )
- DateDue 컨트롤이 표시되지 않도록 → Me![DateDue].Visible = False
- ! : 실행 중인 폼이나 보고서 또는 컨트롤을 참조하기 위해서는 느낌표(!) 연산자를 사용함
- [ ] : 테이블이나 쿼리, 폼, 보고서, 필드, 컨트롤의 이름은 대괄호([ ])로 묶어서 표현함
- . : 폼, 보고서, 컨트롤의 속성을 참조할 때는 점(.) 연산자를 사용함

정답   01 ②   02 ①   03 ③   04 ③   05 ③

INDEX(3권)

자격증은 이기적!

합격입니다.